Schulordnung für die Gymnasien

Textausgabe – Bayer. Erziehungs- und Unterrichtsgesetz (BayEUG), Bayerische Schulordnung (BaySchO) und Gymnasialschulordnung (GSO)

64. Auflage 2024

Carl Link 2024

Abgeschlossen nach dem Rechtsstand vom 01.08.2024

Gliederungsübersicht

Seite

Bayer. Gesetz über das Erziehungs- und Unterrichtswesen (BayEUG) 3

Bayerische Schulordnung (BaySchO). 78

Gymnasialschulordnung (GSO) für G8 151

Gymnasialschulordnung (GSO) für G9 213

Stichwortverzeichnis 280

Hinweis:
In dieser Textausgabe sind das Bayerische Gesetz über das Erziehungs- und Unterrichtswesen (BayEUG), die Bayerische Schulordnung (BaySchO) und die Schulordnung für die Gymnasien (GSO) vollständig abgedruckt. Zusammen bilden die drei Vorschriften die schulordnungsrechtliche Grundlage für die Gymnasien in Bayern.

Änderungen seit der letzten Auflage sind mit Strichen am Rand markiert. Ein ausführliches Stichwortverzeichnis am Schluss unterstützt das gezielte Auffinden der Vorschriften.

Bibliographische Information der Deutschen Nationalbibliothek
Die Deutsche Bibliothek verzeichnet diese Publikation in der deutschen Nationalbibliografie; detaillierte bibliografische Daten sind im Internet über **http://dnb.d-nb.de** abrufbar.

Art.-Nr. **09984000** – (ISBN 978-3-556-09984-1)

www.wolterskluwer.com
www.wolterskluwer-online.de

Umschlagkonzeption: Martina Busch, Grafikdesign, Homburg-Kirrberg
Satz: Newgen KnowledgeWorks (P) Ltd., Chennai
Druck und Weiterverarbeitung: Sowa Sp. z o.o., Piaseczno, Polen

Gedruckt auf säurefreiem, alterungsbeständigem und chlorfreiem Papier.

Bayerisches Gesetz über das Erziehungs- und Unterrichtswesen (BayEUG)

in der Fassung der Bekanntmachung vom 31. Mai 2000 (GVBl. S. 414, 632), zuletzt geändert durch § 2 des Gesetzes vom 23. Juli 2024 (GVBl. S. 257) und durch die §§ 1 und 2 des Gesetzes vom 23. Juli 2024 (GVBl. S. 263)

Inhaltsübersicht (nicht amtlich)

ERSTER TEIL
Grundlagen

Art. 1 Bildungs- und Erziehungsauftrag
Art. 2 Aufgaben der Schulen
Art. 3 Öffentliche und private Unterrichtseinrichtungen
Art. 4 Schulbauten
Art. 5 Schuljahr und Ferien
Art. 5a Besondere Bestimmungen

ZWEITER TEIL
Die öffentlichen Schulen

ABSCHNITT I

Art. 6 Gliederung des Schulwesens

ABSCHNITT II
Schularten und Mittlerer Schulabschluss

a) Allgemein bildende Schulen
Art. 7 Die Grundschule
Art. 7a Die Mittelschule
Art. 8 Die Realschule
Art. 9 Das Gymnasium
Art. 10 Schulen des Zweiten Bildungswegs

b) Berufliche Schulen
Art. 11 Die Berufsschule
Art. 12 *(aufgehoben)*
Art. 13 Die Berufsfachschule
Art. 14 Die Wirtschaftsschule
Art. 15 Die Fachschule
Art. 16 Die Fachoberschule und die Berufsoberschule
Art. 17 Die Fachakademie
Art. 18 Erwerb der Fachhochschulreife oder der fachgebundenen Hochschulreife an beruflichen Schulen

c) Förderschulen und Schulen für Kranke
Art. 19 Aufgaben der Förderschulen
Art. 20 Förderschwerpunkte, Aufbau und Gliederung der Förderschulen
Art. 21 Mobile Sonderpädagogische Dienste
Art. 22 Schulvorbereitende Einrichtungen und Mobile Sonderpädagogische Hilfe
Art. 23 Schulen für Kranke; Hausunterricht
Art. 24 Förderschulen und Schulen für Kranke; Ausführungsbestimmungen
Art. 24a *(aufgehoben)*

d) Mittlerer Schulabschluss
Art. 25 Mittlerer Schulabschluss

ABSCHNITT III
Errichtung und Auflösung von öffentlichen Schulen; Schulveranstaltungen; Zusammenarbeit; kooperatives Lernen

a) Allgemeine Grundsätze
Art. 26 Staatliche Schulen
Art. 27 Kommunale Schulen
Art. 28 Erfordernisse der Raumordnung
Art. 29 Bezeichnung von Schulen und Schülerheimen
Art. 30 Unterricht und sonstige Schulveranstaltungen
Art. 30a Zusammenarbeit von Schulen, kooperatives Lernen
Art. 30b Inklusive Schule
Art. 31 Zusammenarbeit mit Jugendämtern und Einrichtungen der Erziehung, Bildung und Betreuung; Mittagsbetreuung

b) Besondere Regelungen für Pflichtschulen
Art. 32 Grundschulen
Art. 32a Mittelschulen
Art. 33 Förderschulen und Schulen für Kranke
Art. 34 Berufsschulen

ABSCHNITT IV
Schulpflicht, Pflichtschulen, Sprengelpflicht, Gastschulverhältnisse, Wahl des schulischen Bildungswegs

Art. 35 Schulpflicht
Art. 36 Erfüllung der Schulpflicht
Art. 37 Vollzeitschulpflicht
Art. 37a *(aufgehoben)*
Art. 38 Freiwilliger Besuch der Mittelschule
Art. 39 Berufsschulpflicht
Art. 40 Berufsschulberechtigung
Art. 41 Schulpflicht bei sonderpädagogischem Förderbedarf oder längerfristiger Erkrankung

Art. 42 Sprengelpflicht beim Besuch öffentlicher Pflichtschulen
Art. 43 Gastschulverhältnisse
Art. 44 Wahl des schulischen Bildungswegs

ABSCHNITT V
Inhalte des Unterrichts

Art. 45 Lehrpläne, Stundentafeln, Richtlinien und Bildungsstandards
Art. 46 Religionsunterricht
Art. 47 Ethikunterricht
Art. 48 Familien- und Sexualerziehung

ABSCHNITT VI
Grundsätze des Schulbetriebs

Art. 49 Jahrgangsstufen, Klassen, Unterrichtsgruppen
Art. 50 Fächer, Kurse, fachpraktische Ausbildung
Art. 51 Lernmittel, Lehrmittel
Art. 52 Nachweise des Leistungsstands, Bewertung der Leistungen, Zeugnisse
Art. 53 Vorrücken und Wiederholen
Art. 54 Abschlussprüfung
Art. 55 Beendigung des Schulbesuchs

ABSCHNITT VII
Schülerinnen und Schüler

Art. 56 Rechte und Pflichten

ABSCHNITT VIII
Schulleiterin oder Schulleiter, Lehrerkonferenz, Lehrkräfte und sonstiges Personal

Art. 57 Schulleiterin oder Schulleiter, ständiger Vertreter
Art. 57a Erweiterte Schulleitung
Art. 58 Lehrerkonferenz
Art. 59 Lehrkräfte
Art. 60 Weiteres pädagogisches Personal
Art. 60a Sonstiges schulisches Personal sowie Verwaltungs- und Hauspersonal
Art. 61 Angehörige kirchlicher Genossenschaften

ABSCHNITT IX
Einrichtungen zur Mitgestaltung des schulischen Lebens

a) Schülermitverantwortung
Art. 62 Schülermitverantwortung, Schülervertretung
Art. 62a Landesschülerkonferenz, Landesschülerrat
Art. 63 Schülerzeitung

b) Elternvertretung
Art. 64 Einrichtungen
Art. 65 Bedeutung und Aufgaben
Art. 66 Zusammensetzung des Elternbeirats
Art. 67 Unterrichtung des Elternbeirats
Art. 68 Durchführungsvorschriften

c) Schulforum
Art. 69 Schulforum

d) Berufsschulbeirat
Art. 70 Berufsschulbeirat
Art. 71 Aufgaben
Art. 72 Durchführungsvorschriften

e) Landesschulbeirat
Art. 73 Landesschulbeirat

ABSCHNITT X
Schule und Erziehungsberechtigte, Schule und Arbeitgeber

Art. 74 Zusammenarbeit der Schule mit den Erziehungsberechtigten
Art. 75 Pflichten der Schule
Art. 76 Pflichten der Erziehungsberechtigten
Art. 77 Pflichten der Arbeitgeberinnen und Arbeitgeber

ABSCHNITT XI
Besondere Einrichtungen und Schulgesundheit

Art. 78 Schulberatung
Art. 79 Bildstellenwesen
Art. 80 Schulgesundheit

ABSCHNITT XII
Schulversuche, MODUS-Schulen

Art. 81 Zweck
Art. 82 Zulässigkeit
Art. 83 Organisation

ABSCHNITT XIII
Kommerzielle und politische Werbung, Verarbeitung personenbezogener Daten

Art. 84 Kommerzielle und politische Werbung
Art. 85 Verarbeitung personenbezogener Daten
Art. 85a Automatisiertes Verfahren zur Unterstützung der Schulen

ABSCHNITT XIV
Erziehungs-, Ordnungs- und Sicherungsmaßnahmen

Art. 86 Erziehungsmaßnahmen, Ordnungsmaßnahmen
Art. 87 Sicherungsmaßnahmen
Art. 88 Zuständigkeit und Verfahren
Art. 88a Wiederzulassung

ABSCHNITT XV
Schulordnung

Art. 89 Verordnungsermächtigung

DRITTER TEIL
Private Unterrichtseinrichtungen

ABSCHNITT I
Private Schulen (Schulen in freier Trägerschaft)

a) Aufgabe
Art. 90 Aufgabe privater Schulen

b) Ersatzschulen

Art. 91 Begriffsbestimmung
Art. 92 Genehmigung
Art. 93 Mindestlehrpläne, Mindeststundentafeln, Prüfungsordnungen
Art. 94 Anforderungen an die Ausbildung der Lehrkräfte, persönliche Eignung von Personal
Art. 95 Untersagung der Tätigkeit
Art. 96 Keine Sonderung der Schülerinnen und Schüler
Art. 97 Wirtschaftliche und rechtliche Stellung der Lehrkräfte
Art. 98 Bedingungen und Erlöschen der Genehmigung
Art. 99 Änderungen der Genehmigungsvoraussetzungen, Auflösung einer Schule
Art. 100 Staatlich anerkannte Ersatzschulen
Art. 101 Ersatzschulen mit dem Charakter öffentlicher Schulen

c) Ergänzungsschulen

Art. 102 Begriffsbestimmung, Anzeigepflicht
Art. 103 Untersagung
Art. 104 Mindestlehrpläne, Prüfungen

ABSCHNITT II
Lehrgänge und Privatunterricht

Art. 105 Lehrgänge und Privatunterricht

VIERTER TEIL
Schülerheime

Art. 106 Begriffsbestimmung
Art. 107 Errichtung und Änderungen
Art. 108 Schülerheime bei Förderschulen
Art. 109 Aufsicht
Art. 110 Untersagung

FÜNFTER TEIL
Schulaufsicht, Schulverwaltung

Art. 111 Allgemeines, Leistungsvergleiche
Art. 112 Aufsicht über den Religionsunterricht
Art. 113 Befugnisse der Schulaufsichtsbehörden
Art. 113a Automatisiertes Verfahren zur Unterstützung der Schulverwaltung
Art. 113b Statistik
Art. 113c Evaluation
Art. 114 Sachliche Zuständigkeit
Art. 115 Schulämter
Art. 116 Beteiligung an der Schulaufsicht
Art. 117 Bayerisches Landesamt für Schule

SECHSTER TEIL
Maßnahmen zur Durchsetzung der Schulpflicht, Ordnungswidrigkeiten

Art. 118 Schulzwang
Art. 119 Ordnungswidrigkeiten

SIEBTER TEIL
Staatsinstitute und Studienkollegs

Art. 120 Staatsinstitute für die Ausbildung von Fachlehrern und Förderlehrern
Art. 121 Studienkollegs

ACHTER TEIL
Übergangs- und Schlussbestimmungen

Art. 122 Übergangsvorschriften
Art. 123 Rechts- und Verwaltungsvorschriften, elektronische Verwaltungsinfrastrukturen
Art. 124 Einschränkung von Grundrechten
Art. 125 Inkrafttreten, Außerkrafttreten

ERSTER TEIL
Grundlagen

Art. 1 Bildungs- und Erziehungsauftrag

(1) [1]Die Schulen haben den in der Verfassung verankerten Bildungs- und Erziehungsauftrag zu verwirklichen. [2]Sie sollen Wissen und Können vermitteln sowie Geist und Körper, Herz und Charakter bilden. [3]Oberste Bildungsziele sind Ehrfurcht vor Gott, Achtung vor religiöser Überzeugung, vor der Würde des Menschen und vor der Gleichberechtigung von Männern und Frauen, Selbstbeherrschung, Verantwortungsgefühl und Verantwortungsfreudigkeit, Hilfsbereitschaft, Aufgeschlossenheit für alles Wahre, Gute und Schöne und Verantwortungsbewusstsein für Natur, Umwelt, Artenschutz und Artenvielfalt. [4]Die Schülerinnen und Schüler sind im Geist der Demokratie, in der Liebe zur bayerischen Heimat und zum deutschen Volk und im Sinn der Völkerversöhnung zu erziehen.

(2) Bei der Erfüllung ihres Auftrags haben die Schulen das verfassungsmäßige Recht der Eltern auf Erziehung ihrer Kinder zu achten.

Art. 2 Aufgaben der Schulen

(1) Die Schulen haben insbesondere die Aufgabe,

- Kenntnisse und Fertigkeiten zu vermitteln und Fähigkeiten zu entwickeln,
- zu selbständigem Urteil und eigenverantwortlichem Handeln zu befähigen,
- zu verantwortlichem Gebrauch der Freiheit, zu Toleranz, friedlicher Gesinnung und Achtung vor anderen Menschen zu erziehen, zur Anerkennung kultureller und religiöser Werte zu erziehen,
- Kenntnisse von Geschichte, Kultur, Tradition und Brauchtum unter besonderer Berücksichtigung Bayerns zu vermitteln und die Liebe zur Heimat zu wecken, zur Förderung des europäischen Bewusstseins beizutragen,
- im Geist der Völkerverständigung zu erziehen und die Integrationsbemühungen von Migrantinnen und Migranten sowie die interkulturelle Kompetenz aller Schülerinnen und Schüler zu unterstützen,
- die Bereitschaft zum Einsatz für den freiheitlich-demokratischen und sozialen Rechtsstaat und zu seiner Verteidigung nach innen und außen zu fördern,
- die Durchsetzung der Gleichberechtigung von Frauen und Männern zu fördern und auf die Beseitigung bestehender Nachteile hinzuwirken,
- die Schülerinnen und Schüler zur gleichberechtigten Wahrnehmung ihrer Rechte und Pflichten in Familie, Staat und Gesellschaft zu befähigen, insbesondere Buben und junge Männer zu ermutigen, ihre künftige Vaterrolle verantwortlich anzunehmen sowie Familien- und Hausarbeit partnerschaftlich zu teilen,
- berufsorientierte Bildung zu vermitteln,
- auf Arbeitswelt und Beruf vorzubereiten, in der Berufswahl zu unterstützen und dabei insbesondere Mädchen und Frauen zu ermutigen, ihr Berufsspektrum zu erweitern,
- Verantwortungsbewusstsein für die Umwelt zu wecken,
- im Rahmen der Bildung für Nachhaltige Entwicklung die Schülerinnen und Schüler beim Erwerb von Kompetenzen zu unterstützen, die sie befähigen, nachhaltige Entwicklungen als solche zu erkennen und aktiv mitzugestalten.

(2) Inklusiver Unterricht ist Aufgabe aller Schulen.

(3) Die Schulen erschließen den Schülerinnen und Schülern das überlieferte und bewährte Bildungsgut und machen sie mit Neuem vertraut.

(4) [1]Die Schulleiterin oder der Schulleiter, die Lehrkräfte, die Schülerinnen und Schüler und ihre Erziehungsberechtigten (Schulgemeinschaft) arbeiten vertrauensvoll zusammen und pflegen eine Kultur der offenen Kommunikation. [2]Mit dem Ziel der Qualitätssicherung und -entwicklung gestaltet die Schule den Unterricht, die Erziehung und das Schulleben sowie die Leitung, Organisation und Verwaltung im Rahmen des verfassungsrechtlichen Bildungsauftrags und der Rechts- und Verwaltungsvorschriften in eigener Verantwortung (eigenverantwortliche Schule). [3]Dabei ist die Schulgemeinschaft bestrebt, das Lernklima und das Schulleben positiv und transparent zu gestalten und Meinungsverschiedenheiten in der Zuständigkeit der in der Schulgemeinschaft Verantwortlichen zu lösen. [4]In einem Schulentwicklungsprogramm bündelt die Schule die kurz- und mittelfristigen Entwicklungsziele und Maßnahmen der Schulgemeinschaft unter Berücksichtigung der Zielvereinbarungen gemäß Art. 111 Abs. 1 Satz 1 Nr. 2 und Art. 113c Abs. 4; dieses überprüft sie regelmäßig und aktualisiert es, soweit erforderlich.

(5) [1]Die Öffnung der Schule gegenüber ihrem Umfeld ist zu fördern. [2]Die Öffnung erfolgt durch die Zusammenarbeit der Schulen mit außerschulischen Einrichtungen, insbesondere mit Betrieben, Sport- und anderen Vereinen, Kunst- und Musikschulen, freien Trägern der Jugendhilfe, kommunalen und kirchlichen Einrichtungen sowie mit Einrichtungen der Weiterbildung.

(6) [1]Die Schulen arbeiten mit den Jugendoffizierinnen und Jugendoffizieren der Bundeswehr im Rahmen der politischen Bildung zusammen. [2]Die Karriereberaterinnen und Karriereberater der Bundeswehr und Behörden und Organisationen mit

Sicherheitsaufgaben dürfen im Rahmen schulischer Veranstaltungen zur beruflichen Orientierung über Berufs- und Einsatzmöglichkeiten in ihrem Bereich informieren.

Art. 3 Öffentliche und private Unterrichtseinrichtungen

(1) [1]Öffentliche Schulen sind staatliche oder kommunale Schulen. [2]Staatliche Schulen sind Schulen, bei denen der Dienstherr des Lehrpersonals der Freistaat Bayern ist. [3]Kommunale Schulen sind Schulen, bei denen der Dienstherr des Lehrpersonals eine bayerische kommunale Körperschaft (Gemeinde, Landkreis, Bezirk oder Zweckverband, ein Kommunalunternehmen oder ein gemeinsames Kommunalunternehmen) ist. [4]Öffentliche Schulen sind nichtrechtsfähige öffentliche Anstalten.

(2) [1]Private Schulen (Schulen in freier Trägerschaft) sind alle Schulen, die nicht öffentliche Schulen im Sinn des Absatzes 1 sind. [2]Sie müssen eine Bezeichnung führen, die eine Verwechslung mit öffentlichen Schulen ausschließt.

Art. 4 Schulbauten

(1) Die dem Unterricht dienenden Räume, Anlagen und sonstigen Einrichtungen müssen hinsichtlich Größe, baulicher Beschaffenheit und Ausstattung die Durchführung eines einwandfreien Schulbetriebs gewährleisten.

(2) [1]Der Bau von öffentlichen Schulen und von privaten Ersatzschulen bedarf der schulaufsichtlichen Genehmigung; das Verfahren sowie die Mindestanforderungen hinsichtlich des Raumbedarfs regelt das Staatsministerium für Unterricht und Kultus (Staatsministerium) im Einvernehmen mit dem Staatsministerium der Finanzen und für Heimat durch Rechtsverordnung. [2]Bei Schulen, die nicht zum Geschäftsbereich des Staatsministeriums gehören, entscheidet das zuständige Ressort im Einvernehmen mit dem Staatsministerium der Finanzen und für Heimat.

Art. 5 Schuljahr und Ferien

(1) [1]Das Schuljahr beginnt am 1. August und endet am 31. Juli des folgenden Kalenderjahres. [2]Für einzelne Schularten können in der Schulordnung aus besonderen Gründen davon abweichende Ausbildungsabschnitte vorgesehen werden.

(2) Die Ferien werden durch die Ferienordnung festgesetzt, die das zuständige Staatsministerium erlässt.

(3) Art. 5 gilt nicht für angezeigte Ergänzungsschulen und für private Berufsfachschulen nach Art. 92 Abs. 7, es sei denn, sie werden von Schülerinnen und Schülern besucht, die noch der Vollzeitschulpflicht unterliegen.

Art. 5a Besondere Bestimmungen

(1) Unberührt bleiben die Bestimmungen auf Grund von Staatsverträgen, insbesondere die Bestimmungen des Konkordats zwischen seiner Heiligkeit Papst Pius XI. und dem Staate Bayern und des Vertrags zwischen dem Bayerischen Staate und der Evangelisch-Lutherischen Kirche in Bayern rechts des Rheins.

(2) Dieses Gesetz gilt nicht für

1. öffentliche Schulen und Lehrgänge, die der Aus- und Weiterbildung der Angehörigen des öffentlichen Dienstes und der im Vorbereitungsdienst befindlichen Personen dienen,
2. Einrichtungen, die errichtet oder betrieben werden
   a) auf Grund der Vorschriften der Handwerksordnung von Handwerksinnungen, Innungsverbänden, Kreishandwerkerschaften und Handwerkskammern,
   b) auf Grund der Vorschriften des Gesetzes zur vorläufigen Regelung des Rechts der Industrie- und Handelskammern,

c) von juristischen Personen des öffentlichen Rechts, politischen Parteien, Gewerkschaften, berufsständischen oder genossenschaftlichen Vereinigungen und Organisationen für ihre Bediensteten oder Mitglieder über 18 Jahre und ohne die Absicht, Gewinne zu erzielen,

es sei denn, dass sie öffentliche Schulen ersetzen,

3. berufsvorbereitende Bildungsmaßnahmen im Sinne des Dritten Kapitels Dritter Abschnitt Zweiter und Dritter Unterabschnitt sowie Siebter Abschnitt des Dritten Buches Sozialgesetzbuch, es sei denn, es handelt sich um eine Ersatzschule nach Art. 91.

ZWEITER TEIL
Die öffentlichen Schulen

ABSCHNITT I

Art. 6 Gliederung des Schulwesens

(1) [1]Das Schulwesen gliedert sich in allgemein bildende und berufliche Schularten. [2]Diese haben im Rahmen des gemeinsamen Bildungs- und Erziehungsauftrags ihre eigenständige, gleichwertige Aufgabe.

(2) Es bestehen folgende Schularten:

1. Allgemein bildende Schulen:
   a) die Grundschule,
   b) die Mittelschule,
   c) die Realschule,
   d) das Gymnasium,
   e) die Schulen des Zweiten Bildungswegs:
      aa) die Abendrealschule,
      bb) das Abendgymnasium,
      cc) das Kolleg;
2. Berufliche Schulen:
   a) die Berufsschule,
   b) die Berufsfachschule,
   c) die Wirtschaftsschule,
   d) die Fachschule,
   e) die Fachoberschule und die Berufsoberschule (Berufliche Oberschule),
   f) die Fachakademie;
3. Förderschulen (Schulen zur sonderpädagogischen Förderung):
   a) allgemein bildende Förderschulen,
   b) berufliche Förderschulen;
4. Schulen für Kranke.

(3) Innerhalb einer Schulart können Ausbildungsrichtungen, die einen gemeinsamen besonderen Schwerpunkt des Lehrplans bezeichnen (z.B. Naturwissenschaftlich-technologisches Gymnasium) und Fachrichtungen für gleichartige fachliche Zielsetzungen (z.B. Technikerschule für Elektrotechnik) eingerichtet werden.

(4) [1]Auf Antrag des Schulaufwandsträgers können an Grundschulen, Mittelschulen, Realschulen, Wirtschaftsschulen und Gymnasien sowie an den entsprechenden Förderschulen schulische Ganztagsangebote in eigenen Ganztagsklassen in rhythmisierter Form (gebundenes Ganztagsangebot) oder bzw. und in klassen- und jahrgangsübergreifender Form (offenes Ganztagsangebot) eingerichtet werden. [2]Um dem Unterstützungsbedarf der Schülerinnen und Schüler mit bzw. mit drohender Behinderung Rechnung zu tragen, können schulische Ganztagsangebote entsprechend Satz 1 mit Leistungen der Jugend- bzw. Eingliederungshilfe nach dem Achten Buch Sozialgesetzbuch oder der

Eingliederungshilfe nach dem Neunten Buch Sozialgesetzbuch ergänzt bzw. zu einem gemeinsamen Bildungs- und Betreuungsangebot verbunden werden. [3]Die Planungen zu Ganztagsangeboten erfolgen im Benehmen mit den Trägern der öffentlichen Jugendhilfe. [4]Die Einrichtung der Ganztagsangebote erfolgt nach Maßgabe der hierfür im Haushalt bereit gestellten Stellen und Mittel. [5]Die Wahlfreiheit zwischen Halbtagsschule und Ganztagsangeboten im Bereich der staatlichen Schulen wird gewährleistet; es besteht kein Rechtsanspruch auf den Besuch eines Ganztagsangebots. [6]Schülerinnen und Schüler, die von ihren Erziehungsberechtigten für ein Ganztagsangebot angemeldet wurden, sind verpflichtet, an diesem teilzunehmen.

ABSCHNITT II
Schularten und Mittlerer Schulabschluss

a) Allgemein bildende Schulen

Art. 7 Die Grundschule

(1) [1]Die Grundschule schafft durch die Vermittlung einer grundlegenden Bildung die Voraussetzungen für jede weitere schulische Bildung. [2]Sie gibt in Jahren der kindlichen Entwicklung Hilfen für die persönliche Entfaltung. [3]Um den Kindern den Übergang zu erleichtern, arbeitet die Grundschule mit den Kindertageseinrichtungen zusammen.

(2) [1]Die Grundschule umfasst die Jahrgangsstufen 1 bis 4. [2]Sie vereinigt alle Schulpflichtigen dieser Jahrgangsstufen, soweit sie nicht eine Förderschule besuchen.

(3) [1]In den Grundschulen werden die Schülerinnen und Schüler nach den gemeinsamen Grundsätzen der christlichen Bekenntnisse unterrichtet und erzogen. [2]In Klassen mit Schülerinnen und Schülern gleichen Bekenntnisses wird darüber hinaus den besonderen Grundsätzen dieses Bekenntnisses Rechnung getragen.

(4) [1]Angesichts der geschichtlichen und kulturellen Prägung Bayerns wird in jedem Klassenraum ein Kreuz angebracht. [2]Damit kommt der Wille zum Ausdruck, die obersten Bildungsziele der Verfassung auf der Grundlage christlicher und abendländischer Werte unter Wahrung der Glaubensfreiheit zu verwirklichen. [3]Wird der Anbringung des Kreuzes aus ernsthaften und einsehbaren Gründen des Glaubens oder der Weltanschauung durch die Erziehungsberechtigten widersprochen, versucht die Schulleiterin bzw. der Schulleiter eine gütliche Einigung. [4]Gelingt eine Einigung nicht, hat sie bzw. er nach Unterrichtung des Schulamts für den Einzelfall eine Regelung zu treffen, welche die Glaubensfreiheit des Widersprechenden achtet und die religiösen und weltanschaulichen Überzeugungen aller in der Klasse Betroffenen zu einem gerechten Ausgleich bringt; dabei ist auch der Wille der Mehrheit, soweit möglich, zu berücksichtigen.

Art. 7a Die Mittelschule

(1) [1]Die Mittelschule vermittelt eine grundlegende Allgemeinbildung, bietet Hilfen zur Berufsfindung und schafft Voraussetzungen für eine qualifizierte berufliche Bildung, sie eröffnet in Verbindung mit dem beruflichen Schulwesen Bildungswege, die zu einer abgeschlossenen Berufsausbildung und zu weiteren beruflichen Qualifikationen führen können, sie schafft die schulischen Voraussetzungen für den Übertritt in weitere schulische Bildungsgänge bis zur Hochschulreife. [2]Das breite Feld von unterschiedlichen Anlagen, Interessen und Neigungen wird durch ein differenziertes Auswahlangebot neben den für alle Schülerinnen und Schüler verbindlichen Fächern berücksichtigt; hierfür ist die Bildung eigener Klassen und Kurse möglich, z.B. Praxisklassen und Klassen oder Kurse für Schülerinnen und Schüler mit nicht deutscher Muttersprache. [3]Mittelschulen vermitteln allein oder gemeinsam in einem Schulverbund ein Bildungsangebot,

das regelmäßig drei Zweige der Berufsorientierung und in der Regel ein schulisches Ganztagsangebot umfasst sowie zum mittleren Schulabschluss führt. [4]Mittelschulen sollen mit einer beruflichen Schule, der regionalen Wirtschaft und der Arbeitsverwaltung zusammenarbeiten.

(2) [1]Die Mittelschule baut auf der Grundschule auf und umfasst die Jahrgangsstufen 5 bis 9 und, soweit ein Mittlere-Reife-Zug oder eine Vorbereitungsklasse für den Erwerb des mittleren Schulabschlusses eingerichtet ist, auch die Jahrgangsstufe 10; sie umfasst für Schülerinnen und Schüler, die Vorbereitungsklassen für den Erwerb des mittleren Schulabschlusses an der Mittelschule besuchen, eine weitere Jahrgangsstufe. [2]Der Mittlere-Reife-Zug erstreckt sich auf die Jahrgangsstufen 7 bis 10. [3]Ab der Jahrgangsstufe 7 werden Mittlere-Reife-Klassen angeboten, in den Jahrgangsstufen 5 bis 8 können zur Vorbereitung auf Mittlere-Reife-Klassen auch Mittlere-Reife-Kurse angeboten werden. [4]In Mittlere-Reife-Klassen werden nach Maßgabe der Schulordnung besonders leistungsstarke Schülerinnen und Schüler aufgenommen. [5]In Vorbereitungsklassen nach Satz 1 werden nach Maßgabe der Schulordnung besonders leistungsstarke Schülerinnen und Schüler der Jahrgangsstufe 9 aufgenommen, die den qualifizierenden Abschluss der Mittelschule erworben haben.

(3) An Mittelschulen können nach Maßgabe der im Staatshaushalt vorgesehenen Stellen und Mittel Vorbereitungsklassen nach Abs. 2 Satz 1 auf Antrag der Schulleiterin oder des Schulleiters der Mittelschule, wenn sie keinem Verbund angehört, und der Verbundkoordinatorin oder des Verbundkoordinators, wenn sie einem Verbund angehört, eingerichtet werden; die Zustimmung des Schulaufwandsträgers ist erforderlich.

(4) [1]Die Mittelschule verleiht in der Jahrgangsstufe 9 den erfolgreichen Abschluss der Mittelschule, wenn die erforderlichen Leistungen erbracht sind; Schülerinnen und Schüler, die an einer besonderen Leistungsfeststellung teilnehmen, können auch den qualifizierenden Abschluss der Mittelschule erwerben. [2]In der Jahrgangsstufe 10 führt die Mittlere-Reife-Klasse zum mittleren Schulabschluss an der Mittelschule.

(5) [1]Die Mittelschule stellt auf Antrag das Zeugnis über den qualifizierten beruflichen Bildungsabschluss aus, wenn
1. der qualifizierende Abschluss der Mittelschule,
2. ausreichende Kenntnisse in Englisch, die dem Leistungsstand eines fünfjährigen Unterrichts entsprechen, sowie
3. ein Berufsabschluss mit einem Notendurchschnitt von mindestens 3,0 im Abschlusszeugnis

nachgewiesen werden; Art. 11 Abs. 2 Satz 3 gilt entsprechend. [2]Örtlich zuständig ist die Mittelschule, an der der qualifizierende Abschluss der Mittelschule erworben worden ist.

(6) Art. 7 Abs. 3 und 4 gelten entsprechend.

Art. 8 Die Realschule

(1) [1]Die Realschule vermittelt eine breite allgemeine und berufsvorbereitende Bildung. [2]Die Realschule ist gekennzeichnet durch ein, in sich geschlossenes Bildungsangebot, das auch berufsorientierte Fächer einschließt. [3]Sie legt damit den Grund für eine Berufsausbildung und eine spätere qualifizierte Tätigkeit in einem weiten Bereich von Berufen mit vielfältigen theoretischen und praktischen Anforderungen. [4]Sie schafft die schulischen Voraussetzungen für den Übertritt in weitere schulische Bildungsgänge bis zur Hochschulreife.

(2) [1]Die Realschule umfasst die Jahrgangsstufen 5 bis 10, Realschulen zur sonderpädagogischen Förderung auch weitere Jahrgangsstufen. [2]Sie baut auf der Grundschule auf und verleiht nach bestandener Abschlussprüfung den Realschulabschluss.

(3) An der Realschule können folgende Ausbildungsrichtungen eingerichtet werden:
1. Ausbildungsrichtung I mit Schwerpunkt im mathematisch-naturwissenschaftlich-technischen Bereich,
2. Ausbildungsrichtung II mit Schwerpunkt im wirtschaftlichen Bereich,
3. Ausbildungsrichtung III mit Schwerpunkt im fremdsprachlichen Bereich; die Ausbildungsrichtung kann ergänzt werden durch Schwerpunkte im musisch-gestaltenden, im ernährungs- und gesundheitsbezogenen sowie im sozialen Bereich.

Art. 9 Das Gymnasium

(1) Das Gymnasium vermittelt die vertiefte allgemeine Bildung, die für ein Hochschulstudium vorausgesetzt wird; es schafft auch zusätzliche Voraussetzungen für eine berufliche Ausbildung außerhalb der Hochschule.

(2) [1]Das Gymnasium umfasst die Jahrgangsstufen 5 bis 13. [2]Es baut auf der Grundschule auf, schließt mit der Abiturprüfung ab und verleiht die allgemeine Hochschulreife.

(3) [1]Am Gymnasium können folgende Ausbildungsrichtungen eingerichtet werden:
1. Humanistisches Gymnasium,
2. Sprachliches Gymnasium,
3. Naturwissenschaftlich-technologisches Gymnasium,
4. Musisches Gymnasium,
5. Wirtschaftswissenschaftliches Gymnasium,
6. Sozialwissenschaftliches Gymnasium.

[2]Bei der Ausbildungsrichtung nach Satz 1 Nr. 4 können bestehende Sonderformen mit den Jahrgangsstufen 7 bis 13 weitergeführt werden.

(4) [1]In der Oberstufe können Fächer und Seminare eingerichtet werden. [2]Für die Jahrgangsstufen 12 und 13 gilt:
1. Die beiden Jahrgangsstufen bilden die Qualifikationsphase.
2. Die beiden Jahrgangsstufen gliedern sich jeweils in zwei Ausbildungsabschnitte. Vorrückungsentscheidungen werden nicht getroffen.
3. Die Leistungen werden durch Noten und durch ein Punktesystem bewertet.
4. Die allgemeine Hochschulreife wird auf Grund einer Gesamtqualifikation zuerkannt, die in der Abiturprüfung und in den beiden Jahrgangsstufen erworben wird.

[3]Das Staatsministerium wird ermächtigt, das Nähere in der Schulordnung zu regeln, insbesondere das Fächerangebot und seine Zusammenfassung zu Aufgabenfeldern einschließlich der Wahlmöglichkeiten und Belegungsgrundsätze, die Leistungserhebung und -bewertung, die Voraussetzungen der Zulassung zur Abiturprüfung, die Bildung der Gesamtqualifikation, die Voraussetzungen für die Zuerkennung der allgemeinen Hochschulreife und die Gestaltung der Zeugnisse.

Art. 10 Schulen des Zweiten Bildungswegs

(1) [1]Die Abendrealschule ist eine Schule, die Berufstätige im dreijährigen Abendunterricht zum Realschulabschluss führt. [2]Der Unterricht kann auch auf vier Jahre verteilt werden. [3]In der Abschlussklasse kann Tagesunterricht erteilt werden.

(2) [1]Das Abendgymnasium ist eine Schule, die Berufstätige im vierjährigen Abendunterricht zur allgemeinen Hochschulreife führt. [2]In der Abschlussklasse kann Tagesunterricht erteilt werden.

(3) Das Kolleg ist ein Gymnasium besonderer Art, das Erwachsene, die sich bereits im Berufsleben bewährt haben, im dreijährigen Unterricht zur allgemeinen Hochschulreife führt.

(4) Die Führung eines Familienhaushalts ist einer Berufstätigkeit gleichgestellt.

b) Berufliche Schulen

Art. 11 Die Berufsschule

(1) [1]Die Berufsschule ist eine Schule mit Teilzeit- und Vollzeitunterricht im Rahmen der beruflichen Ausbildung, die von Berufsschulpflichtigen und Berufsschulberechtigten besucht wird. [2]Sie hat die Aufgabe, die Schülerinnen und Schüler in Abstimmung mit der betrieblichen Berufsausbildung oder unter Berücksichtigung ihrer beruflichen Tätigkeit beruflich zu bilden und zu erziehen und die allgemeine Bildung zu fördern.

(2) [1]Die Berufsschule verleiht nach Maßgabe der erzielten Leistungen den erfolgreichen Berufsschulabschluss. [2]Mit dem erfolgreichen Berufsschulabschluss wird auch der mittlere Schulabschluss verliehen, wenn
1. im Abschlusszeugnis ein Notendurchschnitt von mindestens 3,0,
2. ausreichende Kenntnisse in Englisch, die dem Leistungsstand eines fünfjährigen Unterrichts entsprechen, und
3. eine abgeschlossene Berufsausbildung

nachgewiesen werden. [3]In Fällen besonderer Härte kann eine andere moderne Fremdsprache als Englisch genehmigt werden; das Staatsministerium trifft die näheren Regelungen.

(3) [1]Die Berufsschulen haben insbesondere die allgemeinen, berufsfeldübergreifenden sowie die für den Ausbildungsberuf oder die berufliche Tätigkeit erforderlichen fachtheoretischen Kenntnisse zu vermitteln und die fachpraktischen Kenntnisse und Fertigkeiten zu vertiefen; im Berufsgrundschuljahr obliegt ihnen auf Berufsfeldbreite die Vermittlung von fachtheoretischen und fachpraktischen Kenntnissen und Fertigkeiten. [2]Die Ausbildung in der Berufsschule umfasst eine einjährige Grundstufe und eine darauf aufbauende mindestens einjährige Fachstufe. [3]Der Unterricht in der Grundstufe wird durchgeführt
1. für anerkannte Ausbildungsberufe, die einem Berufsfeld zugeordnet sind, zur Vermittlung beruflicher Grundbildung
   a) im Teilzeitunterricht an einzelnen Unterrichtstagen oder als Blockunterricht (Berufsgrundbildungsjahr in kooperativer Form)

   oder

   b) im Vollzeitunterricht (Berufsgrundschuljahr),
2. für anerkannte Ausbildungsberufe, die keinem Berufsfeld zugeordnet sind, in Teilzeitunterricht an einzelnen Unterrichtstagen oder als Blockunterricht.

[4]Der Unterricht in der Grundstufe wird für Berufe nach Satz 3 Nr. 1 auf Berufsfelder, für Berufe nach Satz 3 Nr. 2 auf die einzelnen Ausbildungsberufe bezogen erteilt. [5]Beim Unterricht auf Berufsfeldbreite sind Berufsfeldschwerpunkte in dem rechtlich vorgegebenen Rahmen zu bilden. [6]Der Unterricht in der Fachstufe wird berufsspezifisch in Teilzeitform an einzelnen Unterrichtstagen oder als Blockunterricht erteilt.

(4) [1]Die berufliche Grundbildung im Unterricht der Grundstufe wird durch Rechtsverordnung schrittweise sektoral und regional nach Maßgabe der fachlichen und regionalen Erfordernisse und der baulichen, organisatorischen und personellen Voraussetzungen, insbesondere vorhandener Einrichtungen, eingeführt; nach denselben Gesichtspunkten wird geregelt, ob die berufliche Grundbildung nach Absatz 3 Satz 3 Nr. 1 im Vollzeit- oder im Teilzeitunterricht durchgeführt werden soll. [2]Für das Berufsgrundschuljahr werden die Berufsfelder festgelegt. [3]Die Rechtsverordnung wird vom Staatsministerium im Einvernehmen mit dem Staatsministerium der Finanzen und für Heimat und dem jeweils zuständigen Fachministerium nach Anhörung der Landesorganisationen der Fachverbände und der für die Berufsbildung zuständigen Stellen erlassen.

Art. 12
(aufgehoben)

Art. 13 Die Berufsfachschule

[1]Die Berufsfachschule ist eine Schule, die, ohne eine Berufsausbildung vorauszusetzen, der Vorbereitung auf eine Berufstätigkeit oder der Berufsausbildung dient und die Allgemeinbildung fördert. [2]Der Ausbildungsgang umfasst mindestens ein Schuljahr im Vollzeitunterricht. [3]Nach Maßgabe der Schulordnung kann der Ausbildungsgang im Teilzeitunterricht stattfinden. [4]Mit dem Abschlusszeugnis einer mindestens zweijährigen Berufsfachschule, die zu einer abgeschlossenen Berufsausbildung führt, wird bei einem Notendurchschnitt von mindestens 3,0 und dem Nachweis ausreichender Kenntnisse in Englisch, die dem Leistungsstand eines fünfjährigen Unterrichts entsprechen, der mittlere Schulabschluss verliehen; Art. 11 Abs. 2 Satz 3 gilt entsprechend.

Art. 14 Die Wirtschaftsschule

(1) Die Wirtschaftsschule vermittelt eine allgemeine Bildung und eine berufliche Grundbildung im Berufsfeld Wirtschaft und Verwaltung und bereitet auf eine entsprechende berufliche Tätigkeit vor.

(2) [1]Die Wirtschaftsschule ist eine Berufsfachschule und umfasst in zweistufiger Form die Jahrgangsstufen 10 und 11, in dreistufiger Form die Jahrgangsstufen 8 bis 10 und in vierstufiger Form die Jahrgangsstufen 7 bis 10. [2]Sie baut in zweistufiger Form auf dem qualifizierenden Abschluss der Mittelschule, in dreistufiger Form auf der Jahrgangsstufe 7 und in vierstufiger Form auf der Jahrgangsstufe 6 der Mittelschule auf. [3]Wirtschaftsschulen in vierstufiger Form können eine sechste Jahrgangsstufe als Vorklasse führen. [4]Sie verleiht nach bestandener Abschlussprüfung den Wirtschaftsschulabschluss.

Art. 15 Die Fachschule

[1]Die Fachschule dient der vertieften beruflichen Fortbildung oder Umschulung und fördert die Allgemeinbildung; sie wird im Anschluss an eine Berufsausbildung und in der Regel an eine ausreichende praktische Berufstätigkeit besucht. [2]Der Ausbildungsgang umfasst bei Vollzeitunterricht mindestens ein halbes Schuljahr, bei Teilzeitunterricht einen entsprechend längeren Zeitraum. [3]Die mindestens einjährige Fachschule kann nach Maßgabe der Schulordnung die Fachschulreife verleihen.

Art. 16 Die Fachoberschule und die Berufsoberschule

(1) [1]Fachoberschule und Berufsoberschule bilden die Berufliche Oberschule. [2]Sie vermittelt allgemeine, fachtheoretische und fachpraktische Bildung unter Einbeziehung berufspraktischer Erfahrung. [3]Es können folgende Ausbildungsrichtungen eingerichtet werden:
1. Technik,
2. Agrarwirtschaft, Bio- und Umwelttechnologie,
3. Wirtschaft und Verwaltung,
4. Internationale Wirtschaft,
5. Sozialwesen,
6. Gesundheit,
7. an der Fachoberschule zusätzlich Gestaltung.

(2) [1]Die Berufliche Oberschule baut auf einem mittleren Schulabschluss auf. [2]Im Fall einer abgeschlossenen Berufsausbildung oder einer entsprechenden mehrjährigen Berufserfahrung erfolgt der Eintritt in die Jahrgangsstufe 12 der Berufsoberschule,

ansonsten in die Jahrgangsstufe 11 der Fachoberschule. [3]Die Jahrgangsstufen gliedern sich in je zwei Ausbildungsabschnitte. [4]Die Leistungsbewertung wird durch Noten und durch ein Punktesystem vorgenommen.

(3) [1]Die Fachoberschule umfasst die Jahrgangsstufen 11 und 12; in der Jahrgangsstufe 11 gehört zum Unterricht auch eine fachpraktische Ausbildung. [2]Sie verleiht nach bestandener Fachabiturprüfung die Fachhochschulreife. [3]Für überdurchschnittlich qualifizierte Absolventen der Fachabiturprüfung kann eine Jahrgangsstufe 13 geführt werden. [4]Diese verleiht nach bestandener Abiturprüfung die fachgebundene, sowie bei Nachweis der notwendigen Kenntnisse in einer zweiten Fremdsprache die allgemeine Hochschulreife.

(4) [1]Die Berufsoberschule umfasst die Jahrgangsstufen 12 und 13; sie kann in Teilzeitform geführt werden. [2]Sie verleiht nach bestandener Abiturprüfung die fachgebundene, sowie bei Nachweis der notwendigen Kenntnisse in einer zweiten Fremdsprache die allgemeine Hochschulreife. [3]Schülerinnen und Schüler der 12. Jahrgangsstufe können sich der Fachabiturprüfung zum Erwerb der Fachhochschulreife unterziehen.

(5) [1]An der Beruflichen Oberschule können insbesondere für Schülerinnen und Schüler mit mittlerem Schulabschluss gemäß Art. 25 Abs. 1 Satz 2 Nr. 1 bis 5 einjährige Vorklassen eingerichtet werden. [2]Schülerinnen und Schüler können den mittleren Schulabschluss erwerben

1. im Rahmen einer Vorklasse, wenn sie über den Abschluss der Mittelschule und eine abgeschlossene Berufsausbildung verfügen, oder
2. im Rahmen einer Integrationsvorklasse, wenn sie die Voraussetzungen für deren Besuch erfüllen.

Art. 17 Die Fachakademie

(1) Die Fachakademie bereitet durch eine vertiefte berufliche und allgemeine Bildung auf den Eintritt in eine angehobene Berufslaufbahn vor.

(2) [1]Die Fachakademie umfasst bei Vollzeitunterricht mindestens zwei Schuljahre. [2]Sie baut auf einem mittleren Schulabschluss und in der Regel auf einer dem Ausbildungsziel dienenden beruflichen Ausbildung oder praktischen Tätigkeit auf. [3]Das Staatsministerium kann durch Rechtsverordnung bestimmen, dass an Fachakademien künstlerischer Ausbildungsrichtungen an die Stelle des mittleren Schulabschlusses der Nachweis einer entsprechenden Begabung im jeweiligen Fachgebiet tritt.

(3) [1]Das jeweils zuständige Staatsministerium legt durch Rechtsverordnung im Einvernehmen mit dem Staatsministerium die Ausbildungsrichtungen der Fachakademien fest; es kann die Ausbildungsrichtungen in Fachrichtungen unterteilen. [2]Eine Fachakademie kann verschiedene Ausbildungsrichtungen umfassen.

Art. 18 Erwerb der Fachhochschulreife oder der fachgebundenen Hochschulreife an beruflichen Schulen

[1]An beruflichen Schulen mit Ausnahme der Wirtschaftsschule kann die Fachhochschulreife unbeschadet des Art. 16 durch eine staatliche Ergänzungsprüfung erworben werden. [2]Die erworbene Fachhochschulreife kann auf einschlägige Studiengänge beschränkt werden. [3]Überdurchschnittlich befähigten Absolventinnen und Absolventen der Fachakademie, die die Fachhochschulreife erworben haben, kann die fachgebundene Hochschulreife zuerkannt werden. [4]Das Staatsministerium regelt das Nähere durch Rechtsverordnung.

c) Förderschulen und Schulen für Kranke

Art. 19 Aufgaben der Förderschulen

(1) Die Förderschulen diagnostizieren, erziehen, unterrichten, beraten und fördern Kinder und Jugendliche, die der sonderpädagogischen Förderung bedürfen und deswegen an einer allgemeinen Schule (allgemein bildende oder berufliche Schule) nicht oder nicht ausreichend gefördert und unterrichtet werden können.

(2) Zu den Aufgaben der Förderschulen gehören:

1. die schulische Unterrichtung und Förderung in Klassen mit bestimmten Förderschwerpunkten,
2. die vorschulische Förderung durch die Schulvorbereitenden Einrichtungen,
3. im Rahmen der verfügbaren Stellen und Mittel
   a) die vorschulische Förderung durch die Mobile Sonderpädagogische Hilfe und
   b) die Mobilen Sonderpädagogischen Dienste zur Unterstützung förderbedürftiger Schülerinnen und Schüler in allgemeinen Schulen oder in Förderschulen.

(3) [1]Die Förderschulen erfüllen den sonderpädagogischen Förderbedarf, indem sie eine den Anlagen und der individuellen Eigenart der Kinder und Jugendlichen gemäße Bildung und Erziehung vermitteln. [2]Sie tragen zur Persönlichkeitsentwicklung bei und unterstützen die soziale und berufliche Entwicklung. [3]Bei Kindern und Jugendlichen, die ständig auf fremde Hilfe angewiesen sind, können Erziehung und Unterrichtung pflegerische Aufgaben beinhalten.

(4) [1]Auf die Förderschulen sind die Vorschriften für die allgemeinen Schulen unter Berücksichtigung der sonderpädagogischen Anforderungen entsprechend anzuwenden. [2]Für die Förderzentren gelten Art. 7 Abs. 4 und Art. 7a Abs. 4 entsprechend. [3]Soweit es mit den jeweiligen Förderschwerpunkten vereinbar ist, vermitteln die Förderschulen die gleichen Abschlüsse wie die vergleichbaren allgemeinen Schulen.

Art. 20 Förderschwerpunkte, Aufbau und Gliederung der Förderschulen

(1) Förderschulen können gebildet werden für

1. den Förderschwerpunkt Sehen,
2. den Förderschwerpunkt Hören,
3. den Förderschwerpunkt körperliche und motorische Entwicklung,
4. den Förderschwerpunkt geistige Entwicklung,
5. den Förderschwerpunkt Sprache,
6. den Förderschwerpunkt Lernen,
7. den Förderschwerpunkt emotionale und soziale Entwicklung.

(2) [1]Die Schulen umfassen

1. Förderzentren mit Klassen
   a) der Grundschulstufe mit den Jahrgangsstufen 1 bis 4, wobei die Klassen der Jahrgangsstufen 1 und 2 als Sonderpädagogische Diagnose- und Förderklassen geführt und um eine Jahrgangsstufe 1 A erweitert werden können, wenn die Diagnose- und Fördermaßnahmen für die Jahrgangsstufen 1 und 2 ein drittes Schulbesuchsjahr erfordern; bei Schulen mit den Förderschwerpunkten Sehen und Hören ist die Jahrgangsstufe 1 A verpflichtend.
   b) der Mittelschulstufe mit den Jahrgangsstufen 5 bis 9 oder Teilstufen davon und, sofern Mittlere-Reife-Klassen gebildet werden können, auch mit der Jahrgangsstufe 10, wobei zur Vorbereitung auf die berufliche Ausbildung die Jahrgangsstufen 7 bis 9 als sonderpädagogische Diagnose- und Werkstattklassen ausgebildet werden können,

c) der Berufsschulstufe mit den Jahrgangsstufen 10 bis 12 bei Schulen mit dem Förderschwerpunkt geistige Entwicklung, wobei die Berufsschulstufe auch die Aufgaben der Berufsschule für Schülerinnen und Schüler mit diesem Förderschwerpunkt erfüllt,
d) – mit Zustimmung der Schulaufsichtsbehörde – des Berufsvorbereitungsjahres bei Schulen mit dem Förderschwerpunkt Sehen, Hören oder körperliche und motorische Entwicklung,
2. sonstige allgemein bildende Schulen zur sonderpädagogischen Förderung,
3. berufliche Schulen zur sonderpädagogischen Förderung.

[2]Um gleiche Abschlüsse zu erreichen, kann der Unterricht außer bei den Förderzentren über eine Jahrgangsstufe mehr als bei den vergleichbaren allgemeinen Schulen vorgesehen verteilt werden. [3]Klassen der Mittelschulstufen zur sonderpädagogischen Förderung, die auf der Grundlage der Lehrpläne der Mittelschule unterrichten und die Voraussetzungen des Art. 7a Abs. 1 Satz 3 erfüllen, können die Bezeichnung Mittelschule zur sonderpädagogischen Förderung führen. [4]Förderzentren können auch ohne ein Ganztagsangebot im Sinn des Art. 6 Abs. 4 die Bezeichnung Mittelschule führen, wenn ein teilstationäres Betreuungsangebot der Jugendhilfe oder Sozialhilfe besteht.

(3) [1]Förderzentren, die die Förderschwerpunkte Sprache, Lernen sowie emotionale und soziale Entwicklung umfassen, sind Sonderpädagogische Förderzentren. [2]Die Förderschulen im Sinn von Abs. 2 Satz 1 Nrn. 2 und 3 führen die Bezeichnung der entsprechenden allgemeinen Schulart mit dem Zusatz »zur sonderpädagogischen Förderung« und der Angabe des Schwerpunkts nach Abs. 1. [3]Förderschulen können Klassen für Kranke angegliedert werden.

Art. 21 Mobile Sonderpädagogische Dienste

(1) [1]Die Mobilen Sonderpädagogischen Dienste unterstützen die Unterrichtung von Schülerinnen und Schülern mit sonderpädagogischem Förderbedarf, die nach Maßgabe des Art. 41 eine allgemeine Schule besuchen können; sie können auch an einer anderen Förderschule eingesetzt werden, wenn eine Schülerin oder ein Schüler in mehreren Förderschwerpunkten sonderpädagogischen Förderbedarf hat und vom Lehrpersonal der besuchten Förderschule nicht in allen Schwerpunkten gefördert werden kann. [2]Mobile Sonderpädagogische Dienste diagnostizieren und fördern die Schülerinnen und Schüler, sie beraten Lehrkräfte, Erziehungsberechtigte und Schülerinnen und Schüler, koordinieren sonderpädagogische Förderung und führen Fortbildungen für Lehrkräfte durch. [3]Mobile Sonderpädagogische Dienste werden von den nächstgelegenen Förderschulen mit entsprechendem Förderschwerpunkt geleistet, soweit nicht nach Art. 30a Abs. 9 Satz 4 etwas anderes durch die Regierung bestimmt wurde.

(2) Für die Fördermaßnahmen können einschließlich des anteiligen Lehrerstundeneinsatzes je Schülerin bzw. Schüler in der besuchten allgemeinen Schule im längerfristigen Durchschnitt nicht mehr Lehrerstunden aufgewendet werden, als in der entsprechenden Förderschule je Schülerin bzw. Schüler eingesetzt werden.

Art. 22 Schulvorbereitende Einrichtungen und Mobile Sonderpädagogische Hilfe

(1) [1]Noch nicht schulpflichtige Kinder mit sonderpädagogischem Förderbedarf, die zur Entwicklung ihrer Fähigkeiten auch im Hinblick auf die Schulfähigkeit sonderpädagogischer Anleitung und Unterstützung bedürfen, sollen in Schulvorbereitenden Einrichtungen gefördert werden, sofern sie die notwendige Förderung nicht in anderen, außerschulischen Einrichtungen (z.B. Kindergärten) erhalten. [2]Schulvorbereitende Einrichtungen sind Bestandteile von Förderzentren; der Schulleiter leitet auch die Schulvorbereitende Einrichtung. [3]Eine Schulvorbereitende Einrichtung hat keine anderen

Förderschwerpunkte als die Förderschule, der sie angehört. [4]Die Schulvorbereitenden Einrichtungen verfolgen die in Art. 19 Abs. 3 genannten Ziele in den letzten drei Jahren vor dem regelmäßigen Beginn der Schulpflicht. [5]Sie leisten die Förderung in Gruppen, in denen die Kinder höchstens im zeitlichen Umfang wie in der Jahrgangsstufe 1 der entsprechenden Schule unterwiesen werden.

(2) [1]Für noch nicht schulpflichtige Kinder mit sonderpädagogischem Förderbedarf, die zur Entwicklung ihrer Fähigkeiten, ihrer Gesamtpersönlichkeit und für ein selbständiges Lernen und Handeln auch im Hinblick auf die Schulreife spezielle sonderpädagogische Anleitung und Unterstützung benötigen, können die fachlich entsprechenden Förderschulen bei anderweitig nicht gedecktem Bedarf Mobile Sonderpädagogische Hilfe in der Familie, in den Kindertageseinrichtungen und im Rahmen der interdisziplinären Frühförderung (z.B. Frühförderstellen) leisten. [2]Sie fördern die Entwicklung der Kinder, beraten die Eltern und Erzieher und verfolgen dabei die in Art. 19 Abs. 3 Satz 2 genannten Ziele in interdisziplinärer Zusammenarbeit mit den medizinischen, psychologischen, sonstigen pädagogischen, sozialen und anderen im Rahmen der Frühförderung zusammenwirkenden Diensten, deren Aufgaben, Rechtsgrundlagen, Organisation und Finanzierung unberührt bleiben. [3]Die Förderung setzt das Einverständnis der Eltern und bei der sonderpädagogischen Hilfe in den Kindertageseinrichtungen die Absprache mit der Leitung der Kindertageseinrichtungen voraus.

Art. 23 Schulen für Kranke; Hausunterricht

(1) [1]Schulen für Kranke unterrichten Schülerinnen und Schüler, die sich in Krankenhäusern oder vergleichbaren, unter ärztlicher Leitung stehenden Einrichtungen aufhalten müssen. [2]Die Schülerinnen und Schüler bleiben Schülerinnen und Schüler der bisher besuchten Schulart und Schule; sie werden in der Regel nach den für diese Schulart geltenden Lehrplänen unter Berücksichtigung der sich aus den Krankheiten und dem Krankenhausaufenthalt ergebenden Bedingungen unterrichtet. [3]Die Schule für Kranke soll möglichst den Anschluss an die Schulausbildung gewährleisten und den Heilungsprozess unterstützen.

(2) [1]Hausunterricht kann für längerfristig Kranke oder aus gesundheitlichen Gründen nicht schulbesuchsfähige Schülerinnen und Schüler sowie für Schülerinnen und Schüler, die auf Grund behördlicher Anordnung freiheitsentziehend in Jugendhilfeeinrichtungen untergebracht sind, erteilt werden. [2]Zuständig ist in der Regel die bisher besuchte Schule.

Art. 24 Förderschulen und Schulen für Kranke; Ausführungsbestimmungen

Das Staatsministerium wird ermächtigt, so weit erforderlich im Einvernehmen mit dem Staatsministerium der Finanzen und für Heimat und im Benehmen mit dem Staatsministerium für Familie, Arbeit und Soziales, bei nachfolgenden Nrn. 8 und 9 auch im Benehmen mit dem Staatsministerium für Gesundheit, Pflege und Prävention, durch Rechtsverordnung

1. die Zuständigkeit der einzelnen Förderschulformen zu beschreiben und voneinander abzugrenzen;
2. die Feststellung des sonderpädagogischen Förderbedarfs, das Verfahren bei der Aufnahme und bei der Überweisung in eine Förderschule sowie beim freiwilligen Besuch der Förderschule über die Schulpflicht hinaus, außerdem das Verfahren bei der Überweisung aus der Förderschule in die Grundschule, die Mittelschule oder die Berufsschule zu regeln;

3. die Voraussetzungen für die gemeinsame Förderung von Kindern und Jugendlichen mit und ohne sonderpädagogischen Förderbedarf in den Förderschulen zu regeln;
4. Aufgaben, Formen und Inhalt der Förderung sowie Organisation der Schulvorbereitenden Einrichtungen einschließlich des Zusammenwirkens zwischen privaten und öffentlichen Aufgabenträgern und die Feststellung des sonderpädagogischen Förderbedarfs der Kinder im Vorschulalter zu regeln;
5. Aufgaben, Formen, Inhalt, Umfang und Organisation der Mobilen Sonderpädagogischen Hilfe nach Art. 22 Abs. 2 zu regeln; für die Mobile Sonderpädagogische Hilfe können je Kind einschließlich der anteiligen Erzieherstunden in Kindertageseinrichtungen nicht mehr Betreuungsstunden aufgewendet werden, als anteilig je Kind für die Förderung in der Gruppe der entsprechenden Schulvorbereitenden Einrichtung eingesetzt werden;
6. Aufgaben, Formen und Inhalt sowie Organisation der Mobilen Sonderpädagogischen Dienste einschließlich des Zusammenwirkens öffentlicher und privater Schulen und die Verpflichtung der Schülerinnen und Schüler, von den Fördermaßnahmen Gebrauch zu machen, zu regeln;
7. Aufgaben, Ziele, Organisation und Zuordnung der Sonderpädagogischen Diagnose- und Förderklassen sowie der Sonderpädagogischen Diagnose- und Werkstattklassen zu regeln;
8. Aufbau, Formen, Inhalt und Organisation der Schulen für Kranke zu regeln sowie die Erlaubnis zur Weitergabe ärztlicher Erkenntnisse an die Schulen für Kranke im erforderlichen Umfang zu schaffen;
9. Voraussetzungen, Umfang, Organisation und Finanzierung von Hausunterricht zu regeln; die Einholung von fachärztlichen oder amtsärztlichen Gutachten kann vorgeschrieben werden.

Art. 24a
(aufgehoben)

d) Mittlerer Schulabschluss

Art. 25 Mittlerer Schulabschluss

(1) [1]Der mittlere Schulabschluss im Sinn dieses Gesetzes wird durch das Abschlusszeugnis einer Realschule nachgewiesen. [2]Er wird ferner nachgewiesen durch
1. das Abschlusszeugnis der 10. Klasse der Mittelschule,
2. das Zeugnis über den qualifizierten beruflichen Bildungsabschluss gemäß Art. 7a Abs. 5 Satz 1,
3. das Abschlusszeugnis der Berufsschule gemäß Art. 11 Abs. 2 Satz 2,
4. das Abschlusszeugnis der Berufsfachschule gemäß Art. 13 Satz 4,
5. das Abschlusszeugnis der Wirtschaftsschule gemäß Art. 14 Abs. 2 Satz 3,
6. das Zeugnis über den erfolgreichen Besuch der Vorklasse der Beruflichen Oberschule gemäß Art. 16 Abs. 5 Satz 2.

(2) Die Erlaubnis zum Vorrücken in die Jahrgangsstufe 11 des Gymnasiums und die Fachschulreife schließen den Nachweis eines mittleren Schulabschlusses ein.

(3) [1]Das Staatsministerium wird ermächtigt, die Voraussetzungen für den Erwerb eines mittleren Schulabschlusses und die damit verbundenen schulischen Berechtigungen im Einzelnen durch Rechtsverordnung zu regeln. [2]Das Staatsministerium oder die von ihm beauftragte Stelle kann allgemein oder im Einzelfall ein anderes Zeugnis als einem in Absatz 1 genannten Zeugnis gleichwertig anerkennen.

ABSCHNITT III
Errichtung und Auflösung von öffentlichen Schulen; Schulveranstaltungen; Zusammenarbeit; kooperatives Lernen

a) Allgemeine Grundsätze

Art. 26 Staatliche Schulen

(1) Grundschulen, Mittelschulen, Förderzentren, Berufsschulen zur sonderpädagogischen Förderung, Schulen für Kranke und Berufsschulen werden durch Rechtsverordnung der Regierung, die übrigen Schulen durch Rechtsverordnung des zuständigen Staatsministeriums errichtet und aufgelöst.

(2) [1]Vor der Errichtung und Auflösung ist das Benehmen mit dem zuständigen Aufwandsträger, vor der Auflösung ist außerdem das Benehmen mit dem Elternbeirat oder dem Berufsschulbeirat herzustellen. [2]Grundschulen, Mittelschulen und Förderzentren werden im Benehmen mit den beteiligten kommunalen Gebietskörperschaften, Elternbeiräten und kirchlichen Oberbehörden errichtet und aufgelöst.

(3) Art. 32 Abs. 2 Satz 2, Abs. 5 bis 7 und Art. 32a Abs. 3 bis 5 bleiben unberührt.

Art. 27 Kommunale Schulen

(1) [1]Die Errichtung einer kommunalen Schule ist zulässig, wenn gewährleistet ist, dass die Ausbildung der an der Schule tätigen Lehrkräfte hinter der Ausbildung der bei entsprechenden staatlichen Schulen eingesetzten Lehrkräfte nicht zurücksteht und die dem Unterricht dienenden Räume und Anlagen die Durchführung eines einwandfreien Schulbetriebs sicherstellen. [2]Die Errichtung einer kommunalen Schule ist der Schulaufsichtsbehörde drei Monate vor Aufnahme des Unterrichts anzuzeigen. [3]Wesentliche Änderungen im Bereich der Schule sind ebenfalls anzuzeigen. [4]Die Einstellung von Lehrkräften, die in Bayern die Befähigung zum Lehramt erworben haben und entsprechend verwendet werden, stellt keine wesentliche Änderung dar.

(2) [1]Errichtung und Auflösung einer kommunalen Schule erfolgen durch Satzung des kommunalen Schulträgers. [2]Vor der Auflösung einer kommunalen Schule ist das Benehmen mit dem Elternbeirat oder dem Berufsschulbeirat herzustellen. [3]Art. 99 Abs. 2 gilt entsprechend.

(3) Die Aufnahme von Schülerinnen und Schülern in eine kommunale Schule, die nicht Pflichtschule ist, darf nicht deshalb abgelehnt werden, weil die Erziehungsberechtigten oder die Schülerinnen und Schüler ihren Wohnsitz oder gewöhnlichen Aufenthalt nicht innerhalb des Gebiets des Schulträgers haben.

(4) [1]Die Einstellung und Verwendung von Lehrkräften an beruflichen Schulen, die die erforderliche Befähigung zum Lehramt nicht besitzen, sowie die Bestellung unterhälftig beschäftigter Schulleiterinnen bzw. Schulleiter bedürfen der schulaufsichtlichen Genehmigung; die mit weniger als der Hälfte der Unterrichtspflichtzeit tätigen Lehrkräfte sollen die gleiche fachliche Vorbildung haben, wie sie für die hauptamtlichen Lehrkräfte vorgeschrieben ist. [2]Die Schulaufsichtsbehörde kann nach Richtlinien des Staatsministeriums die Mindestzahl der erforderlichen Lehrkräfte an beruflichen Schulen festsetzen.

Art. 28 Erfordernisse der Raumordnung

[1]Bei der Errichtung und beim Betrieb öffentlicher Schulen sind die Ziele der Raumordnung zu beachten sowie die Grundsätze und die sonstigen Erfordernisse der Raumordnung zu berücksichtigen. [2]Den regionalen Gegebenheiten ist Rechnung zu tragen.

Art. 29 Bezeichnung von Schulen und Schülerheimen

(1) [1]In der Errichtungsverordnung wird den staatlichen Schulen, in der Errichtungssatzung den kommunalen Schulen eine amtliche Bezeichnung verliehen, aus der sich der Schulträger, die Schulart und der Schulort ergeben und die sie von anderen am selben Ort bestehenden Schulen der gleichen Schulart unterscheidet; die Angabe des Schulträgers entfällt bei den staatlichen Grundschulen, Mittelschulen und Förderzentren. [2]Bei Berufsfachschulen, Fachschulen, Fachakademien und, soweit erforderlich, bei Fachoberschulen und Berufsoberschulen enthält die Bezeichnung auch die geführte Ausbildungsrichtung oder Fachrichtung. [3]Der Schule kann vom Schulträger mit Zustimmung des Schulaufwandsträgers, der Lehrerkonferenz, des Elternbeirats und der Schülermitverantwortung, bei Berufsschulen des Berufsschulbeirats neben der amtlichen Bezeichnung ein Name verliehen werden. [4]Schülerinnen und Schülern an Förderschulen, die nach einem Lehrplan unterrichtet werden, der dem Anforderungsniveau des Lehrplans der jeweiligen allgemeinen Schule entspricht, können in den letzten beiden Schuljahren Zeugnisse mit einer abweichenden Schulbezeichnung erhalten; das Nähere regeln die Schulordnungen. [5]Auf gemeinsamen Antrag von Schulaufwandsträger und Schule erhalten Grundschulen durch die Regierung den Zusatz »(Volksschule)« verliehen. [6]Schulaufwandsträger in einem Verbund nach Art. 32 Abs. 5 bzw. Art. 32a Abs. 3 können dem Verbund einvernehmlich einen Verbundnamen geben.

(2) Abs. 1 Sätze 1 bis 3 gelten für staatliche verbundene Schülerheime entsprechend.

Art. 30 Unterricht und sonstige Schulveranstaltungen

(1) Ihren Bildungs- und Erziehungsauftrag erfüllen die Schulen durch Unterricht und sonstige Schulveranstaltungen.

(2) [1]Unterricht wird im Regelfall als Präsenzunterricht erteilt. [2]Hiervon abweichend kann Unterricht auch in räumlicher Trennung von Lehrkräften und Schülerinnen und Schülern stattfinden (Distanzunterricht). [3]Distanzunterricht soll durch elektronische Datenkommunikation einschließlich der Videoübertragung in Bild und Ton von Schülerinnen und Schülern sowie Lehrkräften unterstützt werden. [4]Distanzunterricht im Fall des Art. 23 kann auch ganz unter Einsatz elektronischer Datenkommunikation erteilt werden. [5]Das Staatsministerium regelt das Nähere durch Rechtsverordnung.

(3) [1]Eine sonstige Schulveranstaltung ist eine Veranstaltung einer Schule, die einen unmittelbaren Bezug zu den Aufgaben der Schule, nämlich Erziehung und Unterricht, aufweist. [2]Sie kann den Unterricht sachlich ergänzen, erweitern, unterstützen oder verdeutlichen, kann aber auch vorwiegend der Erziehung oder der Bereicherung des Schullebens dienen. [3]Sonstige Schulveranstaltungen finden in der Regel an Unterrichtstagen statt. [4]Die Schule kann einen jährlichen Höchstbetrag für Schulveranstaltungen in Abstimmung mit dem Elternbeirat festlegen.

Art. 30a Zusammenarbeit von Schulen, kooperatives Lernen

(1) [1]Die Schulen aller Schularten haben zusammenzuarbeiten. [2]Dies gilt insbesondere für Schulen im gleichen Einzugsbereich zur Ergänzung des Unterrichtsangebots und zur Abstimmung der Unterrichtszeiten. [3]Die Schulen stimmen sich beim Wechsel einer Schülerin oder eines Schülers an eine andere Schule ab. [4]Schulübergreifende Schulveranstaltungen können durchgeführt werden.

(2) Die Zusammenfassung beruflicher Schulen innerhalb von beruflichen Schulzentren ist anzustreben; Berufliche Oberschulen können Außenstellen an Berufsschulen führen.

(3) [1]Schülerinnen und Schüler mit und ohne sonderpädagogischem Förderbedarf können gemeinsam in Schulen aller Schularten unterrichtet werden. [2]Die allgemeinen Schulen werden bei ihrer Aufgabe, Schülerinnen und Schüler mit sonderpädagogischem Förderbedarf zu unterrichten, von den Förderschulen unterstützt.

(4) Die Aufnahme von Schülerinnen und Schülern mit sonderpädagogischem Förderbedarf in den Förderschwerpunkten Sehen, Hören sowie körperliche und motorische Entwicklung in die allgemeine Schule bedarf der Zustimmung des Schulaufwandsträgers; die Zustimmung kann nur bei erheblichen Mehraufwendungen verweigert werden.

(5) [1]Ein sonderpädagogischer Förderbedarf begründet nicht die Zugehörigkeit zu einer bestimmten Schulart. [2]Schulartspezifische Regelungen für die Aufnahme, das Vorrücken, den Schulwechsel und die Durchführung von Prüfungen an weiterführenden Schulen bleiben unberührt. [3]Schülerinnen und Schüler mit sonderpädagogischem Förderbedarf müssen an der allgemeinen Schule die Lernziele der besuchten Jahrgangsstufe nicht erreichen, soweit keine schulartspezifischen Voraussetzungen bestehen. [4]Die Festschreibung der Lernziele der Schülerinnen und Schüler mit sonderpädagogischem Förderbedarf durch einen individuellen Förderplan sowie den Nachteilsausgleich regeln die Schulordnungen. [5]Schülerinnen und Schüler, die auf Grund ihres sonderpädagogischen Förderbedarfs die Lernziele der Mittelschulen und Berufsschulen nicht erreichen, erhalten ein Abschlusszeugnis ihrer Schule mit einer Beschreibung der erreichten individuellen Lernziele sowie eine Empfehlung über Möglichkeiten der beruflichen Eingliederung und zum weiteren Bildungsweg.

(6) [1]Die Zusammenarbeit zwischen Förderschulen und allgemeinen Schulen soll im Unterricht und im Schulleben besonders gefördert werden. [2]Sie wird unterstützt durch eine überörtliche Planung durch die Regierungen und Staatlichen Schulämter, soweit betroffen, im Einvernehmen mit den zuständigen Ministerialbeauftragten. [3]Die Schulaufsichtsbehörden arbeiten dabei mit den allgemeinen Schulen, Förderschulen und den Schulträgern sowie mit anderen Stellen und öffentlichen Einrichtungen, insbesondere mit der Jugendhilfe und der Sozialhilfe, zusammen.

(7) Formen des kooperativen Lernens sind:

1. Kooperationsklassen:
   In Kooperationsklassen der Grundschulen, Mittelschulen und Berufsschulen wird eine Gruppe von Schülerinnen und Schülern mit sonderpädagogischem Förderbedarf zusammen mit Schülerinnen und Schülern ohne sonderpädagogischen Förderbedarf gemeinsam unterrichtet. Dabei erfolgt eine stundenweise Unterstützung durch die Mobilen Sonderpädagogischen Dienste.
2. Partnerklassen:
   Partnerklassen der Förderschule oder der allgemeinen Schule kooperieren mit einer Partnerklasse der jeweils anderen Schulart. Formen des gemeinsamen, regelmäßig lernzieldifferenten Unterrichts sind darin enthalten. Gleiches gilt für Partnerklassen verschiedener Förderschularten.
3. Offene Klassen der Förderschule:
   In offenen Klassen der Förderschule, in denen auf der Grundlage der Lehrpläne der allgemeinen Schule unterrichtet wird, können Schülerinnen und Schüler ohne sonderpädagogischen Förderbedarf unterrichtet werden.

(8) [1]Die Schülerinnen und Schüler können sich in ihrem sozial- oder jugendhilferechtlichen Hilfebedarf durch Schulbegleiterinnen oder Schulbegleiter nach Maßgabe der hierfür geltenden Bestimmungen unterstützen lassen. [2]Bei mehreren Kindern und Jugendlichen in Kooperationsklassen, die ständig auf fremde Hilfe angewiesen sind, können Erziehung und Unterricht pflegerische Aufgaben enthalten.

(9) [1]Kooperations- und Partnerklassen sowie offene Klassen sollen auf Anregung der Erziehungsberechtigten bei entsprechendem Bedarf mit Zustimmung der beteiligten Schulaufwandsträger und der beteiligten Schulen eingerichtet werden, wenn dies organisatorisch, personell und sachlich möglich ist. [2]Die Einrichtung bedarf der Genehmigung der zuständigen Schulaufsichtsbehörde. [3]Elternbeiräte der beteiligten Schulen sind anzuhören. [4]Sind unterschiedliche Förderschwerpunkte betroffen, bestimmt die zuständige Regierung in Abstimmung mit dem zuständigen Schulamt die für die sonderpädagogische Förderung zuständige Förderschule oder die zuständigen Förderschulen.

Art. 30b Inklusive Schule

(1) Die inklusive Schule ist ein Ziel der Schulentwicklung aller Schulen.

(2) [1]Einzelne Schülerinnen und Schüler mit sonderpädagogischem Förderbedarf, die die allgemeine Schule, insbesondere die Sprengelschule, besuchen, werden unter Beachtung ihres Förderbedarfs unterrichtet. [2]Sie werden nach Maßgabe der Art. 19 und 21 durch die Mobilen Sonderpädagogischen Dienste unterstützt. [3]Art. 30a Abs. 4, 5 und 8 Satz 1 gelten entsprechend.

(3) [1]Schulen können mit Zustimmung der zuständigen Schulaufsichtsbehörde und der beteiligten Schulaufwandsträger das Schulprofil »Inklusion« entwickeln. [2]Eine Schule mit dem Schulprofil »Inklusion« setzt auf der Grundlage eines gemeinsamen Bildungs- und Erziehungskonzepts in Unterricht und Schulleben individuelle Förderung im Rahmen des Art. 41 Abs. 1 und 5 für alle Schülerinnen und Schüler um; Art. 30a Abs. 4 bis 6 gelten entsprechend. [3]Unterrichtsformen und Schulleben sowie Lernen und Erziehung sind auf die Vielfalt der Schülerinnen und Schüler mit und ohne sonderpädagogischem Förderbedarf auszurichten. [4]Den Bedürfnissen der Kinder und Jugendlichen mit sonderpädagogischem Förderbedarf wird in besonderem Maße Rechnung getragen. [5]Das Staatsministerium wird ermächtigt, das Nähere durch Rechtsverordnung zu regeln.

(4) [1]In Schulen mit dem Schulprofil »Inklusion« werden Lehrkräfte der Förderschule in das Kollegium der allgemeinen Schule eingebunden und unterliegen den Weisungen der Schulleiterin oder des Schulleiters; Art. 59 Abs. 1 gilt entsprechend. [2]Die Lehrkräfte der allgemeinen Schule gestalten in Abstimmung mit den Lehrkräften für Sonderpädagogik und gegebenenfalls weiteren Fachkräften die Formen des gemeinsamen Lernens. [3]Die Lehrkräfte für Sonderpädagogik beraten die Lehrkräfte, die Schülerinnen und Schüler sowie die Erziehungsberechtigten und diagnostizieren den sonderpädagogischen Förderbedarf. [4]Sie fördern Schülerinnen und Schüler mit sonderpädagogischem Förderbedarf und unterrichten in Klassen mit Schülerinnen und Schülern ohne und mit sonderpädagogischem Förderbedarf. [5]Der fachliche Austausch zwischen allgemeiner Schule und Förderschule ist zu gewährleisten. [6]Hinsichtlich der möglichen Unterstützung durch Schulbegleiterinnen und Schulbegleiter gilt Art. 30a Abs. 8 Satz 1 entsprechend; sind mehrere Schülerinnen und Schüler einer Klasse pflegebedürftig, gilt Art. 30a Abs. 8 Satz 2 entsprechend.

(5) [1]Für Schülerinnen und Schüler mit sehr hohem sonderpädagogischen Förderbedarf können in Schulen mit dem Schulprofil »Inklusion« Klassen gebildet werden, in denen sie im gemeinsamen Unterricht durch eine Lehrkraft der allgemeinen Schule und eine Lehrkraft für Sonderpädagogik unterrichtet werden. [2]Die Lehrkraft für Sonderpädagogik kann durch sonstiges Personal unterstützt bzw. teilweise nach Maßgabe der Art. 60 Abs. 2 Sätze 1 und 2 ersetzt werden. [3]Diese Klassen bedürfen der Zustimmung des Schulaufwandsträgers und der Regierung.

Art. 31 Zusammenarbeit mit Jugendämtern und Einrichtungen der Erziehung, Bildung und Betreuung; Mittagsbetreuung

(1) [1]Die Schulen arbeiten in Erfüllung ihrer Aufgaben mit den Jugendämtern und den Trägern der freien Jugendhilfe sowie anderen Trägern und Einrichtungen der außerschulischen Erziehung und Bildung zusammen. [2]Sie sollen das zuständige Jugendamt unterrichten, wenn Tatsachen bekannt werden, die darauf schließen lassen, dass das Wohl einer Schülerin oder eines Schülers ernsthaft gefährdet oder beeinträchtigt ist und deshalb Maßnahmen der Jugendhilfe notwendig sind.

(2) Die Schulen sollen durch Zusammenarbeit mit Horten und ähnlichen Einrichtungen die Betreuung von Schülerinnen und Schülern außerhalb der Unterrichtszeit fördern.

(3) [1]Mittagsbetreuung wird bei Bedarf auf Antrag des jeweiligen Trägers an der Grundschule, in geeigneten Fällen auch an anderen Schularten nach Maßgabe der im

Staatshaushalt ausgebrachten Mittel im Zusammenwirken mit den Kommunen und den Erziehungsberechtigten angeboten. [2]Diese bietet den Erziehungsberechtigten in Zusammenarbeit mit der Schule eine verlässliche Betreuung für die Zeiten, die über das Unterrichtsende hinausgehen. [3]Die Mittagsbetreuung untersteht der Schulaufsicht. [4]Für die Untersagung von Errichtung und Betrieb einer Mittagsbetreuung gilt Art. 110 entsprechend.

b) Besondere Regelungen für Pflichtschulen

Art. 32 Grundschulen

(1) Öffentliche Grundschulen können nur als staatliche Schulen errichtet werden.

(2) [1]An Grundschulen sind Jahrgangsklassen zu bilden oder zwei Jahrgangsstufen in einer Klasse zusammenzufassen. [2]Grundschulen, die die Voraussetzungen des Satzes 1 nicht oder nicht mehr erfüllen, werden aufgelöst.

(3) [1]Eine Grundschule kann entweder für eine Gemeinde allein (Gemeindeschule) oder für mehrere Gemeinden, Gemeindeteile und gemeindefreie Gebiete gemeinsam (Verbandsschule) errichtet werden. [2]Eine Verbandsschule muss errichtet werden, wenn keine Gemeindeschule errichtet werden kann, die den Grundsätzen des Absatzes 2 entspricht.

(4) [1]Die Regierung bestimmt für jede Grundschule in der Rechtsverordnung nach Art. 26 ein räumlich abgegrenztes Gebiet als Schulsprengel. [2]Für Grundschulen mit gebundenen Ganztagsklassen kann auf Antrag der betroffenen Schulaufwandsträger auch gemeindeübergreifend ein gesonderter Sprengel gebildet werden (Ganztagssprengel); die Sprengel der übrigen Grundschulen bleiben unberührt.

(5) [1]Grundschulen können in einem Grundschulverbund zusammenarbeiten. [2]Die Schulen in einem Verbund sollen ein pädagogisch-fachliches Kooperationskonzept vereinbaren. [3]Die zuständigen Schulaufwandsträger schließen über die Einrichtung eines Schulverbunds einen Vertrag und beantragen die Festlegung eines gemeinsamen Sprengels. [4]Erstreckt sich der Schulverbund nur auf das Gebiet eines Schulaufwandsträgers, trifft dieser die erforderlichen Bestimmungen und stellt den Antrag auf Festlegung eines gemeinsamen Sprengels. [5]Ein Schulverbund bedarf der Zustimmung der beteiligten Schulen und der Gemeinden, deren Gebiet ganz oder teilweise in den Verbund einbezogen werden soll, gegenüber dem zuständigen Schulaufwandsträger.

(6) [1]Die Regierung bestimmt durch Rechtsverordnung einen gemeinsamen Sprengel für die an einem Schulverbund beteiligten Grundschulen. [2]Der Schulverbund wird wirksam mit der Errichtung des gemeinsamen Sprengels. [3]Die Regierung legt bei einem Ein- oder Austritt eines Schulaufwandsträgers in oder aus dem Schulverbund den Sprengel neu fest, sofern erforderlich.

(7) [1]Die Regierung beauftragt eine der Schulleiterinnen oder einen der Schulleiter der Schulen im Schulverbund mit der Wahrnehmung ausschließlich verbundbezogener Aufgaben (Verbundkoordinatorin oder Verbundkoordinator); Art. 57 Abs. 1 Satz 2 bleibt unberührt. [2]In jedem Schulverbund wird ein Verbundausschuss mit beratender Funktion gebildet. [3]Dem Verbundausschuss gehören für jede am Schulverbund beteiligte Schule ein Vertreter des Schulaufwandsträgers, die Schulleiterin oder der Schulleiter und die oder der Elternbeiratsvorsitzende an. [4]Das Nähere regelt die Schulordnung.

Art. 32a Mittelschulen

(1) Öffentliche Mittelschulen können nur als staatliche Schulen errichtet werden.

(2) [1]Die Mittelschulen sind so zu errichten, dass die Schülerinnen und Schüler auf Jahrgangsklassen verteilt sind. [2]Die Mittelschulen sollen in den Jahrgangsstufen 5 bis 9 mehrzügig geführt werden.

(3) [1]Mittelschulen, die allein nicht die Voraussetzungen des Art. 7a Abs. 1 Satz 3 erfüllen, arbeiten in einem Mittelschulverbund zusammen. [2]Im Verbundgebiet muss das Bildungsangebot einer Mittelschule nach Art. 7a Abs. 1 Satz 3 jeweils an mindestens einer Schule bestehen. [3]Für diejenigen Mittelschulen, die allein die Voraussetzungen des Art. 7a Abs. 1 Satz 3 erfüllen, gilt Art. 32 Abs. 4 Satz 1 entsprechend. [4]Art. 32 Abs. 5 bis 7 gilt entsprechend; dem Verbundausschuss gehören auch die Schülersprecherinnen und Schülersprecher an.

(4) [1]Eine Mittelschule, die einem Verbund angehört, wird erst aufgelöst, wenn sie keine Klasse mehr umfasst, sofern nicht der Schulaufwandsträger einen Antrag auf Auflösung stellt. [2]Eine Mittelschule, die keinem Verbund angehört, wird aufgelöst, wenn sie die Voraussetzungen des Art. 7a Abs. 1 Satz 3 nicht mehr erfüllt und sie nicht in einen Verbund eingegliedert wird.

(5) [1]Der Austritt eines Schulaufwandsträgers aus einem Schulverbund lässt den Verbund im Übrigen unberührt, sofern die im Verbund verbleibenden Schulen das Bildungsangebot einer Mittelschule nach Art. 7a Abs. 1 Satz 3 noch gewährleisten. [2]Ist dies nicht mehr der Fall oder treten die verbleibenden Schulen keinem anderen Verbund bei, kann die Regierung schulorganisatorische Maßnahmen treffen, um den Fortbestand von Mittelschulen zu gewährleisten.

(6) In Gemeinden mit mehreren Mittelschulen kann auf Antrag des Schulaufwandsträgers für zwei oder mehr Mittelschulen ein gemeinsamer Sprengel gebildet werden.

Art. 33 Förderschulen und Schulen für Kranke

(1) [1]Öffentliche Förderschulen und Schulen für Kranke werden als staatliche Schulen errichtet, soweit nicht eine kommunale Körperschaft durch öffentlich-rechtliche Vereinbarung ermächtigt ist, eine solche Schule zu betreiben. [2]Besondere gesetzliche Verpflichtungen der Bezirke zur Unterhaltung von Schulen für Blinde und Gehörlose bleiben unberührt.

(2) Von der Errichtung einer öffentlichen Förderschule soll abgesehen werden, wenn die ausreichende Unterrichtung und Erziehung der Schulpflichtigen mit sonderpädagogischem Förderbedarf durch eine private, auf gemeinnütziger Grundlage betriebene Förderschule gewährleistet ist und sich der private Schulträger verpflichtet, alle Schülerinnen und Schüler aufzunehmen und nach den staatlichen Lehrplänen zu unterrichten, sofern die private Schule die heimatnächste Einrichtung für die Schülerinnen und Schüler mit entsprechendem sonderpädagogischem Förderbedarf ist.

(3) [1]Die Schulsprengel werden gebildet für öffentliche

1. Förderzentren mit den Schwerpunkten Sehen, Hören und körperliche und motorische Entwicklung, Förderzentren, Förderschwerpunkt Sprache, mit den Jahrgangsstufen 7 bis 9, soweit Mittlere-Reife-Klassen in der Jahrgangsstufe 10 angeboten werden, auch die Jahrgangsstufe 10, und Berufsschulen zur sonderpädagogischen Förderung für das Gebiet oder Teilgebiet eines Bezirks oder durch Zusammenschluss von Gebieten oder Gebietsteilen mehrerer Bezirke,
2. Förderzentren mit den Förderschwerpunkten Sprache, Lernen sowie emotionale und soziale Entwicklung einschließlich der daraus gebildeten Sonderpädagogischen Förderzentren, Förderzentren mit dem Förderschwerpunkt geistige Entwicklung und Schulen für Kranke für die Gebiete oder Teilgebiete von Landkreisen oder kreisfreien Gemeinden oder durch Zusammenschluss von Gebieten oder Gebietsteilen mehrerer Landkreise oder kreisfreier Gemeinden.

[2]Öffentliche Förderschulen und Schulen für Kranke werden jeweils für einen Schulsprengel errichtet, der hinreichend groß ist, um nach der Zahl der Schülerinnen und Schüler eine grundsätzlich in Jahrgangsklassen gegliederte Schule erwarten zu lassen. [3]Das Staatsministerium kann durch Bekanntmachung festlegen, in welchen Fällen bei Förderschulen von der Gliederung in Jahrgangsklassen abgewichen werden kann.

(4) [1]Die Regierung bestimmt für jedes Förderzentrum und für jede Schule für Kranke in der Rechtsverordnung nach Art. 26 ein räumlich abgegrenztes Gebiet als Schulsprengel; für Schulvorbereitende Einrichtungen, für bestimmte Jahrgangsstufen oder für einzelne Förderschwerpunkte können gesonderte Schulsprengel gebildet werden. [2]Erstreckt sich der Sprengel über das Gebiet eines Regierungsbezirks hinaus, entscheidet die Regierung, in deren Amtsbezirk die Schule ihren Sitz hat, im Einvernehmen mit der Regierung, auf deren Amtsbezirk sich der Sprengel erstrecken soll. [3]Die Grundschulstufe und die Mittelschulstufe eines Förderzentrums können verschiedene Sprengel haben. [4]Für Berufsschulen zur sonderpädagogischen Förderung gelten Art. 34 Abs. 2 und 3 entsprechend. [5]Mittlere-Reife-Klassen können bei Bedarf von der Regierung an Förderzentren mit den Schwerpunkten Sehen, Hören, körperliche und motorische Entwicklung, Sprache sowie emotionale und soziale Entwicklung errichtet werden. [6]Die Einrichtung erfolgt im Benehmen mit dem Aufwandsträger und dem Elternbeirat.

(5) Förderschulen und Schulen für Kranke, die die Voraussetzungen des Absatzes 3 Sätze 2 und 3 nicht erfüllen, sind aufzulösen.

Art. 34 Berufsschulen

(1) [1]Eine selbstständige Berufsschule muss im Regelfall mindestens 40 Klassen mit Teilzeitunterricht haben. [2]Klassen mit Vollzeitunterricht werden als 2,5fache Teilzeitklassen auf die Mindestklassenzahl angerechnet. [3]Ausnahmen bedürfen für nicht staatliche Berufsschulen der schulaufsichtlichen Genehmigung.

(2) [1]Die Regierung bildet durch Rechtsverordnung für jede Berufsschule den Schulsprengel, der für die örtliche Erfüllung der Berufsschulpflicht maßgebend ist (Grundsprengel). [2]Zur Bildung von nach Ausbildungsberufen gegliederten Fachklassen kann sich der Schulsprengel über das Gebiet des Aufwandsträgers hinaus erstrecken (Fachsprengel); ein Fachsprengel kann auf berufsspezifische Teile des fachlichen Unterrichts beschränkt werden. [3]Die Sprengel staatlicher Berufsschulen werden im Benehmen mit dem Schulaufwandsträger gebildet. [4]Die Errichtung von Sprengeln an kommunalen Berufsschulen bedarf des Einvernehmens mit dem Schulträger.

(3) Berufsschulen, die die Voraussetzungen des Absatzes 1 nicht oder nicht mehr erfüllen, sollen aufgelöst werden, es sei denn, sie sind in beruflichen Schulzentren zusammengefasst oder werden in Personalunion mit anderen beruflichen Schulen geführt.

ABSCHNITT IV
Schulpflicht, Pflichtschulen, Sprengelpflicht, Gastschulverhältnisse, Wahl des schulischen Bildungswegs

Art. 35 Schulpflicht

(1) [1]Wer die altersmäßigen Voraussetzungen erfüllt und in Bayern seinen gewöhnlichen Aufenthalt hat oder in einem Berufsausbildungsverhältnis oder einem Beschäftigungsverhältnis steht, unterliegt der Schulpflicht (Schulpflichtiger). [2]Schulpflichtig im Sinn des Satzes 1 ist auch, wer

1. eine Aufenthaltsgestattung nach dem Asylgesetz (AsylG) besitzt,
2. eine Aufenthaltserlaubnis nach § 23 Abs. 1 oder § 24 des Aufenthaltsgesetzes (AufenthG) wegen des Krieges in seinem Heimatland oder nach § 25 Abs. 4 Satz 1 oder Abs. 5 AufenthG besitzt,
3. eine Duldung nach § 60a AufenthG besitzt oder
4. vollziehbar ausreisepflichtig ist, auch wenn eine Abschiebungsandrohung noch nicht oder nicht mehr vollziehbar ist,

unabhängig davon, ob er selbst die Voraussetzungen der Nrn. 1 bis 4 erfüllt oder nur einer seiner Erziehungsberechtigten; in den Fällen der Nrn. 1 und 2 beginnt die Schulpflicht drei Monate nach dem Zuzug aus dem Ausland. [3] Völkerrechtliche Abkommen und zwischenstaatliche Vereinbarungen bleiben unberührt.

(2) Die Schulpflicht dauert zwölf Jahre, soweit dieses Gesetz nichts anderes bestimmt.

(3) Die Schulpflicht gliedert sich in die Vollzeitschulpflicht und die Berufsschulpflicht.

(4) [1]Die Erziehungsberechtigten müssen minderjährige Schulpflichtige bei der Schule anmelden, an der die Schulpflicht erfüllt werden soll; volljährige Schulpflichtige haben sich selbst anzumelden. [2]Die gleiche Verpflichtung trifft die Ausbildenden und Arbeitgeber sowie die von ihnen Beauftragten für die bei ihnen beschäftigten Berufsschulpflichtigen.

Art. 36 Erfüllung der Schulpflicht

(1) [1]Die Schulpflicht wird erfüllt durch den Besuch

1. einer Pflichtschule (Grundschule, Mittelschule, Berufsschule, einschließlich der entsprechenden Förderschule, Schule für Kranke),
2. eines Gymnasiums, einer Realschule, einer Wirtschaftsschule, einer Berufsfachschule (vorbehaltlich der Nummer 3) oder der jeweils entsprechenden Förderschule,
3. einer Ergänzungsschule, deren Eignung hierfür das Staatsministerium festgestellt hat; das Gleiche gilt für Vollzeitlehrgänge an Berufsförderungseinrichtungen, deren Eignung vom Staatsministerium im Einvernehmen mit den beteiligten Staatsministerien festgestellt ist.

[2]Die Schulaufsichtsbehörde kann den Besuch einer privaten Berufsschule oder Berufsschule zur sonderpädagogischen Förderung anordnen, wenn die Ausbildung des Schulpflichtigen dies erfordert und der Träger der privaten Schule zustimmt; vor der Entscheidung sind die Erziehungsberechtigten oder der volljährige Schulpflichtige zu hören.

(2) [1]Die Schulpflicht kann auch an einer Schule außerhalb des Geltungsbereichs dieses Gesetzes erfüllt werden, wenn diese den in Absatz 1 genannten Schulen gleichwertig ist. [2]Beim Besuch einer außerbayerischen Berufsschule gilt Art. 43 Abs. 5.

(3) [1]Für jeden aus dem Ausland zugezogenen Schulpflichtigen stellt die Schule fest, in welche Jahrgangsstufe der Pflichtschule er einzuweisen ist. [2]Es gilt derjenige Teil der Schulpflicht als zurückgelegt, der dem durch die Einweisung bestimmten Zeitpunkt regelmäßig vorausgeht. [3]Die Schülerinnen und Schüler sind in der Pflichtschule grundsätzlich in die Jahrgangsstufe einzuweisen, in die Schulpflichtige gleichen Alters, die seit Beginn ihrer Schulpflicht ihren gewöhnlichen Aufenthalt in Bayern haben, regelmäßig eingestuft sind. [4]Die Schülerinnen und Schüler, die wegen ihres allgemein mangelnden Bildungsstands dem Unterricht ihrer Jahrgangsstufe nicht folgen können, können bis zu zwei Jahrgangsstufen tiefer eingestuft werden; eine Verlängerung der Schulpflicht findet hierdurch nicht statt. [5]Ein Schulpflichtiger, der dem Unterricht wegen mangelnder Kenntnis der deutschen Sprache nicht folgen kann, ist, soweit organisatorisch und finanziell möglich, besonderen Klassen oder Unterrichtsgruppen zuzuweisen. [6]Schulpflichtige, die nach dem Asylgesetz verpflichtet sind, in einer besonderen Aufnahmeeinrichtung im Sinn des § 30a AsylG zu wohnen, werden zur Erfüllung der Schulpflicht besonderen dort eingerichteten Klassen und Unterrichtsgruppen zugewiesen. [7]Art. 44 bleibt unberührt.

Art. 37 Vollzeitschulpflicht

(1) [1]Mit Beginn des Schuljahres werden alle Kinder schulpflichtig,

1. die bis zum 30. Juni sechs Jahre alt werden,
2. die im Zeitraum vom 1. Juli bis zum 30. September sechs Jahre alt werden und deren Erziehungsberechtigte den Beginn der Schulpflicht nicht auf das kommende Schuljahr verschieben,

3. deren Erziehungsberechtigte bereits einmal den Beginn der Schulpflicht nach Nr. 2 verschoben haben oder
4. die bereits einmal nach Abs. 2 oder Abs. 4 von der Aufnahme in die Grundschule zurückgestellt wurden.

[2]Ferner wird auf Antrag der Erziehungsberechtigten ein Kind schulpflichtig, wenn zu erwarten ist, dass das Kind voraussichtlich mit Erfolg am Unterricht teilnehmen kann. [3]Bei Kindern, die nach dem 31. Dezember sechs Jahre alt werden, ist zusätzliche Voraussetzung für die Aufnahme in die Grundschule, dass in einem schulpsychologischen Gutachten die Schulfähigkeit bestätigt wird.

(2) [1]Ein Kind, das am 30. September mindestens sechs Jahre alt ist, kann für ein Schuljahr von der Aufnahme in die Grundschule zurückgestellt werden, wenn zu erwarten ist, dass das Kind voraussichtlich erst ein Schuljahr später mit Erfolg oder nach Maßgabe von Art. 41 Abs. 5 am Unterricht der Grundschule teilnehmen kann. [2]Die Zurückstellung soll vor Aufnahme des Unterrichts verfügt werden; sie ist noch bis zum 30. November zulässig, wenn sich erst innerhalb dieser Frist herausstellt, dass die Voraussetzungen für eine Zurückstellung gegeben sind. [3]Die Zurückstellung ist nur einmal zulässig; Art. 41 Abs. 7 bleibt unberührt.

(3) [1]Die Vollzeitschulpflicht endet nach neun Schuljahren. [2]Sie kann durch Überspringen von Jahrgangsstufen verkürzt werden; durch Streckung von Jahrgangsstufen wird sie nicht verlängert. [3]Das Staatsministerium wird ermächtigt, das Überspringen von Jahrgangsstufen sowie deren Streckung in den Schulordnungen zu regeln.

(4) Die zuständige Grundschule kann ein Kind, das weder eine Kindertageseinrichtung noch einen Vorkurs nach Art. 5 Abs. 3 des Bayerischen Integrationsgesetzes besucht hat und bei dem im Rahmen der Schulanmeldung festgestellt wird, dass es nicht über die notwendigen Deutschkenntnisse verfügt, von der Aufnahme zurückstellen und das Kind verpflichten, im nächsten Schuljahr eine Kindertageseinrichtung mit integriertem Vorkurs zu besuchen.

(5) Die zuständige Grundschule führt einen Vorkurs Deutsch gemeinsam mit den Kindertageseinrichtungen in ihrem Sprengel durch.

Art. 37a
(aufgehoben)

Art. 38 Freiwilliger Besuch der Mittelschule

[1]Ein Schulpflichtiger, der nach neun oder zehn Schulbesuchsjahren den erfolgreichen Abschluss der Mittelschule oder den qualifizierenden Abschluss der Mittelschule nicht erreicht hat, darf in unmittelbarem Anschluss daran auf Antrag seiner Erziehungsberechtigten in seinem zehnten oder elften Schulbesuchsjahr die Mittelschule besuchen; in besonderen Ausnahmefällen kann die zuständige Schule auch den weiteren Besuch in einem zwölften Schuljahr genehmigen. [2]Die Aufnahme kann insbesondere abgelehnt werden, wenn zu erwarten ist, dass durch die Anwesenheit der Schülerin oder des Schülers die Sicherheit oder die Ordnung des Schulbetriebs oder die Verwirklichung der Bildungsziele der Schule erheblich gefährdet ist. [3]Die Zeit, die eine Schülerin oder ein Schüler die Mittelschule freiwillig nach Satz 1 besucht, wird auf die Dauer der Berufsschulpflicht angerechnet; Art. 39 Abs. 2 bleibt unberührt. [4]Sätze 1 bis 3 gelten nicht für Schülerinnen und Schüler, die Mittlere-Reife-Klassen besuchen.

Art. 39 Berufsschulpflicht

(1) Nach dem Ende der Vollzeitschulpflicht wird die Schulpflicht durch den Besuch der Berufsschule erfüllt, soweit keine andere in Art. 36 genannte Schule besucht wird.

(2) [1]Wer in einem Ausbildungsverhältnis nach dem Berufsbildungsgesetz oder der Handwerksordnung steht, ist bis zum Ende des Schuljahres berufsschulpflichtig, in dem das 21. Lebensjahr vollendet wird; davon ausgenommen sind Auszubildende mit Hochschulzugangsberechtigung. [2]Die Berufsschulpflicht endet mit dem Abschluss einer staatlich anerkannten Berufsausbildung. [3]Die Berufsschulpflicht nach Satz 1 schließt die Verpflichtung zum Besuch des Berufsgrundschuljahres ein, wenn es für den gewählten Ausbildungsberuf nach Art. 11 Abs. 4 eingeführt ist.

(3) [1]Vom Besuch der Berufsschule befreit ist, wer
1. in den Vorbereitungsdienst nach Art. 26 des Leistungslaufbahngesetzes (LlbG) in Verbindung mit Art. 8 Abs. 2 Satz 1 Nr. 2 und Art. 35 Abs. 2 LlbG oder §§ 11, 12 der Bundeslaufbahnverordnung oder einen entsprechenden Vorbereitungsdienst nach dem Laufbahnrecht eines anderen Dienstherrn eingestellt wurde,
2. der Bundeswehr, der Bundespolizei oder der Bayerischen Bereitschaftspolizei angehört,
3. ein freiwilliges soziales oder ökologisches Jahr oder den Bundesfreiwilligendienst ableistet,
4. ein Berufsvorbereitungsjahr, das Berufsgrundschuljahr, ein Vollzeitjahr an einer öffentlichen oder staatlich anerkannten Berufsfachschule oder einen einjährigen Vollzeitlehrgang, der der Berufsvorbereitung dient, mit Erfolg besucht hat,
5. den mittleren Schulabschluss erreicht hat,
6. von der Berufsschule nach Art. 86 Abs. 3 Nr. 4 Halbsatz 2 entlassen ist.

[2]Absatz 2 bleibt unberührt.

(4) [1]Berufsschulpflichtige ohne Ausbildungsverhältnis können allgemein oder im Einzelfall vom Besuch der Berufsschule befreit werden
1. bei einem Besuch von Vollzeitlehrgängen, die der Vorbereitung auf staatlich geregelte schulische Abschlussprüfungen dienen,
2. nach elf Schulbesuchsjahren, wenn ein Beschäftigungsverhältnis besteht,
3. bei Vorliegen eines Härtefalls.

[2]Absatz 2 bleibt unberührt.

Art. 40 Berufsschulberechtigung

[1]Zum Besuch der Berufsschule sind berechtigt:
1. Personen, die nicht mehr berufsschulpflichtig sind, sich aber in Berufsausbildung befinden,
2. Personen, die nach dem Berufsausbildungsgesetz oder der Handwerksordnung eine Umschulung auf einen anerkannten Ausbildungsberuf durchlaufen.

[2]Die Ausbildenden haben den Besuch der Berufsschule zu gestatten. [3]Nicht mehr berufsschulpflichtige Personen sind zum Besuch des Berufsgrundschuljahres berechtigt.

Art. 41 Schulpflicht bei sonderpädagogischem Förderbedarf oder längerfristiger Erkrankung

(1) [1]Schulpflichtige mit sonderpädagogischem Förderbedarf erfüllen ihre Schulpflicht durch den Besuch der allgemeinen Schule oder der Förderschule. [2]Die Förderschule kann besucht werden, sofern die Schülerin oder der Schüler einer besonderen sonderpädagogischen Förderung bedarf, ansonsten nur im Rahmen der offenen Klassen nach Art. 30a Abs. 7 Nr. 3. [3]Die Erziehungsberechtigten entscheiden, an welchem der im Einzelfall rechtlich und tatsächlich zur Verfügung stehenden schulischen Lernorte ihr Kind unterrichtet werden soll; bei Volljährigkeit und Vorliegen der notwendigen Einsichtsfähigkeit entscheiden die Schülerinnen und Schüler mit sonderpädagogischem Förderbedarf selbst.

(2) Schulpflichtige, die sich wegen einer Krankheit längere Zeit in Einrichtungen aufhalten, an denen Schulen oder Klassen für Kranke gebildet sind, haben die jeweilige

Schule oder Klasse für Kranke zu besuchen, soweit dies nicht aus medizinischen Gründen ausgeschlossen ist.

(3) [1]Die Erziehungsberechtigten eines Kindes mit festgestelltem oder vermutetem sonderpädagogischem Förderbedarf sollen sich rechtzeitig über die möglichen schulischen Lernorte an einer schulischen Beratungsstelle informieren. [2]Zu der Beratung können weitere Personen, z.B. der Schulen, der Mobilen Sonderpädagogischen Dienste sowie der Sozial- oder Jugendhilfe, beigezogen werden.

(4) [1]Die Erziehungsberechtigten melden ihr Kind unter Beachtung der schulartspezifischen Regelungen für Aufnahme und Schulwechsel (Art. 30a Abs. 5 Satz 2, Art. 30b Abs. 2 Satz 3 und Abs. 3 Satz 2) an der Sprengelschule, einer Schule mit dem Schulprofil »Inklusion« oder an der Förderschule an. [2]Die Aufnahme an der Förderschule setzt die Erstellung eines sonderpädagogischen Gutachtens voraus. [3]Sofern nach Einschätzung der Schule ein Ausnahmefall des Abs. 5 vorliegt oder die Voraussetzungen der Art. 30a Abs. 4, Art. 30b Abs. 2 Satz 3 und Abs. 3 Satz 2 oder Art. 43 Abs. 2 und 4 nicht erfüllt sind, unterrichtet die Schule die Erziehungsberechtigten darüber, das Kind nicht aufzunehmen.

(5) Kann der individuelle sonderpädagogische Förderbedarf an der allgemeinen Schule auch unter Berücksichtigung des Gedankens der sozialen Teilhabe nach Ausschöpfung der an der Schule vorhandenen Unterstützungsmöglichkeiten sowie der Möglichkeit des Besuchs einer Schule mit dem Schulprofil »Inklusion« nicht hinreichend gedeckt werden und

1. ist die Schülerin oder der Schüler dadurch in der Entwicklung gefährdet oder
2. beeinträchtigt sie oder er die Rechte von Mitgliedern der Schulgemeinschaft erheblich,

besucht die Schülerin oder der Schüler die geeignete Förderschule.

(6) [1]Kommt keine einvernehmliche Aufnahme zustande, entscheidet die zuständige Schulaufsichtsbehörde nach Anhörung der Erziehungsberechtigten und der betroffenen Schulen über den schulischen Lernort. [2]Sie kann ihre Lernortentscheidung auch zeitlich begrenzt aussprechen. [3]Das Nähere einschließlich der Einholung eines sonderpädagogischen, ärztlichen oder schulpsychologischen Gutachtens sowie der Beauftragung einer Fachkommission regeln die Schulordnungen.

(7) [1]Über eine Zurückstellung von Kindern mit sonderpädagogischem Förderbedarf entscheidet die Grundschule oder die Förderschule, sofern das Kind dort angemeldet wurde. [2]Die Grundschule kann sich von der Förderschule beraten lassen. [3]Eine erste Zurückstellung nach Inanspruchnahme des Art. 37 Abs. 1 Satz 1 Nr. 2 oder eine zweite Zurückstellung von der Aufnahme kann nur in besonderen Ausnahmefällen erfolgen; sie kann mit Empfehlungen zur Förderung verbunden werden. [4]Die Förderschule ist zu beteiligen, sofern die Grundschule die von den Erziehungsberechtigten gewünschte Zurückstellung ablehnt oder die Erziehungsberechtigten eine zweite Zurückstellung beantragen. [5]Das Nähere bestimmen die Schulordnungen.

(8) [1]Für Schülerinnen oder Schüler, die nach Art. 20 Abs. 2 Satz 1 Nr. 1 Buchst. a oder im Rahmen des Art. 30a Abs. 7 Nr. 3 die Jahrgangsstufe 1 A besuchen, endet die Vollzeitschulpflicht nach zehn Schuljahren. [2]Für Schülerinnen und Schüler mit dem Förderschwerpunkt geistige Entwicklung, die ein Förderzentrum mit dem Förderschwerpunkt geistige Entwicklung besuchen, endet die Vollzeitschulpflicht nach zwölf Schuljahren, sofern sie nicht bereits auf anderem Weg erfüllt wurde; Art. 39 Abs. 4 Satz 1 Nrn. 2 und 3 gelten entsprechend. [3]Bei Schülerinnen und Schülern mit dem Förderschwerpunkt geistige Entwicklung, die die Berufsschulstufe nach Art. 20 Abs. 2 Satz 1 Buchst. c besuchen, kann die Schulleiterin oder der Schulleiter die Vollzeitschulpflicht ab Jahrgangsstufe 12 beenden, um die Teilnahme der Schülerin oder des Schülers an Maßnahmen der Arbeitsverwaltung zu ermöglichen; die Schülerin oder der Schüler wird durch diese Beendigung berufsschulpflichtig.

(9) [1]Schülerinnen und Schüler mit sonderpädagogischem Förderbedarf, die den erfolgreichen Abschluss der Mittelschule, den qualifizierenden Abschluss der Mittelschule oder den erfolgreichen Abschluss ihrer Förderschulform nicht erreicht haben, dürfen über das Ende der Vollzeitschulpflicht hinaus auf Antrag der Erziehungsberechtigten die Schule bis zu zwei weitere Schuljahre, in besonderen Ausnahmefällen nach Entscheidung der Schulaufsichtsbehörde auch ein drittes Jahr besuchen. [2]Art. 38 Satz 2 und Art. 53 Abs. 7 Satz 3 gelten entsprechend.

(10) [1]Für die Berufsschulpflicht der Schülerinnen und Schüler mit sonderpädagogischem Förderbedarf gilt Art. 39, für die Berufsschulberechtigung Art. 40 entsprechend. [2]Zum Besuch der Berufsschule zur sonderpädagogischen Förderung sind berechtigt,

1. nicht mehr Berufsschulpflichtige, wenn sie an einer berufsvorbereitenden Maßnahme der Arbeitsverwaltung teilnehmen oder ein Berufsvorbereitungsjahr besuchen wollen,
2. Umschülerinnen und Umschüler, sofern ein solcher Unterricht für Schulpflichtige eingerichtet ist.

[3]Die Berufsschulpflicht für Schülerinnen und Schüler mit dem Förderschwerpunkt geistige Entwicklung ist durch den mindestens zwölfjährigen Besuch des Förderzentrums, einschließlich Berufsschulstufe, erfüllt.

(11) [1]Schulpflichtige können nach Maßgabe der Abs. 1 und 5 auf Antrag der Schulleiterin oder des Schulleiters der besuchten Schule oder auf Antrag der Erziehungsberechtigten, bei Volljährigkeit auf eigenen Antrag, an eine Förderschule oder an eine allgemeine Schule überwiesen werden. [2]Vor der Entscheidung findet eine umfassende Beratung der Erziehungsberechtigten bzw. der volljährigen Schülerin oder des volljährigen Schülers statt. [3]Abs. 6 gilt entsprechend; es entscheidet die Schulaufsichtsbehörde der bislang besuchten Schule. [4]Sätze 2 und 3 gelten entsprechend für die Überweisung von einer Förderschulform in eine andere Förderschulform.

Art. 42 Sprengelpflicht beim Besuch öffentlicher Pflichtschulen

(1) [1]Schülerinnen und Schüler einer Grundschule oder Mittelschule erfüllen ihre Schulpflicht in der Schule, in deren Schulsprengel sie ihren gewöhnlichen Aufenthalt haben. [2]Soweit innerhalb eines Sprengels mehrere Mittelschulen bestehen oder der gewöhnliche Aufenthalt innerhalb mehrerer Grundschulsprengel oder mehrerer Mittelschulsprengel mit unterschiedlichen Bildungsangeboten liegt, haben die Erziehungsberechtigten und die volljährigen Schülerinnen und Schüler das Recht, eine Schule zu wählen. [3]Die Wahlfreiheit kann beschränkt werden durch Bestimmungen der Verbundvereinbarung oder des Schulaufwandsträgers oder soweit die Zahl der Bewerbungen die Zahl der Ausbildungsplätze an einer Schule übersteigt oder soweit dies nach Entscheidung der Regierung im Interesse einer ausgewogenen Zusammensetzung der Klassen erforderlich ist; die Beschränkungen gelten nicht, soweit zwingende persönliche Gründe zum Besuch einer anderen Schule im Verbund bestehen.

(2) Bestehen innerhalb einer Gemeinde mehrere Grundschulen, so kann das Schulamt im Benehmen mit der zuständigen Gemeinde und den betroffenen Elternbeiräten zur Bildung möglichst gleich starker Klassen für die Dauer von bis zu vier Schuljahren Abweichungen von den Schulsprengelgrenzen anordnen.

(3) [1]Die Erfüllung der Berufsschulpflicht richtet sich für Schülerinnen und Schüler, die in einem Beschäftigungsverhältnis stehen, nach dem Beschäftigungsort, für die Übrigen nach dem Ort des gewöhnlichen Aufenthalts. [2]Ist der Beschäftigungsort oder der Ort des gewöhnlichen Aufenthalts zweifelhaft, so entscheidet die Regierung, welche Schule zu besuchen ist.

(4) Berufsschulpflichtige, die in Bayern ihren gewöhnlichen Aufenthalt haben, aber außerhalb Bayerns beschäftigt sind, sind zum Besuch der für ihren gewöhnlichen

Aufenthalt zuständigen Berufsschule verpflichtet, wenn sie nicht die für den Beschäftigungsort zuständige außerbayerische Berufsschule besuchen können.

(5) Wenn es die örtlichen Verhältnisse nahe legen oder Jahrgangsfachklassen in Bayern nicht gebildet werden können, ist es möglich, Schülerinnen und Schüler zum Besuch einer außerbayerischen Berufsschule zu verpflichten; Art. 43 Abs. 5 Sätze 3 und 4 gelten entsprechend.

(6) Auf Berufsschulberechtigte finden die Absätze 3 bis 5 entsprechende Anwendung.

(7) Für die Förderzentren gelten die Abs. 1 und 2, für die Berufsschulen zur sonderpädagogischen Förderung gelten die Abs. 3 bis 5 entsprechend.

Art. 43 Gastschulverhältnisse

(1) [1]Auf Antrag der Erziehungsberechtigten kann aus zwingenden persönlichen Gründen der Besuch einer anderen Grundschule oder Mittelschule mit einem anderen Sprengel gestattet werden. [2]Die Entscheidung trifft die Gemeinde, in der die Schülerinnen und Schüler ihren gewöhnlichen Aufenthalt haben, im Einvernehmen mit dem aufnehmenden Schulaufwandsträger nach Anhörung der betroffenen Schulen. [3]Die Fachaufsicht obliegt dem Schulamt, das die Aufsicht über die Schule ausübt, in deren Schulsprengel die Schülerinnen und Schüler ihren gewöhnlichen Aufenthalt haben. [4]Das Staatsministerium wird ermächtigt, das Verfahren durch Rechtsverordnung zu regeln.

(2) Das Schulamt kann Schülerinnen und Schüler einer anderen Grundschule oder Mittelschule mit einem anderen Sprengel zuweisen

1. in Mittlere-Reife-Klassen und in Klassen und Unterrichtsgruppen, die für besondere pädagogische Aufgaben eingerichtet sind,
2. zum Unterricht in einzelnen Fächern sowie zum Besuch eines offenen Ganztagsangebots,
3. wenn sich in einer Jahrgangsstufe der Grundschule oder Mittelschule zu wenige Schülerinnen und Schüler für die Bildung einer Klasse befinden, im Benehmen mit den betroffenen Schulaufwandsträgern,
4. in den Fällen des Art. 30a Abs. 4 oder des Art. 86 Abs. 2 Nr. 8,
5. zum Unterricht in einer Schule nach Art. 30b Abs. 3, sofern diese einen von der Schule festgestellten sonderpädagogischen Förderbedarf und ihren gewöhnlichen Aufenthalt in einem Sprengel haben, dessen Schulaufwandsträger nach Art. 30b Abs. 3 Satz 1 zugestimmt hat.

(3) Bestehen innerhalb einer Gemeinde mehrere Grundschulen, so kann das Schulamt im Benehmen mit der Gemeinde zur Bildung möglichst gleich starker Klassen für die Dauer von bis zu sechs Jahren auch einzelne Schülerinnen und Schüler einer benachbarten Grundschule zuweisen.

(4) [1]Für Förderzentren, einschließlich der Schulvorbereitenden Einrichtungen, gelten die Absätze 1 bis 3 entsprechend; die Entscheidung nach Abs. 1 trifft die Gebietskörperschaft des gewöhnlichen Aufenthalts der Schülerinnen und Schüler, für deren Gebiet oder Teilgebiet die entsprechende Förderschule errichtet ist oder errichtet werden müsste, bei Entscheidungen nach Abs. 2 und 3 ist anstelle des Schulamts die Regierung zuständig. [2]Die Schulaufsichtsbehörde kann Schülerinnen und Schüler bzw. Kinder der nächstgelegenen geeigneten Förderschule zuweisen, wenn sie ihren gewöhnlichen Aufenthalt an einem Ort haben, der von keinem Sprengel einer nach ihrem sonderpädagogischen Förderbedarf in Betracht kommenden Schule erfasst ist; bei privaten Förderzentren setzt dies die Zustimmung des Trägers voraus. [3]Die Regierung kann Schülerinnen und Schüler zum Besuch einer Partnerklasse einer anderen Förderschule unter Berücksichtigung der Schülerbeförderungskosten in besonderen Fällen zuweisen.

(5) [1]Aus wichtigen Gründen kann der Besuch einer anderen Berufsschule genehmigt oder angeordnet werden. [2]Das Staatsministerium wird ermächtigt, durch

Rechtsverordnung Tatbestände festzulegen, die als wichtige Gründe gelten. ³Für die Genehmigung eines Gastschulverhältnisses ist die abgebende Berufsschule zuständig, wenn mit der aufnehmenden Berufsschule und den zuständigen Schulaufwandsträgern über die Begründung des Gastschulverhältnisses Einvernehmen besteht. ⁴In den übrigen Fällen entscheidet die für die abgebende Schule zuständige Regierung. ⁵Für Berufsschulen zur sonderpädagogischen Förderung gelten Sätze 1 bis 4 entsprechend.

Art. 44 Wahl des schulischen Bildungswegs

(1) ¹Soweit nicht Pflichtschulen oder besondere Klassen oder Unterrichtsgruppen im Sinne von Art. 36 Abs. 3 Satz 5 zu besuchen sind, haben die Erziehungsberechtigten und die volljährigen Schülerinnen und Schüler das Recht, Schulart, Ausbildungsrichtung und Fachrichtung zu wählen. ²Für die Aufnahme sind Eignung und Leistung der Schülerin bzw. des Schülers maßgebend.

(2) ¹Für Schulen, die nicht Pflichtschulen sind, wird das zuständige Staatsministerium ermächtigt, die Voraussetzungen der Aufnahme (einschließlich Altersgrenzen) und eine Probezeit in der Schulordnung zu regeln; dabei kann die Aufnahme von einer der Aufgabenstellung der Schule entsprechenden Leistungsfeststellung abhängig gemacht werden. ²Ab Jahrgangsstufe 10 kann die Aufnahme versagt werden, wenn die Schülerin oder der Schüler wegen einer vorsätzlich begangenen Straftat zu einer Freiheitsstrafe von mindestens einem Jahr rechtskräftig verurteilt worden ist, die Strafe noch der unbeschränkten Auskunft unterliegt und wenn nach der Art der begangenen Straftat durch die Anwesenheit des Schülers die Sicherheit oder die Ordnung des Schulbetriebs oder die Verwirklichung der Bildungsziele der Schule erheblich gefährdet wäre.

(3) Ein Rechtsanspruch auf Aufnahme in eine bestimmte Schule an einem bestimmten Ort besteht nicht.

(4) ¹Die Zulassung zu einer Ausbildungs- oder Fachrichtung einer Schulart darf im notwendigen Umfang nur dann beschränkt werden, wenn die Zahl der Bewerbungen die Zahl der Ausbildungsplätze erheblich übersteigt und ein geordneter Unterrichtsbetrieb nicht mehr sichergestellt werden kann. ²Das zuständige Staatsministerium wird ermächtigt, im Benehmen mit dem Landesschulbeirat durch Rechtsverordnung das Verfahren der Zulassung nach Gesichtspunkten der Eignung und der Leistung zu regeln; Wartezeit und Härtefälle sollen berücksichtigt werden; für kommunale Schulen kann der Schulträger dies durch eine Satzung regeln, falls eine Rechtsverordnung für die betreffende Schulart und Ausbildungsrichtung nicht erlassen worden ist.

ABSCHNITT V
Inhalte des Unterrichts

Art. 45 Lehrpläne, Stundentafeln, Richtlinien und Bildungsstandards

(1) ¹Grundlage für Unterricht und Erziehung bilden die Lehrpläne, die Stundentafel, in der Art und Umfang des Unterrichtsangebots einer Schulart festgelegt ist, und sonstige Richtlinien. ²Lehrpläne, Stundentafeln und Richtlinien richten sich nach den besonderen Bildungszielen und Aufgaben der jeweiligen Schulart; sie haben die Vermittlung von Wissen und Können und die erzieherische Aufgabe der Schule zu berücksichtigen. ³Wissen und Können beziehen sich auch auf Standards, die in länderübergreifenden Verfahren mit Zustimmung des Staatsministeriums festgelegt werden.

(2) ¹Lehrpläne, Stundentafeln und Richtlinien erlässt, bei grundlegenden Maßnahmen im Benehmen mit dem Landesschulbeirat (Art. 73 Abs. 2 Satz 2 Nr. 1), das zuständige Staatsministerium. ²Bei Lehrplänen und Stundentafeln für berufliche Schulen handelt es hierbei im Benehmen mit den betreffenden Staatsministerien, Verbänden

und Organisationen, für Fachakademien außerdem im Einvernehmen mit dem Staatsministerium. [3]Bei kommunalen beruflichen Schulen kann es sich auf die Genehmigung beschränken. [4]Das zuständige Staatsministerium wird ermächtigt, durch Rechtsverordnung für die einzelnen Schularten und deren Jahrgangsstufen unter Berücksichtigung der einzelnen Ausbildungs- und Fachrichtungen in den Stundentafeln vor allem Folgendes festzulegen:

1. die Unterrichtsfächer,
2. die Verbindlichkeit der Unterrichtsfächer (Pflichtfach, Wahlpflichtfach, Wahlfach),
3. die Mindest- und Höchstsumme der wöchentlichen Unterrichtsstunden aller Unterrichtsfächer,
4. die Zahl der wöchentlichen Unterrichtsstunden, die auf jedes Unterrichtsfach entfallen,
5. Kurse innerhalb oder an Stelle von Fächern gemäß Art. 50 Abs. 3,
6. sonstige verbindliche Schulveranstaltungen.

[5]Dabei ist auf die finanzielle Leistungsfähigkeit der Aufwandsträger Rücksicht zu nehmen. [6]Soweit der einzelnen Schule in den Stundentafeln vom zuständigen Staatsministerium in Einzelfragen Entscheidungen eingeräumt werden, können diese in der Rechtsverordnung dem Schulforum übertragen werden.

(3) [1]Zur Erstellung von Lehrplänen beruft das zuständige Staatsministerium Lehrplankommissionen. [2]Lehrpläne sind nach Maßgabe fachlicher, didaktischer, pädagogischer und schulpraktischer Gesichtspunkte zu erstellen und aufeinander abzustimmen. [3]Den Lehrplänen für die Berufsschulen und Berufsfachschulen werden die Rahmenlehrpläne der Kultusministerkonferenz zugrunde gelegt.

Art. 46 Religionsunterricht

(1) [1]Der Religionsunterricht ist an den Grundschulen, Mittelschulen, Realschulen, Gymnasien, Förderschulen, Berufsschulen, Wirtschaftsschulen, Fachoberschulen, Berufsoberschulen, an sonstigen Schulen nach Maßgabe der Schulordnung, ordentliches Lehrfach (Pflichtfach). [2]Er wird nach Bekenntnissen getrennt in Übereinstimmung mit den Grundsätzen der betreffenden Kirche oder Religionsgemeinschaft erteilt.

(2) [1]Lehrkräfte bedürfen zur Erteilung des Religionsunterrichts der Bevollmächtigung durch die betreffende Kirche oder Religionsgemeinschaft. [2]Keine Lehrkraft darf gegen ihren Willen verpflichtet werden, Religionsunterricht zu erteilen.

(3) An den Grundschulen, Mittelschulen und Förderzentren können die von den Kirchen und Religionsgemeinschaften bestellten Lehrkräfte für den Religionsunterricht den gesamten Religionsunterricht erteilen.

(4) [1]Die Erziehungsberechtigten haben das Recht, ihre Kinder vom Religionsunterricht abzumelden. [2]Nach Vollendung des 18. Lebensjahres steht dieses Recht den Schülerinnen und Schülern selbst zu. [3]Das Nähere über Teilnahme und Abmeldung regelt das Staatsministerium durch Rechtsverordnung.

Art. 47 Ethikunterricht, Islamischer Unterricht

(1) Schülerinnen und Schüler, die nicht am Religionsunterricht teilnehmen, sind verpflichtet, am Ethikunterricht oder am Islamischen Unterricht teilzunehmen.

(2) [1]Der Ethikunterricht dient der Erziehung der Schülerinnen und Schüler zu werteinsichtigem Urteilen und Handeln. [2]Sein Inhalt orientiert sich an den sittlichen Grundsätzen, wie sie in der Verfassung und im Grundgesetz niedergelegt sind. [3]Im Übrigen berücksichtigt er die Pluralität der Bekenntnisse und Weltanschauungen.

(3) [1]Abs. 2 gilt entsprechend für den Islamischen Unterricht. [2]Dieser vermittelt zugleich Wissen über die Weltreligion Islam und behandelt sie in interkultureller Sicht.

Art. 48 Familien- und Sexualerziehung

(1) [1]Unbeschadet des natürlichen Erziehungsrechts der Eltern gehört Familien- und Sexualerziehung zu den Aufgaben der Schulen gemäß Art. 1 und 2. [2]Sie ist als altersgemäße Erziehung zu verantwortlichem geschlechtlichen Verhalten Teil der Gesamterziehung mit dem vorrangigen Ziel der Förderung von Ehe und Familie. [3]Familien- und Sexualerziehung wird im Rahmen mehrerer Fächer durchgeführt.

(2) Familien- und Sexualerziehung richtet sich nach den in der Verfassung, insbesondere in Art. 118 Abs. 2, Art. 124, Art. 131 sowie Art. 135 Satz 2 festgelegten Wertentscheidungen und Bildungszielen unter Wahrung der Toleranz für unterschiedliche Wertvorstellungen.

(3) Ziel, Inhalt und Form der Familien- und Sexualerziehung sind den Erziehungsberechtigten rechtzeitig mitzuteilen und mit ihnen zu besprechen.

(4) Richtlinien für Familien- und Sexualerziehung in den einzelnen Schularten, Fächern und Jahrgangsstufen erlässt das Staatsministerium im Benehmen mit dem Landesschulbeirat.

ABSCHNITT VI
Grundsätze des Schulbetriebs

Art. 49 Jahrgangsstufen, Klassen, Unterrichtsgruppen

(1) [1]Der Unterricht wird in der Regel nach Jahrgangsstufen in Klassen erteilt, die für ein Schuljahr gebildet werden. [2]Für einzelne Schularten kann das zuständige Staatsministerium in der Schulordnung Unterricht in Halbjahreszeiträumen und anderen Gruppierungen (z.B. Kurse) vorsehen sowie Mindest- und Höchstzahlen der Schülerinnen und Schüler festsetzen. [3]Die Schulordnung kann bestimmen, in welchen Fällen von den festgesetzten Mindest- und Höchstzahlen abgewichen werden kann.

(2) [1]An Grundschulen und Mittelschulen werden von der Schule unter Beachtung pädagogischer und schulorganisatorischer Erfordernisse Schülerinnen und Schüler gleichen Bekenntnisses einer Klasse zugewiesen, wenn für die Jahrgangsstufe zwei oder mehr Klassen (Parallelklassen) gebildet worden sind und die Erziehungsberechtigten zustimmen; ein Anspruch auf Aufnahme in eine solche Klasse besteht nicht. [2]Bei der Anmeldung der vollzeitschulpflichtigen Kinder an einer Grundschule oder Mittelschule geben die Erziehungsberechtigten eine Erklärung darüber ab, ob sie der Zuweisung in eine Klasse mit Schülerinnen und Schülern gleichen Bekenntnisses zustimmen, falls für die Jahrgangsstufe Parallelklassen gebildet werden. [3]Diese Erklärung gilt für die Dauer des Besuchs der Grundschule oder Mittelschule, wenn sie nicht widerrufen wird; der Widerruf wird mit Beginn des folgenden Schuljahres wirksam.

Art. 50 Fächer, Kurse, fachpraktische Ausbildung

(1) Die Fächer, in denen unterrichtet wird, sind entweder Pflichtfächer, Wahlpflichtfächer oder Wahlfächer.

(2) [1]Der Unterricht in Pflichtfächern und in gewählten Fächern muss von allen Schülerinnen und Schülern besucht werden, soweit nicht in Rechtsvorschriften Ausnahmen vorgesehen sind. [2]Bei Wahlpflichtfächern ist innerhalb der von der Schule angebotenen Fächer oder Fächergruppen zu wählen. [3]Bei Wahlfächern können die Erziehungsberechtigten oder die volljährigen Schülerinnen und Schüler über die Anmeldung zum Unterricht entscheiden; über die Zulassung entscheidet die Schule.

(3) [1]Innerhalb oder an Stelle von Fächern können Kurse mit unterschiedlichen Leistungsanforderungen eingerichtet werden. [2]Im Rahmen des Unterrichts kann eine fachpraktische Ausbildung vorgeschrieben werden.

(4) Das zuständige Staatsministerium kann auch Praktika und Anerkennungszeiten fordern, soweit dies für das Erreichen des Ausbildungsziels erforderlich ist.

Art. 51 Lernmittel, Lehrmittel

(1) [1]Schulbücher, Arbeitshefte und Arbeitsblätter dürfen in der Schule nur verwendet werden, wenn sie für den Gebrauch in der betreffenden Schulart und Jahrgangsstufe sowie in dem betreffenden Unterrichtsfach schulaufsichtlich zugelassen sind. [2]Die Zulassung setzt voraus, dass diese Lernmittel die Anforderungen der Lehrpläne, Stundentafeln und sonstigen Richtlinien (Art. 45 Abs. 1) erfüllen und den pädagogischen und fachlichen Erkenntnissen für die betreffende Schulart und Jahrgangsstufe entsprechen. [3]Sätze 1 und 2 gelten nicht für die Lernmittel der Fächer des fachlichen Unterrichts an beruflichen Schulen; auch bei diesen Lernmitteln ist auf die alters- und lehrplangemäße Verwendung in der Schule zu achten.

(2) [1]Das zuständige Staatsministerium erlässt die für die schulaufsichtliche Prüfung und Zulassung von Lernmitteln erforderlichen Ausführungsvorschriften. [2]Es wird insbesondere ermächtigt, durch Rechtsverordnung die Lernmittel, die prüfungspflichtig sind, die Anforderungen an die äußere Gestaltung sowie Zuständigkeit und Verfahren festzulegen.

(3) Über die Einführung zugelassener oder nach Abs. 1 Satz 3 nicht zulassungspflichtiger Lernmittel an der Schule entscheidet die Lehrerkonferenz oder der zuständige Ausschuss im Rahmen der zur Verfügung stehenden Haushaltsmittel in Abstimmung mit dem Elternbeirat und bei Berufsschulen mit dem Berufsschulbeirat.

(4) [1]Nicht in die Lernmittelfreiheit einbezogene zugelassene oder nicht zulassungspflichtige Lernmittel werden von den Erziehungsberechtigten oder den Schülern selbst beschafft. [2]Die Schule kann die Verwendung bestimmter übriger Lernmittel im Sinn des Art. 21 Abs. 3 Satz 1 des Bayerischen Schulfinanzierungsgesetzes (BaySchFG) in Abstimmung mit dem Elternbeirat und bei Berufsschulen mit dem Berufsschulbeirat anordnen und hierbei insbesondere Höchstbeträge vorsehen.

(5) Das zuständige Staatsministerium kann durch Rechtsverordnung das Verfahren und die Voraussetzungen der Zulassung und Verwendung von Lehrmitteln einschließlich audiovisueller Medien regeln.

Art. 52 Nachweise des Leistungsstands, Bewertung der Leistungen, Zeugnisse

(1) [1]Zum Nachweis des Leistungsstands erbringen die Schülerinnen und Schüler in angemessenen Zeitabständen entsprechend der Art des Fachs schriftliche, mündliche und praktische Leistungen. [2]Art, Zahl, Umfang, Schwierigkeit und Gewichtung der Leistungsnachweise richten sich nach den Erfordernissen der jeweiligen Schulart und Jahrgangsstufe sowie der einzelnen Fächer. [3]Die Art und Weise der Erhebung der Nachweise des Leistungsstandes ist den Schülerinnen und Schülern vorher bekannt zu geben; die Bewertung der Leistungen ist den Schülerinnen und Schülern mit Notenstufe und der Begründung für die Benotung zu eröffnen. [4]Leistungsnachweise dienen der Leistungsbewertung und als Beratungsgrundlage.

(2) [1]Die einzelnen schriftlichen, mündlichen und praktischen Leistungsnachweise sowie die gesamte während eines Schuljahres oder sonstigen Ausbildungsabschnitts in den einzelnen Fächern erbrachte Leistung werden nach folgenden Notenstufen bewertet:

sehr gut	= 1	(Leistung entspricht den Anforderungen in besonderem Maße)
gut	= 2	(Leistung entspricht voll den Anforderungen)
befriedigend	= 3	(Leistung entspricht im Allgemeinen den Anforderungen)
ausreichend	= 4	(Leistung weist zwar Mängel auf, entspricht aber im Ganzen noch den Anforderungen)

mangelhaft = 5 (Leistung entspricht nicht den Anforderungen, lässt jedoch erkennen, dass trotz deutlicher Verständnislücken die notwendigen Grundkenntnisse vorhanden sind)
ungenügend = 6 (Leistung entspricht nicht den Anforderungen und lässt selbst die notwendigen Grundkenntnisse nicht erkennen).

[2]Art. 9 Abs. 4 Satz 2 Nr. 3, Art. 16 Abs. 2 Satz 4 bleiben unberührt. [3]Die Schulordnungen können vorsehen, dass in bestimmten Jahrgangsstufen der Grundschule und der Förderzentren, in Wahlfächern sowie bei ausländischen Schülerinnen und Schülern in Pflichtschulen und bei Schülerinnen und Schülern mit sonderpädagogischem Förderbedarf in Pflichtschulen die Noten durch eine allgemeine Bewertung ersetzt werden. [4]Auf Wunsch der Erziehungsberechtigten oder Schülerinnen und Schüler hat die Lehrkraft die erzielten Noten zu nennen.

(3) [1]Unter Berücksichtigung der einzelnen schriftlichen, mündlichen und praktischen Leistungen werden Zeugnisse erteilt. [2]Hierbei werden die gesamten Leistungen einer Schülerin bzw. eines Schülers unter Wahrung der Gleichbehandlung aller Schülerinnen und Schüler in pädagogischer Verantwortung der Lehrkraft bewertet. [3]Daneben sollen Bemerkungen oder Bewertungen nach Abs. 2 Satz 1 oder in anderer Form über Anlagen, Mitarbeit und Verhalten der Schülerin oder des Schülers in das Zeugnis aufgenommen werden.

(4) Regelungen über den Notenausgleich können in den Schulordnungen vorgesehen werden.

(5) [1]Schülerinnen und Schüler mit einer lang andauernden erheblichen Beeinträchtigung der Fähigkeit, ihr vorhandenes Leistungsvermögen darzustellen, erhalten soweit erforderlich eine Anpassung der Prüfungsbedingungen, die das fachliche Anforderungsniveau der Leistungsanforderungen wahrt (Nachteilsausgleich). [2]Von einer Bewertung in einzelnen Fächern oder von abgrenzbaren fachlichen Anforderungen in allen Prüfungen und Abschlussprüfungen kann abgesehen werden (Notenschutz),

1. wenn eine körperlich-motorische Beeinträchtigung, eine Beeinträchtigung beim Sprechen, eine Sinnesschädigung, Autismus oder eine Lese-Rechtschreib-Störung vorliegt,
2. auf Grund derer eine Leistung oder Teilleistung auch unter Gewährung von Nachteilsausgleich nicht erbracht und auch nicht durch eine andere vergleichbare Leistung ersetzt werden kann,
3. die einheitliche Anwendung eines allgemeinen, an objektiven Leistungsanforderungen ausgerichteten Bewertungsmaßstabs zum Nachweis des jeweiligen Bildungsstands nicht erforderlich ist und
4. die Erziehungsberechtigten dies beantragen.

[3]Im Übrigen bleiben die schulartspezifischen Voraussetzungen für Aufnahme, Vorrücken und Schulwechsel sowie für den Erwerb der Abschlüsse unberührt. [4]Art und Umfang des Notenschutzes sind im Zeugnis zu vermerken. [5]Das zuständige Staatsministerium wird ermächtigt, das Nähere durch Rechtsverordnung zu regeln.

Art. 53 Vorrücken und Wiederholen

(1) In die nächsthöhere Jahrgangsstufe rücken Schülerinnen und Schüler vor, die während des laufenden Schuljahres oder des sonstigen Ausbildungsabschnitts die erforderlichen Leistungsnachweise erbracht und dabei den Anforderungen genügt haben.

(2) Schülerinnen und Schüler, die die Erlaubnis zum Vorrücken nicht erhalten haben, können die bisher besuchte Jahrgangsstufe derselben Schulart wiederholen.

(3) [1]Das Wiederholen ist nicht zulässig für Schülerinnen und Schüler, die

1. dieselbe Jahrgangsstufe zum zweiten Mal wiederholen müssten,
2. nach Wiederholung einer Jahrgangsstufe auch die nächstfolgende wiederholen müssten.

[2]Das Wiederholen ist außerdem nicht zulässig für Schülerinnen und Schüler der Gymnasien und Realschulen, die innerhalb der Jahrgangsstufen 5 bis 7 zum zweiten Mal nicht vorrücken durften.

(4) [1]Zuständig für die Entscheidungen nach den Absätzen 1 bis 3 ist die Klassenkonferenz. [2]Für einzelne Schularten kann in der Schulordnung ein anderes aus Lehrkräften der Schule gebildetes Gremium oder die Klassenleiterin bzw. der Klassenleiter bestimmt werden. [3]Mitglieder der Klassenkonferenz sind die in der Klasse unterrichtenden Lehrkräfte und die Schulleiterin bzw. der Schulleiter oder eine von ihr bzw. ihm beauftragte Lehrkraft als Vorsitzender.

(5) [1]Von den Folgen nach Absatz 3 kann die Lehrerkonferenz befreien, wenn zuverlässig anzunehmen ist, dass die Ursache des Misserfolgs nicht in mangelnder Eignung oder schuldhaftem Verhalten der Schülerin oder des Schülers gelegen ist. [2]Die Lehrerkonferenz entscheidet auch darüber, ob bei einer Schülerin oder einem Schüler, die oder der von einer Schule anderer Art übergetreten ist und an der zuvor besuchten Schule bereits einmal wiederholt hat, Absatz 3 anzuwenden ist.

(6) [1]Schülerinnen und Schülern, die die Erlaubnis zum Vorrücken nicht erhalten haben, kann in einzelnen Schularten und Jahrgangsstufen nach Maßgabe näherer Regelungen in den Schulordnungen das Vorrücken auf Probe gestattet werden; das Vorrücken kann ihnen noch gestattet werden, wenn sie sich einer Nachprüfung zu Beginn des folgenden Schuljahres erfolgreich unterzogen haben. [2]Schülerinnen und Schülern, die infolge nachgewiesener erheblicher Beeinträchtigungen ohne eigenes Verschulden wegen Leistungsminderungen die Voraussetzungen zum Vorrücken nicht erfüllen (z.B. wegen Krankheit), kann das Vorrücken auf Probe gestattet werden, wenn zu erwarten ist, dass die entstandenen Lücken geschlossen werden können und das angestrebte Bildungsziel erreicht werden kann.

(7) [1]Die Absätze 1 bis 6 gelten nicht für Schülerinnen und Schüler der Berufsschulen und Berufsschulen zur sonderpädagogischen Förderung. [2]Für Schülerinnen und Schüler der Grundschulen, Mittelschulen und Förderzentren gelten an Stelle der Absätze 3 und 5 die Bestimmungen über die Vollzeitschulpflicht nach Maßgabe näherer Regelungen in den Schulordnungen. [3]Für Schülerinnen und Schüler in Mittlere-Reife-Klassen sind Abs. 3 Satz 1 und Abs. 5 anzuwenden.

Art. 54 Abschlussprüfung

(1) [1]Der Besuch der Schule wird in der Regel durch eine Prüfung abgeschlossen (Abschlussprüfung). [2]Bei Berufsschulen kann nach Maßgabe der Schulordnung auf eine Abschlussprüfung verzichtet werden, wenn sich die Schülerinnen und Schüler einer Berufsabschlussprüfung nach dem Berufsbildungsgesetz oder der Handwerksordnung unterziehen, an der Lehrkräfte an beruflichen Schulen mitwirken.

(2) Die Abschlussprüfung wird vor einem Prüfungsausschuss, dessen Vorsitz die Schulleiterin bzw. der Schulleiter inne hat, abgelegt, sofern das zuständige Staatsministerium allgemein oder für den Einzelfall nicht anderes bestimmt.

(3) [1]Die Abschlussprüfung umfasst nach Maßgabe der Rechtsvorschriften für die einzelnen Schularten entsprechend der Art des jeweiligen Fachs einen schriftlichen, einen mündlichen und einen praktischen Teil. [2]Für die Bewertung der Prüfungsleistungen gilt Art. 52 Abs. 2, 4 und 5 entsprechend.

(4) [1]Nach bestandener Abschlussprüfung erhält der Prüfling ein Abschlusszeugnis. [2]Dieses enthält die Noten in den einzelnen Fächern und die Feststellung, welche Berechtigung das Zeugnis verleiht. [3]Zusätzlich kann das Zeugnis eine allgemeine Beurteilung enthalten.

(5) [1]Ein Prüfling, der die Abschlussprüfung nicht bestanden hat, kann zur Abschlussprüfung erst zum nächsten Prüfungstermin und nur noch einmal zugelassen werden.

[2]Mit Genehmigung des zuständigen Staatsministeriums oder der von ihm beauftragten Stelle kann die Abschlussprüfung ein zweites Mal wiederholt werden. [3]Ein Prüfling, der zur Wiederholung der Abschlussprüfung zugelassen worden ist, darf auch die betreffende Jahrgangsstufe oder den betreffenden Ausbildungsabschnitt wiederholen, falls er damit nicht die Höchstausbildungsdauer überschreitet (Art. 55 Abs. 1 Nr. 6). [4]Die Bestimmungen über die Schulpflicht bleiben unberührt.

Art. 55 Beendigung des Schulbesuchs

(1) Bei den Schülerinnen und Schülern anderer als Pflichtschulen endet der Schulbesuch
1. durch Austritt,
2. durch Nichtbestehen einer Probezeit, es sei denn, dass die Schülerin oder der Schüler in eine andere Jahrgangsstufe zurückverwiesen wird (Art. 44 Abs. 2 Satz 1, Art. 53 Abs. 6 Satz 2),
3. durch Erteilung des Abschlusszeugnisses oder des Entlassungszeugnisses, spätestens aber mit Ablauf des Schuljahres, in dem die Abschlussprüfung bestanden wird,
4. mit Ablauf des Schuljahres, in dem eine Schülerin bzw. ein Schüler die Erlaubnis zum Vorrücken in die nächste Jahrgangsstufe nicht erhalten oder die Abschlussprüfung nicht bestanden hat und ein Wiederholen nicht mehr zulässig ist,
5. durch Entlassung,
6. durch Überschreitung der Höchstausbildungsdauer, die für die einzelnen Schularten in der Schulordnung festgelegt ist; für Härtefälle können Ausnahmen vorgesehen werden.

(2) [1]Bleibt eine Schülerin oder ein Schüler einer Schule, die keine Pflichtschule ist, längere Zeit ohne ausreichende Entschuldigung dem Unterricht fern, so kann die Schule nach erfolgloser Erkundigung und vorheriger schriftlicher Ankündigung in angemessener Frist das Fernbleiben einer Austrittserklärung gleichstellen. [2]Die Schulpflicht bleibt davon unberührt.

(3) Die Beendigung des Schulbesuchs bei Pflichtschulen richtet sich nach der Dauer der Schulpflicht.

ABSCHNITT VII
Schülerinnen und Schüler

Art. 56 Rechte und Pflichten

(1) [1]Schülerinnen und Schüler im Sinn dieses Gesetzes und der auf Grund dieses Gesetzes erlassenen Vorschriften sind Personen, die in den Schulen unterrichtet und erzogen werden. [2]Alle Schülerinnen und Schüler haben gemäß Art. 128 der Verfassung ein Recht darauf, eine ihren erkennbaren Fähigkeiten und ihrer inneren Berufung entsprechende schulische Bildung und Förderung zu erhalten. [3]Aus diesem Recht ergeben sich einzelne Ansprüche, wenn und soweit sie nach Voraussetzungen und Inhalt in diesem Gesetz oder auf Grund dieses Gesetzes bestimmt sind.

(2) Die Schülerinnen und Schüler haben das Recht, entsprechend ihrem Alter und ihrer Stellung innerhalb des Schulverhältnisses
1. sich am Schulleben zu beteiligen,
2. im Rahmen der Schulordnung und der Lehrpläne an der Gestaltung des Unterrichts mitzuwirken,
3. über wesentliche Angelegenheiten des Schulbetriebs hinreichend unterrichtet zu werden,
4. Auskunft über ihren Leistungsstand und Hinweise auf eine Förderung zu erhalten,

5. bei als ungerecht empfundener Behandlung oder Beurteilung sich nacheinander an Lehrkräfte, an die Schulleiterin bzw. den Schulleiter und an das Schulforum zu wenden.

(3) [1]Alle Schülerinnen und Schüler haben das Recht, ihre Meinung frei zu äußern; im Unterricht ist der sachliche Zusammenhang zu wahren. [2]Die Bestimmungen über Schülerzeitung (Art. 63) und politische Werbung (Art. 84) bleiben unberührt.

(4) [1]Alle Schülerinnen und Schüler haben sich so zu verhalten, dass die Aufgabe der Schule erfüllt und das Bildungsziel erreicht werden kann. [2]Sie dürfen insbesondere in der Schule und bei Schulveranstaltungen ihr Gesicht nicht verhüllen, es sei denn, schulbedingte Gründe erfordern dies; zur Vermeidung einer unbilligen Härte können die Schulleiterin oder der Schulleiter Ausnahmen zulassen. [3]Darüber hinaus haben sie insbesondere die Pflicht, am Unterricht regelmäßig teilzunehmen und die sonstigen verbindlichen Schulveranstaltungen zu besuchen. [4]Erfolgt die Teilnahme am Distanzunterricht im Wege einer Videoübertragung, sind die teilnehmenden Schülerinnen und Schüler zur Übertragung des eigenen Bildes und Tones verpflichtet, soweit die Aufsicht führende Lehrkraft dies aus pädagogischen Gründen fordert und die technischen Voraussetzungen vorliegen. [5]Die Schülerinnen und Schüler haben alles zu unterlassen, was den Schulbetrieb oder die Ordnung der von ihnen besuchten Schule oder einer anderen Schule stören könnte. [6]Die Schülerinnen und Schüler sind verpflichtet, an der Erstellung des sonderpädagogischen Gutachtens nach Art. 41 Abs. 4 Satz 2 sowie im Rahmen des Verfahrens nach Art. 41 Abs. 6 mitzuwirken.

(5) [1]Die Verwendung von digitalen Endgeräten ist für Schülerinnen und Schüler nur zulässig
1. im Unterricht und bei sonstigen Schulveranstaltungen, soweit die Aufsicht führende Person dies gestattet,
2. im Übrigen im Schulgebäude und auf dem Schulgelände, soweit dies die Schulleitung im Einvernehmen mit dem Schulforum allgemein oder die Aufsicht führende Person im Einzelfall gestattet.

[2]Für die Verwendung nach Satz 1 können die Schulleiterin oder der Schulleiter allgemein oder die Aufsicht führende Person für den Einzelfall zulässige Programme und Anwendungen festlegen. [3]Satz 1 Nr. 2 gilt nicht für Grundschulen und Grundschulstufen an Förderschulen. [4]Bei unzulässiger Verwendung kann das digitale Endgerät vorübergehend einbehalten werden.

ABSCHNITT VIII
Schulleiterin oder Schulleiter, Lehrerkonferenz, Lehrkräfte und sonstiges Personal

Art. 57 Schulleiterin oder Schulleiter, ständiger Vertreter

(1) [1]Für jede Schule ist eine Person mit der Schulleitung zu betrauen; sie ist zugleich Lehrkraft an der Schule (Schulleiterin oder Schulleiter). [2]Bei allgemein bildenden Schulen, Förderschulen und beruflichen Schulzentren (Art. 30a Abs. 2) kann eine Person mit der Leitung mehrerer Schulen, auch verschiedener Schularten, betraut werden; sie ist zugleich Lehrkraft an einer der Schulen.

(2) [1]Die Schulleiterin oder der Schulleiter ist für einen geordneten Schulbetrieb und Unterricht sowie gemeinsam mit den Lehrkräften für die Bildung und Erziehung der Schülerinnen und Schüler sowie die Überwachung der Schulpflicht verantwortlich; sie oder er hat sich über das Unterrichtsgeschehen zu informieren. [2]In Erfüllung dieser Aufgaben ist sie oder er den Lehrkräften und dem sonstigen pädagogischen Personal sowie dem Verwaltungs- und Hauspersonal gegenüber weisungsberechtigt. [3]Die Schulleiterin oder der Schulleiter kann Lehrkräften Weisungsberechtigung für ihnen übertragene Fachaufgaben erteilen, soweit Rechts- und Verwaltungsvorschriften dies vorsehen. [4]Sie

oder er berät die Lehrkräfte und das sonstige pädagogische Personal und sorgt für deren Zusammenarbeit.

(3) Die Schulleiterin oder der Schulleiter vertritt die Schule nach außen.

(4) Für jede Schule ist eine Person mit der Stellvertretung der Schulleiterin oder des Schulleiters (ständiger Vertreter) zu betrauen; Abs. 1 Satz 1 Halbsatz 2 und Satz 2 gelten entsprechend.

Art. 57a Erweiterte Schulleitung

(1) [1]An staatlichen Schulen kann das zuständige Staatsministerium auf Antrag der Schulleiterin oder des Schulleiters zur Unterstützung bei der Erledigung der Aufgaben gemäß Art. 57 Abs. 1 bis 3 eine erweiterte Schulleitung einrichten. [2]Die Entscheidung über den Antrag erfolgt nach Maßgabe der im Staatshaushalt bereitgestellten Stellen und Mittel.

(2) [1]Voraussetzung für die Einrichtung einer erweiterten Schulleitung ist, dass dies auf Grund der Zahl der an der Schule tätigen staatlichen Lehrkräfte sowie auf Grund der Struktur der Schulart zweckdienlich ist. [2]Dabei sind auch die Schulen, mit deren Leitung die Schulleiterin oder der Schulleiter gemäß Art. 57 Abs. 1 Satz 2 betraut ist, einzubeziehen, soweit sie einer Schulart angehören, welche die für die Einrichtung einer erweiterten Schulleitung erforderliche Struktur gemäß Satz 1 aufweist.

(3) [1]Die erweiterte Schulleitung besteht aus dem ständigen Vertreter sowie erforderlichenfalls weiteren staatlichen Lehrkräften mit Führungs- und Personalverantwortung nach Maßgabe der Rechts- und Verwaltungsvorschriften. [2]Die Mitglieder der erweiterten Schulleitung sind gegenüber den ihnen von der Schulleiterin oder dem Schulleiter zugeordneten Lehrkräften weisungsberechtigt.

(4) Die Staatsregierung wird ermächtigt, durch Rechtsverordnung die für die Antragsberechtigung maßgeblichen Kriterien, insbesondere Mindestanzahl der Lehrkräfte und Struktur der Schulart, festzulegen sowie das Auswahlverfahren zu regeln.

(5) [1]An kommunalen Schulen kann durch Entscheidung des Schulträgers eine erweiterte Schulleitung eingerichtet werden. [2]Die Abs. 1 bis 3 gelten entsprechend.

Art. 58 Lehrerkonferenz

(1) [1]An jeder Schule besteht eine Lehrerkonferenz. [2]Wenn an einer Schule mehrere Schularten oder Ausbildungsrichtungen als Abteilungen geführt werden, kann die Schulordnung die Bildung von Teilkonferenzen der Lehrkräfte dieser Abteilungen vorsehen. [3]Bei Schulen mit mehr als 25 mit mindestens der Hälfte der Unterrichtspflichtzeit beschäftigten Lehrkräften werden für die Dauer eines Schuljahres ein Disziplinarausschuss und ein Lehr- und Lernmittelausschuss, die insoweit die Aufgaben der Lehrerkonferenz wahrnehmen, sowie sonstige Ausschüsse nach näherer Bestimmung der Schulordnung gebildet.

(2) [1]Mitglieder der Lehrerkonferenz sind alle an der Schule tätigen Lehrkräfte, die Beamten im Vorbereitungsdienst, die an der Schule eigenverantwortlichen Unterricht erteilen, sowie die Förderlehrer und das Personal für die heilpädagogische Unterrichtshilfe. [2]Den Vorsitz führt die Schulleiterin oder der Schulleiter. [3]Die Vertreter der Schulaufsichtsbehörden sind zur Teilnahme an den Sitzungen berechtigt.

(3) [1]Die Lehrerkonferenz hat die Aufgabe, die Erziehungs- und Unterrichtsarbeit sowie das kollegiale und pädagogische Zusammenwirken der Lehrkräfte an der Schule zu sichern. [2]Die Aufgaben der Schulleiterin oder des Schulleiters und die pädagogische Verantwortung der einzelnen Lehrkraft bleiben unberührt.

(4) [1]Die Lehrerkonferenz beschließt in den Angelegenheiten, die ihr durch Rechts- und Verwaltungsvorschriften zur Entscheidung zugewiesen sind, mit bindender Wirkung für

die Schulleiterin oder den Schulleiter und die übrigen Mitglieder der Lehrerkonferenz. [2]In den übrigen Angelegenheiten gefasste Beschlüsse bedeuten Empfehlungen.

(5) [1]Für die Ausführung der Beschlüsse der Lehrerkonferenz nach Absatz 4 Satz 1 ist die Schulleiterin oder der Schulleiter verantwortlich. [2]Ist die Schulleiterin oder der Schulleiter der Auffassung, dass ein Beschluss der Lehrerkonferenz gegen eine Rechts- oder Verwaltungsvorschrift verstößt oder dass sie oder er für die Ausführung des Beschlusses nicht die Verantwortung übernehmen kann, so hat sie oder er den Gegenstand dieses Beschlusses in einer weiteren, innerhalb eines Monats einzuberufenden Sitzung noch einmal zur Beratung zu stellen. [3]Handelt es sich um eine Angelegenheit, die der Lehrerkonferenz nach Absatz 4 Satz 1 zur Entscheidung zugewiesen ist, so hat die Schulleiterin oder der Schulleiter den Beschluss zu beanstanden, den Vollzug auszusetzen und – in dringenden Fällen ohne wiederholte Beratung – die Entscheidung der Schulaufsichtsbehörde herbeizuführen. [4]Die Beanstandung ist schriftlich oder (unter Verwendung einer dauerhaft überprüfbaren qualifizierten elektronischen Signatur) elektronisch zu begründen. [5]Bis zur Entscheidung der Schulaufsichtsbehörde darf der Beschluss nicht ausgeführt werden. [6]Die Schulaufsichtsbehörde kann im Übrigen auch entscheiden, wenn die Lehrerkonferenz oder ein zuständiger Ausschuss in einer wichtigen Angelegenheit nicht tätig wird oder schulaufsichtlichen Beanstandungen nicht Rechnung trägt.

(6) Die Schulordnung trifft die näheren Regelungen, insbesondere über die Zuständigkeit, die Mitglieder und den Vorsitz der Teilkonferenzen und Ausschüsse sowie über den Geschäftsgang, die Sitzungsteilnahme, die Stimmberechtigung, die Beschlussfähigkeit und die Beschlussfassung in der Lehrerkonferenz, den Teilkonferenzen und den Ausschüssen.

Art. 59 Lehrkräfte

(1) [1]Die Lehrkräfte tragen die unmittelbare pädagogische Verantwortung für den Unterricht und die Erziehung der Schülerinnen und Schüler. [2]Gegenüber dem ihnen zugeordneten sonstigen pädagogischen Personal sind sie weisungsberechtigt. [3]Die Art. 111 bis 114 und die dienstrechtlichen Vorschriften bleiben unberührt. [4]Art. 60a Abs. 2 gilt entsprechend.

(2) [1]Die Lehrkräfte haben den in Art. 1 und 2 niedergelegten Bildungs- und Erziehungsauftrag sowie die Lehrpläne und Richtlinien für den Unterricht und die Erziehung zu beachten. [2]Erteilen Lehrkräfte Distanzunterricht im Wege einer Videoübertragung und liegen die technischen Voraussetzungen vor, sind sie in der Regel zur Übertragung des eigenen Bildes und Tones verpflichtet. [3]Sie müssen die verfassungsrechtlichen Grundwerte glaubhaft vermitteln. [4]Äußere Symbole und Kleidungsstücke, die eine religiöse oder weltanschauliche Überzeugung ausdrücken, dürfen von Lehrkräften im Unterricht nicht getragen werden, sofern die Symbole oder Kleidungsstücke bei den Schülerinnen und Schülern oder den Eltern auch als Ausdruck einer Haltung verstanden werden können, die mit den verfassungsrechtlichen Grundwerten und Bildungszielen der Verfassung einschließlich den christlich-abendländischen Bildungs- und Kulturwerten nicht vereinbar ist. [5]Art. 84 Abs. 2 bleibt unberührt. [6]Für Lehrkräfte im Vorbereitungsdienst können im Einzelfall Ausnahmen von der Bestimmung des Satzes 4 zugelassen werden.

(3) Die Lehrkräfte erfüllen ihre Aufgaben im vertrauensvollen Zusammenwirken mit den Schülerinnen und Schülern und den Erziehungsberechtigten, bei den beruflichen Schulen außerdem mit den Ausbildenden, den Arbeitgebern und den Arbeitnehmervertretern und Arbeitnehmervertreterinnen der von ihnen unterrichteten Schülerinnen und Schüler.

(4) [1]Lehrkräften, die unbefristet im Beschäftigungsverhältnis an öffentlichen Schulen tätig sind, kann für die Dauer ihrer Tätigkeit das Recht eingeräumt werden, Berufsbezeichnungen zu führen, die das Staatsministerium für bestimmte Gruppen von Lehrkräften allgemein festsetzt. [2]Lehrkräfte, die wegen Alters oder Arbeitsunfähigkeit ausscheiden, sind berechtigt, ihre bisherige Berufsbezeichnung mit dem Zusatz »a.D.« widerruflich weiterzuführen.

(5) Lehrkräften, die aus dem öffentlichen Schuldienst in den Auslandsschuldienst beurlaubt sind, kann die Ernennungsbehörde für die Dauer ihrer Verwendung als Schulleiterin bzw. Schulleiter, stellvertretende Schulleiterin bzw. stellvertretender Schulleiter oder Fachberaterin bzw. Fachberater das Führen einer Bezeichnung gestatten, die der Amtsbezeichnung vergleichbarer Lehrkräfte an öffentlichen Schulen entspricht.

Art. 60 Weiteres pädagogisches Personal

(1) [1]Die Förderlehrerin bzw. der Förderlehrer unterstützt den Unterricht und trägt durch die Arbeit mit Schülergruppen zur Sicherung des Unterrichtserfolges bei. [2]Sie bzw. er nimmt besondere Aufgaben der Betreuung von Schülerinnen und Schülern selbstständig und eigenverantwortlich wahr und wirkt bei sonstigen Schulveranstaltungen und Verwaltungstätigkeiten mit.

(2) [1]Heilpädagogische Förderlehrerinnen bzw. Förderlehrer, Werkmeisterinnen bzw. Werkmeister und sonstiges Personal für heilpädagogische Unterrichtshilfe an Förderschulen unterstützen die Erziehungs- und Unterrichtstätigkeit der Lehrkraft an Schulen mit dem Profil »Inklusion« und an Förderschulen; im Rahmen eines mit den Lehrkräften für Sonderpädagogik gemeinsam erstellten Gesamtplans wirken sie bei Erziehung, Unterrichtung und Beratung von Kindern und Jugendlichen mit sonderpädagogischem Förderbedarf mit. [2]Sie nehmen diese Aufgaben selbständig und eigenverantwortlich wahr und wirken bei sonstigen Schulveranstaltungen und bei Verwaltungstätigkeiten mit. [3]Heilpädagogische Förderlehrerinnen bzw. Förderlehrer und das sonstige Personal für heilpädagogische Unterrichtshilfe leiten die Gruppen der Schulvorbereitenden Einrichtungen im Einvernehmen mit der Lehrkraft für Sonderpädagogik und erfüllen in Absprache mit der Lehrkraft für Sonderpädagogik Aufgaben der sonderpädagogischen Förderung und Beratung im Rahmen der Mobilen Sonderpädagogischen Dienste und Hilfen.

(3) Schulsozialpädagoginnen und Schulsozialpädagogen unterstützen die Erziehungsarbeit der Schule durch gruppenbezogene Prävention und wirken in gruppenbezogener Arbeit an der Werteerziehung und der Persönlichkeitsentwicklung der Schülerinnen und Schüler mit.

(4) Art. 59 Abs. 2 und Art. 60a Abs. 2 gelten entsprechend.

Art. 60a Sonstiges schulisches Personal sowie Verwaltungs- und Hauspersonal

(1) [1]Sonstiges schulisches Personal nimmt im Rahmen von schulischen Angeboten zur Bildung, Förderung und Betreuung der Schülerinnen und Schüler erzieherische oder pflegerische Aufgaben wahr. [2]Verwaltungs- und Hauspersonal nehmen administrative oder der Bewirtschaftung der Schulanlage dienende Tätigkeiten wahr.

(2) [1]Das Personal nach Abs. 1 muss für den Umgang mit Schülerinnen und Schülern persönlich geeignet und zuverlässig sein. [2]Daran fehlt es insbesondere, wenn

1. schwerwiegende Tatsachen die Annahme rechtfertigen, dass die Person die Verwirklichung des schulischen Bildungs- und Erziehungsauftrags gefährdet, oder
2. sie rechtskräftig wegen einer Straftat nach den §§ 171, 174 bis 174c, 176 bis 180a, 181a, 182 bis 184g, 184i, 201a Abs. 3, §§ 225, 232 bis 233a, 234, 235 oder § 236 des Strafgesetzbuchs (StGB) verurteilt worden ist; dabei sind nach § 52 Abs. 1 Nr. 5 des Bundeszentralregistergesetzes (BZRG) auch bekannte frühere Straftaten zu berücksichtigen, die im Bundeszentralregister bereits getilgt sind oder zu tilgen wären.

(3) [1]Die persönliche Eignung nach Abs. 2 Satz 2 Nr. 2 ist vor Tätigkeitsantritt durch ein höchstens drei Monate altes erweitertes Führungszeugnis nach § 30a Abs. 1 BZRG im Original oder in beglaubigter Kopie gegenüber der Schulleiterin oder dem Schulleiter nachzuweisen. [2]Die Schulen dürfen die durch die Einsichtnahme in das erweiterte Führungszeugnis erhobenen Daten nur verarbeiten, soweit dies zum Ausschluss der

Personen von der Tätigkeit, die Anlass zu der Einsichtnahme in das erweiterte Führungszeugnis gewesen ist, erforderlich ist. [3]In Abständen von drei Jahren ist eine erneute Vorlage erforderlich. [4]Die Sätze 1 bis 3 gelten nicht für Personen,
1. bei denen nach Art, Intensität und Dauer des Kontakts zu Schülerinnen und Schülern eine Gefährdung ausgeschlossen erscheint oder
2. die beim Freistaat Bayern oder einer kommunalen Körperschaft beschäftigt sind.

[5]An kommunalen Schulen können auch abweichende Verfahren festgelegt werden.

(4) Art. 59 Abs. 2 und die für den öffentlichen Dienst geltenden Vorschriften über die Gesichtsverhüllung gelten für alle Personen nach Abs. 1 Satz 1 entsprechend.

Art. 61 Angehörige kirchlicher Genossenschaften

(1) [1]Kirchliche Genossenschaften, die über Lehrkräfte oder Förderlehrerinnen bzw. Förderlehrer verfügen, deren Ausbildung nicht hinter der Ausbildung der staatlichen Lehrkräfte oder Förderlehrerinnen bzw. Förderlehrer zurücksteht, können auf ihren Antrag von der Regierung durch Gestellungsvertrag mit der Tätigkeit an Grundschulen, Mittelschulen oder Förderzentren beauftragt werden. [2]Die beauftragten Lehrkräfte und Förderlehrerinnen bzw. Förderlehrer unterliegen dem fachlichen Weisungsrecht des Schulamts.

(2) Das Staatsministerium wird ermächtigt, durch Rechtsverordnung die Dienstbezeichnungen zu bestimmen, die den von den kirchlichen Genossenschaften zur Verfügung gestellten Lehrkräften verliehen werden können.

ABSCHNITT IX
Einrichtungen zur Mitgestaltung des schulischen Lebens

a) Schülermitverantwortung

Art. 62 Schülermitverantwortung, Schülervertretung

(1) [1]Im Rahmen der Schülermitverantwortung soll allen Schülerinnen und Schülern die Möglichkeit gegeben werden, Leben und Unterricht ihrer Schule ihrem Alter und ihrer Verantwortungsfähigkeit entsprechend mitzugestalten; hierfür werden Schülersprecher und Schülersprecherinnen sowie deren Stellvertreter und deren Stellvertreterinnen gewählt. [2]Die Schülerinnen und Schüler werden dabei von der Schulleiterin oder vom Schulleiter, von den Lehrkräften und den Erziehungsberechtigten unterstützt. [3]Zu den Aufgaben der Schülermitverantwortung gehören insbesondere die Durchführung gemeinsamer Veranstaltungen, die Übernahme von Ordnungsaufgaben, die Wahrnehmung schulischer Interessen der Schülerinnen und Schüler und die Mithilfe bei der Lösung von Konfliktfällen. [4]Zu den Rechten der Schülermitverantwortung gehört es,
1. in allen sie betreffenden Angelegenheiten durch die Schule informiert zu werden (Informationsrecht),
2. Wünsche und Anregungen der Schülerinnen und Schüler an Lehrkräfte, die Leiterin oder den Leiter der Schule und den Elternbeirat zu übermitteln (Anhörungs- und Vorschlagsrecht),
3. auf Antrag der betroffenen Schülerinnen und Schüler ihre Hilfe und Vermittlung einzusetzen, wenn diese glauben, es sei ihnen Unrecht geschehen (Vermittlungsrecht),
4. Beschwerden allgemeiner Art bei Lehrkräften, bei der Leiterin oder beim Leiter der Schule und im Schulforum vorzubringen (Beschwerderecht),
5. bei der Aufstellung und Durchführung der Hausordnung, der Organisation und Betreuung von besonderen Veranstaltungen und im Schulforum mitzuwirken,
6. zur Gestaltung von Kursen und Schulveranstaltungen und im Rahmen der Lehrpläne zum Unterricht Anregungen zu geben und Vorschläge zu unterbreiten.

[5]Die Rechte einzelner Schülerinnen und Schüler nach Art. 56 bleiben unberührt.

(2) [1]Die Aufgaben der Schülermitverantwortung werden insbesondere durch folgende Einrichtungen der Schülervertretung wahrgenommen:

1. Klassensprecherinnen und Klassensprecher und ihre jeweiligen Stellvertreter,
2. Klassensprecherversammlung,
3. erste, zweite und dritte Schülersprecherin bzw. erster, zweiter und dritter Schülersprecher,
4. Schülerausschuss,
5. Stadt- und Landkreisschülersprecherinnen und Stadt- und Landkreisschülersprecher im Bereich der Mittelschulen,
6. Bezirksschülersprecherinnen und Bezirksschülersprecher,
7. Landesschülerkonferenz.

[2]Soweit die Schülerinnen und Schüler nicht in Klassen zusammengefasst sind, tritt an die Stelle der Klassensprecherin bzw. des Klassensprechers die Jahrgangsstufensprecherin bzw. der Jahrgangsstufensprecher; neben den Jahrgangsstufensprecherinnen und Jahrgangsstufensprechern können Kurssprecherinnen und Kurssprecher vorgesehen werden.

(3) [1]Ab Jahrgangsstufe 5 wählt jede Klasse aus ihrer Mitte eine Klassensprecherin oder einen Klassensprecher und ihren bzw. seinen Stellvertreter. [2]In den Jahrgangsstufen 1 bis 4 entscheidet die Schulleitung im Einvernehmen mit dem Elternbeirat, ob eine Wahl im Sinne des Satzes 1 durchgeführt wird. [3]Der Klassensprecherin bzw. dem Klassensprecher obliegen die Aufgaben der Schülermitverantwortung als Schülervertretung für die Klasse.

(4) [1]Die Klassensprecherinnen und Klassensprecher, ihre jeweiligen Stellvertreter sowie die Schülersprecherinnen und Schülersprecher bilden die Klassensprecherversammlung. [2]Die Klassensprecherversammlung behandelt Fragen, die über den Kreis einer Klasse hinaus für die gesamte Schülerschaft von Interesse sind.

(5) [1]Ab Jahrgangsstufe 5 wählen die Klassensprecherinnen und Klassensprecher und ihre jeweiligen Stellvertreter die drei Schülersprecherinnen und Schülersprecher; das Schulforum kann beschließen, das Wahlrecht auf alle Schülerinnen und Schüler auszudehnen. [2]Die Schülersprecherinnen und Schülersprecher bilden den Schülerausschuss. [3]Der Schülerausschuss ist ausführendes Organ der Klassensprecherversammlung; er kann im Rahmen der Aufgaben der Schülermitverantwortung und der Beschlüsse der Klassensprecherversammlung der Schulleiterin oder dem Schulleiter, der Lehrerkonferenz, dem Elternbeirat, dem Schulforum, dem Aufwandsträger und einzelnen Lehrkräften Wünsche und Anregungen vortragen. [4]Die Schulleiterin oder der Schulleiter unterrichtet den Schülerausschuss über Angelegenheiten, die für die Schule von allgemeiner Bedeutung sind, sowie über Rechts- und Verwaltungsvorschriften und Beschlüsse der Lehrerkonferenz, soweit sie allgemeine Schülerangelegenheiten betreffen. [5]Die Schulleiterin oder der Schulleiter, die Schulaufsichtsbehörde und der Aufwandsträger prüfen im Rahmen ihrer Zuständigkeit die Anregungen des Schülerausschusses binnen angemessener Frist und teilen diesem das Ergebnis mit. [6]Im Fall der Ablehnung ist das Ergebnis – auf Antrag schriftlich – zu begründen.

(6) [1]Die Schülersprecherinnen und Schülersprecher, im Bereich der Mittelschule die Stadt- und Landkreisschülersprecherinnen und Stadt- und Landkreisschülersprecher wählen aus ihrer Mitte für die jeweiligen Regierungsbezirke bzw. Dienstbereiche der Ministerialbeauftragten die Bezirksschülersprecherinnen und Bezirksschülersprecher und deren Stellvertreterinnen und Stellvertreter. [2]Die Anzahl der gewählten Bezirksschülersprecherinnen und Bezirksschülersprecher beträgt

1. für die Mittelschulen sieben,
2. für die Realschulen neun,
3. für die Gymnasien neun,
4. für die Berufsschulen, Berufsfachschulen, Wirtschaftsschulen, Fachschulen und Fachakademien insgesamt sieben,
5. für die Fachoberschulen und Berufsoberschulen insgesamt vier und
6. für die Förderschulen sieben.

[3]Zu den Aufgaben der Bezirksschülersprecherinnen und Bezirksschülersprecher gehört insbesondere der Erfahrungsaustausch bezüglich der die jeweilige Schulart betreffenden Angelegenheiten. [4]Die insgesamt 43 Bezirksschülersprecherinnen und Bezirksschülersprecher bilden die Landesschülerkonferenz (Art. 62a).

(7) [1]Die Klassensprecherinnen und Klassensprecher und ihre jeweiligen Stellvertreter können für jeweils ein Schuljahr eine Verbindungslehrkraft wählen; wählbar sind Lehrkräfte, die an der Schule mit mindestens der Hälfte der Unterrichtspflichtzeit unbefristet beschäftigt sind, sowie Förderlehrerinnen bzw. Förderlehrer unter entsprechenden Voraussetzungen. [2]Das Schulforum kann beschließen, dass die Wahl durch alle Schülerinnen und Schüler erfolgt. [3]Die Verbindungslehrkräfte pflegen die Verbindung zwischen Schulleiterin bzw. Schulleiter und Lehrkräften einerseits und den Schülerinnen und Schülern andererseits. [4]Sie beraten die Einrichtungen der Schülermitverantwortung und vermitteln bei Beschwerden.

(8) Auf Antrag gibt die Schulleiterin oder der Schulleiter den Mitgliedern der Klassensprecherversammlung oder des Schülerausschusses an Vollzeitschulen in der Regel einmal im Monat Gelegenheit, auch während der Unterrichtszeit zu einer Besprechung zusammenzukommen.

(9) [1]Das Nähere regelt die Schulordnung. [2]Für berufliche Schulen können die Einrichtungen und die Wahl der Schülervertretung in der Schulordnung abweichend von den Absätzen 2 bis 5 geregelt werden.

(10) Die notwendigen Kosten der Wahrnehmung der Aufgaben der Schülermitverantwortung auf der Stadt-, Landkreis-, Bezirks- und Landesebene trägt der Freistaat Bayern im Rahmen der zur Verfügung stehenden Haushaltsmittel.

Art. 62a Landesschülerkonferenz, Landesschülerrat

(1) [1]Die Landesschülerkonferenz dient insbesondere der Erörterung allgemeiner schulischer Angelegenheiten. [2]Sie tagt wenigstens zweimal im Jahr. [3]Art und Umfang der Aufsicht über die teilnehmenden Schülerinnen und Schüler richtet sich nach deren Alter und Reife. [4]Die Landesschülerkonferenz ist berechtigt, sich eine Geschäftsordnung zu geben.

(2) [1]Aus der Mitte der Landesschülerkonferenz werden insgesamt sechs Landesschülersprecherinnen und Landesschülersprecher für ein Jahr gewählt. [2]Dabei werden für die Mittelschulen, Realschulen, Gymnasien und Förderschulen jeweils eine Landesschülersprecherin oder ein Landesschülersprecher gewählt; für die Gruppe der Berufsschulen, Berufsfachschulen, Wirtschaftsschulen, Fachschulen und Fachakademien sowie für die Gruppe der Fachoberschulen und Berufsoberschulen wird je eine Landesschülersprecherin oder ein Landesschülersprecher gewählt. [3]Diese bilden den Vorstand der Landesschülerkonferenz (Landesschülerrat). [4]Gleichzeitig werden entsprechend die Stellvertreterinnen und Stellvertreter der Landesschülersprecherinnen und Landesschülersprecher gewählt. [5]Aus deren Mitte werden zwei Schülerinnen oder Schüler zum Zweck der Mitgliedschaft im Landesschulbeirat gewählt.

(3) [1]Zu den Rechten des Landesschülerrats gehört es,

1. in Bezug auf grundlegende, die Schülerinnen und Schüler betreffende schulische Angelegenheiten durch das Staatsministerium informiert und angehört zu werden (Informations- und Anhörungsrecht) und
2. Anregungen und Vorschläge der Schülerinnen und Schüler an das Staatsministerium zu richten (Vorschlagsrecht).

[2]Abs. 1 Satz 4 gilt entsprechend.

(4) Zur Beratung der Schülerinnen und Schüler bei ihrer Tätigkeit in der Landesschülerkonferenz und zur Unterstützung der Kommunikation zwischen ihnen und den Schulaufsichtsbehörden wird eine Lehrkraft als Koordinatorin oder Koordinator bestellt.

Art. 63 Schülerzeitung

(1) [1]Schülerzeitungen sind Zeitungen, die von Schülerinnen und Schülern für Schülerinnen und Schüler derselben Schule geschrieben werden. [2]Die Schülerinnen und Schüler machen durch die Herausgabe von Schülerzeitungen vom Recht der freien Meinungsäußerung Gebrauch. [3]Jede Schülerin und jeder Schüler hat das Recht, an der Schülerzeitung mitzuwirken. [4]Die Redaktion der Schülerzeitung hat das Wahlrecht, ob die Schülerzeitung als Einrichtung der Schule im Rahmen der Schülermitverantwortung oder als Druckwerk im Sinn des Bayerischen Pressegesetzes (BayPrG) erscheint. [5]Die Redaktion soll sich eine beratende Lehrkraft wählen, die die Schülerzeitung pädagogisch betreut.

(2) [1]Erscheint die Schülerzeitung als Druckwerk im Sinn des Bayerischen Pressegesetzes, soll die Schulleiterin oder der Schulleiter die Herausgeber und Redakteure über die presserechtlichen Folgen (Art. 3 Abs. 2, Art. 5, 7 bis 10 und 11 BayPrG) informieren. [2]Die Haftung der Erziehungsberechtigten für minderjährige Schülerinnen und Schüler bleibt unberührt. [3]Die Schule unterrichtet die Erziehungsberechtigten der mitwirkenden minderjährigen Schülerinnen und Schüler über die Entscheidung der Schülerzeitungsredaktion, die Schülerzeitung als Druckwerk im Sinn des Bayerischen Pressegesetzes herauszugeben.

(3) Die Grundsätze einer fairen Berichterstattung sind zu beachten; auf die Vielfalt der Meinungen und auf den Bildungs- und Erziehungsauftrag der Schule ist Rücksicht zu nehmen.

(4) [1]Soll die Schülerzeitung auf dem Schulgelände verteilt werden, ist der Schulleiterin oder dem Schulleiter rechtzeitig vor Drucklegung ein Exemplar zur Kenntnis zu geben. [2]Sie oder er kann Einwendungen erheben. [3]Berücksichtigt die Redaktion die Einwendungen nicht, so hat sie die Schülerzeitung zusammen mit einer Stellungnahme dem Schulforum vorzulegen. [4]Das Schulforum soll auf eine gütliche Einigung hinwirken; scheitert die gütliche Einigung, kann das Schulforum die Verteilung der Schülerzeitung auf dem Schulgelände untersagen.

(5) Soweit der Inhalt der Schülerzeitung das Recht der persönlichen Ehre verletzt oder in anderer Weise gegen Rechtsvorschriften verstößt, kann die Schulleiterin oder der Schulleiter die Verteilung auf dem Schulgelände, und für den Fall, dass die Schülerzeitung als Einrichtung der Schule im Rahmen der Schülermitverantwortung erscheint, auch die Herausgabe untersagen; die Schulleiterin oder der Schulleiter begründet die Entscheidung innerhalb einer Woche schriftlich.

b) Elternvertretung

Art. 64 Einrichtungen

(1) An allen Grundschulen, Mittelschulen, Realschulen, Gymnasien, Fachoberschulen und an Berufsfachschulen, an denen die Schulpflicht erfüllt werden kann, sowie an entsprechenden Schulen zur sonderpädagogischen Förderung wird ein Elternbeirat gebildet.

(2) [1]An allen Grundschulen und Mittelschulen werden Klassenelternsprecher gewählt; an Gymnasien, Realschulen, Wirtschaftsschulen und Förderzentren beschließt der Elternbeirat, ob Klassenelternsprecher für alle oder einzelne Jahrgangsstufen der Schule als Helfer des Elternbeirats gewählt werden. [2]Bestehen innerhalb einer Gemeinde oder eines Schulverbands jeweils mehrere Grundschulen, Mittelschulen oder Förderzentren, so wird für diese zusätzlich ein gemeinsamer Elternbeirat gebildet. [3]Satz 2 gilt für Förderzentren entsprechend, soweit ein Landkreis oder Bezirk den Sachbedarf mehrerer Förderzentren trägt. [4]Elternbeiräte in einem Schulverbund sollen einen gemeinsamen Verbundelternbeirat wählen.

(3) An den in Absatz 1 genannten Schulen wird für jede Klasse mindestens einmal im Schuljahr eine Klassenelternversammlung abgehalten.

Art. 65 Bedeutung und Aufgaben

(1) [1]Der Elternbeirat ist die Vertretung der Erziehungsberechtigten der Schülerinnen und Schüler sowie der früheren Erziehungsberechtigten volljähriger Schülerinnen und Schüler einer Schule; Art. 74 Abs. 2 Satz 2 findet Anwendung. [2]Er wirkt mit in Angelegenheiten, die für die Schule von allgemeiner Bedeutung sind. [3]Aufgabe des Elternbeirats ist es insbesondere,

1. das Vertrauensverhältnis zwischen den Eltern und den Lehrkräften, die gemeinsam für die Bildung und Erziehung der Schülerinnen und Schüler verantwortlich sind, zu vertiefen,
2. das Interesse der Eltern für die Bildung und Erziehung der Schülerinnen und Schüler zu wahren,
3. den Eltern aller Schülerinnen und Schüler oder der Schülerinnen und Schüler einzelner Klassen in besonderen Veranstaltungen Gelegenheit zur Unterrichtung und zur Aussprache zu geben,
4. Wünsche, Anregungen und Vorschläge der Eltern zu beraten,
5. durch gewählte Vertreter an den Beratungen des Schulforums teilzunehmen (Art. 69 Abs. 2),
6. bei der Entscheidung über einen unterrichtsfreien Tag das Einvernehmen herzustellen,
7. sich im Rahmen der Abstimmung nach Art. 51 Abs. 4 Satz 2 zu äußern,
8. im Verfahren, das zur Entlassung einer Schülerin oder eines Schülers führen kann, die in Art. 88 Abs. 3 Satz 2 Nr. 3 genannten Rechte wahrzunehmen,
9. im Verfahren, das zum Ausschluss einer Schülerin oder eines Schülers von allen Schulen einer oder mehrerer Schularten führen kann, die in Art. 88 Abs. 3 Satz 2 Nr. 3 genannten Rechte wahrzunehmen,
10. bei Errichtung und Auflösung von staatlichen und kommunalen Schulen unter den in Art. 26 Abs. 2, Art. 27 Abs. 2 Satz 2 genannten Voraussetzungen mitzuwirken,
11. bei Abweichungen von den Sprengelgrenzen unter den in Art. 42 Abs. 2 und 7 genannten Voraussetzungen mitzuwirken,
12. bei der Bestimmung eines Namens für die Schule nach Art. 29 Abs. 1 Satz 3 mitzuwirken,
13. das Einvernehmen bei der Änderung von Ausbildungsrichtungen, bei der Einführung von Schulversuchen, bei der Entwicklung des Schulprofils »Inklusion« und bei der Stellung eines Antrags auf Zuerkennung des Status einer MODUS-Schule herzustellen.

[4]Der Elternbeirat wirkt außerdem mit, soweit dies in der Schulordnung vorgesehen ist.

(2) Im Rahmen des Absatzes 1 nimmt die Klassenelternsprecherin bzw. der Klassenelternsprecher die Belange der Eltern der Schülerinnen oder Schüler einer Klasse, der gemeinsame Elternbeirat die Belange der Eltern der Schülerinnen oder Schüler jeweils mehrerer Grundschulen, Mittelschulen oder Förderzentren wahr.

Art. 66 Zusammensetzung des Elternbeirats

(1) [1]Für je 50 Schülerinnen und Schüler einer Schule, bei Grundschulen, Mittelschulen und Förderschulen für je 15 Schülerinnen und Schüler, ist ein Mitglied des Elternbeirats zu wählen; der Elternbeirat hat jedoch mindestens fünf und höchstens zwölf Mitglieder. [2]Der Elternbeirat kann durch Beschluss weitere Mitglieder, die die Wählbarkeitsvoraussetzungen erfüllen, mit beratender Funktion hinzuziehen; die Anzahl der hinzugezogenen Mitglieder darf nicht mehr als ein Drittel der gewählten Mitglieder betragen. [3]Der Elternbeirat ist berechtigt, sich eine Geschäftsordnung zu geben.

(2) [1]Wird eine Schule im Zeitpunkt der Wahl des Elternbeirats von mindestens 50 Schülerinnen und Schülern, bei Grundschulen, Mittelschulen und Förderzentren von mindestens 15 Schülerinnen und Schülern besucht, die in einem Schülerheim oder einer ähnlichen Einrichtung untergebracht sind, so ist auch die Leiterin bzw. der Leiter dieser Einrichtung Mitglied des Elternbeirats, sofern sie bzw. er nicht zugleich Schulleiterin bzw. Schulleiter, Lehrkraft oder Förderlehrerin bzw. Förderlehrer der betreffenden Schule ist. [2]Das gleiche gilt, wenn die Zahl dieser Schülerinnen und Schüler ein Fünftel der Gesamtschülerzahl erreicht. [3]Ist die Zahl geringer, so können die Leiterinnen bzw. Leiter dieser Einrichtungen wie Erziehungsberechtigte für den Elternbeirat wählen und gewählt werden.

(3) [1]Der gemeinsame Elternbeirat besteht bei jeweils nicht mehr als vier Grundschulen oder Mittelschulen innerhalb einer Gemeinde oder eines Schulverbands aus den Vorsitzenden der Elternbeiräte und ihren Stellvertretern; bei jeweils mehr als vier Grundschulen oder Mittelschulen wählen die Vorsitzenden aus den Mitgliedern der Elternbeiräte den aus neun Mitgliedern bestehenden gemeinsamen Elternbeirat. [2]Satz 1 gilt für Förderzentren entsprechend. [3]Über die Zusammensetzung des Verbundelternbeirats nach Art. 64 Abs. 2 Satz 4 entscheiden die beteiligten Elternbeiräte in eigener Verantwortung.

Art. 67 Unterrichtung des Elternbeirats

[1]Die Schulleiterin oder der Schulleiter unterrichtet den Elternbeirat zum frühestmöglichen Zeitpunkt über alle Angelegenheiten, die für die Schule von allgemeiner Bedeutung sind. [2]Sie oder er erteilt die für die Arbeit des Elternbeirats notwendigen Auskünfte. [3]Auf Wunsch des Elternbeirats soll die Schulleiterin oder der Schulleiter einer Lehrkraft Gelegenheit geben, den Elternbeirat zu informieren. Art. 62 Abs. 5 Satz 5 und 6 gilt entsprechend.

Art. 68 Durchführungsvorschriften

[1]Das Staatsministerium wird ermächtigt, nach Anhörung des Landesschulbeirats durch Rechtsverordnung insbesondere Amtszeit, Mitgliedschaft, Wahlverfahren, Geschäftsgang, Beschlussfähigkeit und Beschlussfassung der Einrichtungen der Elternvertretung zu regeln; der Elternvertretung kann das Recht eingeräumt werden, sich eine Wahlordnung zu geben. [2]In der Rechtsverordnung können auch andere Personen, die Schülerinnen und Schüler tatsächlich erziehen, mit Zustimmung der Personensorgeberechtigten den Erziehungsberechtigten gleichgestellt werden.

c) Schulforum

Art. 69 Schulforum

(1) [1]An allen Schulen mit Ausnahme der Grundschulen und der Berufsschulen wird ein Schulforum eingerichtet. [2]Bei den Grundschulen ist, soweit nach diesem Gesetz das Schulforum zu beschließen hat oder zu beteiligen ist, der Elternbeirat zu beteiligen. [3]Bei den Berufsschulen nimmt der Berufsschulbeirat die Aufgaben des Schulforums wahr.

(2) [1]Mitglieder des Schulforums sind die Schulleiterin oder der Schulleiter sowie drei von der Lehrerkonferenz gewählte Lehrkräfte, die oder der Elternbeiratsvorsitzende sowie zwei vom Elternbeirat gewählte Elternbeiratsmitglieder, der Schülerausschuss und ein Vertreter des Schulaufwandsträgers. [2]Abweichend von Satz 1 sind an den Schulen des Zweiten Bildungswegs, an den Berufsfachschulen, an denen kein Elternbeirat besteht, an Fachschulen, Berufsoberschulen und Fachakademien keine Vertreter des Elternbeirats Mitglieder des Schulforums. [3]Den Vorsitz im Schulforum führt die Schulleiterin oder der Schulleiter.

(3) [1]Das Schulforum beschließt in den Angelegenheiten, die ihm zur Entscheidung zugewiesen sind, mit bindender Wirkung für die Schule. [2]In den übrigen Angelegenheiten gefasste Beschlüsse bedeuten Empfehlungen.

(4) [1]Das Schulforum berät Fragen, die Schülerinnen und Schüler, Eltern und Lehrkräfte gemeinsam betreffen, und gibt Empfehlungen ab. [2]Folgende Entscheidungen werden im Einvernehmen mit dem Schulforum getroffen:
1. die Entwicklung eines eigenen Schulprofils, das der Genehmigung der Schulaufsichtsbehörde bedarf,
2. die Stellung eines Antrags auf Zuerkennung des Status einer MODUS-Schule,
3. Erlass von Verhaltensregeln für den geordneten Ablauf des äußeren Schulbetriebs (Hausordnung),
4. Festlegung der Pausenordnung und Pausenverpflegung,
5. Grundsätze über die Durchführung von Veranstaltungen im Rahmen des Schullebens,
6. Festlegung der über die Zielvereinbarungen gemäß Art. 111 Abs. 1 Satz 1 Nr. 2 und Art. 113c Abs. 4 hinausgehenden Entwicklungsziele im Schulentwicklungsprogramm gemäß Art. 2 Abs. 4 Satz 4,
7. Entwicklung des schulspezifischen Konzepts zur Erziehungspartnerschaft gemäß Art. 74 Abs. 1 Satz 2.

[3]Kann eine einvernehmliche Entscheidung nicht in angemessener Zeit herbeigeführt werden, legt die Schulleiterin oder der Schulleiter die Angelegenheit der Schulaufsichtsbehörde vor, die eine Entscheidung trifft. [4] Dem Schulforum ist insbesondere Gelegenheit zu einer vorherigen Stellungnahme zu geben zu
1. wesentlichen Fragen der Schulorganisation, soweit nicht eine Mitwirkung der Erziehungsberechtigten oder des Elternbeirats vorgeschrieben ist,
2. Fragen der Schulwegsicherung und der Unfallverhütung in Schulen,
3. Baumaßnahmen im Bereich der Schule,
4. Grundsätzen der Schulsozialarbeit,
5. der Namensgebung einer Schule.

[5]Im Fall des Art. 63 Abs. 4 Satz 3 ist das Schulforum unverzüglich einzuberufen. [6]Das Schulforum kann ferner auf Antrag einer oder eines Betroffenen in Konfliktfällen vermitteln; Ordnungsmaßnahmen, bei denen die Mitwirkung des Elternbeirats vorgesehen ist, werden im Schulforum nicht behandelt.

(5) Die Schulordnung trifft die näheren Regelungen, insbesondere über Geschäftsgang, Beschlussfähigkeit und Beschlussfassung; sie kann weitere Mitwirkungsformen vorsehen.

d) Berufsschulbeirat

Art. 70 Berufsschulbeirat

(1) An jeder Berufsschule wird ein Berufsschulbeirat gebildet.

(2) Unterhält ein kommunaler Schulträger mehrere Berufsschulen, so ist außerdem ein gemeinsamer Berufsschulbeirat für alle Schulen zu bilden.

Art. 71 Aufgaben

(1) [1]Der Berufsschulbeirat hat die Aufgabe, die Beziehungen zwischen Schule, Schülerinnen und Schülern, Erziehungsberechtigten, Ausbildungsbetrieb, Arbeitswelt und Wirtschaft zu fördern. [2]Der Berufsschulbeirat wirkt außerdem mit, soweit dies in der Schulordnung vorgesehen ist.

(2) Der gemeinsame Berufsschulbeirat wirkt bei den Angelegenheiten mit, die alle oder mehrere Berufsschulen des Schulträgers betreffen.

Art. 72 Durchführungsvorschriften

Das Staatsministerium wird ermächtigt, durch Rechtsverordnung insbesondere Zusammensetzung, Amtszeit, Mitgliedschaft, Auswahlverfahren, Geschäftsgang, Beschlussfähigkeit und Beschlussfassung zu regeln.

e) Landesschulbeirat

Art. 73 Landesschulbeirat

(1) Zur Beratung des Staatsministeriums auf dem Gebiet der Bildung und Erziehung wird ein Landesschulbeirat eingerichtet.

(2) [1]Der Landesschulbeirat wird zu wichtigen Vorhaben auf dem Gebiet der Bildung und Erziehung durch das Staatsministerium angehört. [2]Der Beratung im Landesschulbeirat bedürfen vor allem:
1. grundlegende Maßnahmen im Bereich der Lehrpläne, Stundentafeln und Richtlinien (Art. 45 Abs. 2 Satz 1) einschließlich der Richtlinien für Familien- und Sexualerziehung (Art. 48 Abs. 4),
2. der Erlass oder grundlegende Änderungen von
   a) Schulordnungen für die in den Art. 7 bis 11, 14 und 16 genannten Schularten (Art. 89 Abs. 1 Satz 1),
   b) Rechtsverordnungen über das Verfahren bei Zulassungsbeschränkungen (Art. 44 Abs. 4 Satz 2),
   c) Rechtsverordnungen über die Einrichtungen der Elternvertretungen (Art. 68),
3. Entwürfe von Gesetzen und sonstigen Verordnungen, soweit sie grundsätzliche schulische Fragen betreffen,
4. wichtige Schulversuche und deren Ergebnisse.

[3]Der Landesschulbeirat kann dazu Vorschläge einbringen und Empfehlungen aussprechen. [4]Den Vorsitz bei den Beratungen führt das den Geschäftsbereich Unterricht und Kultus leitende Mitglied der Staatsregierung oder seine Vertretung.

(3) [1]Die Mitglieder des Landesschulbeirats werden vom Staatsministerium berufen, und zwar
1. bis zu acht Mitglieder aus dem Kreis der Eltern,
2. acht Mitglieder aus dem Kreis der Lehrkräfte,
3. die sechs Landesschülersprecherinnen und Landesschülersprecher und die gemäß Art. 62a Abs. 2 Satz 5 gewählten Schülerinnen und Schüler,
4. je ein Mitglied auf Vorschlag
   a) der Katholischen Kirche,
   b) der Evangelisch-Lutherischen Kirche,
   c) des Bayerischen Städtetags,
   d) des Bayerischen Gemeindetags,
   e) des Bayerischen Landkreistags,
   f) des Verbands der Bayerischen Bezirke,
   g) der Industrie- und Handelskammern,
   h) der Handwerkskammern,
   i) des Deutschen Gewerkschaftsbunds und des Bayerischen Beamtenbunds,
   k) des Bayerischen Bauernverbands,
   l) des Bayerischen Jugendrings,
   m) der Hochschulen,
   n) der privaten Schulen,
5. fünf Mitglieder, die unter dem Gesichtspunkt der notwendigen Ergänzung des Beirats aus den Bereichen Frühpädagogik, Berufliche Bildung, Erwachsenenbildung, Kunst und Journalistik berufen werden.

[2]Die in Satz 1 Nrn. 1 und 2 genannten Vertreter werden auf Vorschlag der auf Landesebene bestehenden Verbände berufen; die verschiedenen Schularten sind zu berücksichtigen. [3]Das Staatsministerium kann von sich aus oder auf Vorschlag des Landesschulbeirats weitere Sachverständige zu den Beratungen zuziehen.

(4) [1]Die Mitglieder nach Absatz 3 Satz 1 Nr. 1 können im Rahmen des Landesschulbeirats einen Landeselternrat bilden. [2]Dieser kann Vorschläge und Empfehlungen unmittelbar an das Staatsministerium richten.

(5) [1]Das Staatsministerium regelt das Verfahren bei der Berufung und die Amtszeit der Mitglieder sowie die Geschäftsführung durch Rechtsverordnung. [2]Der Landesschulbeirat gibt sich eine Geschäftsordnung; er kann Fachausschüsse einsetzen.

ABSCHNITT X
Schule und Erziehungsberechtigte, Schule und Arbeitgeber

Art. 74 Zusammenarbeit der Schule mit den Erziehungsberechtigten

(1) [1]Die gemeinsame Erziehungsaufgabe, die Schule und Erziehungsberechtigte zu erfüllen haben, erfordert eine von gegenseitigem Vertrauen getragene Zusammenarbeit. [2]In einem schulspezifischen Konzept zur Erziehungspartnerschaft zwischen Schule und Erziehungsberechtigten erarbeitet die Schule die Ausgestaltung der Zusammenarbeit; hierbei kann von den Regelungen der Schulordnungen zur Zusammenarbeit der Schule mit den Erziehungsberechtigten abgewichen werden.

(2) [1]Erziehungsberechtigte bzw. Erziehungsberechtigter im Sinn dieses Gesetzes ist, wem nach dem bürgerlichen Recht die Sorge für die Person der minderjährigen Schülerin oder des minderjährigen Schülers obliegt. [2]Pflegepersonen und Heimerzieher, die nach den Bestimmungen des Achten Buchs Sozialgesetzbuch zur Vertretung in der Ausübung der elterlichen Sorge berechtigt sind, stehen im Rahmen ihrer Vertretungsmacht den Erziehungsberechtigten gleich.

Art. 75 Pflichten der Schule

(1) [1]Die Schule ist verpflichtet, die Erziehungsberechtigten, bei volljährigen Schülerinnen und Schülern vor Vollendung des 21. Lebensjahres auch die früheren Erziehungsberechtigten, möglichst frühzeitig über wesentliche, die Schülerin oder den Schüler betreffende Vorgänge, insbesondere ein auffallendes Absinken des Leistungsstands, schriftlich, aber nicht in elektronischer Form zu unterrichten. [2]Ist eine Benachrichtigung unterblieben, so kann daraus ein Recht auf Vorrücken nicht hergeleitet werden.

(2) Steht am Ende eines Schuljahres fest, dass eine Schülerin oder ein Schüler in die nächsthöhere Jahrgangsstufe nicht vorrücken darf oder die Abschlussprüfung nicht bestanden hat, so ist die Schule verpflichtet, den Erziehungsberechtigten über den weiteren Bildungsweg der Schülerin oder des Schülers eine Beratung anzubieten.

Art. 76 Pflichten der Erziehungsberechtigten

[1]Die Erziehungsberechtigten sind verpflichtet, auf die gewissenhafte Erfüllung der schulischen Pflichten einschließlich der Verpflichtung nach Art. 56 Abs. 4 Satz 5 und der von der Schule gestellten Anforderungen durch die Schülerinnen und Schüler zu achten und die Erziehungsarbeit der Schule zu unterstützen. [2]Die Erziehungsberechtigten müssen insbesondere dafür sorgen, dass minderjährige Schulpflichtige am Unterricht regelmäßig teilnehmen und die sonstigen verbindlichen Schulveranstaltungen besuchen. [3]Nach Maßgabe des Art. 37 Abs. 4 sind die Erziehungsberechtigten ferner verpflichtet dafür zu sorgen, dass ein Kind regelmäßig eine Kindertageseinrichtung mit einem integrierten Vorkurs besucht.

Art. 77 Pflichten der Arbeitgeberinnen und Arbeitgeber

Ausbildende, Arbeitgeberinnen und Arbeitgeber, die Berufsschulpflichtige beschäftigen, haben ebenso wie die von ihnen Beauftragten die Berufsschulpflichtigen zur Teilnahme am Unterricht und zum Besuch der sonstigen verbindlichen Schulveranstaltungen anzuhalten.

ABSCHNITT XI
Besondere Einrichtungen und Schulgesundheit

Art. 78 Schulberatung

(1) [1]Jede Schule und jede Lehrkraft hat die Aufgabe, die Erziehungsberechtigten und die Schülerinnen und Schüler in Fragen der Schullaufbahn zu beraten und ihnen bei der Wahl der Bildungsmöglichkeiten entsprechend den Anlagen und Fähigkeiten des Einzelnen zu helfen. [2]Zur Unterstützung der Schulen bei der Schulberatung werden Beratungslehrkräfte und Schulpsychologen und Schulpsychologinnen bestellt.

(2) Die Aufgaben, die über den Bereich einer Schule hinausgehen, werden von staatlichen Schulberatungsstellen wahrgenommen.

(3) Das zuständige Staatsministerium erlässt Richtlinien für die Schulberatung und regelt deren Zusammenarbeit mit der Berufsberatung und anderen Beratungsdiensten.

Art. 79 Bildstellenwesen

Die von den Landkreisen und kreisfreien Gemeinden errichteten und unterhaltenen Kreis- und Stadtbildstellen (kommunale Medienzentren) versorgen die Schulen und die Träger außerschulischer Bildungs- und Erziehungsarbeit mit Medien und erfüllen die damit zusammenhängenden pädagogischen Aufgaben.

Art. 80 Schulgesundheit

[1]Kinder haben in den zwei Jahren vor der Aufnahme in die Jahrgangsstufe 1 auf Einladung des Gesundheitsamtes an der Schuleingangsuntersuchung teilzunehmen. [2]Schülerinnen und Schüler sind verpflichtet, sich den Untersuchungen im Rahmen der Schulgesundheitspflege nach Art. 12 Abs. 1 des Gesundheitsdienstgesetzes und sonstigen Untersuchungen, die in gesetzlichen Vorschriften vorgesehen sind, durch den öffentlichen Gesundheitsdienst zu unterziehen.

ABSCHNITT XII
Schulversuche, MODUS-Schulen

Art. 81 Zweck

[1]Schulversuche und MODUS-Schulen dienen der Weiterentwicklung des Schulwesens. [2]Sie haben den Zweck, neue Organisationsformen für Unterricht und Erziehung einschließlich neuer Schularten und wesentliche inhaltliche Änderungen zu erproben.

Art. 82 Zulässigkeit

(1) [1]Schulversuche sind zulässig, wenn sichergestellt ist, dass die Schülerinnen und Schüler im Rahmen des Schulversuchs die gleichen oder gleichwertigen Abschlüsse oder Berechtigungen erwerben können wie an Schulen außerhalb des Schulversuchs. [2]Ferner müssen Schulversuche so gestaltet sein, dass während des Schulversuchs der Übertritt an Schulen außerhalb des Schulversuchs möglich bleibt.

(2) Die von der Durchführung eines Schulversuchs betroffenen Schülerinnen und Schüler haben keinen Anspruch darauf, dass die vor dem Schulversuch in der Schule bestehenden Organisationsformen für Unterricht und Erziehung fortgeführt werden.

(3) In Abweichung von Absatz 1 ist ein Schulversuch zulässig, soweit hierzu das Einverständnis der Erziehungsberechtigten oder der volljährigen Schülerinnen und Schüler vorliegt und den Schülerinnen und Schülern, die am Schulversuch nicht teilnehmen, am

Wohnort oder in zumutbarer Entfernung hiervon der Besuch einer Schule der Art möglich ist, wie sie vor Einführung des Schulversuchs bestanden hat.

(4) Schulversuche bedürfen der vorherigen Zustimmung des zuständigen Staatsministeriums.

(5) [1]Zur Verbesserung der Qualität von Unterricht und Erziehung kann das zuständige Staatsministerium im Rahmen der verfügbaren Stellen und Mittel einer bestehenden Schule auf schriftlichen Antrag für einen Zeitraum von fünf Jahren den Status einer MODUS-Schule zuerkennen; auf Antrag kann die Verlängerung des Status um jeweils weitere fünf Jahre gewährt werden. [2]Der Status berechtigt die Schule, Weiterentwicklungsmaßnahmen, insbesondere in den Arbeitsfeldern Unterrichtsentwicklung, Personalentwicklung und Personalführung sowie inner- und außerschulische Partnerschaften, zu erproben. [3]Den MODUS-Schulen ist es gestattet, von den Schulordnungen abzuweichen, soweit sichergestellt ist, dass die Lehrplanziele erreicht und die Maßgaben des Abs. 1 eingehalten werden. [4]Voraussetzung für die erstmalige Zuerkennung und Verlängerung des Status ist, dass im Rahmen einer externen Evaluation die Eignung der Schule hierfür festgestellt wird. [5]Art. 113c gilt entsprechend mit der Maßgabe, dass personenbezogene Daten, die im Rahmen der Eignungsprüfung erhoben werden, nur mit Zustimmung der betroffenen Personen an die Schulaufsichtsbehörden übermittelt werden. [6]Dem zuständigen Staatsministerium ist jede Weiterentwicklungsmaßnahme spätestens am 1. Juni vor Beginn des Schuljahres, in dem die Maßnahme begonnen werden soll, anzuzeigen. [7]Abs. 2 findet entsprechende Anwendung. [8]Die Ausübung der Schulaufsicht bleibt unberührt.

Art. 83 Organisation

(1) [1]Die Einführung eines Schulversuchs an staatlichen Schulen sowie die Antragstellung auf Zuerkennung des Status einer MODUS-Schule erfolgen im Benehmen mit dem Aufwandsträger, soweit dieses nicht bereits nach Art. 26 Abs. 2 herzustellen ist. [2]Die Antragstellung auf Zuerkennung des Status einer MODUS-Schule an kommunale Schulen erfolgt im Einvernehmen mit dem Schulträger.

(2) [1]Schulversuche sind vor ihrer Einführung, der Status einer MODUS-Schule unverzüglich nach der Zuerkennung, den Erziehungsberechtigten der vom Schulversuch betroffenen Schülerinnen und Schüler oder bei Volljährigkeit den Schülerinnen und Schülern selbst und außerdem im Bayerischen Ministerialblatt bekannt zu machen. [2]Die Bekanntmachung muss bei einem Schulversuch Auskunft über Ziel, Inhalt und Dauer sowie über die im Rahmen des Schulversuchs möglichen Abschlüsse und Berechtigungen, bei der Zuerkennung des Status einer MODUS-Schule über den Akt der Zuerkennung und dessen Dauer geben. [3]Im Übrigen gelten für die zur Durchführung eines Schulversuchs notwendige Errichtung oder Auflösung von Schulen die für die betreffenden Schulen erlassenen Vorschriften.

(3) Das zuständige Staatsministerium kann durch Rechtsverordnung die Schul- und Dienstaufsicht und die Zuständigkeiten hierfür abweichend von den geltenden Vorschriften regeln, soweit dies zur Durchführung des Schulversuchs und zur Aufsicht über die MODUS-Schulen notwendig ist.

ABSCHNITT XIII
Kommerzielle und politische Werbung, Verarbeitung personenbezogener Daten

Art. 84 Kommerzielle und politische Werbung

(1) [1]Der Vertrieb von Gegenständen aller Art, Ankündigungen und Werbung hierzu, das Sammeln von Bestellungen sowie der Abschluss sonstiger Geschäfte sind in der Schule untersagt. [2]Ausnahmen im schulischen Interesse insbesondere für Sammelbestellungen regelt die Schulordnung.

(2) Politische Werbung im Rahmen von Schulveranstaltungen oder auf dem Schulgelände ist nicht zulässig.

(3) [1]Schülerinnen und Schüler dürfen Abzeichen, Anstecknadeln, Plaketten, Aufkleber und ähnliche Zeichen tragen, wenn dadurch nicht der Schulfriede, der geordnete Schulbetrieb, die Erfüllung des Bildungs- und Erziehungsauftrags, das Recht der persönlichen Ehre oder die Erziehung zur Toleranz gefährdet wird. [2]Im Zweifelsfall entscheidet hierüber die Schulleiterin bzw. der Schulleiter. [3]Die bzw. der Betroffene kann die Behandlung im Schulforum verlangen.

Art. 85 Verarbeitung personenbezogener Daten

(1) [1]Die Schulen dürfen die zur Erfüllung der ihnen durch Rechtsvorschriften zugewiesenen Aufgaben erforderlichen Daten verarbeiten. [2]Dazu gehören personenbezogene Daten der Schülerinnen und Schüler und deren Erziehungsberechtigten, der Lehrkräfte und des nicht unterrichtenden Personals. [3]Es sind dies bei den Schülerinnen und Schülern insbesondere Name, Adressdaten, Staatsangehörigkeit, Religionszugehörigkeit (soweit für die Schulpraxis erforderlich), Migrationshintergrund (Geburtsland, Jahr des Zuzugs nach Deutschland, Muttersprache deutsch/nicht deutsch), Leistungsdaten, Daten zur schulischen und beruflichen Vorbildung sowie zur Berufsausbildung, bei den Lehrkräften insbesondere Name, Staatsangehörigkeit, Angaben zur Lehrbefähigung und zum Unterrichtseinsatz, bei den Erziehungsberechtigten Name und Adressdaten. [4]Die betroffenen Personen sind zur Angabe der Daten verpflichtet. [5]Die Schulen sind verpflichtet,

1. Daten gemäß Art. 85a Abs. 2 und Art. 113a Abs. 2 mittels des vom Staatsministerium bereitgestellten Schulverwaltungsprogramms zu verarbeiten,
2. Daten gemäß Art. 85a Abs. 2 laufend zu aktualisieren und zeitnah sowie plausibel an die gemäß Art. 85a Abs. 1 Satz 1 beauftragte Stelle weiterzugeben,
3. soweit erforderlich, Daten gemäß Art. 113a Abs. 2 zum 1. Oktober betreffend Lehrkräfte an allgemein bildenden Schulen bzw. zum 20. Oktober betreffend Lehrkräfte an beruflichen Schulen plausibel über die gemäß Art. 113a Abs. 1 Satz 1 beauftragte Stelle an die jeweils zuständige Schulaufsichtsbehörde zu übermitteln; staatliche Schulen sind darüber hinaus verpflichtet, im Zeitraum April bis Mai eine Übermittlung vorzunehmen.

[6]§ 50 des Beamtenstatusgesetzes (BeamtStG) und Art. 103 bis 111 des Bayerischen Beamtengesetzes (BayBG) bleiben unberührt.

(1a) [1]Für jede Schülerin und jeden Schüler führen die Schulen die für das Schulverhältnis wesentlichen Unterlagen als Schülerunterlagen. [2]Die Schülerunterlagen sind vertraulich zu behandeln und durch geeignete technische und organisatorische Maßnahmen vor unberechtigtem Zugriff zu sichern. [3]Das zuständige Staatsministerium regelt durch Rechtsverordnung insbesondere den Inhalt, die Verwendung, vor allem den Zugriff und die Weitergabe, sowie die Art und Dauer der Aufbewahrung der Schülerunterlagen.

(2) [1]Eine Übermittlung der in Abs. 1 genannten Daten über Schülerinnen und Schüler sowie über Erziehungsberechtigte zu anderen Zwecken als zu denjenigen, zu denen die Daten gespeichert wurden, ist nur zulässig, wenn die Voraussetzungen des Art. 6 Abs. 2 Nr. 2 oder Nr. 3 Buchst. a, b, d oder Buchst. e des Bayerischen Datenschutzgesetzes (BayDSG) vorliegen. [2]Im Übrigen gilt Art. 5 Abs. 1 Satz 2, Abs. 2 und 4 BayDSG. [3]Stellt die Schule bei ausländischen Schulpflichtigen fest, dass sie nicht über hinreichende Deutschkenntnisse für einen erfolgreichen Schulbesuch verfügen, teilt sie dies der zuständigen Ausländerbehörde mit, damit integrationsfördernde Maßnahmen ergriffen werden können. [4]Eine Übermittlung der in § 31a Abs. 1 Satz 2 des Dritten Buches Sozialgesetzbuch (SGB III) genannten Daten zu dem in § 31a Abs. 1 Satz 1 SGB III genannten Zweck durch die Schule an die Agentur für Arbeit ist zulässig. [5]Die Daten werden nicht übermittelt, wenn die oder der Betroffene der Übermittlung widerspricht. [6]Auf ihr Widerspruchsrecht sind die Betroffenen hinzuweisen.

(3) Gibt eine Schule für die Schülerinnen und Schüler und Erziehungsberechtigten einen Jahresbericht heraus, so dürfen darin folgende personenbezogene Daten enthalten sein:

Name, Geburtsdatum, Jahrgangsstufe und Klasse der Schülerinnen und Schüler, Name, Fächerverbindung und Verwendung der einzelnen Lehrkräfte, Angaben über besondere schulische Tätigkeiten und Funktionen einzelner Lehrkräfte, Schülerinnen und Schüler und Erziehungsberechtigter.

Art. 85a Automatisiertes Verfahren zur Unterstützung der Schulen

(1) [1]Das Staatsministerium kann für die Schulen eine öffentliche Stelle als Auftragsverarbeiter gemäß Art. 28 der Verordnung (EU) 2016/679 (Datenschutz-Grundverordnung – DSGVO) beauftragen, personenbezogene Daten von Schülerinnen und Schülern und deren Erziehungsberechtigten zu den in Abs. 2 genannten schulübergreifenden Verwaltungszwecken zu verarbeiten; die Schulen werden von der Auftragserteilung unterrichtet; sie bleiben für diese Daten verantwortlich. [2]Die datenschutzrechtliche Gesamtverantwortung liegt beim Staatsministerium.

(2) Bei der gemäß Abs. 1 Satz 1 beauftragten Stelle können zur Unterstützung der Schulanmeldung, des Schulwechsels, der Kooperation von Schulen und zur Überwachung der Schulpflicht folgende personenbezogenen Daten verarbeitet werden:

1. Daten von Schülerinnen und Schülern:
   a) nicht schuljahresbezogene Daten:
   Name, Vornamen, Tag der Geburt, Geburtsort, Geschlecht, Staatsangehörigkeit, Migrationshintergrund (Geburtsland, Jahr des Zuzugs nach Deutschland, Muttersprache deutsch/nicht deutsch), Religionszugehörigkeit (soweit für die Schulpraxis erforderlich), Jahr der Ersteinschulung, erworbene Abschlüsse, Adressdaten, einschließlich der zugehörigen geografischen Gitterzelle;
   b) schuljahresbezogene Daten:
   Daten zur Förderung (sonderpädagogische Förderung, Teilleistungsstörungen, sonstige Fördermaßnahmen), ganztägige Betreuung, Schülerheim, Gastschulverhältnis, übertrittsrelevante Daten zur Schullaufbahn (aktuell besuchte Schule, Schulpflicht, Feststellung zur Übertrittseignung betreffend Mittelschule, Realschule und Gymnasium, Vorbildung, Austrittsdatum, Zielschule), Daten zum aktuellen Unterricht (Jahrgangsstufe, Bildungsgang, Fremdsprachen, Berufsausbildung, Erreichen des Ziels der Jahrgangsstufe [ja/nein], Art der Wiederholung, Art des Vorrückens);
2. Daten der Erziehungsberechtigten (an öffentlichen Schulen und staatlich anerkannten Ersatzschulen mit dem Charakter öffentlicher Schulen auch Daten früherer Erziehungsberechtigter bei volljährigen Schülerinnen und Schülern vor Vollendung des 21. Lebensjahres):
   Name, Adressdaten;
3. die unter Nr. 1 Buchst. a genannten Daten von externen Prüfungsteilnehmerinnen und Prüfungsteilnehmern ausgenommen die Religionszugehörigkeit.

(3) [1]Ausschließlich den Schulen und nur zur Erfüllung der in Abs. 2 genannten Dienstaufgaben dürfen von der gemäß Abs. 1 Satz 1 beauftragten Stelle die in Abs. 2 genannten Daten weitergegeben werden. [2]Dies ist durch organisatorische und technische Vorkehrungen dauerhaft zu gewährleisten. [3]Datenabrufe sind an den Schulen zu protokollieren. [4]Soweit zur Herstellung der landesweiten Eindeutigkeit Ordnungsmerkmale technisch erzeugt werden, dürfen diese weder bei der beauftragten Stelle noch bei den Schulen einsehbar sein.

(4) Die in Abs. 2 Nr. 1 Buchst. a und Nr. 2 genannten Daten werden sechs Jahre nach dem Ausscheiden der Schülerin oder des Schülers aus dem bayerischen Schulsystem gelöscht; die übrigen in Abs. 2 genannten Daten werden spätestens ein Jahr nach der Erhebung gelöscht.

ABSCHNITT XIV
Erziehungs-, Ordnungs- und Sicherungsmaßnahmen

Art. 86 Erziehungsmaßnahmen, Ordnungsmaßnahmen

(1) [1]Zur Sicherung des Bildungs- und Erziehungsauftrags oder zum Schutz von Personen und Sachen können Erziehungsmaßnahmen gegenüber Schülerinnen und Schülern getroffen werden. [2]Dazu zählt bei nicht hinreichender Beteiligung der Schülerin oder des Schülers am Unterricht auch eine Nacharbeit unter Aufsicht einer Lehrkraft. [3]Soweit andere Erziehungsmaßnahmen nicht ausreichen, können Ordnungs- und Sicherungsmaßnahmen ergriffen werden. [4]Maßnahmen des Hausrechts bleiben stets unberührt. [5]Alle Maßnahmen werden nach dem Grundsatz der Verhältnismäßigkeit ausgewählt.

(2) Ordnungsmaßnahmen sind:

1. der schriftliche Verweis,
2. der verschärfte Verweis,
3. die Versetzung in eine Parallelklasse der gleichen Schule,
4. für die Dauer von bis zu vier Wochen
   a) der Ausschluss vom Unterricht in einem Fach bei schwerer oder wiederholter Störung des Unterrichts in diesem Fach,
   b) der Ausschluss von einer sonstigen Schulveranstaltung,
   c) die Versetzung von einer Ganztags- in eine Halbtagsklasse,
5. der Ausschluss vom Unterricht, bei Ganztagsklassen einschließlich der außerunterrichtlichen Angebote, für bis zu sechs Unterrichtstage, bei Berufsschulen mit Teilzeitunterricht für höchstens zwei Unterrichtstage,
6. bei Gefährdung von Rechten Dritter oder der Aufgabenerfüllung der Schule durch schweres oder wiederholtes Fehlverhalten (schulische Gefährdung)
   a) der Ausschluss vom Unterricht, bei Ganztagsklassen einschließlich der außerunterrichtlichen Angebote, für zwei bis vier Wochen ab dem siebten Schulbesuchsjahr,
   b) der Ausschluss von einer sonstigen Schulveranstaltung für die Dauer von mehr als vier Wochen,
   c) bei Besuch einer Ganztagsklasse die Versetzung in eine Halbtagsklasse für die Dauer von mehr als vier Wochen,
7. der Ausschluss vom Unterricht, bei Ganztagsklassen einschließlich der außerunterrichtlichen Angebote, für mehr als vier Wochen, längstens bis zum Ablauf des laufenden Schuljahres, an Mittelschulen und Mittelschulstufen der Förderschulen ab dem siebten Schulbesuchsjahr bzw. an Berufsschulen sowie Berufsschulen zur sonderpädagogischen Förderung bei einer schulischen Gefährdung,
8. bei Pflichtschulen die Zuweisung an eine andere Schule der gleichen Schulart bei einer schulischen Gefährdung,
9. die Androhung der Entlassung von der Schule bei einer schulischen Gefährdung,
10. die Entlassung von der Schule bei einer schulischen Gefährdung,
11. der Ausschluss von allen Schulen einer Schulart, wenn bei einer Entlassung nach Nr. 10 Tatumstände gegeben sind, die die Ordnung oder die Sicherheit des Schulbetriebs oder die Verwirklichung des Bildungsziels der betreffenden Schulart besonders gefährden sowie
12. der Ausschluss von allen Schulen mehrerer Schularten unbeschadet der Erfüllung der Schulpflicht, wenn eine rechtskräftige Verurteilung wegen einer vorsätzlich begangenen Straftat zu einer Freiheitsstrafe von mindestens einem Jahr erfolgt ist, die Strafe noch der unbeschränkten Auskunft unterliegt und wenn nach der Art der begangenen Straftat die Ordnung oder die Sicherheit des Schulbetriebs oder die Verwirklichung der Bildungsziele der Schule erheblich gefährdet ist.

(3) Unzulässig sind:

1. körperliche Züchtigung,

2. die Verhängung von Ordnungsmaßnahmen gegenüber Klassen oder Gruppen als solche,
3. Ordnungsmaßnahmen nach Abs. 2 Nr. 6 und 7 gegenüber Schulpflichtigen in Berufsschulen und in Berufsschulen zur sonderpädagogischen Förderung, die in einem Ausbildungsverhältnis stehen,
4. Ordnungsmaßnahmen nach Abs. 2 Nr. 9 bis 12 gegenüber Schulpflichtigen in Pflichtschulen; gegenüber Schulpflichtigen in Berufsschulen, die in keinem Ausbildungsverhältnis stehen, sowie gegenüber Schulpflichtigen, die die Mittelschule nach Beendigung der Vollzeitschulpflicht besuchen, sind jedoch Ordnungsmaßnahmen nach Abs. 2 Nr. 9 und 10 zulässig,
5. Ordnungsmaßnahmen auf Grund außerschulischen Verhaltens, soweit es nicht die Verwirklichung der Aufgaben der Schule gefährdet und
6. andere als die in Abs. 2 aufgeführten Ordnungsmaßnahmen.

Art. 87 Sicherungsmaßnahmen

(1) [1]Eine Schülerin oder ein Schüler kann auch bei bestehender Schulpflicht vorläufig vom Besuch der Schule bzw. der praktischen Ausbildung ausgeschlossen werden, wenn ihr bzw. sein Verhalten das Leben oder in erheblicher Weise die Gesundheit gefährdet von
1. Schülerinnen bzw. Schülern,
2. Lehrkräften,
3. sonstigem an der Schule tätigem Personal oder
4. anderen Personen im Rahmen ihrer schulischen oder praktischen Ausbildung

und die Gefahr nicht anders abwendbar ist. [2]Der vorläufige Ausschluss endet spätestens mit der Vollziehbarkeit der Entscheidung über schulische Ordnungsmaßnahmen, über die Überweisung an eine Förderschule oder über eine Aufnahme in eine Schule für Kranke oder in eine andere Einrichtung, an der die Schulpflicht erfüllt werden kann. [3]Der vorläufige Ausschluss soll auf wegen desselben Sachverhalts später gegebenenfalls nach Art. 86 verhängte Ausschlussmaßnahmen angerechnet werden.

(2) Beeinträchtigt das Verhalten der Schülerin bzw. des Schülers den Bildungsanspruch der Mitschülerinnen und Mitschüler schwerwiegend und dauerhaft oder wäre eine solche Beeinträchtigung zu erwarten, kann bei einer Ordnungsmaßnahme nach Art. 86 Abs. 2 Nr. 7 auch entschieden werden, dass
1. die Vollzeitschulpflicht der Schülerin bzw. des Schülers mit Ablauf des achten Schulbesuchsjahres beendet wird,
2. nach Beendigung der Vollzeitschulpflicht nach Nr. 1 auch die Berufsschulpflicht beendet wird, wenn die Schülerin oder der Schüler noch nicht in die Berufsschule oder die Berufsschule zur sonderpädagogischen Förderung aufgenommen ist, oder
3. die Berufsschulpflicht beendet wird, wenn die Schülerin oder der Schüler bereits in die Berufsschule oder die Berufsschule zur sonderpädagogischen Förderung aufgenommen ist.

Art. 88 Zuständigkeit und Verfahren

(1) Über Ordnungsmaßnahmen entscheidet in den Fällen des Art. 86 Abs. 2

1.	Nr. 1	die Lehrkraft oder Förderlehrkraft,
2.	Nr. 2 bis 5	die Schulleiterin bzw. der Schulleiter,
3.	Nr. 6, 7, 9 und 10	die Lehrerkonferenz; im Fall der Nr. 7 im Einvernehmen mit dem örtlichen Träger der öffentlichen Jugendhilfe im Hinblick auf mögliche Leistungen nach Maßgabe des Achten Buches Sozialgesetzbuch; im Fall der Nr. 10 im Einvernehmen mit der zuständigen Schulaufsichtsbehörde sofern sich der Elternbeirat mit einer Zwei-Drittel-Mehrheit gegen die Entlassung ausgesprochen hat,

4. Nr. 8 die zuständige Schulaufsichtsbehörde auf Antrag der Lehrerkonferenz und
5. Nr. 11 und 12 das zuständige Staatsministerium; im Fall der Nr. 11 auf unmittelbar nach dem Beschluss über die Entlassung gestellten Antrag der Lehrerkonferenz.

(2) Über Sicherungsmaßnahmen entscheidet in den Fällen des Art. 87

1. Abs. 1 die Schulleiterin bzw. der Schulleiter,
2. Abs. 2 die Schulaufsichtsbehörde im Einvernehmen mit dem örtlichen Träger der öffentlichen Jugendhilfe im Hinblick auf mögliche Leistungen nach Maßgabe des Achten Buches Sozialgesetzbuch; bei Maßnahmen nach Art. 87 Abs. 2 Nr. 1 und 3 ist ein Antrag der Lehrerkonferenz erforderlich.

(3) [1]Vor der jeweiligen Entscheidung sind anzuhören

1. die Schülerin bzw. der Schüler bei Ordnungsmaßnahmen und bei Sicherungsmaßnahmen nach Art. 87 Abs. 2,
2. die Erziehungsberechtigten bei Maßnahmen nach Art. 86 Abs. 2 Nr. 3 bis 12 und Art. 87 Abs. 2 sowie
3. die Beratungslehrkräfte oder Schulpsychologen, soweit es für die Entscheidung über Maßnahmen nach Art. 86 Abs. 2 Nr. 9 bis 12 und Art. 87 Abs. 2 erforderlich erscheint.

[2]Außerdem sind auf Antrag der Schülerin oder des Schülers oder der Erziehungsberechtigten anzuhören

1. Beratungslehrkräfte und Schulpsychologen bei Ordnungsmaßnahmen nach Art. 86 Abs. 2 Nr. 3 bis 8,
2. eine Lehrkraft ihres Vertrauens bei Ordnungsmaßnahmen nach Art. 86 Abs. 2 Nr. 3 bis 12,
3. der Elternbeirat bei Ordnungsmaßnahmen, welche der Entscheidung oder des Antrags der Lehrerkonferenz bedürfen.

[3]Vor jeder Entscheidung oder einem Antrag der Lehrerkonferenz über Ordnungs- und Sicherungsmaßnahmen können die Schülerin bzw. der Schüler sowie die Erziehungsberechtigten auf Antrag in der Konferenz persönlich vortragen. [4]Auf die Rechte nach den Sätzen 2 und 3 sind die Betroffenen rechtzeitig hinzuweisen.

(4) [1]Über getroffene Ordnungs- und Sicherungsmaßnahmen sind zu unterrichten

1. die Schülerin oder der Schüler,
2. die Erziehungsberechtigten,
3. die früheren Erziehungsberechtigten bei Maßnahmen nach Art. 86 Abs. 2 Nr. 3 bis 12 und Art. 87, solange die Schülerin oder der Schüler noch nicht das 21. Lebensjahr vollendet hat,
4. das zuständige staatliche Schulamt bzw. die zuständige oder nächstgelegene Berufsschule bei Ordnungsmaßnahmen nach Art. 86 Abs. 2 Nr. 10, solange die Schulpflicht besteht,
5. die Schulaufsichtsbehörde, die Polizei, der örtliche Träger der Jugendhilfe und die Beratungslehrkräfte bzw. Schulpsychologen bei Sicherungsmaßnahmen nach Art. 87 Abs. 1.

[2]Die Erziehungsberechtigten sind in den Fällen des Art. 86 Abs. 2 Nr. 4 bis 12 vor dem Vollzug rechtzeitig und schriftlich unter Angabe des zugrunde liegenden Sachverhalts zu unterrichten; für Erziehungsmaßnahmen des Art. 86 Abs. 1 Satz 2 gilt dies entsprechend. [3]Im Übrigen kann die Unterrichtung nach Vollzug erfolgen.

(5) Das Einvernehmen des örtlichen Trägers der Jugendhilfe gilt als erteilt, wenn er im Fall des Art. 86 Abs. 2 Nr. 7 nicht binnen zwei, im Fall des Art. 87 Abs. 2 nicht binnen vier Wochen, nach Information über die beabsichtigte Maßnahme schriftlich widerspricht.

(6) [1]Eingeleitete Ausschluss- oder Entlassungsverfahren werden durch einen späteren Schulwechsel nicht berührt. [2]Bis zum Abschluss des Verfahrens gilt die Schülerin oder der Schüler in Bezug auf dieses Verfahren auch bei einem Schulwechsel als Angehöriger derjenigen Schule, die das Verfahren eingeleitet hat.

(7) Die Anordnung von Ordnungs- und Sicherungsmaßnahmen in elektronischer Form ist ausgeschlossen.

(8) Widerspruch und Anfechtungsklage gegen Ordnungs- und Sicherungsmaßnahmen nach den Art. 86 Abs. 2 sowie Art. 87 haben keine aufschiebende Wirkung.

Art. 88a Wiederzulassung

[1]Eine entlassene Schülerin oder ein entlassener Schüler kann jederzeit an einer anderen Schule aufgenommen werden. [2]In die früher besuchte Schule kann sie bzw. er frühestens ein halbes Jahr nach Entlassung und nur zum Schuljahresbeginn wieder eintreten, wenn sie bzw. er sich inzwischen tadelfrei geführt hat und andere öffentliche Schulen der gleichen Schulart und Ausbildungsrichtung nicht in zumutbarer Entfernung besucht werden können. [3]In die zuständige Berufsschule ist sie bzw. er bei Neuaufnahme eines Ausbildungsverhältnisses jederzeit, im Übrigen auf Antrag frühestens drei Monate nach Entlassung wieder aufzunehmen, wenn ein regelmäßiger Schulbesuch zu erwarten ist. [4]Nach zweimaliger Entlassung bedarf die Wiederaufnahme der Genehmigung des zuständigen Staatsministeriums, welches auch die Schule bestimmt; die Wiederaufnahme kann nur an einer anderen Schule der gleichen Schulart und nur zum Schuljahresbeginn erfolgen.

ABSCHNITT XV
Schulordnung

Art. 89 Verordnungsermächtigung

(1) [1]Das zuständige Staatsministerium kann im Rahmen des in Art. 131 der Verfassung und in Art. 1 bestimmten Bildungs- und Erziehungsauftrags durch Rechtsverordnung Näheres zum Schulbetrieb an öffentlichen Schulen regeln. [2]Dabei ist der nötige erzieherische Freiraum für jede Lehrkraft zu gewährleisten. [3]Die Schulordnungen können insbesondere regeln:

1. den Aufbau der einzelnen Schularten, Ausbildungs- und Fachrichtungen, soweit dies über die Regelungen dieses Gesetzes hinaus erforderlich ist; zusätzliche Ausbildungs- und Fachrichtungen können aus besonderen pädagogischen, fachlichen oder beruflichen Gründen vorgesehen werden,
2. das Aufnahmeverfahren,
3. die Entscheidung über Durchführung und Verbindlichkeit von sonstigen schulinternen wie schulübergreifenden Schulveranstaltungen,
4. die Unterrichtszeit,
5. den Unterricht und das Vorrücken in der Schule, einschließlich der Wiederholung und des Überspringens einzelner Jahrgangsstufen oder Ausbildungsabschnitte, des Vorrückens auf Probe und der Nachprüfung; dabei sind das Verfahren und die für die Entscheidung maßgeblichen Fächer und Schülerleistungen sowie die hierfür geltenden Bewertungsgrundsätze zu regeln,
6. den Unterricht für Schülerinnen und Schüler mit nicht deutscher Muttersprache, soweit dies über die Regelungen für deutsche Schülerinnen und Schüler hinaus erforderlich ist,
7. die während des Schulbesuchs und, soweit keine besonderen Prüfungen stattfinden, bei dessen Abschluss zu erteilenden Zeugnisse einschließlich der zu bewertenden

Fächer, der Bewertungsgrundsätze und der mit einem erfolgreichen Abschluss verbundenen Berechtigungen,
8. Rechte und Pflichten der Schülerinnen und Schüler, insbesondere die Pflicht zur Teilnahme am Unterricht sowie der Vorlage ärztlicher und schulärztlicher Zeugnisse; für einzelne Schularten und Schulveranstaltungen, bei denen ein erhöhtes Haftungsrisiko besteht, kann der Abschluss einer Schülerhaftpflichtversicherung verlangt werden,
9. Rechte und Pflichten der Erziehungsberechtigten und der für die Berufsausbildung der Schülerinnen und Schüler Mitverantwortlichen gegenüber der Schule,
10. die Zulässigkeit von Erhebungen und Sammlungen sowie die Verteilung von Druckschriften in Schulen,
10a. Art und Umfang des Einsatzes von Verfahren zur Verarbeitung personenbezogener Daten,
11. die finanzielle Abwicklung von
    a) Schulveranstaltungen,
    b) Elternbeiratstätigkeiten,
    c) Schülermitverantwortungstätigkeiten,
12. die Abschlussprüfungen, insbesondere
    a) Zweck der Prüfung, Prüfungsgegenstände und Prüfungsanforderungen,
    b) das Prüfungsverfahren einschließlich der Zusammensetzung des Prüfungsausschusses, der Zulassungsvoraussetzungen, der Bewertungsgrundsätze und der Voraussetzungen des Bestehens der Prüfung,
    c) die Erteilung von Prüfungszeugnissen und die mit einer erfolgreichen Prüfung verbundenen Berechtigungen sowie die Folgen des Nichtbestehens der Prüfung,
    d) die Teilnahme von Bewerberinnen und Bewerbern, die an der von ihnen besuchten Schule die gewünschte Berechtigung nicht erlangen können; in Prüfungsvorschriften sind die Besonderheiten im Sinn des Art. 90 zu berücksichtigen; es ist sicherzustellen, dass bei den Prüfungen die Schülerinnen und Schüler genehmigter Ersatzschulen gegenüber den Schülerinnen und Schülern der entsprechenden öffentlichen Schulen nicht benachteiligt werden,
    e) die Teilnahme von Bewerberinnen und Bewerbern, die keiner Schule angehören; die Abschlussprüfungen können auch in gesonderten Prüfungsordnungen geregelt werden,
13. die Voraussetzungen für den Erwerb eines qualifizierenden Abschlusses der Mittelschule.

(2) [1]Soweit für kommunale Schulen keine Schulordnungen nach Abs. 1 existieren, können diese vom Schulträger erlassen werden; sie bedürfen der Genehmigung des Staatsministeriums. [2]Schulordnungen für Fachakademien außerhalb des Geschäftsbereichs des Staatsministeriums bedürfen dessen Einvernehmens.

(3) In Rechtsverordnungen nach Abs. 1 können Abweichungen vorgesehen werden
1. von den Art. 5, 13, 52 bis 55, 62 und 86 bis 88a für Schulen des Gesundheitswesens, Schulen für sozialpflegerische und sozialpädagogische Berufe und Schulen mit künstlerischer Ausbildungsrichtung, soweit dies im Hinblick auf Bundesrecht über die Zulassung zu nicht ärztlichen Heilberufen oder wegen der Verbindung der Schule mit einer Einrichtung, die anderen als Unterrichtszwecken dient, oder zur Wahrung des Wohls von Patienten und anderen Pflegebefohlenen erforderlich ist,
2. von den Art. 5, 48, 56, 62 bis 69, 86 und 87 für Schulen, die überwiegend von Erwachsenen besucht werden, soweit dies wegen des erwachsenenspezifischen Charakters der Ausbildung erforderlich ist, und
3. von den Art. 49 bis 55, 62, 63 und 69 für Förderschulen und Schulen für Kranke, soweit dies wegen des sonderpädagogischen Förderbedarfs oder der Krankheit der Schülerinnen oder Schüler erforderlich ist.

DRITTER TEIL
Private Unterrichtseinrichtungen

ABSCHNITT I
Private Schulen (Schulen in freier Trägerschaft)

a) Aufgabe

Art. 90 Aufgabe privater Schulen

[1]Private Schulen dienen der Aufgabe, das öffentliche Schulwesen zu vervollständigen und zu bereichern. [2]Sie sind im Rahmen der Gesetze frei in der Entscheidung über eine besondere pädagogische, religiöse oder weltanschauliche Prägung, über Lehr- und Erziehungsmethoden, über Lehrstoff und Formen der Unterrichtsorganisation. [3]Die Bestimmungen über die Schulpflicht gelten auch an Privatschulen. [4]Für die privaten Schulvorbereitenden Einrichtungen (Art. 22 Abs. 1) gelten die Bestimmungen dieses Gesetzes entsprechend.

b) Ersatzschulen

Art. 91 Begriffsbestimmung

Ersatzschulen sind private Schulen, die in ihren Bildungs- und Erziehungszielen öffentlichen im Freistaat Bayern vorhandenen oder vorgesehenen Schulen entsprechen.

Art. 92 Genehmigung

(1) [1]Ersatzschulen dürfen nur mit staatlicher Genehmigung errichtet und betrieben werden. [2]Der Antrag ist mit allen erforderlichen Unterlagen spätestens vier Monate vor Schuljahresbeginn bei der Schulaufsichtsbehörde einzureichen.

(2) Die Genehmigung ist zu erteilen, wenn
1. derjenige, der eine Ersatzschule errichten, betreiben oder leiten will, die Gewähr dafür bietet, dass er nicht gegen die verfassungsmäßige Ordnung verstößt,
2. die Ersatzschule in ihren Lehrzielen und Einrichtungen sowie in der wissenschaftlichen oder künstlerischen Ausbildung ihrer Lehrkräfte hinter den öffentlichen Schulen nicht zurücksteht (Art. 4, 93 und 94), insbesondere muss ein Mitglied der Schulleitung Lehrkraft der Schule sein,
3. eine Sonderung der Schülerinnen und Schüler nach den Besitzverhältnissen der Eltern nicht gefördert wird (Art. 96),
4. die wirtschaftliche und rechtliche Stellung der Lehrkräfte genügend gesichert ist (Art. 97).

(3) Eine Grundschule ist als Ersatzschule nur zuzulassen, wenn die zuständige Regierung als Schulaufsichtsbehörde ein besonderes pädagogisches Interesse anerkennt oder, auf Antrag von Erziehungsberechtigten, wenn sie als Gemeinschaftsschule, als Bekenntnis- oder Weltanschauungsschule errichtet werden soll und eine öffentliche Grundschule dieser Art in der betreffenden Gemeinde nicht besteht.

(4) In der Werkberufsschule übernimmt der Ausbildende sowohl die Berufsausbildung als auch die schulische Bildung der Schülerinnen und Schüler.

(5) [1]Auf staatlich genehmigte Ersatzschulen finden Art. 30 Abs. 2, Art. 31 Abs. 1 Satz 2, Art. 45 Abs. 1 Satz 3, Art. 50, 52 Abs. 2 und 3, Art. 56 Abs. 4, Art. 80, 85, 85a und 113b Anwendung; Art. 90 bleibt unberührt. [2]Staatlich genehmigte Ersatzschulen können die Noten (Art. 52 Abs. 2) durch eine allgemeine Bewertung (z.B. Wortgutachten) ersetzen.

[3]Staatlich genehmigten Ersatzschulen, die für Kinder nicht deutscher Staatsangehöriger bestimmt sind, kann ein von Art. 5 Abs. 1 abweichendes Schuljahr genehmigt werden.

(6) [1]Ersatzschulen, die eine nicht nur vorläufige Genehmigung haben (Art. 98 Abs. 1), dürfen die zusätzliche Bezeichnung »staatlich genehmigt« führen. [2]Art. 29 findet entsprechende Anwendung.

(7) [1]Private Berufsfachschulen, die am 1. August 1986 als genehmigte Ersatzschulen betrieben wurden, behalten auch dann ihren Status als Ersatzschule, wenn die Voraussetzungen des Art. 91 nicht gegeben sind. [2]Bei wesentlichen Änderungen, insbesondere bei einem Schulträgerwechsel, erlischt der Bestandsschutz der Berufsfachschule.

Art. 93 Mindestlehrpläne, Mindeststundentafeln, Prüfungsordnungen

[1]Das zuständige Staatsministerium kann Mindestlehrpläne und Mindeststundentafeln erlassen oder genehmigen, den Abschluss der Ausbildung von Prüfungen abhängig machen, Prüfungsordnungen erlassen oder genehmigen und Schulordnungen genehmigen. [2]Das zuständige Staatsministerium kann in Einzelfällen Ausnahmen genehmigen.

Art. 94 Anforderungen an die Ausbildung der Lehrkräfte, persönliche Eignung von Personal

(1) [1]Die Anforderungen an die Ausbildung der Lehrkräfte sind erfüllt, wenn eine fachliche und pädagogische Ausbildung sowie Prüfungen nachgewiesen werden, die der Ausbildung und den Prüfungen der Lehrkräfte an den entsprechenden öffentlichen Schulen gleichartig sind oder ihnen im Wert gleichkommen. [2]Soweit die Lehrkraft über eine in der Europäischen Union, im Europäischen Wirtschaftsraum oder in der Schweiz erworbene Lehrerberufsqualifkation verfügt und dieser entsprechend im Unterricht eingesetzt werden soll, ist die Ausübung der Tätigkeit der Schulaufsichtsbehörde lediglich anzuzeigen. [3]Die zuständige Schulaufsichtsbehörde verzichtet auf den Nachweis nach Satz 1, wenn die Eignung der Lehrkraft durch gleichwertige freie Leistungen nachgewiesen wird. [4]Als gleichwertige freie Leistung gilt auch die mehrjährige Unterrichtspraktische Erprobung in Verbindung mit der Feststellung der fachlichen und pädagogischen Eignung durch die Schulaufsichtsbehörde.

(2) [1]Die Anforderungen an die persönliche Eignung der Lehrkraft sind erfüllt, wenn in der Person der Lehrkraft keine schwerwiegenden Tatsachen vorliegen, die einer unterrichtlichen oder erzieherischen Tätigkeit (Art. 59 Abs. 1 Satz 1)entgegenstehen. [2]Art. 60a Abs. 2 Satz 2 Nr. 2 und Abs. 3 Satz 1 gilt entsprechend mit der Maßgabe, dass die Vorlage bei der zuständigen Schulaufsichtsbehörde zu erfolgen hat. [3]Für Personen im Sinn des Art. 60 sowie für Personal nach Art. 60a Abs. 1 Satz 1 gelten die Sätze 1 und 2 sowie Art. 60a Abs. 3 Satz 2 bis 4 entsprechend.

(3) [1]Vorbehaltlich des Abs. 1 Satz 2 bedarf die Verwendung einer Lehrkraft der Genehmigung der Schulaufsichtsbehörde. [2]Die Genehmigung kann zunächst unter dem Vorbehalt des Widerrufs für eine Probezeit erteilt werden, die bis zu drei Jahre dauern darf. [3]Nach Ablauf von drei Jahren ist die Genehmigung zu erteilen oder endgültig zu versagen.

Art. 95 Untersagung der Tätigkeit

Die Schulaufsichtsbehörde kann Schulleiterinnen und Schulleitern, Lehrkräften und Beschäftigten oder sonstigen schulischen Mitarbeiterinnen und Mitarbeitern, die mit erzieherischen oder pflegerischen Aufgaben betraut sind, die Ausübung ihrer Tätigkeit untersagen, wenn Tatsachen vorliegen, die die Annahme rechtfertigen, dass sie die für die Tätigkeit erforderliche Eignung nicht besitzen, oder wenn die Schule ohne die erforderliche Genehmigung betrieben wird.

Art. 96 Keine Sonderung der Schülerinnen und Schüler

[1]Um eine Sonderung der Schülerinnen und Schüler nach den Besitzverhältnissen der Eltern zu vermeiden, sind, soweit notwendig, von den Trägern der Privatschulen Erleichterungen bezüglich des Schul- oder Heimgeldes oder Beihilfen in einem Umfang zu gewähren, der es auch einer für die Größe der Schule oder des Schülerheims angemessenen Zahl finanziell bedürftiger Schülerinnen und Schüler ermöglicht, die Schule zu besuchen. [2]Erziehung, Unterricht und Heimleben sind so zu gestalten, dass keine Unterscheidungen nach Herkunft, Stand, Einkommen und Vermögen der Eltern gemacht werden.

Art. 97 Wirtschaftliche und rechtliche Stellung der Lehrkräfte

(1) Die wirtschaftliche und rechtliche Stellung der Lehrkräfte an einer Ersatzschule, die nicht einer kirchlichen Genossenschaft angehören, ist dann genügend gesichert, wenn
1. über das Anstellungsverhältnis ein schriftlicher oder (unter Verwendung einer dauerhaft überprüfbaren qualifizierten elektronischen Signatur) elektronischer Vertrag abgeschlossen ist, in dem klare Kündigungsbedingungen, der Anspruch auf Urlaub und die regelmäßige Pflichtstundenzahl festgelegt sind,
2. die Gehälter und Vergütungen bei entsprechenden Anforderungen hinter den Gehältern der Lehrkräfte an vergleichbaren öffentlichen Schulen nicht wesentlich zurückbleiben und in regelmäßigen Zeitabschnitten gezahlt werden,
3. für die Lehrkräfte eine Anwartschaft auf Versorgung erworben wird, die wenigstens den Bestimmungen der Angestelltenversicherung entspricht.

(2) [1]Ersatzschulen, die nicht nur vorläufig genehmigt sind (Art. 98 Abs. 1), können den an ihnen mit mindestens der Hälfte der Unterrichtspflichtzeit tätigen Lehrkräften nach Maßgabe des Arbeitsvertrags auf die Dauer der Verwendung das Recht einräumen, Berufsbezeichnungen zu führen, die das Staatsministerium für bestimmte Gruppen von Lehrkräften allgemein festsetzt. [2]Lehrkräfte, die wegen Alters oder Dienstunfähigkeit ausscheiden, sind berechtigt, ihre bisherige Berufsbezeichnung mit dem Zusatz »a.D.« widerruflich weiterzuführen.

Art. 98 Bedingungen und Erlöschen der Genehmigung

(1) [1]Ersatzschulen, bei denen die Voraussetzungen für die Erteilung der Genehmigung noch nicht voll erfüllt sind, kann die Genehmigung nach Anhörung des Trägers unter der Bedingung erteilt werden, dass die noch fehlenden Voraussetzungen innerhalb einer von der Schulaufsichtsbehörde festzusetzenden Frist erfüllt werden. [2]Die Erteilung dieser Genehmigung ist nur zulässig, wenn das leibliche oder sittliche Wohl der Schülerinnen und Schüler nicht beeinträchtigt oder gefährdet wird und Erziehung und Ausbildung hinreichend gewährleistet sind.

(2) [1]Die Genehmigung für eine Schule erlischt, wenn die Schule nicht binnen eines Jahres seit Zustellung oder Eröffnung des Genehmigungsbescheids in Betrieb genommen wird oder wenn der Schulbetrieb ein Jahr geruht hat. [2]Dies gilt nicht, wenn sich aus dem Genehmigungsbescheid etwas anderes ergibt oder wenn die Frist verlängert worden ist.

Art. 99 Änderungen der Genehmigungsvoraussetzungen, Auflösung einer Schule

(1) [1]Wesentliche Änderungen in den Voraussetzungen für die Genehmigung bedürfen der Genehmigung. [2]Art. 94 Abs. 1 Satz 2 gilt entsprechend.

(2) Die Auflösung einer Schule ist nur zum Ende eines Schuljahres zulässig; sie ist spätestens drei Monate vorher der Schulaufsichtsbehörde anzuzeigen.

Art. 100 Staatlich anerkannte Ersatzschulen

(1) [1]Einer Ersatzschule, die die Gewähr dafür bietet, dass sie dauernd die an gleichartige oder verwandte öffentliche Schulen gestellten Anforderungen erfüllt, wird vom zuständigen Staatsministerium auf Antrag die Eigenschaft einer staatlich anerkannten Ersatzschule verliehen; Art. 92 Abs. 1 Satz 2 gilt entsprechend. [2]Förderschulen kann die Eigenschaft einer staatlich anerkannten Ersatzschule auch verliehen werden, wenn sie mit Rücksicht auf die aus dem sonderpädagogischen Förderbedarf herrührenden Ziele nicht voll ausgebaut sind.

(2) [1]Staatlich anerkannte Ersatzschulen sind im Rahmen des Art. 90 verpflichtet, bei der Aufnahme, beim Vorrücken und beim Schulwechsel von Schülerinnen und Schülern sowie bei der Abhaltung von Prüfungen die für öffentliche Schulen geltenden Regelungen anzuwenden. [2]Mit der Anerkennung erhält die Schule das Recht, Zeugnisse zu erteilen, die die gleiche Berechtigung verleihen wie die der öffentlichen Schulen. [3]Die Schülersprecherinnen und Schülersprecher staatlich anerkannter Ersatzschulen sind bei den Wahlen zu den in Art. 62 Abs. 2 Satz 1 Nrn. 5 bis 7 genannten Einrichtungen der Schülermitverantwortung sowohl aktiv als auch passiv wahlberechtigt.

(3) Einer staatlich anerkannten Hauptschule, die selbst nicht alle Voraussetzungen für eine Mittelschule nach Art. 7a Abs. 1 Satz 3 erfüllt, kann auf Antrag die Bezeichnung Mittelschule verliehen werden, wenn durch Zusammenarbeit mit einer staatlichen Mittelschule erreicht wird, dass für die Schülerinnen und Schüler der staatlich anerkannten Schule der Zugang zu den wesentlichen Bildungsangeboten der Mittelschule gewährleistet ist.

Art. 101 Ersatzschulen mit dem Charakter öffentlicher Schulen

(1) Einer staatlich anerkannten Ersatzschule wird vom zuständigen Staatsministerium auf Antrag der Charakter einer öffentlichen Schule verliehen.

(2) Eine Schule mit dem Charakter einer öffentlichen Schule ist verpflichtet, die für entsprechende öffentliche Schulen erlassene Schulordnung anzuwenden.

c) Ergänzungsschulen

Art. 102 Begriffsbestimmung, Anzeigepflicht

(1) Ergänzungsschulen sind private Schulen, die nicht Ersatzschulen im Sinn des Art. 91 sind.

(2) [1]Die Errichtung einer Ergänzungsschule ist der Schulaufsichtsbehörde drei Monate vor Aufnahme des Unterrichts anzuzeigen. [2]Der Anzeige sind der Lehrplan sowie Nachweise über den Schulträger, die Schuleinrichtungen und die Vorbildung sowie die persönliche Eignung der Leiterin oder des Leiters und der Lehrkräfte beizufügen.

(3) Nachträgliche wesentliche Änderungen sind unter Beigabe der Nachweise alsbald anzuzeigen.

(4) Auf angezeigte Ergänzungsschulen finden Art. 31 Abs. 1 Satz 2, Art. 85, 85a und 113b Anwendung; Art. 90 bleibt unberührt.

(5) Das Anzeigeverfahren nach Abs. 2 und 3 kann über eine einheitliche Stelle nach den Vorschriften des Bayerischen Verwaltungsverfahrensgesetzes abgewickelt werden.

Art. 103 Untersagung

[1]Errichtung und Betrieb einer Ergänzungsschule können von der Schulaufsichtsbehörde untersagt werden, wenn Schulträger, Leiterinnen oder Leiter, Lehrkräfte oder Einrichtungen der Ergänzungsschule den Anforderungen nicht entsprechen, die durch Gesetz oder auf Grund von Gesetzen vorgeschrieben oder die zum Schutz der Schülerinnen und Schüler an sie zu stellen sind, und wenn den Mängeln trotz Aufforderung der Schulaufsichtsbehörde innerhalb einer bestimmten Frist nicht abgeholfen worden ist. [2]Art. 95 gilt entsprechend.

Art. 104 Mindestlehrpläne, Prüfungen

Das zuständige Staatsministerium kann für Ergänzungsschulen Mindestlehrpläne genehmigen, den Abschluss der Ausbildungen von Prüfungen abhängig machen und Prüfungsordnungen genehmigen.

ABSCHNITT II
Lehrgänge und Privatunterricht

Art. 105 Lehrgänge und Privatunterricht

[1]Private Lehrgänge und Privatunterricht dürfen keine Bezeichnungen führen oder Zeugnisse erteilen, die mit Bezeichnungen oder Zeugnissen öffentlicher oder privater Schulen verwechselt werden können. [2]Art. 103 gilt entsprechend.

VIERTER TEIL
Schülerheime

Art. 106 Begriffsbestimmung

[1]Schülerheime sind Einrichtungen, deren Aufgabe es ist, Schülerinnen und Schüler erzieherisch zu betreuen sowie ihnen Unterkunft und Verpflegung zu gewähren. [2]Verbundene Schülerheime sind Schülerheime, die an einer Schule eingerichtet sind und mit dieser eine pädagogische und organisatorische Einheit bilden; Schulen im Sinn des Halbsatzes 1 sind Heimschulen. [3]In Einzelfällen kann die Verbindung auch mit mehreren Schulen bestehen. [4]Nicht verbundene Schülerheime sind Schülerheime, die ohne Anschluss an eine bestimmte Schule eingerichtet werden.

Art. 107 Errichtung und Änderungen

(1) Die Errichtung eines mit einer Grundschule, einer Mittelschule oder einer Förderschule verbundenen Schülerheims sowie eines nicht verbundenen Schülerheims unterliegt den Bestimmungen des Achten Buches Sozialgesetzbuch.

(2) [1]Für die Errichtung der übrigen verbundenen Schülerheime gelten die Vorschriften über die Errichtung einer Schule entsprechend. [2]Wesentliche Änderungen und die Auflösung nichtstaatlicher verbundener Schülerheime gemäß Satz 1 sind der Aufsichtsbehörde anzuzeigen.

Art. 108 Schülerheime bei Förderschulen

[1]Um den Besuch öffentlicher Förderschulen sicherzustellen, sind die erforderlichen Schülerheime oder ähnliche Einrichtungen zu schaffen. [2]Kommt der Träger des Schulaufwands dieser Verpflichtung nicht oder nicht hinreichend nach, so bestimmt die gemäß Art. 109 zuständige Aufsichtsbehörde nach Anhörung des Trägers die jeweils

notwendige Art und Größe der Einrichtung. [3]Die Bestimmungen des Neunten Buches Sozialgesetzbuch und des Achten Buches Sozialgesetzbuch bleiben unberührt. [4]Für die Errichtung von Schülerheimen bei Förderschulen gilt Art. 33 Abs. 2 entsprechend.

Art. 109 Aufsicht

[1]Mit einer Grundschule, einer Mittelschule oder einer Förderschule verbundene Schülerheime sowie nicht verbundene Schülerheime unterstehen der Aufsicht nach den Bestimmungen des Achten Buches Sozialgesetzbuch. [2]Die übrigen verbundenen Schülerheime unterstehen der Schulaufsicht. [3]Schülerheime, die gemäß Art. 106 Satz 3 mindestens mit einer Grundschule, einer Mittelschule oder einer Förderschule sowie mit einer Schule einer weiteren Schulart verbunden sind, unterstehen der Aufsicht nach den Bestimmungen des Achten Buches Sozialgesetzbuch.

Art. 110 Untersagung

Errichtung und Betrieb eines nichtstaatlichen verbundenen Schülerheims gemäß Art. 107 Abs. 2 können von der Schulaufsichtsbehörde untersagt werden, wenn Tatsachen festgestellt werden, die geeignet sind, das leibliche, geistige und seelische Wohl der in diesem Schülerheim betreuten Schülerinnen und Schüler zu gefährden, und eine unverzügliche Beseitigung der Gefährdung nicht zu erwarten ist.

FÜNFTER TEIL
Schulaufsicht, Schulverwaltung

Art. 111 Allgemeines, Leistungsvergleiche

(1) [1]Zur staatlichen Schulaufsicht gehören

1. die Planung und Ordnung des Unterrichtswesens,
2. die Sicherung der Qualität von Erziehung und Unterricht, insbesondere durch den Abschluss von Zielvereinbarungen mit den Schulen,
3. die Förderung und Beratung der Schulen, auch unter Einbeziehung der staatlichen Schulberatungsstellen,
4. die Aufsicht über die inneren und äußeren Schulverhältnisse sowie über die Schulleitung und das pädagogische Personal und
5. die Förderung der Zusammenarbeit der Schulen mit den Jugendämtern und den Trägern der freien Jugendhilfe sowie anderen Trägern und Einrichtungen der außerschulischen Erziehung und Bildung bei der Erfüllung ihrer gemeinsamen Aufgaben.

[2]Die Schulaufsichtsbehörden arbeiten schulartübergreifend zusammen.

(2) Die Grenzen der staatlichen Schulaufsicht über die privaten Schulen bestimmen sich nach Art. 7 des Grundgesetzes und Art. 134 der Verfassung.

(3) Bei öffentlichen Schulen und bei Ersatzschulen entscheidet in inneren Schulangelegenheiten das zuständige Organ der Schule, soweit nicht die Schulaufsichtsbehörde zuständig ist.

(4) Das zuständige Staatsministerium kann Schülerinnen, Schüler und Lehrkräfte verpflichten, an Leistungsvergleichen teilzunehmen, die Zwecken der Qualitätssicherung und -steigerung dienen.

Art. 112 Aufsicht über den Religionsunterricht

(1) [1]Die staatliche Schulaufsicht erstreckt sich auch auf den Religionsunterricht; die Kirchen und Religionsgemeinschaften bestimmen jedoch den Lehrinhalt und die Didaktik im Rahmen der geltenden Bestimmungen und kirchenvertraglichen Vereinbarungen.

[2]Sie können durch Beauftragte den Religionsunterricht ihres Bekenntnisses besuchen lassen und sich dadurch von der Übereinstimmung des erteilten Unterrichts mit den Grundsätzen der Religionsgemeinschaft, vom Stand der Kenntnisse in der Religionslehre und von der religiös-sittlichen Erziehung der bekenntniszugehörigen Schülerinnen und Schüler unterrichten.

(2) [1]Die Kirchen und Religionsgemeinschaften und ihre Vertreterinnen oder Vertreter haben gegenüber den Lehrkräften, die Religionsunterricht erteilen, keine dienstaufsichtlichen Befugnisse. [2]Jedoch können sich die Beauftragten der Kirchen und Religionsgemeinschaften mit diesen Lehrkräften über die Abstellung wahrgenommener Mängel ins Benehmen setzen. [3]Sie können die Schulaufsichtsbehörden anrufen, wenn Beanstandungen zu erheben sind.

Art. 113 Befugnisse der Schulaufsichtsbehörden

(1) [1]Die Schulaufsichtsbehörden haben in Erfüllung ihrer Aufgaben insbesondere das Recht, die Unterrichtseinrichtungen, Schülerheime und Einrichtungen der Mittagsbetreuung zu besichtigen, Einblick in deren Betrieb zu nehmen sowie Berichte und Nachweise zu fordern. [2]Für Abschlussprüfungen können sie Prüfungskommissäre und beim Probeunterricht einen Vorsitzenden des Aufnahmeausschusses bestellen.

(2) Schulaufsichtliche Anordnungen können sowohl an den Träger als auch an die Leiterin oder den Leiter einer Unterrichtseinrichtung oder eines Schülerheims gerichtet werden.

Art. 113a Automatisiertes Verfahren zur Unterstützung der Schulverwaltung

(1) [1]Das Staatsministerium kann für die Schulaufsichtsbehörden eine öffentliche Stelle als Auftragsverarbeiter gemäß Art. 28 DSGVO beauftragen, personenbezogene Daten der Lehrkräfte und des nicht unterrichtenden Personals zu den in Abs. 2 genannten schulübergreifenden Verwaltungszwecken zu verarbeiten; die Schulaufsichtsbehörden werden von der Auftragserteilung unterrichtet; sie bleiben für diese Daten verantwortlich. [2]Die datenschutzrechtliche Gesamtverantwortung liegt beim Staatsministerium.

(2) Bei der gemäß Abs. 1 Satz 1 beauftragten Stelle können zur Unterstützung von Dienstaufgaben der Schulaufsichtsbehörden (Unterrichtsplanung der staatlichen Schulen, Prüfung der Unterrichtssituation, Bezuschussung nichtstaatlicher Schulen nach dem Bayerischen Schulfinanzierungsgesetz) folgende personenbezogenen Daten verarbeitet werden:

1. Daten des staatlichen und des nicht staatlichen Personals:
   a) nicht schuljahresbezogene Daten:
   Name, Vornamen, Geschlecht, Geburtsname, akademische Grade, Tag der Geburt, Arbeitgeber bzw. Dienstherr, Besoldungs- bzw. Entgeltgruppe, Rechtsverhältnis, Funktion in der Schulleitung, Beginn/Ende des Dienstverhältnisses, Personenkennzahl, Lehrbefähigung (Lehramt/abgelegte Prüfungen, Fächer der Lehrbefähigung, Unterrichtsgenehmigung);
   b) schuljahresbezogene Daten:
   Daten zur Beschäftigung und zum Einsatz (Schule[-n], Unterrichtspflichtzeit, Teilzeit [Stundenzahl, Grund, Arbeitszeitmodell], Mehrarbeit/Nebentätigkeit, Beschäftigungskategorie, Beurlaubung, außerschulische Abordnung, längerfristige Abwesenheit, Reduktionen [wegen Behinderung, Alter, Anrechnungen], Zugangsart, Abgangsart, erteilter Unterricht [Beziehung zu den Unterrichtseinheiten]);
2. von staatlichem Personal darüber hinaus:
   a) nicht schuljahresbezogene Daten:
   Adressdaten, Geburtsort, Amts- bzw. Dienstbezeichnung;

b) schuljahresbezogene Daten:
Ausbildungsabschnitt bei Lehrkräften im Vorbereitungsdienst, Einsatz als mobile Reserve, Arbeitszeitkonto.

(3) [1]Ausschließlich die jeweils zuständigen Schulaufsichtsbehörden dürfen zur Erfüllung der in Abs. 2 genannten Dienstaufgaben die in Abs. 2 genannten Daten verarbeiten. [2]Dies ist durch entsprechende organisatorische und technische Vorkehrungen dauerhaft zu gewährleisten. [3]Die Schulaufsichtsbehörden können über die gemäß Abs. 1 Satz 1 beauftragte Stelle
1. den Schulen Daten gemäß Abs. 2 zur Unterstützung der Planung und Durchführung des Unterrichts an der jeweiligen Schule,
2. den Kirchen Daten gemäß Abs. 2 der Religionsunterricht erteilenden oder zur Erteilung befähigten Lehrkräfte (mit Ausnahme der Adressdaten) zur Ausübung der Fachaufsicht im Fach Religionslehre und zur Planung des Unterrichtseinsatzes des kirchlichen Personals

übermitteln.

(4) Die in Abs. 2 genannten Daten werden wie folgt gelöscht:
1. spätestens zum Ende des jeweils nächsten Schuljahres die in Abs. 2 Nr. 1 Buchst. b genannten Daten des nicht staatlichen Personals;
2. zum Ende des jeweils übernächsten Schuljahres die in Abs. 2 Nr. 1 Buchst. b und Nr. 2 Buchst. b genannten Daten des staatlichen Personals;
3. drei Jahre nach dem Ausscheiden aus dem Dienst- bzw. Arbeitsverhältnis die in Abs. 2 Nr. 1 Buchst. a und Nr. 2 Buchst. a genannten Daten.

(5) § 50 BeamtStG und Art. 103 bis 111 BayBG bleiben unberührt.

Art. 113b Statistik

(1) Zu Zwecken der Bildungsplanung und der Organisation des Schulwesens werden die Amtliche Schulstatistik gemäß Abs. 6 und die Ergebnisstatistiken gemäß Abs. 7 als Landesstatistiken gemäß Art. 9 des Bayerischen Statistikgesetzes durchgeführt.

(2) Erhebungseinheiten sind:
1. die Schulen einschließlich der Schulvorbereitenden Einrichtungen,
2. das Telekolleg und die Staatsinstitute für die Ausbildung von Fach- bzw. Förderlehrern.

(3) [1]Bei den in Abs. 2 Nr. 1 genannten Stellen werden für die Amtliche Schulstatistik gemäß Abs. 6 folgende Erhebungsmerkmale erhoben:
1. Daten der Schülerinnen und Schüler und der externen Prüfungsteilnehmerinnen und Prüfungsteilnehmer:
   a) Daten der Schülerinnen und Schüler:
   Geburtsmonat und -jahr, Geschlecht, Wohnort (Gemeindekennzahl, geografische Gitterzelle), Staatsangehörigkeit, Migrationshintergrund (Geburtsland, Jahr des Zuzugs nach Deutschland, Muttersprache deutsch/nicht deutsch), Religionszugehörigkeit (soweit für die Schulpraxis erforderlich), Jahr der Ersteinschulung, erworbene Abschlüsse, Daten zur Förderung (sonderpädagogische Förderung, Teilleistungsstörungen, sonstige Fördermaßnahmen), ganztägige Betreuung, Schülerheim, Gastschulverhältnis, übertrittsrelevante Daten zur Schullaufbahn (aktuell besuchte Schule, Schulpflicht, Feststellung zur Übertrittseignung betreffend Mittelschule, Realschule und Gymnasium, Vorbildung, Austrittsdatum, Zielschule), Daten zum aktuellen Unterricht (Jahrgangsstufe, Bildungsgang, Fremdsprachen, Berufsausbildung, Erreichen des Ziels der Jahrgangsstufe [ja/nein], Art der Wiederholung, Art des Vorrückens);
   b) Daten der externen Prüfungsteilnehmerinnen und Prüfungsteilnehmer:
   Geburtsmonat und -jahr, Geschlecht, Wohnort (Gemeindekennzahl), Staatsangehörigkeit, Migrationshintergrund (Geburtsland, Jahr des Zuzugs nach

Deutschland, Muttersprache deutsch/nicht deutsch), Jahr der Ersteinschulung, erworbene Abschlüsse;
2. Daten der Lehrkräfte und des nicht unterrichtenden Personals:
   a) Daten des staatlichen und des nicht staatlichen Personals:
      Geschlecht, Geburtsmonat und -jahr, Staatsangehörigkeit, Arbeitgeber bzw. Dienstherr, Besoldungs- bzw. Entgeltgruppe, Rechtsverhältnis, Funktion in der Schulleitung, Beginn/Ende des Dienstverhältnisses, Lehrbefähigung (Lehramt/abgelegte Prüfungen, Fächer der Lehrbefähigung, Unterrichtsgenehmigung), Daten zur Beschäftigung und zum Einsatz (Schule[-n], Unterrichtspflichtzeit, Teilzeit [Stundenzahl, Grund, Arbeitszeitmodell], Mehrarbeit/Nebentätigkeit, Beschäftigungskategorie, Beurlaubung, außerschulische Abordnung, längerfristige Abwesenheit, Reduktionen [wegen Behinderung, Alter, Anrechnungen], Zugangsart, Abgangsart, erteilter Unterricht [Beziehung zu den Unterrichtseinheiten]);
   b) von staatlichem Personal darüber hinaus:
      Amts- bzw. Dienstbezeichnung, Ausbildungsabschnitt bei Lehrkräften im Vorbereitungsdienst, Einsatz als mobile Reserve, Arbeitszeitkonto;
3. die von Schülerinnen und Schülern im laufenden Schuljahr besuchten Unterrichtseinheiten;
4. Daten der Schule (Schulnummer, Schulbezeichnung, Adressdaten, Außenstellen, Ansprechpartner, zuständige Schulaufsicht, Schulträger, Schulaufwandsträger, organisatorische Verkettung mit anderer Schule, Schulart, Bildungsgänge [Ausbildungsrichtung, Fachrichtung, Fremdsprachenprofil], Angebot für ganztägige Betreuung, Unterbringungsangebot, sonstige Zusatzangebote, informationstechnische Ausstattung, sonstige Ausstattung);
5. Daten zum Unterricht und dessen Organisation:
   a) Daten der Klassen (Schule, Bezeichnung, Jahrgangsstufe, Klassenart, Bildungsgang, Fachklassengliederung, Blockunterricht, Förderschwerpunkt, Organisationsform, Auslagerung);
   b) Daten der Unterrichtseinheiten (Klassen/Klassengruppen, Fach, Art des Unterrichts, zeitlicher Umfang, Stundenkürzung/zusätzlicher Lehrerbedarf [Stunden, Grund]).

[2]Bei den in Abs. 2 Nr. 2 genannten Stellen werden folgende Daten der Absolventen, die schulische Abschlüsse erworben haben, erhoben:

Geburtsmonat und -jahr, Geschlecht, Staatsangehörigkeit, Migrationshintergrund (Geburtsland, Jahr des Zuzugs nach Deutschland, Muttersprache deutsch/nicht deutsch), Religionszugehörigkeit (soweit für die Schulpraxis erforderlich), Jahr der Ersteinschulung, erworbene Abschlüsse.

(4) [1]Hilfsmerkmale der Erhebungen gemäß Abs. 3 sind:
1. Name, Vornamen, Tag der Geburt sowie der Geburtsort der Schülerinnen und Schüler bzw. der externen Prüfungsteilnehmerinnen und Prüfungsteilnehmer sowie das in Art. 85a Abs. 3 Satz 4 genannte Ordnungsmerkmal;
2. Name, Vornamen, Geburtsname, Tag der Geburt, Geburtsort, akademischer Grad und die Personenkennzahl der Lehrkräfte und des nicht unterrichtenden Personals an öffentlichen und privaten Schulen.

[2]Es ist im Rahmen des für die statistische Auswertung genutzten Datenverarbeitungsvorgangs sicherzustellen, dass die Hilfsmerkmale von den Erhebungsmerkmalen schnellstmöglich, spätestens aber nach Plausibilisierung und Generierung des Pseudonyms (Abs. 9), getrennt und gelöscht werden.

(5) [1]Bei den in Abs. 2 Nr. 1 genannten Stellen werden für die Ergebnisstatistiken gemäß Abs. 7 folgende anonymisierte Leistungsdaten der Schülerinnen und Schüler erhoben:
1. Ergebnisse der Jahrgangsstufentests und der Orientierungsarbeiten (Schule, Klasse, Bildungsgang, Geschlecht, Geburtsmonat und -jahr, Staatsangehörigkeit,

Migrationshintergrund [Geburtsland, Jahr des Zuzugs nach Deutschland, Muttersprache deutsch/nicht deutsch], Grund für Nichtteilnahme [sonderpädagogische Förderung, Lese-Rechtschreibschwäche], erreichte Punkte je Aufgabe);
2. Ergebnisse der zentralen Abschlussprüfungen (Schule, Klasse, Bildungsgang, Geschlecht, Geburtsmonat und -jahr, Staatsangehörigkeit, Migrationshintergrund [Geburtsland, Jahr des Zuzugs nach Deutschland, Muttersprache deutsch/nicht deutsch], Förderschwerpunkt, Prüfungsart, Prüfungsfach, Punkte/Note je Prüfungsfach und Prüfungsteil, Abschlusszeugnisnote, Teilnahme am Nachtermin, Herkunftsschule bei Externen).

[2]Die in Satz 1 genannten Daten werden ohne Verknüpfung mit personenbezogenen Daten und ohne Verknüpfung mit einem Pseudonym (Abs. 9) in den statistischen Auswertungsprozess eingespeist.

(6) [1]Die Amtliche Schulstatistik wird einmal jährlich durchgeführt. [2]Die Erhebungsmerkmale nach Abs. 3 werden für
1. die Beschreibung der Unterrichtssituation an allgemein bildenden Schulen zum 1. Oktober und an beruflichen Schulen zum 20. Oktober,
2. die Darstellung der Absolventen und Abgänger von Schulen sowie Absolventen von außerschulischen Einrichtungen, soweit diese schulische Abschlüsse erwerben, an allgemein bildenden Schulen vom 2. Oktober des Vorjahres bis 1. Oktober des laufenden Jahres und an beruflichen Schulen vom 21. Oktober des Vorjahres bis 20. Oktober des laufenden Jahres (Stichtag: 1. bzw. 20. Oktober)

erfasst.

(7) [1]Die Ergebnisstatistiken werden einmal jährlich auf gesonderte Anweisung des Staatsministeriums durchgeführt. [2]Die Erhebungsmerkmale gemäß Abs. 5 werden für
1. die Ergebnisse der Jahrgangsstufentests,
2. die Ergebnisse der Orientierungsarbeiten in der Grundschule,
3. die Ergebnisse der zentralen Abschlussprüfungen

jeweils im Anschluss an die Leistungsfeststellungen erfasst. [3]Satz 2 Nrn. 1 und 2 gelten nur für öffentliche Schulen; Satz 2 Nr. 3 gilt für öffentliche Schulen und staatlich anerkannte Ersatzschulen. [4]Die genauen Berichtszeitpunkte werden jeweils vom Staatsministerium bekannt gegeben.

(8) [1]Für die Erhebungen besteht Auskunftspflicht. [2]Auskunftspflichtig sind
1. für die Erhebungseinheiten nach Abs. 2 Nr. 1 die Schulleiterinnen und Schulleiter,
2. für die Erhebungseinheiten nach Abs. 2 Nr. 2 die Kolleggruppenleiter des Telekollegs und die Leitungen der Staatsinstitute für die Ausbildung von Fach- bzw. Förderlehrern.

[3]Die Auskünfte sind unter Verwendung des vom Staatsministerium bereitgestellten Schulverwaltungsprogramms an die in Abs. 10 genannten Stellen vollständig und rechtzeitig zu erteilen.

(9) [1]Um schuljahresübergreifende statistische Auswertungen zu ermöglichen, wird für jeden Datensatz auf Grundlage von Hilfsmerkmalen nach Abs. 4 ein Pseudonym erzeugt. [2]Das Pseudonym ist nach dem jeweils neuesten Stand der Technik so zu gestalten, dass ein Rückschluss auf Einzelpersonen ausgeschlossen ist.

(10) [1]Die Amtliche Schulstatistik gemäß Abs. 6 wird vom Landesamt für Statistik durchgeführt. [2]Die Ergebnisstatistiken nach Abs. 7 werden von den Statistikstellen des Staatsministeriums und des Staatsinstituts für Schulqualität und Bildungsforschung durchgeführt.

(11) Schulübergreifende Geschäftsstatistiken werden von den Statistikstellen des Staatsministeriums und des Staatsinstituts für Schulqualität und Bildungsforschung erstellt.

(12) § 50 BeamtStG und Art. 103 bis 111 BayBG bleiben unberührt.

Art. 113c Evaluation

(1) [1]Die Schulen und die Schulaufsichtsbehörden verfolgen das Ziel, die Qualität schulischer Arbeit zu sichern und zu verbessern. [2]Zur Bewertung der Schul- und Unterrichtsqualität evaluieren sich die Schulen regelmäßig selbst (interne Evaluation) und evaluieren die Schulaufsichtsbehörden in angemessenen zeitlichen Abständen im Rahmen der verfügbaren Stellen und Mittel die staatlichen Schulen und, soweit dies im Rahmen der Schulaufsicht notwendig ist, die Schulen in kommunaler Trägerschaft (externe Evaluation). [3]Die externe Evaluation kann als freiwillige Leistung auf der Grundlage einer Vereinbarung mit dem zuständigen Staatsministerium von den Schulen in kommunaler und freier Trägerschaft in Anspruch genommen werden.

(2) [1]Bei der Planung und Durchführung der externen Evaluation wirken die Schulaufsichtsbehörden mit dem Staatsinstitut für Schulqualität und Bildungsforschung zusammen. [2]Die Schulaufsichtsbehörden setzen Evaluationsgruppen ein, die speziell für diese Aufgabe qualifiziert werden. [3]An diesen Gruppen können die Schulaufsichtsbehörden private Dritte beteiligen, die über die erforderliche Eignung und Fachkunde verfügen; die Zuerkennung der Eignung setzt voraus, dass die mit der Evaluation betrauten Personen nach dem Verpflichtungsgesetz verpflichtet werden.

(3) [1]Zur internen und externen Evaluation können die Schulen, die Schulaufsichtsbehörden sowie im Rahmen des Abs. 2 das Staatsinstitut für Schulqualität und Bildungsforschung personenbezogene Daten ohne Einwilligung der betroffenen Personen verarbeiten. [2]Dabei stellen die in Satz 1 genannten Stellen sicher, dass nur insoweit personenbezogene Daten verarbeitet werden, als das öffentliche Interesse die schutzwürdigen Belange der betroffenen Personen erheblich überwiegt und der Zweck der Evaluation auf andere Weise nicht oder nur mit unverhältnismäßigem Aufwand erreicht werden kann. [3]Eine Verarbeitung der personenbezogenen Daten zu anderen Zwecken ist unzulässig. [4]Die Art. 13 und 14 DSGVO gelten mit der Maßgabe, dass die Information vor der Durchführung einer Evaluation schriftlich erfolgt; die betroffenen Personen sind dabei zusätzlich auch über das Ziel des Vorhabens, die Art ihrer Beteiligung an der Untersuchung, sowie über die zur Einsichtnahme in die personenbezogenen Daten Berechtigten zu informieren. [5]Die personenbezogenen Daten werden anonymisiert, sobald dies nach dem Zweck der Evaluation möglich ist. [6]Bis dahin werden die Merkmale, mit denen Einzelangaben über persönliche oder sachliche Verhältnisse einer bestimmten oder bestimmbaren Person zugeordnet werden können, gesondert gespeichert. [7]Sie werden mit den Einzelangaben nur zusammengeführt, soweit der Zweck der Evaluation dies erfordert. [8]Soweit Ergebnisse der Evaluation veröffentlicht werden, erfolgt dies ausschließlich in nicht personenbezogener Form. [9]Personenbezogene Daten werden spätestens ein Jahr nach ihrer Erhebung gelöscht, die entsprechenden Unterlagen nach dieser Frist vernichtet.

(4) [1]Auf Grundlage der Ergebnisse der externen Evaluation gemäß Abs. 1 Satz 2 treffen die Schulen und die Schulaufsichtsbehörden Zielvereinbarungen. [2]Die Schulaufsichtsbehörden unterstützen ihre Umsetzung und nehmen eine Überprüfung der vereinbarten Ziele vor. [3]Abs. 3 bleibt unberührt.

Art. 114 Sachliche Zuständigkeit

(1) Die unmittelbare staatliche Schulaufsicht obliegt

1. dem Staatsministerium bei Gymnasien, Fachoberschulen, Berufsoberschulen, Realschulen einschließlich der entsprechenden Schulen zur sonderpädagogischen Förderung und der Schulen, die ganz oder teilweise die Lernziele der vorgenannten Schulen verfolgen,
2. dem Staatsministerium für Ernährung, Landwirtschaft, Forsten und Tourismus bei Schulen in seinem Geschäftsbereich,

3. dem Staatsministerium der Justiz im Einvernehmen mit dem Staatsministerium bei Unterrichtseinrichtungen in Justizvollzugsanstalten sowie in haftersetzenden Maßnahmen nach §§ 71, 72 des Jugendgerichtsgesetzes,
4. den Regierungen
   a) bei öffentlichen Grundschulen und Mittelschulen für die schulaufsichtliche Genehmigung von Neu-, Um- und Erweiterungsbauten,
   b) bei privaten Grundschulen und Mittelschulen,
   c) bei Förderschulen (einschließlich der zugehörigen Einrichtungen der Mittagsbetreuung), soweit die Schulaufsicht nicht durch Nr. 1 oder 4 Buchst. d geregelt ist,
   d) bei Berufsschulen, Berufsfachschulen, Wirtschaftsschulen, Fachschulen und Fachakademien einschließlich der entsprechenden Schulen zur sonderpädagogischen Förderung,
   e) bei Schulen für Kranke,
   f) bei Ergänzungsschulen unbeschadet der Regelung in Nr. 1,
   g) bei Sing- und Musikschulen,
   h) bei Lehrgängen in Verbindung mit dem Bayerischen Rundfunk (Telekolleg),
   i) bei Lehrgängen, wenn diese von kommunalen Trägern oder von staatlich verwalteten Stiftungen errichtet oder betrieben werden,
5. den Schulämtern
   a) bei öffentlichen Grundschulen und Mittelschulen,
   b) bei Einrichtungen der Mittagsbetreuung, soweit nicht in Nummer Nr. 4 Buchst. c geregelt,
6. den Kreisverwaltungsbehörden bei Lehrgängen, soweit sie nicht in Nr. 4 Buchst. g, h und i und Abs. 2 genannt sind.

(2) Wird ein Lehrgang an einer öffentlichen Schule eingerichtet, so obliegt der für die Schule zuständigen Aufsichtsbehörde auch die Aufsicht über den Lehrgang.

(3) Soweit Schulen mit einem Schülerheim gemäß Art. 107 Abs. 2 verbunden sind, erstreckt sich die Zuständigkeit der nach Abs. 1 für die Schule zuständigen Schulaufsichtsbehörde auch auf das Schülerheim.

(4) [1]Im Zweifelsfall entscheidet die höhere der beteiligten Schulaufsichtsbehörden über die sachliche Zuständigkeit. [2]Ist die Zuständigkeit bei einer Schulart zweifelhaft, so können die beteiligten Staatsministerien die sachliche Zuständigkeit durch Rechtsverordnung feststellen.

(5) [1]Die beteiligten Staatsministerien können durch Rechtsverordnung Zuständigkeiten auf nachgeordnete Behörden übertragen, wenn dies zur Anpassung an geänderte Verhältnisse oder zum Zweck der Verwaltungsvereinfachung geboten ist. [2]Aus den gleichen Gründen kann die Übertragung im Einzelfall erfolgen; dies gilt für die Regierungen entsprechend.

Art. 115 Schulämter

(1) Für jeden Landkreis und für jede kreisfreie Gemeinde besteht ein Schulamt (Staatliches Schulamt).

(2) [1]Das Schulamt wird gemeinsam von der Landrätin oder dem Landrat oder der Oberbürgermeisterin oder dem Oberbürgermeister (rechtlicher Leiter) und einem Schulaufsichtsbeamten für Grundschulen und Mittelschulen (fachlicher Leiter) geleitet. [2]Die Vertretung der Landrätin oder des Landrats und der Oberbürgermeisterin oder des Oberbürgermeisters richtet sich nach den Vorschriften der Landkreisordnung und der Gemeindeordnung. [3]Die Landrätin oder der Landrat und die Oberbürgermeisterin oder der Oberbürgermeister können sich in der Leitung des Schulamts durch einen Beamten vertreten lassen, der die Befähigung für das Richteramt hat. [4]Wo es die örtlichen Verhältnisse nahe legen, soll einem fachlichen Leiter die Leitung von zwei, in besonderen Fällen auch mehr als zwei Schulämtern übertragen werden.

(3) [1]Dem Schulamt oder den unter gemeinsamer fachlicher Leitung stehenden Schulämtern können für den fachlichen Aufgabenbereich nach Bedarf weitere Schulaufsichtsbeamte und Mitarbeiter zugeteilt werden. [2]Die Landrätin oder der Landrat oder die Oberbürgermeisterin oder der Oberbürgermeister kann den Bediensteten des Landratsamts oder der kreisfreien Gemeinde Aufgabengebiete und Befugnisse aus seinem Aufgabenbereich übertragen und entsprechende Vollmacht erteilen.

(4) [1]Zum Aufgabenbereich der Landrätin oder des Landrats und der Oberbürgermeisterin oder des Oberbürgermeisters gehören die Angelegenheiten vorwiegend rechtlicher Natur, zum Aufgabenbereich des fachlichen Leiters die Angelegenheiten vorwiegend fachlicher Natur. [2]Das Staatsministerium regelt im Einvernehmen mit dem Staatsministerium des Innern, für Sport und Integration durch Rechtsverordnung die Aufgabenbereiche im Schulamt, das Zusammenwirken in der Leitung des Schulamts und die Grundsätze für die Vertretungsbefugnis.

Art. 116 Beteiligung an der Schulaufsicht

(1) Das Staatsministerium kann kommunale Schulträger, die eine geeignete hauptamtlich tätige, fachlich vorgebildete Sachbearbeiterin bzw. einen geeigneten hauptamtlich tätigen, fachlich vorgebildeten Sachbearbeiter für eine Schulart haben, insoweit an der Schulaufsicht beteiligen.

(2) Einem berufsmäßigen Gemeinderatsmitglied, dem die Leitung des Schulwesens einer kreisfreien Gemeinde obliegt, kann für die Dauer seiner Amtszeit auf Antrag der kreisfreien Gemeinde in widerruflicher Weise die fachliche Leitung des Schulamts übertragen werden, wenn es die Voraussetzungen für den Erwerb der Qualifikation für den Schulaufsichtsdienst der Grundschulen und Mittelschulen erfüllt.

(3) [1]Die Vorschriften der Gemeindeordnung, der Landkreisordnung, der Bezirksordnung und des Gesetzes über die kommunale Zusammenarbeit hinsichtlich der Rechtsaufsicht bleiben unberührt. [2]Die Rechtsaufsicht bezieht sich auch auf die räumlichen Schulverhältnisse sowie auf die wirtschaftliche und rechtliche Stellung der Lehrkräfte.

(4) Die Schulaufsichtsbehörden können zur Ausübung der Aufsicht die ihnen nachgeordneten Behörden und besondere Beauftragte heranziehen.

Art. 117 Bayerisches Landesamt für Schule

(1) [1]Es besteht ein Bayerisches Landesamt für Schule mit Sitz in Gunzenhausen. [2]Es ist dem Staatsministerium unmittelbar nachgeordnet.

(2) Nach Maßgabe gesonderter Vorschriften erfüllt es landesweit insbesondere Aufgaben der schulischen Personalverwaltung, Schulfinanzierung, Zeugnisanerkennung sowie des Schulsports.

SECHSTER TEIL
Maßnahmen zur Durchsetzung der Schulpflicht, Ordnungswidrigkeiten

Art. 118 Schulzwang

(1) Wer ohne berechtigten Grund dem Unterricht oder einer verbindlichen Schulveranstaltung fernbleibt, obwohl er der Schulpflicht unterliegt, kann auf Antrag der Schule von der Kreisverwaltungsbehörde durch ihre Beauftragten zwangsweise der Schule zugeführt werden.

(2) [1]Wer der Schulpflicht unterliegt, aber durch sein Verhalten Hinweise auf eine mögliche Erkrankung gibt, die die Schulbesuchsfähigkeit beeinträchtigt, muss sich auf Aufforderung der Schule vom öffentlichen Gesundheitsdienst untersuchen lassen, solange nicht der Nachweis erbracht ist, dass sich die Schülerin oder der Schüler in einer Behandlung eines geeigneten Facharztes hinsichtlich dieser Verhaltensauffälligkeiten befand bzw. befindet. [2]Die schulischen Beratungsfachkräfte sind vorab zu hören.

(3) Soweit in diesem Gesetz eine Beteiligung des öffentlichen Gesundheitsdienstes vorgeschrieben ist, gilt Abs. 1 entsprechend.

Art. 119 Ordnungswidrigkeiten

(1) Mit Geldbuße kann belegt werden, wer

1. vorsätzlich oder fahrlässig die ihm obliegende Anmeldung einer oder eines Schulpflichtigen zum Besuch der Grundschule, der Mittelschule, der Berufsschule oder der Förderschule unterlässt (Art. 35 Abs. 4),
2. entgegen Art. 76 Satz 2 nicht dafür sorgt, dass minderjährige Schulpflichtige am Unterricht regelmäßig teilnehmen und die sonstigen verbindlichen Schulveranstaltungen besuchen, oder entgegen einer vollziehbaren Anordnung nach Art. 37 Abs. 4 in Verbindung mit Art. 76 Satz 3 nicht dafür sorgt, dass ein Kind eine Kindertageseinrichtung mit integriertem Vorkurs besucht; das Gleiche gilt für Personen, denen die Erziehung minderjähriger Schulpflichtiger durch Rechtsvorschrift oder Vertrag ganz oder teilweise übertragen ist,
3. entgegen Art. 77 Berufsschulpflichtige nicht zur Teilnahme am Unterricht und zum Besuch der sonstigen verbindlichen Schulveranstaltungen anhält; das Gleiche gilt für Personen, denen die Erziehung minderjähriger Schulpflichtiger durch Rechtsvorschrift oder Vertrag ganz oder teilweise übertragen ist,
4. als Schulpflichtige oder Schulpflichtiger am Unterricht oder an den sonstigen verbindlichen Schulveranstaltungen (Art. 56 Abs. 4 Satz 3) vorsätzlich nicht teilnimmt,
5. eine Schule, ein Schülerheim oder eine Einrichtung der Mittagsbetreuung
   a) ohne die erforderliche Genehmigung oder die vorgeschriebene Anzeige oder
   b) nach vollziehbarer Rücknahme oder vollziehbarem Widerruf der Genehmigung oder nach vollziehbarer Untersagung der Errichtung oder Fortführung errichtet oder leitet,
6. eine mit der Genehmigung verbundene vollziehbare Auflage nicht erfüllt,
7. einer auf Grund von Art. 3 Abs. 2 Satz 2, Art. 95 oder 100 Abs. 2 Satz 1 erlassenen vollziehbaren Anordnung zuwiderhandelt,
8. unbefugt eine nach Art. 97 Abs. 2 festgesetzte Berufsbezeichnung führt,
9. als Schulleiterin oder Schulleiter, Lehrkraft oder Erzieherin oder Erzieher an einer Schule tätig ist, obwohl ihm dies untersagt worden ist,
10. als Unternehmerin, Unternehmer, Leiterin, Leiter oder Lehrkraft den Vorschriften des Art. 105 Satz 1 zuwiderhandelt,
11. entgegen Art. 118 Abs. 3 in Verbindung mit Abs. 2 einen minderjährigen Schulpflichtigen oder eine minderjährige Schulpflichtige nicht dem Gesundheitsdienst zuführt oder sich nicht vom Gesundheitsdienst untersuchen lässt.

(2) [1]Will die Kreisverwaltungsbehörde das Verfahren wegen einer Ordnungswidrigkeit nach Abs. 1 Nrn. 2 bis 4 einstellen, so hat sie vorher die Schule zu hören. [2]Der Erlass eines Bußgeldbescheids ist der Schule mitzuteilen.

SIEBTER TEIL
Staatsinstitute und Studienkollegs

Art. 120 Staatsinstitute für die Ausbildung von Fachlehrern und Förderlehrern

(1) Das Staatsinstitut für die Ausbildung von Fachlehrern und die ihm angegliederten Fachausbildungsstätten haben die Aufgabe der fachlichen und pädagogischen Ausbildung zu Fachlehrerinnen und Fachlehrern.

(2) Das Staatsinstitut für die Ausbildung von Förderlehrern hat die Aufgabe der fachlichen und pädagogischen Ausbildung zu Förderlehrerinnen und Förderlehrern.

(3) [1]Der Besuch der Staatsinstitute setzt einen mittleren Schulabschluss voraus. [2]Weitere Zulassungsvoraussetzungen hinsichtlich der fachlichen Vorbildung können in den Ausbildungsordnungen der Staatsinstitute festgelegt werden. [3]Zusammen mit der Abschlussprüfung kann unter besonderen, in den Ausbildungsordnungen näher zu bestimmenden Voraussetzungen eine fachgebundene Hochschulreife verliehen werden.

(4) [1]Für die Staatsinstitute und für die Fachausbildungsstätten gelten die Art. 5 Abs. 1 und 2, Art. 26 Abs. 1, Art. 30, 44, 45 Abs. 1 und 2 Satz 1, Art. 52, 55, 56, 57, 58, 59, 62 Abs. 1 Satz 1 und Abs. 9, Art. 84, 85, 86 Abs. 1 Satz 1 und 3 bis 5, Abs. 2, 3 Nr. 1, 2 und 5, Art. 87 Abs. 2, Art. 88 Abs. 2 Nr. 2, Abs. 3, 7 und 8, Art. 88a sowie Art. 89 entsprechend. [2]Die im Rahmen des Art. 86 Abs. 2 zulässigen Ordnungsmaßnahmen werden in den Ausbildungsordnungen festgesetzt. [3]Die Aufsicht obliegt dem Staatsministerium; Art. 114 Abs. 5 gilt entsprechend. [4]Satz 1 bis 3 findet auf Anwärterinnen und Anwärter im Vorbereitungsdienst keine Anwendung.

Art. 121 Studienkollegs

(1) [1]Es besteht ein Studienkolleg bei den Universitäten des Freistaates Bayern und ein Studienkolleg bei den Hochschulen für angewandte Wissenschaften des Freistaates Bayern, die dem Staatsministerium nachgeordnet sind. [2]Die Studienkollegs vermitteln Studienbewerbern, deren ausländische Vorbildungsnachweise nur in Verbindung mit einer erfolgreich abgelegten Feststellungsprüfung als Qualifikation für ein Studium an einer staatlichen Universität oder Hochschulen für angewandte Wissenschaften ausreichen, die dafür fehlenden fachlichen Grundlagen und nehmen die Feststellungsprüfung ab. [3]Sie können auch Vorbereitungskurse für die Deutsche Sprachprüfung für den Hochschulzugang anbieten und diese Prüfung abnehmen.

(2) [1]Das Staatsministerium regelt das Nähere durch Rechtsverordnung, insbesondere
1. das Aufnahmeverfahren,
2. die Lehrinhalte,
3. den Studienbetrieb,
4. die Feststellungsprüfung einschließlich der Zulassung von Bewerberinnen und Bewerbern, die nicht zuvor den Unterricht am Studienkolleg besucht haben.

[2]Für die Studienkollegs gelten die Art. 52, 56 bis 59, 84 bis 88,113a und 116 Abs. 4 entsprechend.

ACHTER TEIL
Übergangs- und Schlussbestimmungen

Art. 122 Übergangsvorschriften

(1) [1]Als Schulen besonderer Art können folgende Schulen geführt werden:
1. die Städtische schulartunabhängige Orientierungsstufe München-Neuperlach in den Jahrgangsstufen 5 und 6, die Städtische Willy-Brandt-Gesamtschule München

und die Staatliche Gesamtschule Hollfeld. Die Schülerinnen und Schüler werden entsprechend ihrer Leistungsfähigkeit den gebildeten Klassen und Kursen zugewiesen. Die Schulen führen nach der Jahrgangsstufe 9 zum Haupt- bzw. Mittelschulabschluss und nach der Jahrgangsstufe 10 zum Realschulabschluss oder zur Berechtigung zum Übergang in die Jahrgangsstufe 11 des Gymnasiums. An diesen Schulen kann die Vollzeitschulpflicht erfüllt werden,

2. die Staatliche kooperative Gesamtschule Senefelder-Schule Treuchtlingen und – soweit die Voraussetzungen des folgenden Satzes erfüllt werden – die Evangelische kooperative Gesamtschule Wilhelm-Löhe-Schule Nürnberg. Diese Schulen werden als Zusammenschluss einer Mittelschule, einer Realschule und eines Gymnasiums, bei der Evangelischen kooperativen Gesamtschule Wilhelm-Löhe-Schule Nürnberg zusätzlich einer Fachoberschule, geführt, die unter einer Leitung stehen sollen.

[2]Das Staatsministerium regelt den Schulbetrieb und die inneren Schulverhältnisse in einer Schulordnung nach Art. 89, vor deren Erlass der Landesschulbeirat zu hören ist. [3]In dieser Schulordnung sind insbesondere Umfang und Zeitpunkt der Differenzierung in Leistungsstufen festzulegen; ab Jahrgangsstufe 9 müssen abschlussbezogene Klassen gebildet werden. [4]Die unmittelbare staatliche Schulaufsicht über die Schulen besonderer Art obliegt dem Staatsministerium. [5]Dieses kann zur Ausübung der Aufsicht ihm nachgeordnete Behörden und besondere Beauftragte heranziehen.

(2) [1]Eine Ersatzschule, die bis einschließlich 31. Juli 2012 als Hauptschule staatlich genehmigt wurde, kann als private Hauptschule fortgeführt werden. [2]Entsprechendes gilt für private Grund- und Hauptschulen und für private Volksschulen. [3]Private Hauptschulen, die die Voraussetzungen des Art. 7a Abs. 1 Satz 3 in der ab 1. August 2012 geltenden Fassung erfüllen, erhalten auf Antrag des Schulträgers die Bezeichnung Mittelschule.

(3) [1]Art. 9 in der am 31. Juli 2018 geltenden Fassung findet

1. im Schuljahr 2018/2019 für die Jahrgangsstufen 7 bis 12,
2. im Schuljahr 2019/2020 für die Jahrgangsstufen 8 bis 12,
3. im Schuljahr 2020/2021 für die Jahrgangsstufen 9 bis 12,
4. im Schuljahr 2021/2022 für die Jahrgangsstufen 10 bis 12,
5. im Schuljahr 2022/2023 für die Jahrgangsstufen 11 und 12 und
6. im Schuljahr 2023/2024 für die Jahrgangsstufe 12

weiter Anwendung. [2]Das Staatsministerium kann durch Rechtsverordnung für bestimmte Schülergruppen Abweichungen dahingehend zulassen, dass

1. Art. 9 in der am 31. Juli 2018 geltenden Fassung über Satz 1 hinaus oder
2. Art. 9 in der ab 1. August 2018 geltenden Fassung abweichend von Satz 1 bereits vorzeitig

Anwendung findet, wenn dies einer geordneten oder einheitlicheren Schullaufbahn dieser Gruppen dient.

(4) Für Schularten, bei denen die Auskunftserteilung gemäß Art. 113b Abs. 8 Satz 3 noch nicht vollumfänglich umgesetzt ist, gilt bis zu dieser Umsetzung Art. 113 Abs. 1 Satz 1 in der bis zum Ablauf des 31. Mai 2014 geltenden Fassung; das Staatsministerium gibt jedes Schuljahr bekannt, auf welcher Rechtsgrundlage die Erhebungen zu erfolgen haben.

(5) Für bereits genehmigte Angebote, den mittleren Schulabschluss in Kooperation mit einer anderen öffentlichen Schule, insbesondere einer anderen Schulart, zu erwerben, gilt Art. 7a Abs. 4 Satz 3 in der bis zum 31. Juli 2020 geltenden Fassung.

(6) Für die Dauer der vollständigen Überleitung der Daten an das Institut für Schulqualität und Bildungsforschung und zu diesem Zweck, längstens aber bis zum 31. Dezember 2024, ist auch das Landesamt für Schule noch zur Verarbeitung der für die Aufgaben nach Art. 113b Abs. 10 und 11 sowie Art. 113c Abs. 2 und 3 notwendigen personenbezogenen Daten berechtigt.

Art. 123 Rechts- und Verwaltungsvorschriften, elektronische Verwaltungsinfrastrukturen

(1) Rechtsverordnungen auf Grund dieses Gesetzes erlässt das zuständige Staatsministerium, soweit nichts anderes bestimmt ist.

(2) [1]Das Staatsministerium kann durch Rechtsverordnung aus Gründen der Sicherheit und Gesundheit für Sportlehrerinnen und Sportlehrer den Nachweis einer staatlichen Fachprüfung verlangen. [2]Das Staatsministerium kann durch Rechtsverordnung regeln, unter welchen fachlichen, personellen und organisatorischen Voraussetzungen ein Lehrgang die Bezeichnung Singschule und Musikschule führen darf; damit soll der besondere Wert dieser Lehrgänge für die musikalische Erziehung der Jugend gesichert werden.

(3) Für die Sonderlehrgänge für Aussiedlerinnen bzw. Aussiedler, Spätaussiedlerinnen bzw. Spätaussiedler zum Erwerb der Hochschulreife kann das Staatsministerium außerdem in entsprechender Anwendung des Art. 89 Studienordnungen erlassen.

(4) Art. 8 Abs. 2 und 3 sowie Art. 19 Abs. 1 des Bayerischen E-Government-Gesetzes finden auf Schulen entsprechende Anwendung.

Art. 124 Einschränkung von Grundrechten

Auf Grund dieses Gesetzes können die Grundrechte auf körperliche Unversehrtheit, Freiheit der Person und Unverletzlichkeit der Wohnung eingeschränkt werden (Art. 102 Abs. 1, Art. 106 Abs. 3 der Verfassung, Art. 2 Abs. 2, Art. 13 Abs. 1 des Grundgesetzes).

Art. 125 Inkrafttreten, Außerkrafttreten

[1]Dieses Gesetz tritt am 1. Januar 1983 in Kraft. [2]Art. 122 Abs. 4 tritt mit Ablauf des 31. Juli 2029 außer Kraft.

Schulordnung für schulartübergreifende Regelungen an Schulen in Bayern (Bayerische Schulordnung – BaySchO)

vom 1. Juli 2016 (GVBl. S. 164, 241), zuletzt geändert durch Verordnung vom 4. Juli 2024 (GVBl. S. 281)

Auf Grund des Art. 46 Abs. 4 Satz 3, des Art. 52 Abs. 2 Satz 3, Abs. 4 und 5 Satz 5, des Art. 53 Abs. 4 Satz 2 und Abs. 6, des Art. 54 Abs. 1 bis 3, des Art. 56 Abs. 2 Nr. 2, des Art. 58 Abs. 1 und 6, des Art. 62 Abs. 9, des Art. 65 Abs. 1 Satz 4, des Art. 68, des Art. 69 Abs. 8, des Art. 84 Abs. 1, des Art. 85 Abs. 1a Satz 3, des Art. 89 Abs. 1, des Art. 100 Abs. 2, des Art. 116 Abs. 4 und des Art. 122 Abs. 1 des Bayerischen Gesetzes über das Erziehungs- und Unterrichtswesen (BayEUG) in der Fassung der Bekanntmachung vom 31. Mai 2000 (GVBl. S. 414, 632, BayRS 2230-1-1-K), das zuletzt durch § 1 des Gesetzes vom 23. Juni 2016 (GVBl. S. 102) geändert worden ist, verordnet das Bayerische Staatsministerium für Bildung und Kultus, Wissenschaft und Kunst:

Inhaltsübersicht

TEIL 1
Allgemeines

§ 1 Geltungsbereich

TEIL 2
Schulgemeinschaft

KAPITEL 1
Schulleiterin und Schulleiter

§ 2 Schulleiterin und Schulleiter

KAPITEL 2
Lehrkräfte, Lehrerkonferenz, Ausschüsse

§ 3 Aufgaben
§ 4 Sitzungen
§ 5 Einberufung
§ 6 Beschlussfassung
§ 7 Ausschüsse, Klassenkonferenz

KAPITEL 3
Schülerinnen und Schüler

§ 8 Klassensprecherinnen und Klassensprecher
§ 9 Schülersprecherinnen und Schülersprecher, Schülerausschuss
§ 10 Verbindungslehrkräfte, Schülermitverantwortung
§ 11 Schülermitverantwortung auf Stadt-, Landkreis-, Bezirks- und Landesebene, schulübergreifende Zusammenarbeit

KAPITEL 4
Erziehungsberechtigte

§ 12 Zusammenarbeit der Schule mit den Erziehungsberechtigten
§ 13 Wahl der Klassenelternsprecherin oder des Klassenelternsprechers
§ 14 Wahl des Elternbeirats und des gemeinsamen Elternbeirats
§ 15 Aufgaben und Geschäftsgang der Elternvertretungen
§ 16 Amtszeit und Mitgliedschaft der Elternvertretungen

KAPITEL 5
Schulforum und Verbundausschuss

§ 17 Schulforum
§ 18 Verbundausschuss

KAPITEL 6
Einsatz digitaler Hilfsmittel durch Gremien

§ 18a Einsatz digitaler Hilfsmittel

TEIL 3
Allgemeiner Schulbetrieb

§ 19 Stundenplan, Unterrichtszeit, Unterrichtsform
§ 20 Teilnahme, Befreiung, Beurlaubung
§ 21 Schülerfirmen, Betriebspraktika und sonstige Praxismaßnahmen
§ 22 Beaufsichtigung
§ 23 Verbot von Rauschmitteln, Sicherstellung von Gegenständen
§ 24 Erhebungen
§ 25 Finanzielle Abwicklung über staatliche Schulkonten
§ 26 Sammlungen und Spenden (vergleiche Art. 84 BayEUG)
§ 27 Religiöse Erziehung, Religions- und Ethikunterricht, Islamischer Unterricht
§ 28 Hausaufgaben
§ 29 Schülerinnen und Schüler ohne ständigen festen Aufenthalt
§ 30 Beendigung des Schulbesuchs

TEIL 4
Individuelle Unterstützung, Nachteilsausgleich und Notenschutz

§ 31 Grundsatz
§ 32 Individuelle Unterstützung
§ 33 Nachteilsausgleich
§ 34 Notenschutz
§ 35 Zuständigkeit
§ 36 Verfahren

TEIL 5
Schülerunterlagen

§ 37 Schülerunterlagen
§ 38 Verwendung
§ 39 Weitergabe
§ 40 Aufbewahrung
§ 41 Einsichtnahme
§ 42 Auflösung, Zusammenlegung oder Teilung einer Schule

TEIL 6
Mobile Sonderpädagogische Dienste

§ 43 Mobile Sonderpädagogische Dienste (Art. 2, Art. 21, Art. 30b BayEUG)

TEIL 7
Schulaufsicht

§ 44 Schulaufsicht (vergleiche Art. 111 bis 117 BayEUG)
§ 45 Härtefallklausel

TEIL 8
Datenschutz

§ 46 Verarbeitungsverfahren

TEIL 9
Schulische Angebote zur Erstintegration

§ 47 Schulartunabhängige Deutschklassen in den Jahrgangsstufen 5 und 6

TEIL 10
Schlussbestimmungen

§ 48 Übergangsvorschriften
§ 49 Inkrafttreten, Außerkrafttreten
Anlage 1: Modus-Maßnahmen
Anlage 2: Verarbeitungstätigkeiten
Anlage 3

TEIL 1
Allgemeines

§ 1 Geltungsbereich

[1]Diese Schulordnung gilt, soweit sie der Aufsicht des Staatsministeriums für Unterricht und Kultus (Staatsministerium) unterliegen, für alle öffentlichen Schulen und die staatlich anerkannten Ersatzschulen mit dem Charakter einer öffentlichen Schule. [2]Für staatlich genehmigte und staatlich anerkannte Ersatzschulen gilt diese Schulordnung im Rahmen der Art. 90, 92 Abs. 2 Nr. 2 und Abs. 5 und Art. 93 des Bayerischen Gesetzes über das Erziehungs- und Unterrichtswesen (BayEUG), für letztere darüber hinaus im Rahmen des Art. 100 Abs. 2 BayEUG.

TEIL 2
Schulgemeinschaft

KAPITEL 1
Schulleiterin und Schulleiter
(vergleiche Art. 57, 84 und 85 BayEUG)

§ 2 Schulleiterin und Schulleiter

(1) Die Schulleiterin oder der Schulleiter trägt die pädagogische, organisatorische und rechtliche Gesamtverantwortung.

(2) [1]Vorbehaltlich anderweitiger Regelungen entscheidet die Schulleiterin oder der Schulleiter insbesondere

1. über die Durchführung und Verbindlichkeit von sonstigen Schulveranstaltungen,
2. über den Erlass einer Hausordnung,
3. über Sammelbestellungen im schulischen Interesse,
4. über die Verbreitung von gedruckten oder digitalen Schriften und Plakaten im schulischen Interesse und
5. im Einvernehmen mit dem Aufwandsträger über die Zulässigkeit von Bild-, Film-, Fernseh- und Tonaufnahmen in der Schule,
6. über die Herausgabe von Jahresberichten der Schule für Schülerinnen und Schüler sowie Erziehungsberechtigte.

[2]Bei schulübergreifenden sonstigen Schulveranstaltungen treffen die unmittelbar zuständigen Schulaufsichtsbehörden die Entscheidung im Einvernehmen. [3]Anderweitige Mitwirkungsrechte, wie etwa nach dem Bayerischen Erziehungs- und Unterrichtsgesetz, dem Bayerischen Personalvertretungsgesetz oder den Schulordnungen, bleiben unberührt.

KAPITEL 2
Lehrkräfte, Lehrerkonferenz, Ausschüsse
(vergleiche Art. 51, 53, 58 und 59 BayEUG)

§ 3 Aufgaben

(1) Die Lehrerkonferenz beschließt im Rahmen ihrer Aufgaben nach Art. 58 Abs. 3 und 4 BayEUG auch über
1. Widersprüche gegen Verwaltungsakte mit Ausnahme von Widersprüchen gegen Verwaltungsakte an Grundschulen, Mittelschulen und Förderschulen,
2. Beschwerden von grundsätzlicher Bedeutung gegen allgemeine Unterrichts- und Erziehungsmaßnahmen der Schule mit Ausnahme von Aufsichtsbeschwerden gegen die Schule und von Dienstaufsichtsbeschwerden,
3. sonstige Schulveranstaltungen, die die gesamte Schule betreffen.

(2) [1]Die Lehrerkonferenz entscheidet über die Durchführung von Modus-Maßnahmen nach der Anlage 1 sowie die hierfür erforderlichenfalls nötigen Abweichungen von den Schulordnungen. [2]Die Maßnahmen können an die Besonderheiten der jeweiligen Schulart angepasst werden. [3]Die Entscheidung ist zuvor innerhalb der Schulgemeinschaft zu erörtern und das Einvernehmen des Aufwandsträgers oder des Aufgabenträgers im Sinne des § 1 Satz 2 der Schülerbeförderungsverordnung (SchBefV) herzustellen, wenn dessen Belange berührt werden.

§ 4 Sitzungen

(1) [1]Die Sitzungen der Lehrerkonferenz sind nicht öffentlich. [2]Sie sind außerhalb der regelmäßigen Unterrichtszeit, in Ausnahmefällen an Nachmittagen mit wenig Unterricht, durchzuführen.

(2) [1]Die Mitglieder der Lehrerkonferenz sind verpflichtet, an den Sitzungen teilzunehmen. [2]Das vorsitzende Mitglied kann Lehrkräfte von der Teilnahme an einzelnen Sitzungen ganz oder teilweise befreien, insbesondere wenn diese
1. zur Unterrichtserteilung an mehreren Schulen eingesetzt werden oder
2. mit weniger als der Hälfte der Unterrichtspflichtzeit tätig sind.

(3) [1]Das vorsitzende Mitglied kann Dritte zur Beratung einzelner Tagesordnungspunkte in der Lehrerkonferenz hinzuziehen. [2]In Angelegenheiten, die in die Zuständigkeit des Elternbeirats fallen, ist der Elternbeirat anzuhören. [3]Auf die Rechte nach Art. 88 Abs. 3 Satz 2 und 3 BayEUG sind die Betroffenen rechtzeitig hinzuweisen.

(4) [1]Über jede Sitzung ist eine Niederschrift zu erstellen. [2]Die Mitglieder der Lehrerkonferenz haben das Recht, die Niederschrift einzusehen, die nach Abs. 3 Hinzugezogenen nur hinsichtlich der Tagesordnungspunkte, zu denen sie hinzugezogen wurden. [3]Die Niederschrift ist acht Jahre aufzubewahren.

§ 5 Einberufung

(1) [1]Die Lehrerkonferenz wird bei Bedarf, mindestens jedoch zweimal im Schuljahr, einberufen. [2]Sie muss innerhalb von 14 Tagen einberufen werden, wenn mindestens ein Viertel der Mitglieder oder die Schulaufsichtsbehörde unter Angabe der zu beratenden Gegenstände dies verlangt.

(2) [1]Ort, Zeit und Tagesordnung der Sitzung sind den Mitgliedern sowie dem Elternbeirat mindestens eine Woche vor Beginn schriftlich oder durch Aushang in der an der Schule üblichen Weise bekannt zu geben. [2]In dringenden Fällen kann die Frist unterschritten werden.

(3) [1]Jedes Mitglied kann die Behandlung zusätzlicher Tagesordnungspunkte beantragen. [2]Die zusätzlichen Tagesordnungspunkte werden in die Tagesordnung aufgenommen, wenn das vorsitzende Mitglied oder mindestens ein Viertel der Mitglieder der Lehrerkonferenz dem zustimmen.

§ 6 Beschlussfassung

(1) [1]Die Lehrerkonferenz ist beschlussfähig, wenn sämtliche Mitglieder ordnungsgemäß geladen sind und die Mehrheit der zur Teilnahme verpflichteten Mitglieder anwesend ist. [2]Wird die Lehrerkonferenz zum zweiten Mal zur Behandlung desselben Gegenstands zusammengerufen, so ist sie insoweit ohne Rücksicht auf die Zahl der Anwesenden beschlussfähig.

(2) [1]Stimmberechtigt sind alle Mitglieder der Lehrerkonferenz. [2]Bei Besorgnis der Befangenheit gilt Art. 21 des Bayerischen Verwaltungsverfahrensgesetzes entsprechend.

(3) [1]Die anwesenden stimmberechtigten Mitglieder sind mit Ausnahme der nach Art. 88 Abs. 3 Satz 2 Nr. 2 BayEUG eingeschalteten Mitglieder bei den Abstimmungen zur Stimmabgabe verpflichtet. [2]Beschlüsse werden in offener Abstimmung mit einfacher Mehrheit der abgegebenen Stimmen gefasst. [3]Bei Stimmengleichheit gibt die Stimme des vorsitzenden Mitglieds den Ausschlag. [4]Besteht an beruflichen Schulen mehr als die Hälfte der Mitglieder der Lehrerkonferenz aus nebenamtlich tätigen oder mit weniger als der Hälfte der regelmäßigen Unterrichtspflichtzeit beschäftigten Lehrkräften, sind Beschlüsse nur wirksam, wenn sie auch von der Mehrheit der abgegebenen Stimmen der hauptamtlich tätigen oder der mit mindestens der Hälfte der regelmäßigen Unterrichtspflichtzeit beschäftigten Lehrkräfte unterstützt werden.

§ 7 Ausschüsse, Klassenkonferenz

(vergleiche Art. 53 Abs. 4 und Art. 58 Abs. 1 Satz 3 BayEUG)

(1) [1]Die Lehrerkonferenz kann Ausschüsse bilden. [2]Stets gebildet werden die Ausschüsse nach den Abs. 2 und 3, unter den Voraussetzungen des Art. 58 Abs. 1 Satz 3 BayEUG auch nach den Abs. 4 und 5.

(2) [1]Die Klassenkonferenz hat auch über die pädagogische Situation der Klasse und einzelner Schülerinnen und Schüler sowie über größere Veranstaltungen und Projekte der jeweiligen Klasse zu beraten. [2]An Abendgymnasien, Kollegs und Abendrealschulen nimmt die Lehrerkonferenz die Aufgaben der Klassenkonferenz wahr.

(3) Dem Kassenprüfungsausschuss gehören drei Mitglieder der Lehrerkonferenz an.

(4) Dem Lehr- und Lernmittelausschuss gehören die Schulleiterin oder der Schulleiter als vorsitzendes Mitglied sowie für jedes an der Schule erteilte Fach die Fachbetreuerin oder der Fachbetreuer oder eine von der Lehrerkonferenz gewählte Lehrkraft an.

(5) Dem Disziplinarausschuss gehören neben der Schulleiterin oder dem Schulleiter als vorsitzendem Mitglied und dem ständigen Vertreter sieben weitere Mitglieder an, die zusammen mit einer ausreichenden Zahl von Ersatzmitgliedern von der Lehrerkonferenz gewählt werden.

(6) [1]Für das Verfahren gelten die Bestimmungen für die Lehrerkonferenz entsprechend. [2]Der Disziplinarausschuss berät und entscheidet stets mit der vollen Zahl seiner Mitglieder.

KAPITEL 3
Schülerinnen und Schüler
(vergleiche Art. 62 und 63 BayEUG)

§ 8 Klassensprecherinnen und Klassensprecher

(1) [1]Über das Wahlverfahren von Klassensprecherinnen und Klassensprechern entscheidet der Schülerausschuss im Einvernehmen mit der Schulleiterin oder dem Schulleiter. [2]In den Jahrgangsstufen 1 bis 4 entscheidet abweichend von Satz 1 die Schulleiterin oder der Schulleiter. [3]Die Wahl findet innerhalb von vier Wochen nach Unterrichtsbeginn statt.

(2) [1]Ein Mitglied der Schülervertretung scheidet bei Verlust der Wählbarkeitsvoraussetzungen, bei schriftlichem Verlangen seiner Erziehungsberechtigten oder bei Rücktritt aus seinem Amt aus. [2]In diesem Fall findet für den Rest des Schuljahres eine Neuwahl statt.

(3) Für Jahrgangsstufensprecherinnen und Jahrgangsstufensprecher an Gymnasien sowie an Berufsfachschulen für Musik gelten die Abs. 1 und 2 entsprechend.

(4) [1]Soweit der sonderpädagogische Förderbedarf der Schülerinnen und Schüler dies erfordert, sind diese bei der Festlegung der Verfahrensfragen durch die Schule zu unterstützen. [2]An Förderschulen für den Förderschwerpunkt geistige Entwicklung kann die Lehrerkonferenz mit Zustimmung des Elternbeirats beschließen, dass auf Grund der Schwere des sonderpädagogischen Förderbedarfs der Schülerinnen und Schüler auf die Wahl von Klassensprecherinnen und Klassensprechern verzichtet wird.

(5) [1]An Berufsschulen und diesen entsprechenden Schulen zur sonderpädagogischen Förderung bilden die Klassensprecherinnen und Klassensprecher der an den einzelnen Tagen anwesenden Klassen eine Klassensprecherversammlung. [2]Die Klassensprecherinnen und Klassensprecher von Klassen, die an mehreren Tagen in der Woche anwesend sind, gehören der Klassensprecherversammlung des Wochentags an, den die Schulleiterin oder der Schulleiter unter Berücksichtigung einer gleichmäßigen Aufteilung bestimmt.

(6) An beruflichen Schulen sind die Klassensprecherversammlungen so zu legen, dass alle Klassensprecherinnen und Klassensprecher teilnehmen können, ohne dass der praktische Teil der Ausbildung mehr als notwendig unterbrochen werden muss.

§ 9 Schülersprecherinnen und Schülersprecher, Schülerausschuss

(1) [1]Die Schülersprecherinnen und Schülersprecher werden jeweils für ein Schuljahr gewählt. [2]Die Wahl findet innerhalb von zwei Wochen nach der Wahl der Klassensprecherinnen und Klassensprecher statt. [3]Die Schülersprecherinnen und Schülersprecher führen die Geschäfte bis zur Wahl der neuen Schülersprecherinnen und Schülersprecher weiter.

(2) [1]An zweijährigen Fachschulen und den Berufsfachschulen für Fremdsprachenberufe werden die Schülersprecherin oder der Schülersprecher, an Fachakademien die Sprecherin oder der Sprecher der Studierenden und jeweils ein Stellvertreter gewählt. [2]Sie nehmen die Aufgaben des Schülerausschusses wahr. [3]Abs. 1 gilt entsprechend.

(3) [1]An Berufsschulen und diesen entsprechenden Schulen zur sonderpädagogischen Förderung wählt die Klassensprecherversammlung für jeden Schultag die Tagessprecherinnen oder Tagessprecher. [2]Diese bilden den Tagessprecherausschuss. [3]An Außenstellen werden eigene Einrichtungen der Schülervertretung eingerichtet. [4]§ 8 Abs. 1 gilt entsprechend. [5]Die Tagessprecherausschüsse können einen Schülerausschuss bilden; Abs. 1 gilt entsprechend. [6]Wird ein solcher nicht gebildet, nimmt der Tagessprecherausschuss die Aufgaben und Rechte des Schülerausschusses wahr.

(4) § 8 Abs. 1 Satz 1 und Abs. 2 bis 4 gilt entsprechend.

§ 10 Verbindungslehrkräfte, Schülermitverantwortung

(1) [1]Über das Wahlverfahren von Verbindungslehrkräften entscheidet der Schülerausschuss im Einvernehmen mit der Schulleiterin oder dem Schulleiter. [2]Im Fall des § 8 Abs. 4 erfolgt die Wahl durch die Lehrerkonferenz.

(2) [1]Die Durchführung von sonstigen Schulveranstaltungen und die Bildung von Arbeitsgruppen im Rahmen der Schülermitverantwortung sind der Schulleiterin oder dem Schulleiter unter Angabe des Zwecks, der Beteiligten und der Leitung rechtzeitig anzuzeigen. [2]Sie unterliegen der Aufsicht der Schule.

(3) Die Verbreitung schriftlicher Mitteilungen im Rahmen der Schülermitverantwortung an die Schülerinnen und Schüler ist nach Genehmigung nur dem Schülerausschuss gestattet.

(4) [1]Aufwendungen der Schülermitverantwortung können durch Zuwendungen Dritter oder durch Einnahmen aus sonstigen Schulveranstaltungen finanziert werden, sofern sie nicht mit Bedingungen verknüpft sind, die der Aufgabe der Schülermitverantwortung widersprechen. [2]Die Schülerzeitung wird aus dem Verkaufserlös, aus Anzeigenwerbung und aus Zuwendungen Dritter finanziert. [3]Über die Zuwendungen und Einnahmen sowie deren Verwendung ist ein geeigneter Nachweis zu führen.

(5) Die Aufgaben und Rechte der Schülermitverantwortung erstrecken sich auf Angelegenheiten der Schülerinnen und Schüler in der praktischen Ausbildung nur insoweit, als die Schule dafür Verantwortung trägt und § 21 Abs. 2 Satz 1 und 2 nicht entgegensteht.

§ 11 Schülermitverantwortung auf Stadt-, Landkreis-, Bezirks- und Landesebene, schulübergreifende Zusammenarbeit

(1) [1]Die Schülersprecherinnen und Schülersprecher an Mittelschulen wählen spätestens drei Wochen nach ihrer Wahl aus ihrer Mitte für die jeweilige Stadt bzw. den jeweiligen Landkreis je eine Stadt- bzw. Landkreisschülersprecherin oder einen Stadt- bzw. Landkreisschülersprecher und jeweils einen Stellvertreter. [2]Die Amtszeit beträgt jeweils ein Jahr. [3]Über das Wahlverfahren entscheiden die jeweiligen Schülersprecherinnen und Schülersprecher im Einvernehmen mit der Schulaufsichtsbehörde.

(2) [1]Die Wahl der Bezirksschülersprecherinnen und Bezirksschülersprecher nach Art. 62 Abs. 6 BayEUG findet statt

1. im Bereich der Mittelschulen spätestens drei Wochen nach der Wahl der Stadt- und Landkreisschülersprecherinnen und der Stadt- und Landkreisschülersprecher nach Abs. 1,
2. im Bereich der Gymnasien, Realschulen, Förderschulen und beruflichen Schulen spätestens einen Monat nach der Wahl der Schülersprecherinnen und Schülersprecher oder der Sprecherinnen und Sprecher der Studierenden.

[2]Abs. 1 Satz 2 und 3, Abs. 4 sowie § 8 Abs. 4 Satz 1 gelten entsprechend.

(3) [1]Für die Durchführung der Wahlen, den Erfahrungsaustausch und die Erörterung von Wünschen und Anregungen richten die Schulaufsichtsbehörden für ihren jeweiligen Zuständigkeitsbereich – mit Ausnahme auf Schulamtsebene im Bereich der Förderschulen – jeweils Aussprachetagungen für die jeweiligen Schülervertretungen nach den Abs. 1 und 2 ein, an welchen die Verbindungslehrkräfte teilnehmen sollen, soweit dies erforderlich ist. [2]Die jeweiligen Schülervertretungen nach den Abs. 1 und 2 übernehmen unbeschadet der Gesamtleitung durch die Schulaufsichtsbehörde den Vorsitz und geben Informationen an die nachgeordneten Schülervertretungen mit Zustimmung der Schulaufsichtsbehörde weiter. [3]Aussprachetagungen können auch zum Erfahrungsaustausch für Mitglieder von Schülerzeitungen durchgeführt werden.

(4) [1]Im Fall eines vorzeitigen Ausscheidens einer Landesschülersprecherin oder eines Landesschülersprechers übernimmt die entsprechende Stellvertretung für die restliche Dauer der Amtszeit das Amt. [2]Im Fall des Satzes 1 sowie bei vorzeitigem Ausscheiden der Stellvertretung rücken die Ersatzpersonen in der Reihenfolge ihrer Stimmenzahlen

nach. [3]Die ausgeschiedenen Landesschülersprecherinnen oder Landesschülersprecher sowie Stellvertretungen können den Landesschülerrat weiterhin beraten.

(5) [1]Die Schülervertretungen oder die Studierendenvertretungen mehrerer Schulen können gemeinsame sonstige Schulveranstaltungen durchführen oder auf andere Weise zusammenarbeiten. [2]Soweit Berufsfachschulen für Ernährung und Versorgung oder für Kinderpflege und Sozialpflege organisatorisch und räumlich miteinander verbunden sind, kann auf Antrag der Schule mit Genehmigung der Schulaufsichtsbehörde eine gemeinsame Schülermitverantwortung gebildet werden. [3]Im Übrigen sind Zusammenschlüsse von Schülervertretungen mehrerer Schulen unzulässig.

KAPITEL 4
Erziehungsberechtigte
(vergleiche Art. 64 bis 68, 74 und 76 BayEUG)

§ 12 Zusammenarbeit der Schule mit den Erziehungsberechtigten

(1) [1]Der Zusammenarbeit der Schule mit den Erziehungsberechtigten dienen insbesondere Elternsprechstunden, Elternsprechtage, Klassenelternversammlungen und Elternversammlungen. [2]Die Durchführung von allgemeinen Veranstaltungen, die die Zusammenarbeit von Schule und Erziehungsberechtigten betreffen, bedarf des Einvernehmens des Elternbeirats.

(2) [1]Die Erziehungsberechtigten haben das Recht auf eine angemessene Beratung in Elternsprechstunden und mindestens einen Elternsprechtag, an dem alle Lehrkräfte den Erziehungsberechtigten zur Verfügung stehen. [2]Elternsprechtage und Elternversammlungen sind außerhalb der regelmäßigen Unterrichtszeit so anzusetzen, dass berufstätigen Erziehungsberechtigten der Besuch in der Regel möglich ist.

(3) Eine Klassenelternversammlung ist einzuberufen, wenn dies ein Viertel der Erziehungsberechtigten einer Klasse beantragt.

§ 13 Wahl der Klassenelternsprecherin oder des Klassenelternsprechers

(1) Wenn nach Art. 64 Abs. 2 Satz 1 BayEUG Klassenelternsprecher gewählt werden, dann wählen die Erziehungsberechtigten der Schülerinnen und Schüler einer Klasse aus ihrer Mitte die Klassenelternsprecherin oder den Klassenelternsprecher sowie einen Stellvertreter.

(2) [1]Über Ort, Zeit und Verfahren der Wahl entscheidet der Elternbeirat. [2]Die Entscheidung nach Satz 1 erfolgt im Einvernehmen mit der Schulleiterin oder dem Schulleiter. [3]Besteht an der Schule kein Elternbeirat, entscheidet die Schulleiterin oder der Schulleiter. [4]Das Wahlverfahren wird in einer Wahlordnung geregelt, die den allgemeinen demokratischen Grundsätzen entsprechen muss. [5]Die Wahlen sollen innerhalb von zwei Wochen nach Unterrichtsbeginn durchgeführt werden.

(3) [1]Wahlberechtigt sind alle Erziehungsberechtigten. [2]Für jedes Kind der Klasse kann nur eine Stimme abgegeben werden. [3]Dies kann durch jeden der Erziehungsberechtigten erfolgen. [4]Wählbar sind die Wahlberechtigten mit Ausnahme der Mitglieder der Lehrerkonferenz.

(4) [1]Die Erziehungsberechtigten einer Schülerin oder eines Schülers können eine andere volljährige Person, die die Schülerin oder den Schüler tatsächlich erzieht, ermächtigen, an der Wahl teilzunehmen. [2]In diesem Fall steht diese für die Dauer der Ermächtigung einer oder einem Erziehungsberechtigten gleich. [3]Die Ermächtigung muss der Schule vor der Wahl in schriftlicher Form vorliegen. [4]Diese gilt für die Dauer einer Amtszeit.

(5) [1]Über die Wahl wird eine Niederschrift angefertigt. [2]Diese enthält den wesentlichen Gang der Wahl und die Feststellung des Wahlergebnisses.

(6) [1]An Gymnasien, Realschulen, Wirtschaftsschulen und Förderzentren kann von Abs. 1 abgewichen werden. [2]Abs. 2 Satz 2, 3 und 5 findet keine Anwendung.

§ 14 Wahl des Elternbeirats und des gemeinsamen Elternbeirats

(1) [1]Wahlberechtigt für die Wahl zum Elternbeirat sind alle Erziehungsberechtigten, die wenigstens ein Kind haben, das die betreffende Schule besucht, die früheren Erziehungsberechtigten volljähriger Schülerinnen und Schüler sowie die in Art. 66 Abs. 2 Satz 3 BayEUG genannte Leitung eines Schülerheims oder einer ähnlichen Einrichtung. [2]An Förderschulen sind auch die Erziehungsberechtigten von Kindern, die die Schulvorbereitende Einrichtung der Schule besuchen, wahlberechtigt. [3]§ 13 Abs. 3 Satz 2 bis 4 sowie Abs. 4 gilt entsprechend.

(2) [1]Für die Wahlen zum Elternbeirat gilt § 13 Abs. 2 Satz 1 bis 4 sowie Abs. 5 entsprechend. [2]Diese sollen spätestens sechs Wochen nach Unterrichtsbeginn durchgeführt werden.

(3) Für die Wahl zum gemeinsamen Elternbeirat gilt § 13 Abs. 2 Satz 1 bis 4 sowie Abs. 5 mit der Maßgabe, dass das Einvernehmen mit der zuständigen Schulaufsichtsbehörde nötig ist.

§ 15 Aufgaben und Geschäftsgang der Elternvertretungen

(1) [1]Unbeschadet der weiteren durch Gesetz und Schulordnungen zugewiesenen Aufgaben ist die Zustimmung des Elternbeirats auch erforderlich für

1. die Zusammenstellung der Schülerfahrten sowie die Durchführung der Fahrten im Rahmen des internationalen Schüleraustauschs,
2. die Festlegung der Grundsätze zur Durchführung von sonstigen Schulveranstaltungen der ganzen Schule, von Unterrichtszeiten oder zur Durchführung von Veranstaltungen in der unterrichtsfreien Zeit; § 19 Abs. 2 bleibt unberührt,
3. die Durchführung der Maßnahmen in Anlage 1 Nr. 1, 2, 5, 9, 12, 15 bis 17, 20 bis 23, 25, 33, 35, 44, 48, 50, 55, 56 und 58.

[2]Die Aufgaben der Klassenelternsprecherinnen und -sprecher an Realschulen, Wirtschaftsschulen und Gymnasien legt der Elternbeirat fest. [3]Bei den Grundschulen übernimmt der Elternbeirat die Aufgaben des Schulforums, soweit nach den Schulordnungen das Schulforum zu beschließen hat oder zu beteiligen ist.

(2) Die Sitzungen der Elternvertretungen sind nicht öffentlich.

(3) In der ersten Sitzung wählt der Elternbeirat bzw. der gemeinsame Elternbeirat aus seiner Mitte ein vorsitzendes Mitglied sowie einen Stellvertreter.

(4) [1]Der Aufwandsträger und die Schulleiterin oder der Schulleiter müssen zu den von ihnen genannten Angelegenheiten in der Sitzung des Elternbeirats bzw. des gemeinsamen Elternbeirats gehört werden. [2]Auf Verlangen der Mehrheit sind sie zum Erscheinen verpflichtet. [3]Zur Beratung einzelner Angelegenheiten können weitere Personen eingeladen werden.

(5) [1]Über die bei der Tätigkeit als Elternvertreter bekannt gewordenen Angelegenheiten ist während und auch nach Beendigung der Mitgliedschaft Verschwiegenheit zu bewahren. [2]Dies gilt nicht für Tatsachen, die offenkundig sind oder ihrer Natur nach keiner Geheimhaltung bedürfen.

§ 16 Amtszeit und Mitgliedschaft der Elternvertretungen

(1) [1]Der Elternbeirat legt die Amtszeit der Klassenelternsprecherinnen und Klassenelternsprecher fest.

(2) [1]Die Amtszeit des Elternbeirats sowie des gemeinsamen Elternbeirats beträgt zwei Jahre. [2]Sie beginnt mit der Feststellung des Wahlergebnisses und endet mit der Wahl des neuen Elternbeirats.

(3) [1]Das Amt und die Mitgliedschaft enden mit dem Ablauf der Amtszeit, dem Ausscheiden des Kindes aus der Schule, der Niederlegung des Amtes oder dem Verlust der Wählbarkeit. [2]An die Stelle ausgeschiedener Klassenelternsprecherinnen oder -sprecher an Grundschulen und Mittelschulen bzw. Elternbeiratsmitglieder rücken für die restliche Dauer der Amtszeit die Ersatzpersonen in der Reihenfolge ihrer Stimmenzahlen nach.

(4) [1]Unmittelbar nach Eintreten einer der folgenden Gründe soll eine Nachwahl für die restliche Amtszeit stattfinden, wenn

1. keine Klassenelternsprecherin oder kein Klassenelternsprecher gemäß Art. 64 Abs. 2 Satz 1 Halbsatz 1 BayEUG und keine Stellvertretung mehr vorhanden ist,
2. nach dem Nachrücken der Ersatzpersonen gemäß Abs. 3 Satz 2 die Zahl der Mitglieder eines Elternbeirats unter fünf gesunken ist,
3. beim gemeinsamen Elternbeirat gemäß Art. 66 Abs. 3 Satz 1 Halbsatz 2 BayEUG Mitglieder ausscheiden und die Mitgliederzahl damit unter sieben gesunken ist

und noch mindestens drei Monate bis zum Schuljahresende im jeweils letzten Amtsjahr verbleiben. [2]Die Regelungen zum Wahlverfahren und zur Wahlberechtigung der jeweiligen Elternvertretungen sowie zur Niederschrift der Wahl gelten entsprechend.

(5) Die Tätigkeiten als Elternvertretung sind ehrenamtlich.

KAPITEL 5
Schulforum und Verbundausschuss
(vergleiche Art. 69 und 32a BayEUG)

§ 17 Schulforum

(1) [1]Die Sitzungen des Schulforums sind nicht öffentlich. [2]Sie sind außerhalb der regelmäßigen Unterrichtszeit durchzuführen. [3]Für die Pflicht zur Verschwiegenheit gilt § 15 Abs. 5 entsprechend. [4]Das Schulforum kann zur Behandlung einzelner Tagesordnungspunkte Dritte hinzuziehen.

(2) [1]Das Schulforum wird von der Schulleiterin oder vom Schulleiter mindestens einmal in jedem Halbjahr, spätestens bis zum 30. November des jeweiligen Kalenderjahres, einberufen. [2]Es entscheidet über den Sitzungsturnus. [3]Es ist einzuberufen, wenn mindestens vier Mitglieder dies verlangen. [4]Es ist beschlussfähig, wenn alle Mitglieder ordnungsgemäß geladen sind und mindestens die Hälfte der Mitglieder anwesend ist. [5]Die Beschlüsse werden in offener Abstimmung mit einfacher Mehrheit gefasst. [6]Wird einem Beschluss des Schulforums von der für die Entscheidung zuständigen Stelle nicht entsprochen, so ist dies gegenüber dem Schulforum – auf dessen Antrag schriftlich – zu begründen. [7]Über jede Sitzung ist eine Niederschrift zu erstellen.

(3) Jedes Mitglied hat das Recht, einen Antrag einzubringen, über den zu beraten und zu entscheiden ist.

(4) [1]Die Lehrerkonferenz bestimmt die Amtsdauer der in das Schulforum gewählten Lehrkräfte. [2]Elternbeirat, Lehrerkonferenz und Klassensprecherversammlung können für den Fall der Verhinderung eine Regelung zur Vertretung der von ihnen gewählten Mitglieder des Schulforums bzw. der Mitglieder des Schülerausschusses treffen.

(5) [1]Ein Schulforum wird an Förderschulen ab Jahrgangsstufe 5 eingerichtet, in den Fällen des § 8 Abs. 4 Satz 2 allerdings nur, soweit Schülersprecherinnen und -sprecher gewählt wurden. [2]An Förderschulen soll bei der Behandlung einzelner Tagesordnungspunkte auch Personal für heilpädagogische Unterrichtshilfe hinzugezogen werden. [3]Zur Teilnahme berechtigt sind zudem die ausschließlich an einer allgemeinen Schule mit dem Schulprofil »Inklusion« eingesetzten Lehrkräfte der Förderschule.

§ 18 Verbundausschuss

[1]Der Verbundausschuss an Grundschulen und Mittelschulen wird von der Verbundkoordinatorin oder dem Verbundkoordinator einberufen und geleitet. [2]Der Verbundausschuss ist vor der Klassenbildung im Schulverbund zu beteiligen. [3]Die Verbundkoordinatorin oder der Verbundkoordinator strebt bei der Klassenbildung das Benehmen mit dem Verbundausschuss an.

KAPITEL 6
Einsatz digitaler Hilfsmittel durch Gremien

§ 18a Einsatz digitaler Hilfsmittel

Die Beratung und die Beschlussfassungen schulischer Gremien können durch Einbeziehung digitaler oder fernmündlicher Hilfsmittel organisiert werden, wenn
1. die Wahrnehmung der Rechte aller stimmberechtigter oder beratender Mitglieder gewährleistet ist,
2. sichergestellt ist, dass Dritte vom Inhalt der Sitzung keine Kenntnis nehmen können und
3. das eingesetzte elektronische Verfahren nach Zweck, Umfang und Art den in Anlage 2 Abschnitt 7 geregelten Vorgaben entspricht.

TEIL 3
Allgemeiner Schulbetrieb

§ 19 Stundenplan, Unterrichtszeit, Unterrichtsform

(1) [1]An Grundschulen und Mittelschulen wird der Hauptstundenplan von der Schulleiterin oder vom Schulleiter, der Klassenstundenplan von der Klassenleiterin oder vom Klassenleiter im Einvernehmen mit der Schulleiterin oder dem Schulleiter festgesetzt und der Schulaufsichtsbehörde vorgelegt. [2]An den übrigen Schularten wird der Stundenplan von der Schulleiterin oder dem Schulleiter festgesetzt. [3]Die Stundenpläne werden den jeweils betroffenen Schülerinnen und Schülern zur Unterrichtung der Erziehungsberechtigten rechtzeitig bekannt gegeben.

(2) [1]Der Unterricht wird in der Regel von Montag bis Freitag erteilt. [2]Die Unterrichtszeit wird im Benehmen mit dem Aufgabenträger im Sinne des § 1 Satz 2 SchBefV und dem Schulforum festgesetzt. [3]Aus besonderen Gründen und im Einvernehmen mit dem Elternbeirat, dem Schulaufwandsträger sowie dem Aufgabenträger im Sinne des § 1 Satz 2 SchBefV kann bis zu ein Tag im Schuljahr, an dem ein geregelter Unterrichtsbetrieb nicht mehr gesichert ist, für unterrichtsfrei erklärt werden, wenn gleichzeitig festlegt wird, wann der entfallene Unterricht zeitnah nachzuholen ist.

(3) [1]Eine Unterrichtsstunde dauert 45 Minuten. [2]Im Rahmen der praktischen und fachpraktischen Ausbildung an beruflichen Schulen kann sie 60 Minuten dauern. [3]Ausreichende Pausen sind vorzusehen, über welche die Lehrerkonferenz nach Anhörung des Schulforums entscheidet. [4]An Förderschulen können im Rahmen der Gesamtunterrichtszeit Abweichungen vorgenommen werden.

(4) [1]Die Durchführung von Distanzunterricht an einer Schule oder in einzelnen Klassen oder Kursen der Schule ist nur zulässig,
1. wenn die zuständigen Behörden zum Schutz von Leben oder Gesundheit
   a) die Schulschließung oder den Ausschluss einzelner Klassen oder Kurse anordnen oder
   b) den Ausschluss einzelner Personen anordnen oder genehmigen,
2. soweit der Präsenzunterricht an Schulen
   a) aufgrund außergewöhnlicher witterungsbedingter Ereignisse ausfällt oder
   b) im Einvernehmen mit der Schulaufsicht wegen sonstiger außergewöhnlicher Ereignisse von vergleichbar schwerem Gewicht ausfällt,
3. sofern einzelne Schulordnungen dies vorsehen.

[2]Bei Distanzunterricht ist sicherzustellen, dass eine gleichwertige Teilnahmemöglichkeit aller Schülerinnen und Schüler besteht. [3]Die Schule legt die im Rahmen des Distanzunterrichts eingesetzten elektronischen Verfahren fest, die nach Zweck, Umfang und Art den in Anlage 2 Abschnitt 4 und 7 geregelten Vorgaben entsprechen müssen.

(5) [1]Zur Durchführung von Distanzunterricht nach § 6 Abs. 1 Satz 2 der Hausunterrichtsverordnung, § 6 Abs. 3 oder § 10 Abs. 1 Satz 1 der Krankenhausschulordnung ist eine Videoübertragung aus dem Präsenzunterricht der Klasse oder der Kurse an der Stammschule zulässig. [2]Die betroffenen Mitschülerinnen und Mitschüler können der Übertragung ihres Bildes gegenüber ihrer Schule widersprechen.

§ 20 Teilnahme, Befreiung, Beurlaubung

(1) [1]Ist eine Schülerin oder ein Schüler aus zwingenden Gründen verhindert am Unterricht oder an einer sonstigen verbindlichen Schulveranstaltung teilzunehmen, so ist die Schule unverzüglich unter Angabe des Grundes zu verständigen. [2]Im Fall fernmündlicher Verständigung ist eine schriftliche Mitteilung innerhalb von zwei Tagen nachzureichen. [3]Außerschulische Einrichtungen der praktischen bzw. fachpraktischen Ausbildung sind darüber hinaus in der von der Schule festgelegten Weise zu unterrichten.

(2) [1]Die Schule kann die Vorlage eines ärztlichen Zeugnisses verlangen

1. bei Erkrankung von mehr als drei Unterrichtstagen oder am Tag eines angekündigten Leistungsnachweises oder
2. wenn sich krankheitsbedingte Schulversäumnisse einer Schülerin oder eines Schülers häufen oder Zweifel an der Erkrankung bestehen.

[2]In den Fällen von Satz 1 Nr. 2 kann die Schule auch die Vorlage eines schulärztlichen Zeugnisses verlangen. [3]Ein Zeugnis nach den Sätzen 1 und 2 ist der Schule innerhalb von zehn Tagen, nachdem es verlangt wurde, vorzulegen; wird es nicht oder nicht rechtzeitig vorgelegt, gilt das Fernbleiben als unentschuldigt. [4]Ein Zeugnis kann in der Regel nur dann als genügender Nachweis für die geltend gemachte Erkrankung anerkannt werden, wenn es auf Feststellungen beruht, die die Ärztin oder der Arzt während der Zeit der Erkrankung getroffen hat.

(3) [1]Schülerinnen und Schüler können auf schriftlichen Antrag in begründeten Ausnahmefällen vom Unterricht in einzelnen Fächern befreit oder vom Schulbesuch beurlaubt werden. [2]Es ist ihnen ausreichende Gelegenheit zur Erfüllung ihrer religiösen Pflichten und zur Wahrnehmung religiöser Veranstaltungen auch außerhalb der Schule zu geben.

(4) [1]Beschäftigungsverbote nach dem Mutterschutzgesetz stellen einen zwingenden Beurlaubungsgrund dar, es sei denn, dies widerspricht dem ausdrücklichen Wunsch der volljährigen Schülerin oder der Erziehungsberechtigten und das Beschäftigungsverbot ist verzichtbar. [2]Satz 1 gilt entsprechend für die Befreiung vom Unterricht in einzelnen Fächern und für die Teilnahme an Prüfungen. [3]Die Sätze 1 und 2 gelten entsprechend für den schulischen Teil der Ausbildung im Rahmen des Berufspraktikums und des sozialpädagogischen Seminars.

§ 21 Schülerfirmen, Betriebspraktika und sonstige Praxismaßnahmen

(1) [1]Minderjährige Schülerinnen und Schüler dürfen nur mit dem schriftlichen Einverständnis ihrer Erziehungsberechtigten an einer Schülerfirma, einem verpflichtenden Betriebspraktikum, der praktischen oder fachpraktischen Ausbildung in außerschulischen Einrichtungen oder sonstigen Praxismaßnahmen teilnehmen. [2]Für die Zeit der Teilnahme ist eine Schülerhaftpflichtversicherung abzuschließen, soweit nicht bereits eine mindestens gleichwertige Versicherung besteht. [3]Die Schulleiterin oder der Schulleiter oder die von ihnen damit beauftragten Bediensteten schließen die Versicherung im Namen der Erziehungsberechtigten bzw. bei volljährigen Schülerinnen und Schülern in deren Namen ab, welche die Beiträge für die Versicherung zu entrichten haben.

(2) [1]Die Schülerinnen und Schüler haben im Rahmen der praktischen bzw. fachpraktischen Ausbildung das Wohl der zu pflegenden, zu betreuenden oder zu behandelnden Personen besonders zu beachten. [2]Die Schülerinnen und Schüler haben Stillschweigen über alle ihnen im Rahmen der Ausbildung zur Kenntnis gelangenden Tatsachen zu wahren, die der Geheimhaltung unterliegen. [3]An Beruflichen Oberschulen dürfen sie für die fachpraktische Ausbildung kein Entgelt fordern oder entgegennehmen.

§ 22 Beaufsichtigung

(1) [1]Die Aufsichtspflicht der Schule erstreckt sich auf die Zeit, in der die Schülerinnen und Schüler am Unterricht oder an sonstigen Schulveranstaltungen teilnehmen, einschließlich einer angemessenen Zeit vor Beginn und nach Beendigung des Unterrichts oder der Schulveranstaltungen. [2]An Grundschulen sowie Grundschulstufen an Förderschulen gelten als angemessene Zeit vor Beginn des Unterrichts 15 Minuten, als angemessene Zeit nach Beendigung des Unterrichts gilt die Zeit bis zum Verlassen des Schulgeländes. [3]Bei Bedarf erfolgt eine Beaufsichtigung an diesen Schulen eine halbe Stunde vor dem regelmäßigen Unterrichtsbeginn.

(2) [1]Der Umfang der Aufsichtspflicht richtet sich nach der geistigen und charakterlichen Reife der zu beaufsichtigenden Schülerinnen und Schüler. [2]Schülerinnen und Schülern kann gestattet werden, während der unterrichtsfreien Zeit die Schulanlage zu verlassen, ausgenommen an Grundschulen und Grundschulstufen an Förderschulen. [3]Die Grundsätze werden mit dem Schulforum abgestimmt.

(3) [1]Während der Teilnahme an der praktischen und fachpraktischen Ausbildung an beruflichen Schulen obliegt die Aufsicht den Praxisanleiterinnen und -anleitern bzw. den Ausbilderinnen und Ausbildern. [2]Deren Anordnungen ist Folge zu leisten. [3]Während der Teilnahme am Distanzunterricht außerhalb der Schule verbleibt die Aufsicht bei den Erziehungsberechtigten.

§ 23 Verbot von Rauschmitteln, Sicherstellung von Gegenständen

(1) [1]Der Konsum alkoholischer Getränke und sonstiger Rauschmittel ist Schülerinnen und Schülern innerhalb der Schulanlage sowie bei schulischen Veranstaltungen untersagt. [2]Über Ausnahmen vom Verbot des Konsums alkoholischer Getränke ist im Einvernehmen mit dem Schulforum zu entscheiden.

(2) [1]Das Mitbringen und Mitführen von gefährlichen Gegenständen sowie von sonstigen Gegenständen, die den Unterricht oder die Ordnung der Schule stören, ist den Schülerinnen und Schülern untersagt. [2]Derartige Gegenstände können weggenommen und sichergestellt werden. [3]Die Rückgabe gefährlicher Gegenstände darf bei minderjährigen Schülerinnen und Schülern nur an die Erziehungsberechtigten erfolgen.

§ 24 Erhebungen

(1) [1]Erhebungen einschließlich Umfragen und wissenschaftlichen Untersuchungen sind nur nach Genehmigung der zuständigen Schulaufsichtsbehörde zulässig. [2]Die Genehmigung kann erteilt werden, wenn an der Erhebung ein erhebliches pädagogisch-wissenschaftliches Interesse anzuerkennen ist und sich die Belastung der Schulen in zumutbarem Rahmen hält. [3]Sind mehrere Schulaufsichtsbehörden betroffen, obliegt die Entscheidung der niedrigsten gemeinsamen Schulaufsichtsbehörde. [4]Über die Durchführung einer genehmigten Erhebung entscheidet die Schulleiterin oder der Schulleiter im Einvernehmen mit dem Elternbeirat oder – sofern an Schulen ein solcher nicht eingerichtet ist – dem Schülerausschuss, es sei denn, die Schülerinnen und Schüler bzw. die Erziehungsberechtigten sind zur Angabe der Daten verpflichtet. [5]Über schulinterne Erhebungen entscheidet die Schulleiterin oder der Schulleiter.

(2) Keiner Genehmigung bedürfen Erhebungen der Schulaufsichtsbehörden, des Landesamts für Statistik und des jeweiligen Sachaufwandsträgers im Rahmen seiner schulbezogenen Aufgaben.

(3) Datenschutzrechtliche Bestimmungen bleiben unberührt.

§ 25 Finanzielle Abwicklung über staatliche Schulkonten

(1) [1]Fallen für die Durchführung von Schulveranstaltungen Kosten an, die von den Erziehungsberechtigten oder volljährigen Schülerinnen und Schülern zu tragen sind,

so können diese Kostenbeiträge auf ein Konto der Schule eingezahlt werden. [2]Bei einer kommunalen Schule stellt der Schulträger das Konto zur Verfügung. [3]Bei einer staatlichen Schule kann der Aufwandsträger das Konto zur Verfügung stellen. [4]Stellt der Aufwandsträger kein Konto zur Verfügung, eröffnet die Schulleiterin oder der Schulleiter ein staatliches Konto. [5]In besonderen Fällen kann eine Zahlung an die Schule auch in bar erfolgen. [6]Die Schule hat den Erziehungsberechtigten oder volljährigen Schülerinnen und Schülern auf Wunsch des Elternbeirats oder an Schulen, an denen ein solcher nicht eingerichtet ist, des Schülerausschusses über die Verwendung ihrer Kostenbeiträge zu berichten.

(2) [1]Ein Konto der Schule wird ferner jeweils eingerichtet
1. auf Antrag des Elternbeirats für Zahlungen im Rahmen von dessen Tätigkeit,
2. auf Antrag der Schülermitverantwortung für Zahlungen
   a) im Rahmen von deren Tätigkeit oder
   b) im Rahmen einer Schülerzeitung, die als Einrichtung der Schule erscheint,
3. auf Antrag der Schülerinnen und Schüler, die an einer Schülerfirma mitwirken, für Zahlungen im Zusammenhang mit der Tätigkeit der Schülerfirma.

[2]Abs. 1 Satz 2 bis 4 gilt entsprechend.

(3) Haushaltsmittel dürfen über ein Konto nach Abs. 1 oder Abs. 2 nicht abgewickelt werden.

(4) [1]Die Verwaltung des Kontos oder der Barbeträge obliegt der Schulleiterin oder dem Schulleiter oder den von ihr oder ihm beauftragten Bediensteten. [2]Für ein Konto gemäß Abs. 2 gilt darüber hinaus Folgendes:
1. die Verwaltung von Elternbeiratskonten erfolgt gemeinsam mit dem vorsitzenden Elternbeiratsmitglied, wobei eine eigenständige Verfügungsberechtigung unter Einhaltung geeigneter Kontrollmechanismen und in nicht ausschließlicher Weise auf konkret durch die Schulleiterin oder den Schulleiter zu benennende Elternbeiratsmitglieder übertragen werden kann;
2. die Verwaltung von Schülermitverantwortungs- und Schülerzeitungskonten sowie die Führung des Nachweises gemäß § 10 Abs. 4 Satz 3 erfolgt gemeinsam mit einem aus der Mitte des Schülerausschusses gewählten Mitglied; bei getrennter Verwaltung der Gelder der Schülerzeitung tritt an die Stelle des gewählten Mitglieds des Schülerausschusses ein von der Redaktion der Schülerzeitung gewähltes Mitglied und im Fall des § 8 Abs. 4 Satz 2 gilt Satz 1 entsprechend;
3. die Verwaltung von Schülerfirmenkonten erfolgt gemeinsam mit einer an der Schülerfirma mitwirkenden Schülerin oder einem an der Schülerfirma mitwirkenden Schüler.

[3]In den Fällen des Satzes 2 Nr. 2 und 3 bedeutet die gemeinsame Verwaltung, dass nach außen allein die Schulleiterin oder der Schulleiter oder die von ihr oder ihm beauftragten Bediensteten verfügungsberechtigt bleiben, von dieser Verfügungsbefugnis aber nur im Einvernehmen mit einem Vertreter der jeweiligen Schülervertretung oder der Schülerfirma Gebrauch gemacht werden darf.

(5) [1]Im Schuljahr findet mindestens eine Kassenprüfung durch den Kassenprüfungsausschuss gemäß § 7 Abs. 3 statt. [2]Für die Konten gemäß Abs. 2 gilt darüber hinaus Folgendes:
1. bei Elternbeiratskonten erfolgt die Kassenprüfung gemeinsam mit einem Elternbeiratsmitglied; soweit die Verfügungsberechtigung auf Elternbeiratsmitglieder übertragen wird,
   a) hat mindestens einmal im Schulhalbjahr eine Kassenprüfung zu erfolgen,
   b) ist an der Kassenprüfung ergänzend zu § 7 Abs. 3 eine weitere mit Verwaltung vertraute Person zu beteiligen und
   c) müssen an der Kassenprüfung innerhalb des Elternbeirates unterschiedliche Personen für Verwaltung und Kassenprüfung zuständig sein;
2. bei Schülermitverantwortungs- und Schülerzeitungskonten erfolgt die Kassenprüfung gemeinsam mit einem Mitglied der Klassensprecherversammlung;

3. bei Schülerfirmenkonten erfolgt die Kassenprüfung gemeinsam mit einer an der Schülerfirma mitwirkenden Schülerin oder einem an der Schülerfirma mitwirkenden Schüler.

(6) [1]Die Kontounterlagen sind sechs Jahre lang aufzubewahren. [2]Die Frist beginnt mit dem Ende desjenigen Kalenderjahres, auf das sich die jeweiligen Kontounterlagen beziehen.

(7) Stellt der Aufwandsträger das Konto zu Verfügung, kann er von den Abs. 3 bis 6 abweichende Anordnungen treffen.

§ 26 Sammlungen und Spenden (vergleiche Art. 84 BayEUG)

(1) [1]In der Schule sind Sammlungen für außerschulische Zwecke und die Aufforderung an die Schülerinnen und Schüler, sich an Sammlungen in der Öffentlichkeit zu beteiligen, unzulässig. [2]Ausnahmen können im Einvernehmen mit dem Schulforum genehmigt werden. [3]Unterrichtszeit darf für Sammlungstätigkeiten nicht verwendet werden.

(2) Spenden der Erziehungsberechtigten sowie der Schülerinnen und Schüler für schulische Zwecke dürfen von der Schulleiterin oder dem Schulleiter und von Lehrkräften und Förderlehrerinnen und Förderlehrern nicht angeregt oder beeinflusst werden.

(3) [1]Wird durch erhebliche Zuwendungen Dritter die Schule bei der Erfüllung ihrer Aufgaben unterstützt oder die Herstellung oder Anschaffung für Erziehung und Unterricht förderlicher Gegenstände ermöglicht, kann auf Antrag der oder des Dritten hierauf in geeigneter Weise hingewiesen werden. [2]Unzulässig ist eine über die Nennung der zuwendenden Person oder Einrichtung, der Art und des Umfangs der Zuwendung hinausgehende Produktwerbung. [3]Die Entscheidung wird nach Anhörung des Schulforums getroffen.

§ 27 Religiöse Erziehung, Religions- und Ethikunterricht, Islamischer Unterricht

(1) [1]Die Schule unterstützt die Erziehungsberechtigten bei der religiösen Erziehung der Kinder. [2]Schulgebet, Schulgottesdienst und Schulandacht sind Möglichkeiten dieser Unterstützung. [3]Die Teilnahme der Schülerinnen und Schüler ist zu ermöglichen und zu fördern. [4]Die Mitglieder der Schulgemeinschaft sind verpflichtet, die religiösen Empfindungen aller zu achten.

(2) [1]Religionsunterricht ist auch an Berufsfachschulen für Ernährung und Versorgung, für Sozialpflege, für technische Assistenten für Informatik, für Assistenten für Hotel- und Tourismusmanagement sowie für Musik ordentliches Lehrfach. [2]Für den Religionsunterricht ist eine Mindestteilnehmerzahl von fünf Schülerinnen und Schülern erforderlich.

(3) [1]Die Abmeldung vom Religionsunterricht bedarf der Schriftform. [2]Sie muss

1. an allgemein bildenden Schulen, diesen entsprechenden Förderschulen und Wirtschaftsschulen spätestens am letzten Unterrichtstag des Schuljahres mit Wirkung ab dem folgenden Schuljahr und
2. im Übrigen innerhalb der ersten zwei Wochen nach Unterrichtsbeginn ab dem laufenden Schuljahr

erfolgen. [3]Eine spätere Abmeldung ist nur aus wichtigem Grund zulässig. [4]Vom Religionsunterricht abgemeldete Schülerinnen und Schüler nehmen am Ethikunterricht teil, es sei denn, sie sind zum Islamischen Unterricht angemeldet.

(4) [1]Auf schriftlichen Antrag der Erziehungsberechtigten bzw. der volljährigen Schülerinnen und Schüler lässt die Schule Schülerinnen und Schüler, die keiner Religionsgemeinschaft angehören, zur Teilnahme am Religionsunterricht eines Bekenntnisses als Pflichtfach zu, wenn die Religionsgemeinschaft, für deren Bekenntnis der betreffende Religionsunterricht eingerichtet ist, zustimmt und zwingende schulorganisatorische

Gründe nicht entgegenstehen. [2]Dies gilt entsprechend für Schülerinnen und Schüler, für deren Religionsgemeinschaft Religionsunterricht als ordentliches Lehrfach für die betreffende Schulart an öffentlichen Schulen in Bayern nicht eingerichtet ist; in diesem Fall ist dem Antrag die Zustimmung dieser Religionsgemeinschaft beizufügen. [3]Für den Zeitpunkt des Antrags und für die Abmeldung gilt Abs. 3 entsprechend.

(5) [1]Treten Schülerinnen und Schüler während des Schuljahres aus dem Religionsunterricht aus, so haben sie binnen angemessener Frist eine Prüfung über den bis zum Zeitpunkt des Austritts im Unterrichtsfach Ethik behandelten Stoff des Schuljahres abzulegen. [2]Erfolgt der Austritt während der letzten drei Monate des Schuljahres, so ist die Prüfung spätestens in der ersten Unterrichtswoche des folgenden Schuljahres abzulegen. [3]Ihr Ergebnis gilt als Jahresfortgangsnote im Fach Ethik.

(6) [1]In den Jahrgangsstufen 12 und 13 an Gymnasien sowie in den Jahrgangsstufen 12 und 13 der Beruflichen Oberschule gilt Abs. 5 mit der Maßgabe, dass an die Stelle des Schuljahres der Ausbildungsabschnitt tritt. [2]Die Prüfung ist innerhalb von sechs Wochen abzulegen. [3]Bei Austritt während der letzten vier Wochen des Ausbildungsabschnitts 12/2 ist die Prüfung spätestens in der ersten Unterrichtswoche des folgenden Ausbildungsabschnitts abzulegen.

(7) Für den Ethikunterricht gilt Abs. 2 Satz 2, bei Wiedereintritt in den Religionsunterricht gelten darüber hinaus die Abs. 5 und 6 entsprechend.

(8) [1]Für die Anmeldung zum Fach Islamischer Unterricht gelten die Abs. 3 und 5 entsprechend. [2]Die Mindestteilnehmerzahlen hierfür legt das Staatsministerium fest. [3]Islamischer Unterricht kann nur eingerichtet werden, wo auch Ethikunterricht eingerichtet ist.

(9) Die Abs. 2 bis 5, 7 und 8 gelten an Berufsfachschulen für Kinderpflege für das Fach Religionslehre und Religionspädagogik und, soweit es sich um öffentliche Schulen handelt, darüber hinaus für die Fächer Ethik und ethische Erziehung sowie Islamischer Unterricht und Religionspädagogik entsprechend.

§ 28 Hausaufgaben

(1) [1]Um den Lehrstoff einzuüben und die Schülerinnen und Schüler zu eigener Tätigkeit anzuregen, werden Hausaufgaben gestellt, die bei durchschnittlichem Leistungsvermögen in angemessener Zeit unter Berücksichtigung der Anforderungen des Nachmittagsunterrichts sowie der Inanspruchnahme durch die praktische Ausbildung an beruflichen Schulen bearbeitet werden können. [2]Die Lehrerkonferenz legt vor Unterrichtsbeginn des Schuljahres die Grundsätze für die Hausaufgaben fest. [3]Sonntage, Feiertage und Ferien sind von Hausaufgaben freizuhalten.

(2) [1]An Grundschulen und Grundschulstufen der Förderschulen gilt eine Zeit von bis zu einer Stunde als angemessen. [2]An Förderschulen ist auch die individuelle Leistungsfähigkeit der einzelnen Schülerin oder des einzelnen Schülers zu berücksichtigen. [3]An Tagen mit verpflichtendem Nachmittagsunterricht werden an Grundschulen und Förderschulen keine schriftlichen Hausaufgaben für den nächsten Tag gestellt; hiervon kann im Einvernehmen mit dem Elternbeirat abgewichen werden.

§ 29 Schülerinnen und Schüler ohne ständigen festen Aufenthalt

Vollzeitschulpflichtige Kinder von beruflich Reisenden und von Personen ohne ständigen festen Aufenthalt führen ein Schultagebuch mit sich, in das die Zeit des Schulbesuchs und die behandelten Lernziele und Lerninhalte von der jeweils besuchten Schule eingetragen werden.

§ 30 Beendigung des Schulbesuchs

(1) [1]Die Erklärung über den Schulaustritt nach Art. 55 BayEUG bedarf der Schriftform. [2]Sie erfolgt nach Eintritt der Volljährigkeit durch die Schülerin oder den Schüler selbst, im Übrigen durch einen Erziehungsberechtigten.

(2) [1]Der Austritt lässt das einmal erworbene Recht zum Vorrücken unberührt. [2]Ein späterer Eintritt in die nächsthöhere Jahrgangsstufe ist nur unter entsprechender Beachtung der Bestimmungen über die Altersgrenze möglich. [3]Dies gilt mit Ausnahme der Wirtschaftsschulen nicht für berufliche Schulen.

(3) Bei den Schülerinnen und Schülern öffentlicher Heimschulen, die nicht als Externe aufgenommen sind, endet der Schulbesuch unbeschadet des Art. 55 BayEUG mit der Beendigung ihrer Zugehörigkeit zum Heim, es sei denn, die Schulleiterin oder der Schulleiter gestattet die Fortsetzung des Schulverhältnisses.

(4) Die Leitung der zuletzt besuchten Schule hat die Erfüllung der Schulpflicht zu überprüfen und bei Vorliegen der Vollzeitschulpflicht das zuständige Staatliche Schulamt, bei Vorliegen der Berufsschulpflicht die zuständige oder nächstgelegene Berufsschule zu verständigen.

TEIL 4
Individuelle Unterstützung, Nachteilsausgleich und Notenschutz

§ 31 Grundsatz

[1]Individuelle Unterstützung, Nachteilsausgleich und Notenschutz dienen dazu, die Schülerinnen und Schüler mit Beeinträchtigungen in ihrer schulischen Entwicklung zu fördern, und sollen diese darin unterstützen, allgemein bildende und berufsbildende Abschlüsse zu erreichen. [2]Die konkreten Maßnahmen im Einzelfall richten sich nach der Eigenart und Schwere der jeweiligen Beeinträchtigung.

§ 32 Individuelle Unterstützung

(1) [1]Individuelle Unterstützung wird durch pädagogische, didaktisch-methodische und schulorganisatorische Maßnahmen sowie die Verwendung technischer Hilfen gewährt, soweit nicht die Leistungsfeststellung berührt wird. [2]Sie ist insbesondere bei Entwicklungsstörungen in Bezug auf schulische Fertigkeiten, Behinderungen sowie in allen sonderpädagogischen Förderschwerpunkten und bei chronischer und anderer schwerer Erkrankung möglich.

(2) Zulässig ist es insbesondere
1. besondere Arbeitsmittel zuzulassen oder bereitzustellen,
2. geeignete Räumlichkeiten auszuwählen und auszustatten,
3. Pausenregelungen individuell für die Betroffenen zu gestalten,
4. Hand- und Lautzeichen sowie feste Symbole einzusetzen,
5. Arbeitsanweisungen den Betroffenen individuell zu erläutern,
6. bei den Hausaufgaben unter Berücksichtigung der schulartspezifischen Anforderung zu differenzieren und
7. verstärkt Formen der Visualisierung und Verbalisierung zu nutzen.

§ 33 Nachteilsausgleich

(1) [1]Nachteilsausgleich im Sinne des Art. 52 Abs. 5 Satz 1 BayEUG muss die für alle Prüflinge geltenden wesentlichen Leistungsanforderungen wahren, die sich aus den allgemeinen Lernzielen und zu erwerbenden Kompetenzen der jeweils besuchten Schulart und Jahrgangsstufe ergeben, und ist auf die Leistungsfeststellung begrenzt. [2]An beruflichen Schulen kann ein Nachteilsausgleich nicht gewährt werden, soweit ein Leistungsnachweis in einem sachlichen Zusammenhang mit der durch die Prüfung zu ermittelnden Eignung für einen bestimmten Beruf oder eine bestimmte Ausbildung steht.

(2) [1]Nachteilsausgleich kann nur Schülerinnen oder Schülern gewährt werden, die nach den lehrplanmäßigen Anforderungen einer allgemein bildenden oder beruflichen Schule unterrichtet werden. [2]Bei nicht dauernd vorliegenden Beeinträchtigungen,

insbesondere vorübergehender Krankheit, sind Schülerinnen und Schüler regelmäßig auf einen Nachtermin zu verweisen.

(3) [1]Zulässig ist es insbesondere
1. die Arbeitszeit um bis zu ein Viertel, in Ausnahmefällen bis zur Hälfte der normalen Arbeitszeit zu verlängern,
2. methodisch-didaktische Hilfen einschließlich Strukturierungshilfen einzusetzen, einzelne schriftliche Aufgabenstellungen zusätzlich vorzulesen und die Aufgaben differenziert zu stellen und zu gestalten,
3. einzelne mündliche durch schriftliche Leistungsfeststellungen und umgekehrt zu ersetzen, mündliche Prüfungsteile durch schriftliche Ausarbeitungen zu ergänzen sowie mündliche und schriftliche Arbeitsformen individuell zu gewichten, sofern keine bestimmte Form der Leistungserhebung und Gewichtung in den Schulordnungen vorgegeben ist,
4. praktische Leistungsnachweise entsprechend der Beeinträchtigung auszuwählen,
5. spezielle Arbeitsmittel zuzulassen,
6. Leistungsnachweise und Prüfungen in gesonderten Räumen abzuhalten,
7. zusätzliche Pausen zu gewähren,
8. größere Exaktheitstoleranz, beispielsweise in Geometrie, beim Schriftbild oder in zeichnerischen Aufgabenstellungen, zu gewähren,
9. in Fällen besonders schwerer Beeinträchtigung eine Schreibkraft zuzulassen sowie
10. bestimmte Formen der Unterstützung, die der Schülerin oder dem Schüler durch eine Begleitperson gewährt werden, zuzulassen.

[2]In den Fällen der Nrn. 9 und 10 gilt eine inhaltliche Unterstützung als Unterschleif.

(4) *(aufgehoben)*

§ 34 Notenschutz

(1) [1]Notenschutz wird ausschließlich bei den in den Abs. 2 bis 7 genannten Beeinträchtigungen und Formen und nur unter den weiteren Voraussetzungen des Art. 52 Abs. 5 Satz 2 bis 4 BayEUG gewährt. [2]Er erstreckt sich auf die Bewertung von einzelnen Leistungsnachweisen, die Bildung von Noten in Zeugnissen, die Bewertung der Leistungen in Abschlussprüfungen und die Festsetzung der Gesamtnote. [3]§ 33 Abs. 2 gilt entsprechend.

(2) Bei körperlich-motorischer Beeinträchtigung ist es zulässig,
1. in allen Fächern auf Prüfungsteile, die auf Grund der Beeinträchtigung nicht erbracht werden können, und
2. an beruflichen Schulen auf die Bewertung der Anschlag- und Schreibgeschwindigkeit

zu verzichten.

(3) Bei Mutismus und vergleichbarer Sprachbehinderung sowie Autismus mit kommunikativer Sprachstörung ist es zulässig, in allen Fächern auf mündliche Leistungen oder Prüfungsteile, die ein Sprechen voraussetzen, zu verzichten.

(4) [1]Bei Hörschädigung ist es zulässig,
1. auf mündliche Präsentationen zu verzichten oder diese geringer zu gewichten,
2. auf die Bewertung des Diktats sowie der Rechtschreibung und der Grammatik zu verzichten, soweit sie bei Leistungsnachweisen Bewertungsgegenstand sind,
3. bei Fremdsprachen auf Prüfungen zum Hörverstehen, Hör-Seh-Verstehen und zur Sprechfertigkeit zu verzichten und
4. in musischen Fächern auf Prüfungsteile, die ein Hören voraussetzen, zu verzichten.

[2]Sofern Lehrkräfte mit Gebärdensprachkompetenz oder Gebärdensprachdolmetscher einbezogen sind, ist es außerdem zulässig,
1. dass sie bei schriftlichen Arbeiten Aufgabentexte gebärden und
2. dass die Betroffenen vollständig oder überwiegend mündlichen Beitrag durch Gebärdensprache erbringen.

[3]Abs. 3 bleibt unberührt.

(5) Bei Blindheit oder sonstiger Sehschädigung ist es zulässig, in allen Fächern auf Prüfungsteile, die ein Sehen voraussetzen, zu verzichten.

(6) Bei Lesestörung ist es zulässig, in den Fächern Deutsch, Deutsch als Zweitsprache und in Fremdsprachen auf die Bewertung des Vorlesens zu verzichten.

(7) Bei Rechtschreibstörung ist es zulässig, auf die Bewertung der Rechtschreibleistung zu verzichten.

§ 35 Zuständigkeit

(1) Individuelle Unterstützung gewährt die Lehrkraft.

(2) [1]Nachteilsausgleich oder Notenschutz bei Lese-Rechtschreib-Störung gewähren die Schulleiterinnen und Schulleiter. [2]In den übrigen Fällen sind zuständig:

1. bei Grundschulen und Mittelschulen, Förderzentren sowie Berufsschulen zur sonderpädagogischen Förderung und Schulen für Kranke, die Schülerinnen und Schüler der genannten Schularten unterrichten, die Schulleiterin oder der Schulleiter bzw. die für die Prüfung eingesetzte Kommission,
2. bei Realschulen und Gymnasien, sonstigen beruflichen Schulen sowie den entsprechenden Schulen zur sonderpädagogischen Förderung und Schulen für Kranke, die Schülerinnen und Schüler der genannten Schularten unterrichten, die Schulaufsicht für die jeweilige Schulart.

§ 36 Verfahren

(1) [1]Individuelle Unterstützung wird im Rahmen des pädagogischen und organisatorischen Ermessens gewährt. [2]Die Erziehungsberechtigten sind angemessen einzubinden.

(2) [1]Nachteilsausgleich und Notenschutz setzen einen schriftlichen Antrag und die Vorlage eines fachärztlichen Zeugnisses bei der Schule über Art, Umfang und Dauer der Beeinträchtigung oder der chronischen Erkrankung durch die Erziehungsberechtigten bzw. volljährigen Schülerinnen und Schüler voraus. [2]Wenn begründete Zweifel an der Beeinträchtigung bestehen, kann zusätzlich die Vorlage eines amtsärztlichen Zeugnisses verlangt werden. [3]Abweichend von Satz 1 ist die Vorlage eines Schwerbehindertenausweises einschließlich der zugrunde liegenden Bescheide, von Bescheiden der Eingliederungshilfe, förderdiagnostischen Berichten oder sonderpädagogischen Gutachten ausreichend, wenn aus ihnen Art, Umfang und Dauer der Beeinträchtigung hervorgehen. [4]Für den Nachweis einer Lese-Rechtschreib-Störung ist abweichend von Satz 1 die Vorlage einer schulpsychologischen Stellungnahme stets erforderlich und ausreichend.

(3) [1]Nachteilsausgleich kann bei offensichtlichen Beeinträchtigungen auch ohne Antrag oder Vorlage eines ärztlichen Zeugnisses gewährt werden. [2]Die Erziehungsberechtigten bzw. die volljährige Schülerin oder der volljährige Schüler werden über die beabsichtigte Maßnahme informiert und können widersprechen.

(4) [1]Die Erziehungsberechtigten oder volljährigen Schülerinnen und Schüler können schriftlich beantragen, dass ein bewilligter Nachteilsausgleich oder Notenschutz nicht mehr gewährt wird. [2]Ein Verzicht auf Notenschutz ist spätestens innerhalb der ersten Woche nach Unterrichtsbeginn zu erklären.

(5) Bei der Prüfung der Erforderlichkeit, des Umfangs, der Dauer und der Form des Nachteilsausgleichs oder eines etwaigen Notenschutzes können je nach Einschränkung und bei Bedarf die unterrichtenden Lehrkräfte, die Lehrkräfte der Mobilen Sonderpädagogischen Dienste oder Lehrkräfte für Sonderpädagogik nach Art. 30b Abs. 4 Satz 3 BayEUG, Beratungslehrkräfte, Schulpsychologinnen bzw. Schulpsychologen oder

Lehrkräfte der zuvor besuchten Schule für Kranke sowie ärztliche Stellungnahmen oder solche der Jugendhilfe einbezogen werden.

(6) Nach einem Schulwechsel prüft die aufnehmende Schule in eigener Verantwortung, welche Formen der individuellen Unterstützung, des Nachteilsausgleichs oder Notenschutzes zu gewähren sind.

(7) [1]Der Nachteilsausgleich wird nicht im Zeugnis aufgeführt. [2]Bei einem auch nur für Teile des Zeugniszeitraums gewährten Notenschutz ist ein Hinweis in die Zeugnisbemerkung aufzunehmen, der die nicht erbrachte oder nicht bewertete fachliche Leistung benennt. [3]Dies gilt auch für Zeugnisse, in denen Leistungen von Fächern aus früheren Jahrgangsstufen einbezogen werden. [4]Ein Hinweis auf die Beeinträchtigung, die chronische Erkrankung oder den sonderpädagogischen Förderbedarf unterbleibt.

TEIL 5
Schülerunterlagen
(vergleiche Art. 85 Abs. 1a BayEUG)

§ 37 Schülerunterlagen

[1]Die Schülerunterlagen umfassen die für das Schulverhältnis jeder Schülerin und jedes Schülers wesentlichen Unterlagen. [2]Zu den Schülerunterlagen gehören

1. die in Papierform zu führende Schülerakte, welche je nach Schulart folgende Unterlagen enthält:
   a) das Schülerstammblatt, welches Angaben über die Schülerin oder den Schüler, die Erziehungsberechtigten, die Personen, welchen die Erziehung anvertraut ist, die Berufsausbildung und die Schullaufbahn enthält, nach dem vom Staatsministerium herausgegebenen Muster,
   b) die Abschlusszeugnisse oder – soweit kein Abschluss erzielt wurde – die diese ersetzenden Zeugnisse in Abschrift,
   c) die Zeugnisse, die wichtige schulische Berechtigungen verleihen, in Abschrift,
   d) die Urkunden, die zum Führen einer Berufsbezeichnung berechtigen, in Abschrift,
   e) die sonstigen Zeugnisse in Abschrift und Übertrittszeugnisse in Abschrift oder im Original,
   f) den Schullaufbahnbogen, in welchen die für den schulischen Bildungsweg wesentlichen Feststellungen, Beobachtungen und Empfehlungen aufgenommen werden, einschließlich einer Übersicht über die ausgesprochenen Ordnungsmaßnahmen nach Art. 86 Abs. 2 Nr. 6 bis 12 BayEUG, nach dem vom Staatsministerium herausgegebenen Muster,
   g) die Notenbögen, in welche insbesondere die Ergebnisse der schriftlichen, mündlichen und praktischen Leistungsnachweise der einzelnen Schülerin oder des einzelnen Schülers sowie damit zusammenhängende Bemerkungen aufgenommen werden,
   h) die Zwischenberichte, soweit diese nach den Vorschriften der Schulordnungen die Halbjahreszeugnisse ersetzen,
   i) die schriftlichen Angaben über bereits erfolgte Maßnahmen und diagnostische Grundlagen bei Schülerinnen und Schülern mit besonderem Förderbedarf sowie Unterlagen zum Nachteilsausgleich und Notenschutz,
   k) die schriftlichen Stellungnahmen zum sonderpädagogischen Förderbedarf, insbesondere das sonderpädagogische Gutachten und den förderdiagnostischen Bericht,
   l) die Förderpläne,
   m) die schriftlichen Äußerungen der beruflichen Ausbildungseinrichtungen über Leistung und Verhalten der Schülerin oder des Schülers in Form eines Abschlussberichts,
   n) die Schülerlisten an Grundschulen und Mittelschulen,

o) Unterlagen, die die Schulgesundheitspflege gemäß Art. 80 BayEUG betreffen,
p) alle sonstigen schriftlichen, die einzelne Schülerin oder den einzelnen Schüler betreffenden wesentlichen Vorgänge, die zur nachvollziehbaren und transparenten Dokumentation der Schullaufbahn zwingend notwendig sind, und
2. die Leistungsnachweise, welche sich zusammensetzen aus
a) den schriftlichen Leistungsnachweisen einschließlich der Abschlussprüfungen, der besonderen Leistungsfeststellung an der Mittelschule, Orientierungsarbeiten, Vergleichsarbeiten, Seminararbeiten, Praktikumsberichte und Grundwissens- und Jahrgangsstufentests und
b) den praktischen Leistungsnachweisen, insbesondere Werkstücken und Zeichnungen.

[3]Unterlagen über Schülerinnen und Schüler, welche der Schweigepflicht unterliegen, sind keine Schülerunterlagen im Sinne des Satzes 1 und verbleiben bei den jeweiligen Schweigeverpflichteten; die Verpflichtung zur Wahrung der in § 203 Abs. 1 des Strafgesetzbuchs genannten Geheimnisse bleibt unberührt.

§ 38 Verwendung

(1) Die Schülerunterlagen dürfen ohne Einwilligung nur verwendet werden, soweit dies zur Erfüllung der den Schulen durch Rechtsvorschriften zugewiesenen Aufgaben erforderlich ist.

(2) [1]Der Zugriff auf die Schülerunterlagen ist jeweils auf den konkreten Einzelfall zu beschränken. [2]Zugriff dürfen insbesondere erhalten:
1. Lehrkräfte für die jeweils von ihnen unterrichteten Schülerinnen und Schüler, soweit dies zur Erfüllung ihrer Aufgaben erforderlich ist,
2. die Schulleitung, soweit dies zur Erfüllung ihrer pädagogischen, organisatorischen und rechtlichen Aufgaben erforderlich ist,
3. Beratungslehrkräfte und Schulpsychologen, soweit dies zur Erfüllung ihrer pädagogisch-psychologischen und rechtlichen Aufgaben im Rahmen der Schulberatung erforderlich ist.

[3]Nach Beendigung des Schulbesuchs darf Zugriff auf die Schülerunterlagen nur die Schulleitung im konkreten Einzelfall erhalten, soweit dies zur Erfüllung ihrer rechtlichen Aufgaben erforderlich ist oder die Betroffenen eingewilligt haben.

(3) Die Einwilligung ist von der volljährigen Schülerin oder dem volljährigen Schüler, bei minderjährigen Schülerinnen und Schülern von deren Erziehungsberechtigten sowie – ab Vollendung des 14. Lebensjahres – zusätzlich von der Schülerin oder dem Schüler schriftlich zu erteilen und muss sich auf einen konkret benannten Zweck, wie etwa den Nachweis beruflicher Qualifikationen oder die Belegung sozialversicherungsrechtlicher Ansprüche, beziehen.

§ 39 Weitergabe

(1) [1]Bei einem Schulwechsel zwischen öffentlichen Schulen sind das Schülerstammblatt, der Dokumentationsbogen zum Nachweis über einen ausreichenden Masernschutz gemäß § 20 Abs. 9 bis 14 des Infektionsschutzgesetzes sowie der Schullaufbahnbogen im Original weiterzugeben. [2]Bei dem Übertritt von der Grundschule an die weiterführende Schule ist das Jahreszeugnis der Jahrgangsstufe 4 weiterzugeben. [3]Weitere Schülerunterlagen sind im Original oder – soweit nicht mehr im Original vorhanden – als Abschrift weiterzugeben, soweit diese für die weitere Schulausbildung erforderlich sind. [4]Ein sonderpädagogisches Gutachten der Förderschule oder ein förderdiagnostischer Bericht wird nur mit Einwilligung weitergegeben oder sofern eine erhebliche Beeinträchtigung von Mitgliedern der Schulgemeinschaft (Art. 41 Abs. 5 Nr. 2 BayEUG) zu besorgen ist. [5]An der abgebenden Schule verbleiben Abschriften der Schülerunterlagen nach Satz 1.

(2) [1]Bei einem Schulwechsel an eine staatlich anerkannte Ersatzschule sind das Schülerstammblatt und der Schullaufbahnbogen als Abschrift weiterzugeben, andere Schülerunterlagen dürfen nur mit Einwilligung in Abschrift weitergegeben werden. [2]Bei einem Schulwechsel an andere Schulen dürfen Schülerunterlagen nur mit Einwilligung in Abschrift weitergegeben werden.

(3) Eine Weitergabe von Schülerunterlagen an andere Stellen ist nicht ohne Einwilligung zulässig; Art. 85 BayEUG bleibt unberührt.

(4) § 38 Abs. 3 gilt entsprechend.

§ 40 Aufbewahrung

[1]Die Aufbewahrungsfrist beträgt für Schülerunterlagen nach
1. § 37 Satz 2 Nr. 1 Buchst. a bis d 50 Jahre,
2. § 37 Satz 2 Nr. 1 Buchst. e bis p ein Jahr und
3. § 37 Satz 2 Nr. 2 zwei Jahre.

[2]Die Fristen des Satzes 1 Nr. 1 und 2 beginnen mit Ablauf desjenigen Schuljahres, in dem die Schülerin oder der Schüler die Schule verlässt, die Frist des Satzes 1 Nr. 3 beginnt mit Ablauf des Schuljahres, in dem die Leistungsnachweise angefertigt wurden. [3]Schülerunterlagen nach § 37 Satz 2 Nr. 2 Buchst. b sollen abweichend von Satz 1 Nr. 3 nach der Bewertung an die Schülerinnen und Schüler zurückgegeben werden, Schülerunterlagen im Rahmen von Abschlussprüfungen oder vergleichbaren Prüfungen nicht vor deren Rechts- oder Bestandskraft. [4]Abweichend von Satz 1 können die Unterlagen länger aufbewahrt werden, sofern dies im Einzelfall erforderlich ist,
1. um die den Schulen durch Rechtsvorschriften zugewiesenen Aufgaben zu erfüllen,
2. bei staatlichen Schulen außerdem zum Zweck der vollständigen Übergabe der Schülerunterlagen an das Staatsarchiv.

[5]Die Gründe gemäß Satz 4 sind nachvollziehbar zu dokumentieren.

§ 41 Einsichtnahme

(1) Ein Recht auf Einsicht in die eigene Schülerakte nach § 37 Satz 2 Nr. 1 sowie – nach Abschluss des Aufnahmeverfahrens, der Abschlussprüfung oder anderer schulischer Leistungsfeststellungen – in die Leistungsnachweise nach § 37 Satz 2 Nr. 2 haben
1. die jeweiligen Schülerinnen und Schüler ab Vollendung des 14. Lebensjahres, auch wenn sie die Schule verlassen haben,
2. die Erziehungsberechtigten der jeweiligen Schülerinnen und Schüler und
3. die früheren Erziehungsberechtigten bei Schülerinnen und Schülern bis zur Vollendung des 21. Lebensjahres, soweit Vorschriften des Bayerischen Gesetzes über das Erziehungs- und Unterrichtswesen oder der Schulordnungen ihre Unterrichtung vorschreiben.

(2) [1]Die Einsichtnahme ist unzulässig, soweit Daten der betreffenden Schülerinnen und Schüler mit Daten Dritter derart verbunden sind, dass eine Trennung nicht oder nur mit unverhältnismäßig hohem Aufwand möglich ist. [2]Insoweit ist den Berechtigten über die zu den betreffenden Schülerinnen und Schülern vorhandenen Daten Auskunft zu erteilen. [3]Die Einsichtnahme und die Auskunft können eingeschränkt oder versagt werden, wenn dies zum Schutz der betreffenden aktuellen bzw. ehemaligen Schülerinnen und Schüler oder der aktuellen bzw. früheren Erziehungsberechtigten erforderlich ist.

(3) Andere ein Recht auf Einsicht oder Auskunft gewährende Vorschriften bleiben unberührt.

§ 42 Auflösung, Zusammenlegung oder Teilung einer Schule

Im Fall der Auflösung, Zusammenlegung oder Teilung einer Schule bestimmt die Schulaufsichtsbehörde den Ort der weiteren Aufbewahrung der Schülerunterlagen nach Maßgabe des § 40.

TEIL 6
Mobile Sonderpädagogische Dienste

§ 43 Mobile Sonderpädagogische Dienste
(Art. 2, Art. 21, Art. 30b BayEUG)

(1) [1]Mobile Sonderpädagogische Dienste in den verschiedenen Fachrichtungen unterstützen die Schulen auf deren Anforderung. [2]Sie haben insbesondere folgende Aufgaben:
1. Beratung und Unterstützung von Lehrkräften und Schulleitung der allgemeinen Schulen in Fragen der Unterrichtung von Schülerinnen und Schülern mit sonderpädagogischem Förderbedarf sowie der inklusiven Schulentwicklung
2. Feststellung des sonderpädagogischen Förderbedarfs
3. Erstellung des Förderdiagnostischen Berichts
4. Unterstützung, Förderung und Begleitung von Schülerinnen und Schüler mit sonderpädagogischem Förderbedarf, auch im Wechsel zwischen Schularten und Förderschwerpunkten
5. Mitwirkung
   a) bei der Förderplanung,
   b) bei der Entscheidung über die Zurückstellung (Art. 41 Abs. 7 BayEUG) und
   c) an Mittelschulen und Berufsschulen bei individuellen Abschlusszeugnissen und Empfehlungen zum Übergang von der Schule in den Beruf.

(2) [1]Der Förderdiagnostische Bericht enthält eine Aussage zum sonderpädagogischen Förderbedarf und benennt im Einvernehmen mit der Schulleiterin o-der dem Schulleiter der allgemeinen Schule entsprechende Fördermaßnahmen unter Berücksichtigung der Möglichkeiten vor Ort. [2]Lehrkräfte und Erziehungsberechtigte oder volljährige Schülerinnen und Schüler werden bei der Erstellung mit einbezogen.

(3) [1]Über den Einsatz von standardisierten, diagnostischen Testverfahren sollen die Erziehungsberechtigten im Rahmen einer vertrauensvollen Zusammenarbeit mit dem Mobilen Sonderpädagogischen Dienst vorab informiert werden; Intelligenztests bedürfen der Zustimmung der volljährigen Schülerinnen oder Schüler oder der Erziehungsberechtigten. [2]Diese erhalten Gelegenheit zur Information und Erörterung der Ergebnisse der Testverfahren, der sonstigen Beobachtungen des Mobilen Sonderpädagogischen Dienstes sowie des Förderdiagnostischen Berichts.

(4) [1]Im Rahmen der Berufsorientierung an allgemeinbildenden Schulen kann bei Bedarf auf Anforderung der allgemeinen Schule mit Zustimmung der Erziehungsberechtigten oder der volljährigen Schülerinnen oder Schüler ein Förderdiagnostischer Bericht zum Übergang Schule – Beruf erstellt werden. [2]Der Förderdiagnostische Bericht wird den Erziehungsberechtigten oder der volljährigen Schülerin oder dem volljährigen Schüler zur weiteren Verwendung übergeben.

(5) [1]Für die an allgemeinen Schulen gemäß Art. 30b Abs. 4 Satz 1 BayEUG abgeordneten Lehrkräfte gelten Abs. 1 Satz 2 Nr. 2 und 3 und Abs. 2 bis 4 entsprechend. [2]Der Förderdiagnostische Bericht wird in diesem Fall von diesen Lehrkräften zusätzlich im Einvernehmen mit der Schulleiterin oder dem Schulleiter der Stammschule erstellt.

TEIL 7
Schulaufsicht

§ 44 Schulaufsicht
(vergleiche Art. 111 bis 117 BayEUG)

(1) [1]Im Bereich der Grundschulen und Mittelschulen ist die rechtliche Leitung des Staatlichen Schulamts zuständig für Angelegenheiten vorwiegend rechtlicher Natur, bei deren Erledigung der Hauptzweck in der Gestaltung oder Feststellung von

Rechtsbeziehungen besteht, wie etwa Rechtsbehelfsverfahren, Verwaltungszwangs- und Ordnungswidrigkeitsverfahren oder dem Vollzug sicherheits- und gesundheitsrechtlicher Vorschriften. [2]Die fachliche Leitung ist zuständig für Angelegenheiten vorwiegend fachlicher Natur, welche nicht unter Satz 1 fallen. [3]Jede Leitung erledigt die zu dem Aufgabenbereich gehörenden Angelegenheiten grundsätzlich in eigener Verantwortung und ist befugt, im Rahmen des Aufgabenbereichs das Staatliche Schulamt nach außen zu vertreten. [4]Die Leitungen sind zur vertrauensvollen Zusammenarbeit verpflichtet und unterstützen sich bei der Erfüllung ihrer Aufgaben. [5]Betrifft eine Angelegenheit beide Aufgabenbereiche, sollen Entscheidungen einvernehmlich getroffen werden. [6]Kommt eine Einigung nicht zustande, ist die Angelegenheit der Regierung vorzulegen. [7]Als Stellvertreter der fachlichen Leitung bestellt die Regierung eine Schulrätin oder einen Schulrat des betroffenen Staatlichen Schulamts.

(2) [1]Im Bereich der Realschulen, Gymnasien und der beruflichen Oberschulen einschließlich der entsprechenden Schulen zur sonderpädagogischen Förderung, der Abendrealschulen, Abendgymnasien sowie Kollegs werden nach Maßgabe der Schulordnungen und besonderer Dienstanweisungen besondere Beauftragte (Ministerialbeauftragte) mit der Wahrnehmung bestimmter Aufgaben im Namen des Staatsministeriums betraut. [2]Zu den Aufgaben der Ministerialbeauftragten zählt es insbesondere

1. die Schule bei der Erfüllung ihrer Aufgaben zu beraten und zu unterstützen, deren Eigenverantwortung zu stärken und in Konfliktfällen angerufen werden zu können,
2. über Aufsichtsbeschwerden zu entscheiden, soweit ihnen die Schule nicht abgeholfen hat, und
3. die Aufgaben der Schulaufsichtsbehörde nach Art. 58 Abs. 5 BayEUG sowie nach § 11 Abs. 1 bis 3 wahrzunehmen.

§ 45 Härtefallklausel

Das Staatsministerium oder die vom ihm beauftragte Stelle kann von einzelnen Bestimmungen der Schulordnungen Ausnahmen gewähren, wenn die Anwendung der Bestimmung im Einzelfall zu einer unbilligen Härte führen würde und die Abweichung auch unter dem Gesichtspunkt der Gleichbehandlung unbedenklich erscheint.

Teil 8 Datenschutz

§ 46 Verarbeitungsverfahren
(vergleiche Art. 85 und 89 BayEUG)

(1) [1]Schulen dürfen personenbezogene Daten in Verfahren verarbeiten, die nach Zweck, Umfang und Art den in Anlage 2 geregelten Vorgaben entsprechen. [2]Davon unberührt bleiben die Anforderungen aus anderen Gesetzen wie insbesondere der Datenschutz-Grundverordnung und dem Bayerischen Datenschutzgesetz.

(2) Abs. 1 gilt auch für Verfahren, die sich aus mehreren der in Anlage 2 genannten Verfahren zusammensetzen oder sich auf Teile dieser Verfahren beschränken, sofern die für den jeweiligen Verarbeitungszweck vorgesehenen Regelungen der einzelnen Verfahren eingehalten werden.

(3) Für die Verarbeitung von Daten, die in der Schülerakte zu führen sind, oder Daten über Leistungsnachweise gilt § 38 entsprechend.

Teil 9
Schulische Angebote zur Erstintegration

§ 47 Schulartunabhängige Deutschklassen in den Jahrgangsstufen 5 und 6

(1) [1]Schülerinnen und Schüler mit nichtdeutscher Muttersprache, die nach Deutschland zugewandert sind, keine oder nur geringe Deutschkenntnisse haben und deshalb dem Unterricht in den jeweiligen Regelklassen nicht folgen können, sollen in den Jahrgangsstufen 5 und 6 zunächst schulartunabhängige Deutschklassen besuchen, welche an Mittelschulen, Realschulen, Wirtschaftsschulen oder Gymnasien eingerichtet werden können. [2]In den schulartunabhängigen Deutschklassen erfolgt insbesondere eine intensive Sprachförderung, Werteerziehung und kulturelle Bildung. [3]Ziel ist, die Schülerinnen und Schüler so vorzubereiten, dass sie anschließend dem Unterricht in einer Regelklasse der Jahrgangsstufe folgen können, in die Schulpflichtige gleichen Alters regelmäßig eingestuft sind. [4]Der Besuch endet in der Regel nach einem, spätestens jedoch nach zwei Schulbesuchsjahren.

(2) [1]Die zuständigen Schulaufsichtsbehörden wirken unter Federführung des jeweiligen Staatlichen Schulamts im Rahmen einer Steuerungsgruppe zusammen. [2]Sie bestimmen unter Berücksichtigung der Vorgaben des Staatsministeriums zur Verteilung der schulartunabhängigen Deutschklassen nach Abs. 1 im Benehmen mit den Schulaufwandsträgern die Schulen, an denen diese schulartunabhängigen Deutschklassen gebildet werden, und ordnen die betroffenen Schülerinnen und Schüler aufgrund schulorganisatorischer Aspekte unter Berücksichtigung des gewöhnlichen Aufenthalts den Schulen zu. [3]Die jeweilige Schule richtet die Angebote ein und informiert die Erziehungsberechtigten.

(3) [1]Für die Wahl der Schulart nach dem Besuch der schulartunabhängigen Deutschklasse wird eine Schullaufbahnempfehlung ausgesprochen. [2]Für die Erhebung von Leistungsnachweisen und die Erteilung von Zeugnissen legt das Staatsministerium entsprechende Regelungen fest.

(4) [1]Es gilt die als Anlage 3 angefügte Stundentafel einschließlich der Bestimmungen zu dieser Stundentafel. [2]Das Staatsministerium kann bei Vorliegen besonderer Umstände Abweichungen von der Stundentafel anordnen.

Teil 10
Schlussbestimmungen

§ 48 Übergangsvorschriften

(1) [1]Schülerunterlagen, welche bis einschließlich zum Schuljahr 2015/16 angelegt wurden, können fortgeführt werden. [2]Für diese gelten die §§ 37 bis 42 mit der Maßgabe, dass der Schülerbogen nach der Bekanntmachung des Bayerischen Staatsministeriums für Unterricht und Kultus über den Schülerbogen (§ 24 Allgemeine Schulordnung) das Schülerstammblatt und den Schullaufbahnbogen ersetzt und sich die Aufbewahrung des Schülerbogens nach der des Schülerstammblattes bestimmt.

(2) Auf Schülerinnen und Schüler des achtjährigen Gymnasiums findet § 27 Abs. 6 in der am 31. Juli 2018 geltenden Fassung weiter Anwendung.

(3) Eine Wiederholung der Schuljahre 2019/2020, 2020/2021 und 2021/2022 wird nicht auf die Höchstausbildungsdauer angerechnet.

§ 49 Inkrafttreten, Außerkrafttreten

(1) Diese Verordnung tritt am 1. August 2016 in Kraft.

(2) § 48 Abs. 3 tritt mit Ablauf des 31. Juli 2031 außer Kraft.

Anlage 1

(zu § 3)

Modus-Maßnahmen

1. Teil: Maßnahmen Nrn. 1 bis 30:

a) Schulorganisation

Nr.	Titel	Kurzerläuterung
1	Flexibilisierung der Stundentafel	Die Schule weicht zeitlich begrenzt von der Stundentafel ab, um Defizite in der Klasse auszugleichen; zusätzliche Stunden werden durch vorübergehende Reduzierung in anderen Fächern gewonnen.
2	Jahrgangs- und klassenübergreifender Unterricht	Das Unterrichtsangebot wird erweitert; durch eine an der Leistungsfähigkeit orientierte Gruppenzusammenstellung kann die einzelne Schülerin oder der einzelne Schüler gezielter gefördert werden.
3	Organisation des Unterrichts in Doppelstunden	Schule gewinnt Zeit und Ruhe im Unterrichtstag.
4	Themenbezogene Projektwochen	Schülerinnen und Schüler gewinnen Einblick in übergeordnete Zusammenhänge; Schlüsselqualifikationen werden gefördert.
5	Einbeziehung externer Partner	Praxisbezug wird verstärkt durch Partner aus dem Kreis der Erziehungsberechtigten, der Hochschule, der Kirchen und der Wirtschaft.
6	Pädagogischer Tag statt Wandertag	Wandertage haben ihre ursprüngliche Zielsetzung weitgehend verloren; die Schule setzt selbst das Thema eines Pädagogischen Tags fest.
7	Jahrgangsstufenversammlungen	Durch themen- oder anlassbezogene Versammlungen der Klassen eines Jahrgangs wird der Zusammenhalt der gesamten Altersgruppe gestärkt; der Informationsfluss in der Schule wird verbessert.
8	Jahrgangsstufensprecherinnen und -sprecher	Alle Klassen eines Jahrgangs wählen eine Sprecherin oder einen Sprecher; die Identifikation mit schulischen Entscheidungen wird gestärkt.
9	Einrichtung einer »Klassenstunde«	Schule verkürzt rollierend an einem Tag in der Woche alle Stunden um fünf Minuten: Gewinn einer Klassleiterstunde zur Besprechung klasseninterner Probleme, Vorbereitung von Klassenfahrten, Einsammeln von Geldern etc.
10	Schülerinnen und Schüler gestalten eigenverantwortlich Unterricht	Schülerinnen und Schüler dürfen in festgelegten Abständen eine Stunde zu selbst gewählten Themen gestalten; sie trainieren Präsentation und Moderation.

b) Förderung jeder einzelnen Schülerin oder jedes einzelnen Schülers (Individualförderung)

Nr.	Titel	Kurzerläuterung
11	Förderunterricht nach dem Zwischenzeugnis	Durch gezielten Förderunterricht kann die Wiederholerquote gesenkt werden. Die Schule gewinnt die erforderlichen Stunden durch geeignete andere Modus-Maßnahmen wie zum Beispiel Vorlesungsunterricht.
12	Vorlesungsbetrieb	Die Lehrkräfte arbeiten verstärkt in Teams, entwickeln gemeinsam die Grundlagen für die Vorlesungen und vermitteln ausgewählte Inhalte einer Gruppe aus mehreren Klassen im Vorlesungsbetrieb. Die Schule gewinnt Stunden für zusätzliche pädagogische Maßnahmen.
13	Schülerinnen und Schüler lehren Schülerinnen und Schüler	Leistungsstarke Schülerinnen und Schüler fördern während der Unterrichtszeit in kleinen Gruppen außerhalb des Klassenverbandes leistungsschwächere Schülerinnen und Schüler.
14	Selbsteinschätzung der Schülerinnen und Schüler	Die Schülerinnen und Schüler bearbeiten Auswertungsbogen, mit denen sie die eigene Vorbereitung und Leistung einschätzen können, und übernehmen Verantwortung für ihre Leistung.

c) Leistungserhebungen

Nr.	Titel	Kurzerläuterung
15	Schulaufgabe mit Gruppenarbeitsphase	Die Schülerinnen und Schüler erarbeiten zum Beispiel in Deutsch im Team eine Rahmengeschichte, die die oder der Einzelne anschließend ausgestaltet; die individuelle Leistung der Teammitglieder in der Gruppenarbeitsphase wird erfasst und geht in die Note ein.
16	Angesagte »Tests« im Turnus von sechs Wochen statt Schulaufgaben	Gleichmäßige Verteilung angesagter Leistungserhebungen über das Schuljahr gewährleistet gleich bleibend hohes Leistungsniveau, reduziert Wissenslücken und Prüfungsangst.
17	Debatte ersetzt je eine Schulaufgabe (Aufsatz) in Deutsch und bzw. oder Fremdsprachen	Die Schülerinnen und Schüler müssen ihren Standpunkt zu einem vorgegebenen Thema vorbereiten, überzeugend vertreten, Toleranz gegenüber anderen Meinungen üben; sprachliche und argumentative Kompetenzen werden gestärkt.
18	Präsentation ersetzt eine Aufsatzschulaufgabe	Durch die Erarbeitung und Darstellung eines komplexen Themas werden eigenständiges Arbeiten, Umgang mit neuen Medien und mündliche Sprachkompetenz gefördert.
19	Test aus formalsprachlichen und Sprachverständnisanteilen in Deutsch ersetzt eine Aufsatzschulaufgabe	Klassen mit Schwächen in der formalen Sprachbeherrschung werden gezielt gefördert.

20	Schwerpunkte des Jahresstoffs in letzter schriftlicher Leistungserhebung	Vor den Sommerferien wird der Jahresstoff in seinen Schwerpunkten abgesichert; die Nachhaltigkeit des Lernens wird gefördert.
21	Leistungserhebungen (auch nicht angekündigte) über die Lerninhalte mehrerer Unterrichtsstunden	Das Grundwissen wird gesichert, kleinschrittiges Lernen wird verhindert, Nachhaltigkeit des Lernens wird gefördert.
22	Schulinterne Jahrgangsstufentests zum Grundwissen	Die Nachhaltigkeit des Lernens wird gefördert; die Klassen einer Jahrgangsstufe können verglichen werden.
23	Neugewichtung schriftlicher und mündlicher Leistungen in den Fremdsprachen	Durch andere Gewichtung (zum Beispiel 1:1 statt 2:1) wird bei Bedarf die mündliche Sprachkompetenz gefördert.
24	Verstärkte Einbeziehung von Grundwissen in schriftliche Leistungserhebungen	Schriftliche Leistungserhebungen prüfen immer auch die Verfügbarkeit von Grundwissen und Kernkompetenzen; die Nachhaltigkeit des Lernens wird gefördert.
25	Trennung von Unterrichts- und Prüfungsphasen	Zum Beispiel angekündigte Prüfungsphasen statt permanenten Abfragens; die Klasse gewinnt Ruhe im Unterrichtsalltag.
26	Ganz- und Halbjahresprojekte in der Klasse	Die Schülerinnen und Schüler arbeiten über einen längeren Zeitraum fächerübergreifend und eigenverantwortlich an ausgewählten Themen; Ausdauer, Teamfähigkeit und Kreativität werden gestärkt.

d) Personalmanagement und Personalführung

Nr.	Titel	Kurzerläuterung
27	Bildung von jahrgangs- und stufenbezogenen pädagogischen Lehrkräfteteams	Lehrkräfte arbeiten im Team; pädagogische Beobachtungen und Maßnahmen werden zielführender abgestimmt.
28	Unterrichtsplanung im Lehrkräfteteam	Lehrkräfte arbeiten im Team; der Gesamtaufwand für die Unterrichtsvorbereitung wird verringert.
29	Planung und Durchführung von schriftlichen Leistungserhebungen im Lehrkräfteteam	Lehrkräfte arbeiten im Team; der Gesamtaufwand wird verringert; die Ergebnisse dienen der internen Evaluation.
30	»Mitarbeitergespräche« mit Zielvereinbarungen der Lehrkraft mit allen Schülerinnen und Schülern	Lehrkräfte leisten gezielte Hilfestellung; Schülerinnen und Schüler übernehmen Verantwortung für ihre Leistungsentwicklung; Schülerinnen und Schüler erfahren individuelle Unterstützung bei persönlichen Problemen.

2. Teil: Maßnahmen Nrn. 31 bis 60:

a) Schulorganisation

Nr.	Titel	Kurzerläuterung
31	Innerschulischer Praxistag	Die Schule führt an einem Tag fächer- und klassenübergreifenden Kursunterricht als Orientierungshilfe für die Schülerinnen und Schüler bei der Berufsfindung durch.
32	Pflichtwahlfach »Business English« an der Hauptschule	Die Schülerinnen und Schüler der Regelklasse 9 nehmen fakultativ, die Schülerinnen und Schüler der M-Zweige obligatorisch am Wahlfach »Business English« teil, das nach zwei Jahren zum Erwerb eines Zusatzzertifikates führt.
33	Rhythmisierung des Schultags	Durch Neustrukturierung und Rhythmisierung des Schulvormittags mit integrierter Mittagsbetreuung wird der Schultag dem Biorhythmus der Kinder entsprechend entzerrt. Ein Schultag dauert bis 15.30 Uhr, Hausaufgaben werden durch individuelles Üben ersetzt.
34	Zeitungslektüre zur Förderung der Allgemeinbildung	Die Maßnahme, die auf der regelmäßigen Lektüre von Tageszeitungen beruht, wird den Fächern Deutsch und GSE (Geschichte/Sozialkunde/Erdkunde) zugeordnet und in den Jahrgangsstufen 7 und 8 durchgeführt.
35	Zwischenberichte statt Halbjahreszeugnisse	Die Eltern erhalten zu zwei Zeitpunkten innerhalb des Schuljahres (Dezember und April) einen detaillierten schriftlichen Überblick über die Leistungen ihres Kindes.
36	Neues Lernkonzept in der Berufsfachschule für Kinderpflege	Der Lehrstoff der Jahrgangsstufe 11 wird in Modulen (»Lernbausteinen«) aufbereitet und von den Schülerinnen und Schülern selbstständig und eigenverantwortlich an verschiedenen Lernorten erarbeitet. Der Abschluss eines Lernbausteins erfolgt in Form eines schriftlichen Tests, einer Einzel- oder einer Gruppenpräsentation.

b) Individualförderung

Nr.	Titel	Kurzerläuterung
37	Einrichtung von Partnerklassen zwischen Unter- und Oberstufe	Die Schülerinnen und Schüler der 5. bis 9. Jahrgangsstufe der Förderschule unterstützen die Schülerinnen und Schüler der ersten und zweiten Klasse. Je nach Klassengröße sind die Patinnen und Paten ca. alle drei Wochen für eine Stunde im Einsatz.
38	Erweitertes Screening zur Einschulung	Die Schule erweitert das bestehende Screeningverfahren. Sprachstandserhebungen werden bei allen Schülerinnen und Schülern durchgeführt und um den mathematischen Bereich erweitert.

39	Förderung besonders begabter Grundschülerinnen und Grundschüler	Die Schule bietet in Kooperation mit Erziehungsberechtigten und externen Partnern ein qualitativ hochwertiges Zusatzangebot, das begabte Schülerinnen und Schüler besonders fördert.
40	Förderung von Vorschulkindern mit Entwicklungsverzögerung	Vorschulkinder mit Entwicklungsverzögerungen werden auf den Unterricht der Regelklasse vorbereitet. Durch die intensive Zusammenarbeit der Schule mit verschiedenen Einrichtungen werden die Kinder im Bereich Sprach-, Merk- und Denkfähigkeit, aber auch in ihrem Spiel- und Sozialverhalten gefördert.
41	»Freiwilliges Soziales Jahr« an der Schule	An der Schule leistet ein Freiwilliger oder eine Freiwillige das »Freiwillige Soziale Jahr« ab. Der oder die Freiwillige unterstützt die Lehrkräfte im Unterricht (zum Beispiel bei Differenzierungsmaßnahmen und bei der Planung und Organisation des Schulalltags).
42	Zeugnisergänzung basierend auf einer Schülerberatungsstunde	Mehrmals im Schuljahr findet eine Schülerberatungsstunde als Einzelgespräch statt, in der individuelle Probleme der Schülerin oder des Schülers besprochen und Ziele für die nächste Lern- und Entwicklungsphase formuliert werden.
43	»Unterricht Plus«	In den Nachmittagsstunden werden semesterweise in den Fächern Deutsch, Mathematik und Englisch (Grund- und Hauptschule) projektorientierte Kurse angeboten. In leistungsheterogenen Gruppen werden Unterrichtsinhalte thematisiert, vertieft und geübt.
44	Lernen in Kleingruppen	Einmal wöchentlich werden in den Fächern Deutsch, Englisch und Mathematik die Klassen gedrittelt; die Schülerinnen und Schüler arbeiten in Kleingruppen. Begleitet werden sie dabei durch Erziehungsberechtigte, Praktikantinnen und Praktikanten (Exercitium Paedagogicum) oder in Seminarschulen durch Referendarinnen und Referendare.
45	Module zur Stärkung der Selbst- und Sozialkompetenz	Auf der Grundlage eines Curriculums, das aus sechs aufeinander aufbauenden Modulen besteht (zum Beispiel Kommunikations- und Kooperationsbereitschaft, Verantwortungsfähigkeit, Problemlösungs- und Konfliktfähigkeit), wird Selbst- und Sozialkompetenz vermittelt.
46	Teamtraining im Schullandheim	Der fünftägige Aufenthalt in einem speziell ausgestatteten Schullandheim wird für ein ca. 25-stündiges Trainingsprogramm kooperativer Kompetenzen genutzt.
47	Erstellung einer Referenzmappe für Schülerinnen und Schüler	Alle sozialen und fachlichen Kompetenzen, die eine Schülerin oder ein Schüler im Laufe seiner Gymnasiallaufbahn erwirbt, werden in einer Mappe dokumentiert. Die Schülerinnen und Schüler erhalten dadurch die Möglichkeit, ihren eigenen Lernprozess zu reflektieren.

48	Unterricht in Notebookklassen	Das mobile Lernen in der Schule, im Betrieb und zu Hause und die hochindividuelle Förderung durch interaktive Unterrichtsprogramme qualifizieren die Schülerinnen und Schüler, um so ihre Chancen im Berufsleben zu erhöhen.
49	Ausbildungsvereinbarung mit Schülerinnen und Schülern und Erziehungsberechtigten	Die Schule vereinbart gemeinsam mit Eltern und Schülerinnen und Schülern individuelle Ziele der Ausbildung. Stärken und Schwächen der Schülerinnen und Schüler können frühzeitig diagnostiziert, entsprechende Maßnahmen ergriffen werden.

c) Leistungserhebungen

Nr.	Titel	Kurzerläuterung
50	Besondere mündliche Prüfung in den Grund- und Leistungskursen Englisch	Zusätzlich zu den herkömmlichen mündlichen Noten wird am Ende des Semesters eine »Besondere mündliche Prüfung« durchgeführt. Sie gibt den Schülerinnen und Schülern Gelegenheit, in einem längeren Prüfungsgespräch ihr sprachliches Können unter Beweis zu stellen.

d) Personalmanagement und Personalführung

Nr.	Titel	Kurzerläuterung
51	Methoden- und Teamtraining	Das gesamte Kollegium wird nach dem Methodentraining von Klippert geschult und das Methodenrepertoire aufbauend in allen Jahrgangsstufen umgesetzt.
52	Begleitung neuer Lehrkräfte im ersten Jahr	Den neuen Lehrkräften werden durch Fachkollegen und Schulleiterin bzw. Schulleiter, Unterrichtsbesuche, Feedback und Beratung konkrete Hilfestellungen gegeben.
53	»Runder Tisch« für Lehrkräfte einer Schule	Zu vom Kollegium gewünschten Themen wird ein offenes Fortbildungsangebot erarbeitet, zum Beispiel Handhabung des mobilen Laptopklassenzimmers, Prävention und Kriseninterventíon, Schulung im EFQM-Modell und Zeitmanagement.

e) Inner- und außerschulische Partnerschaften

Nr.	Titel	Kurzerläuterung
54	Lehrkräftepraktikum	Die Lehrkräfte leisten an zwei bis drei Tagen pro Jahr ein Praktikum in einem Unternehmen vor Ort ab. Sie gewinnen dadurch fundierte Einblicke in die Berufsanforderungen und knüpfen intensive Kontakte zu den Betrieben der Region.
55	Neigungsorientiertes Lernen mit externen Fachleuten	Angeleitet durch externe Fachkräfte lernen die Schülerinnen und Schüler der zweiten und dritten Klassen einmal im Monat in interessensgeleiteten und jahrgangsübergreifenden Lerngruppen. Externe Kräfte arbeiten ehrenamtlich.

56	Berufsorientierung »Brückenschlag«	Unternehmerinnen und Unternehmer aus der Region, die Ausbildungsplätze anbieten, begleiten Schülerinnen und Schüler von der 7. bis zur 9. Jahrgangsstufe. Ein Expertenteam von Pädagoginnen und Pädagogen, Psychologinnen und Psychologen sowie Unternehmerinnen und Unternehmern bereitet die Schülerinnen und Schüler drei Jahre lang auf den Sprung ins Berufsleben vor.
57	»Economy Tutorial«	Das »Economy Tutorial« ist ein Forum für den Ideenaustausch zwischen Schule und Wirtschaft. Dazu gehört die direkte Umsetzung eines gemeinsam erarbeiteten Maßnahmenkatalogs mit jährlichem Feedback der Schule an die Unternehmen.
58	Arbeit im Alten- und Pflegeheim als Praxismodul des Unterrichts	Die Schülerinnen und Schüler besuchen in einem Zeitraum von drei Monaten wöchentlich die Bewohnerinnen und Bewohner eines Pflegeheims und leisten Hilfestellung im Alltag der pflegebedürftigen Menschen. Die Erfahrungen werden mit Lehrplanthemen verknüpft.
59	Integration des Programms »Erwachsen werden« in die Erziehungs- und Unterrichtsarbeit	Die Schülerinnen und Schüler absolvieren das Programm »Erwachsen werden« von Lions Quest nicht wie üblich als Zusatzangebot, sondern es findet Eingang in die verschiedenen Fächer. So wird es unmittelbar im sozialen Gefüge des Unterrichtsalltags wirksam.

f) Sachmittelverantwortung

Nr.	Titel	Kurzerläuterung
60	Eigenverantwortliche Sachmittelbeschaffung und -verwaltung	Die Schule und der Aufwandsträger beschließen einvernehmlich ein Budget im Rahmen der Haushaltssatzungen. Die Finanzverantwortung über die Ausschreibung, die Beschaffung, die Verwaltung und die Verwendung der Sachmittel geht auf die Schulleiterin oder den Schulleiter über.

Anlage 2
(zu § 46)

Verarbeitungsverfahren

Abschnitt 1: Schulverwaltungsprogramm

1 **Zwecke der Verarbeitung:**
In Umsetzung des Bildungs- und Erziehungsauftrags der Bayerischen Verfassung werden die Schulen bei der Erfüllung der schulorganisatorischen Aufgaben und Erfordernisse und der Gestaltung der notwendigen Verwaltungsabläufe unterstützt (z.B. bei der Anmeldung der Schülerinnen und Schüler, der Klassenbildung, der Erfassung der Leistungs- und Zeugnisdaten, der Erstellung der (Abschluss-)Zeugnisse, der Planung des Unterrichtseinsatzes der Lehrkräfte und der Organisation des Unterrichts, zur Abwicklung des Schulwechsels und Mehrarbeitsabrechnung). Neben den schulischen Verwaltungsprozessen wird auch der zur Schulaufsicht nötige Datentransfer zwischen der Schule und den jeweils zuständigen Stellen der Schulaufsicht (Schulämter, Regierungen, Ministerialbeauftragte, Staatsministerium für Unterricht und Kultus), sowie die Datenübermittlung an das Bayerische Landesamt für Statistik und Datenverarbeitung zu statistischen Zwecken unterstützt.

2 **Kategorien der betroffenen Personen**
- Lehrkräfte der Schule
- nicht unterrichtendes Personal der Schule
- Schülerinnen und Schüler der Schule
- Erziehungsberechtigte und frühere Erziehungsberechtigte gemäß Art. 88 Abs. 4 Satz 1 Nr. 3 BayEUG
- externe Prüfungsteilnehmerinnen und Prüfungsteilnehmer
- Verwaltungspersonal der Schule
- externes Betreuungspersonal
- Ansprechpartner in Ausbildungsbetrieben
- Nutzungsberechtigte des Verfahrens

3 **Kategorien der gespeicherten Daten**

3.1 Daten der Lehrkräfte und des nicht unterrichtenden Personals

3.1.1 Stammdaten
- Name(n)
- Vornamen(n)
- Anrede
- Namenskürzel
- Geschlecht
- Geburtsname
- Geburtsort
- akademische Grade
- Tag der Geburt
- Staatsangehörigkeit
- Personenkennzahlen (Personalnummer aus VIVA, Personalverwaltungssysteme/Bezüge/nichtstaatlicher Dienstherr)
- Zugang zum päd. Netz, Zugang zum Verwaltungsnetz
- Adressdaten
- Telefonnummer
- Weitere Kontaktdaten (E-Mail, Telefaxnummer, URL [Webkommunikation])

3.1.2 Angaben zur Behinderung
- Behindertengruppe
- Grad der Behinderung

- Anrechnungsfaktor
- Folgen der Behinderung (optional, wenn fachlicher Nachweis vorhanden)
- Art des Nachweises
- Ausstellende Behörde
- Ausstellungsdatum
- Geschäftszeichen
- Enddatum des Ausweises
- Ausstellende Behörde (zweite Behörde)
- Ausstellungsdatum (zweite Behörde)

3.1.3 Angaben zum Dienstverhältnis
- Amts-/Dienstbezeichnung
- Rechtsverhältnis
- Beginn/Ende des Dienstverhältnisses
- Besoldungs-/Entgeltgruppe
- ggf. Lehramt
- ggf. Art der Unterrichtsgenehmigung
- ggf. Ablauf der Unterrichtsgenehmigung
- ggf. Art des nicht unterrichtenden Personals
- Arbeitgeber/Dienstherr
- Stammschule
- maximale Unterrichtspflichtzeit/Arbeitszeit
- reduzierende Stunden
- Mehrarbeit
- Unterrichtsmehrung/-minderung (Art und Umfang)
- Nebentätigkeitsstunden
- Ermäßigung (Grund, Umfang, Dauer)
- Teilzeit (Umfang, Grund)
- Freistellung/Altersteilzeit
- Beurlaubung
- Abwesenheit
- Längerfristiger Ausfall (Umfang; Grund)
- Abordnung an nichtschulische Dienststelle
- staatlich geförderte Wochenstunden
- Sprechstundendaten
- Postfach
- Raum in der Schule
- Einsatz als mobile Reserve

3.1.4 Lehrbefähigung
- Lehramt
- abgelegte Prüfungen
- Fächer der Lehrbefähigung
- Unterrichtsgenehmigung

3.1.5 Lehrerlaubnis
- Lehramt
- zugeordnete Schulart
- kirchliche Lehrerlaubnis
- Unterrichtsgenehmigung (Schulart, Fach, Begründung)

3.1.6 unterrichtete Fächer
- Stundenzahl
- unterrichtete Fächer
- Summe wissenschaftlicher/nichtwissenschaftlicher Unterricht

3.1.7 Anrechnungsstunden (Daten zur Beschäftigung und zum Einsatz)
- Art der Anrechnung
- Stundenzahl

- Funktion/Tätigkeit
- Schule
- Erläuterungen

3.1.8 Einsatz an anderer Schule
- Schulnummer
- Summe der wissenschaftlichen/nichtwissenschaftlichen Stunden
- Zuweisungsart

3.1.9 Beschäftigungsverhältnis
- Schule
- Schuljahr
- Beschäftigungsverhältnis
- Zugang
- Abgang
- Abordnung an nichtschulische Dienststelle
- Nebentätigkeit
- Ausbildungsabschnitt bei Lehrkräften im Vorbereitungsdienst

3.1.10 Einsatzbeschränkung

Klassengruppen, in denen die Lehrkraft nicht eingesetzt werden kann.

3.1.11 Klassenleitung/Gruppenleitung
- Klassen/Gruppen, in denen die Lehrkraft (stellvertretende) Klassen- oder Gruppenleitung ist.

3.1.12 Lehrerbezogene Stundenplandaten
- Welche Klassen in welchen Fächern wie viele Stunden unterrichtet werden sollen
- Stundenplanvorgaben (z.B. Minimal- und Maximalzahl der Unterrichtsstunden pro Tag oder Woche, minimale und maximale Stundenzahl in der Mittagspause, Maximalzahl von Stunden hintereinander, Stundenpräferenzen, Halbtage oder Tage)
- Raum und Zeit des Unterrichts
- Kennung, welche Zeit-, Klasse-, Fach-Koppeln welche Lehrkräfte betreffen
- Kennzeichen für besonderen Einsatz (z.B. Teilnehmer, Fachbetreuer, 14-tägiger Wechsel)

3.1.13 Lehrerbezogene Vertretungsplandaten
- Präsenzstunden, nicht verfügbare Stunden
- Dauer der Absenz, benötigte Zusatzstunden für Lehrkräfte
- Absenzgrund (fester Schlüssel: dienstlich außer Haus, dienstlich im Haus, Klassenfahrt, Studienfahrt, Unterrichtsgang, Krankheit, Freistellung, Sonstiges)
- Bemerkungen zur Vertretung

3.1.14 Historie über gehaltene Vertretungsstunden
- Anzahl
- Art
- Datum

3.1.15 Arbeitszeitkonto
- Haben
- Soll

3.1.16 Teilzeitantrag
- Teilzeit (Grund)
- Ermäßigungen

3.1.17 Versetzungsantrag
- Umfang
- Unterrichtsfächer
- Zielschule(n)
- Art

3.1.18 Angaben mit Bezug zur Erstellung von Zeugnissen
- Zeugnisunterzeichner
- Vorsitzende des Prüfungsausschusses zentraler Abschlussprüfungen

3.1.19 Buchausleihdaten
- ausgeliehene Bücher zusammen mit Ausleihdatum und Rückgabedatum

3.2 Daten der Schülerinnen und Schüler

3.2.1 Stammdaten
- Name(n)
- Geburtsname(n)
- Vorname(n)
- Anrede
- Geschlecht
- Tag der Geburt
- Gültigkeit des Geburtsdatums (wenn amtliches Geburtsdatum unbekannt oder nur zum Teil bekannt)
- Geburtsort
- Geburtsland
- Staatsangehörigkeit
- Jahr des Zuzugs nach Deutschland
- Straße
- Wohnort
- geografische Gitterzelle
- Telefon
- Art der Anschrift (Erziehungsberechtigte/Wohnheim/Sonstiges)
- Religionszugehörigkeit
- Muttersprache
- Sportbefreiung
- Optionale Kontaktdaten (Telefax, E-Mail-Adresse, URL [Webkommunikation])
- Bankverbindung
- Zahlungsangaben
- Ordnungsnummer (nicht einsehbar, rein technische Speicherung)

3.2.2 Gastschülereigenschaft
- Gastschülerstatus
- Gemeindekennzahl des Wohnorts und ggf. Ausbildungsbetriebs
- Ortsteil/Sprengel
- Umschüler/Selbstzahler
- Kostenträger
- Förderungsnummer

3.2.3 Schulweg
- Länge des Schulwegs
- benutzte Verkehrsmittel mit Abfahrtszeit und Wochentagen
- Gewährung der Kostenfreiheit des Schulwegs
- Haltestellen
- Befreiung vom Nachmittagsunterricht

3.2.4 Aktuelle Unterrichtsdaten
- Schule
- Schulart
- Klasse/Gruppe
- Jahrgangsstufe
- Art der Klassen/Gruppe
- Unterrichtsart
- Ausbildungsrichtung
- Fachgruppe/Wahlpflichtfächergruppe
- besuchter Religions-/Ethikunterricht

- Datum der Abmeldung vom Religionsunterricht
- Fremdsprachen
- Wahlpflichtfächer
- Wahlunterricht/Förderunterricht/Pluskurse/Arbeitsgemeinschaften
- differenzierter Sport incl. Sportart
- Erfüllung der Schulpflicht
- gleichzeitiger Berufsschulbesuch
- Ganztagesunterricht/Tagesheim
- Merker für Bearbeitungsvermerke
- Stunden an anderer Schule
- Klassengruppe
- Daten zu Nachholfristen
- Lehrkraft, Zeit, Raum des besuchten Unterrichts

3.2.5 Ausbildungsdaten/Praktikumsdaten
- Ausbildungsbeginn/-ende
- Ausbildungsart
- Ausbildungsdauer
- Ausbildungsberuf
- zeitliche Organisation
- Praktika
- Kammernummer (z. B. der IHK, der HWK)

3.2.6 Unterrichtsdaten zum kommenden Schuljahr
- neue Ausbildungsrichtung/Wahlpflichtfächergruppe
- neue Fremdsprache
- neue Wahlpflichtfächer
- neue Wahlfächer
- Wechsel Religion/Ethik
- neue Klasse
- voraussichtliche Wiederholung

3.2.7 Unterrichtsdaten des Vorjahres
- Klasse
- Klassenart
- Unterrichtsart
- Jahrgangsstufe
- Ausbildungsrichtung

3.2.8 Eintritt
- Anmeldedatum
- Eintrittsdatum
- Eintrittsjahrgangsstufe
- fehlende Unterlagen (Art, Erläuterung, Termin)
- von Schule
- von Schulart
- von Jahrgangsstufe
- Daten zu Probezeit/Nachfristen
- Jahr und Art des mittleren Schulabschlusses
- schulische Vorbildung
- berufliche Vorbildung
- Eignung lt. Übertrittszeugnis
- Daten zur Aufnahmeberechtigung

3.2.9 Schullaufbahn
- Für jedes Schuljahr: Schule, Jahrgangsstufe, Schulbesuchsjahr, Klassengruppe, Bildungsgang, ggf. Grund für Änderung/Wechsel, Zusatzinfo für Änderung/Wechsel (regulär/freiwillig/Pflicht/geeignet/erfasst/gelöscht/geändert), Feststellung der Übertrittseignung;

- Jahre Frühförderung (nur bei Förderschulen)
- Jahre schulvorbereitende Einrichtung
- Einschulung
- Wiederholungen
- übersprungene Jahrgangsstufe
- Notenausgleich im vergangenen Schuljahr
- Nachprüfung
- Besuch der Jahrgangsstufe 1A
- Fremdsprachenfolge (Fach, von Jahrgangsstufe, bis Jahrgangsstufe, Feststellungsprüfung, Bemerkung zur Feststellungsprüfung)
- Firma und Sitz des früheren Ausbildungsbetriebes bei Änderung/Wechsel des Ausbildungsbetriebes

3.2.10 Austritt
- Ergänzungsprüfung
- Prüfungsende
- Eignung weiterführende Schule
- beabsichtigter Wechsel
- Austrittsdatum
- Abschluss
- Austritt wohin (bei Mittel- und Förderschulabgängerinnen und -abgängern oder Mittel- und Förderschulabsolventinnen/-absolventen [ohne Schülerinnen/Schüler des M-Zugs] voraussichtlicher schulischer oder beruflicher Verbleib im kommenden Schuljahr);
- bei Mittel- und Förderschulabgängerinnen und -abgängern oder Mittel- und Förderschulabsolventinnen und -absolventen (ohne Schülerinnen/Schüler des M-Zugs): Art des voraussichtlichen Abschlusses der Mittelschule, voraussichtliche Note im Fach Deutsch, beruflicher Interessenschwerpunkt

3.2.11 Gesundheitsdaten
- Lese-Rechtschreib-Störung/LRS-Attest

3.2.12 Gesundheitsdaten bei Schülerinnen/Schülern mit sonderpädagogischen Förderbedarf
- Dauernde Behinderungen (Art)
- Pflegeaufwand
- Schulbegleiter
- Kostenträger
- Ende der Kostenübernahme (Jahr)
- sonderpädagogischer Förderbedarf
- letztes sonderpädagogisches/sonstiges Gutachten (Jahr)
- letzter förderdiagnostischer Bericht (Jahr)

3.2.13 Besondere pädagogische Maßnahmen
- Sonderpädagogische Förderung
- Förderplan
- Ergänzungsunterricht
- Förderunterricht
- Förderkurs für Lese-Rechtschreib-Störung
- Verzicht auf Ziffernoten (Verbalbeurteilung)
- Intensivkurs oder Förderunterricht in deutscher Sprache
- muttersprachlicher Unterricht für Ausländer (Sprache)
- Eingliederungsförderung für Aussiedler

3.2.14 Zeugnisdaten (ohne Abschlussprüfung))
- Noten/Verbalbeurteilungen
- Zeugnisbemerkungen
- Klassenziel
- Gefährdung des Vorrückens

3.2.15 Daten zur Abschlussprüfung
- Jahrgang
- Schülerstatus
- Stammschule
- bisherige Ausbildungsrichtung
- Daten zur bisherigen Schullaufbahn
- Daten für besondere Form der Abschlussprüfung
- ggf. abweichender Rechtsstand
- Wiederholungen in vorausgehenden Jahrgangsstufen
- Thema und Note der Seminararbeit
- Bemerkungen zum Ausbildungsabschnitts-/Abschlussprüfungszeugnis
- Gefährdung
- Zulassung zur Abschlussprüfung
- Kursbelegung
- Daten der abgeschlossenen Fächer (Fach, Abschlussjahrgangsstufe, Noten/Verbalbeurteilungen, ggf. erworbene Qualifikation)

3.2.16 Leistungsdaten
- Note/Verbalbeurteilung
- Art
- Gewichtung
- Datum der Leistungsbewertung
- Gegenstand der Leistungsbewertung (schriftliche, mündliche, praktische Leistungen)
- Zeugnisbemerkungen
- Daten zum Erreichen des Klassenziels (aktuelles Schuljahr, Vorjahr)
- ggf. besondere Gewichtung (insbesondere wegen Lese-Rechtschreib-Störung)
- Art der Wiederholung

3.2.17 Ergebnisse der Jahrgangsstufentests und der Orientierungsarbeiten
- erreichte Punkte je Aufgabe
- Grund für Nichtteilnahme (sonderpädagogische Förderung, Lese-Rechtschreib-Störung)

3.2.18 Ergebnis der Abschlussprüfung
- schriftliche/mündliche/Gesamt-Noten oder Verbalbeurteilungen der Prüfungsfächer
- Bestehen der Abschlussprüfung
- Bemerkungen über eventuellen Notenausgleich und eventuelles Überwiegen der Jahresnote
- Zeugnisbemerkungen

3.2.19 Buchausleihdaten
- ausgeliehene Bücher
- Ausleihdatum
- Rückgabedatum

3.2.20 Fehltage
- Dauer (von, bis)
- Kalendertage
- Schultage
- Art
- Grund
- Übermittlungsweg

3.2.21 Unterbringung/Betreuung
Art und Umfang der Unterbringung/Betreuung/ganztägigen Förderung

3.2.22 Funktion im Schulleben
z.B. Schülersprecherin oder Schülersprecher, Klassensprecherin oder Klassensprecher

3.2.23 Geschwister
Geschwister an derselben Schule

3.3 Daten der Erziehungsberechtigten
- Name(n)
- Vorname(n)
- Anrede
- Art des Erziehungsberechtigten
- Straße
- Wohnort
- Telefon
- Optionale Kontaktdaten (Telefax, E-Mail-Adresse, URL [Webkommunikation])
- Funktion als Elternvertreter;

3.4 Daten zusätzlicher Ansprechpartner (optional)
- Name(n)
- Vorname(n)
- Straße
- Wohnort
- Telefon
- Weitere Kontaktdaten (Telefax, E-Mail-Adresse, URL [Webkommunikation])

3.5 Daten externer Prüfungsteilnehmerinnen und Prüfungsteilnehmer

3.5.1 Stammdaten
- Name(n)
- Vorname(n)
- Geburtsmonat und -jahr
- Tag der Geburt
- Geburtsort
- Geschlecht
- Staatsangehörigkeit
- Migrationshintergrund (Geburtsland, Jahr des Zuzugs nach Deutschland, Muttersprache deutsch/nicht deutsch)
- Jahr der Ersteinschulung
- erworbene Abschlüsse
- Ordnungsnummer (nicht einsehbar, rein technische Speicherung)

3.5.2 Ergebnis der Abschlussprüfung
- schriftliche/mündliche/Gesamt-Noten oder Verbalbeurteilungen der Prüfungsfächer
- Bestehen der Abschlussprüfung
- Bemerkungen über eventuellen Notenausgleich und eventuelles Überwiegen der Jahresnote
- Zeugnisbemerkungen.

3.5.3 Leistungsdaten an der Herkunftsschule in den schriftlichen Fächern der Abschlussprüfung
- Noten
- Verbalbeurteilungen.

3.6 Daten der Programmnutzerinnen und -nutzer

3.6.1 Stammdaten
- Name(n)
- Vorname(n)
- Kennung
- Kontaktdaten (Telefon, Telefax, E-Mail, URL [Webkommunikation])

3.6.2 Berechtigungen
- Berechtigungen
- Rollen
- Begründung/Zweck

3.6.3 Nutzungsbezogene Daten
- Datum der letzten Passwortänderung
- Datum der letzten Anmeldung
- Fehlversuche bei der Anmeldung

3.6.4 Protokollinformationen
- Information über angelegte/geänderte/gelöschte Datensätze (Historisierung)
- Protokoll über den Abruf von Schülerdaten aus ASD (Benutzer, Zeitstempel, abgerufene Daten, Abrufart)

3.7 Daten des Verwaltungspersonals und des externen Betreuungspersonals

3.7.1 Stammdaten
- Name(n)
- Vorname(n)
- Geburtsname
- Geschlecht
- Geburtsdatum
- Anrede
- zugehörige Schule
- Schulart
- Art
- Zugang zum pädagogischen Netz, Zugang zum Verwaltungsnetz
- Straße
- Wohnort
- Telefon
- Weitere Kontaktdaten (Telefax, E-Mail-Adresse, URL [Webkommunikation])

3.7.2 Arbeitsrechtliche Zusatzangaben
z. B. Beginn des Mutterschutzes, Beginn der Elternzeit

3.8 Daten der Ansprechpartner in Betrieben/Praktikumsstellen

3.8.1 Stammdaten
- Name(n)
- Vorname
- Art
- Zuständigkeit
- Telefonnummer
- Telefaxnummer
- E-Mail- Adresse
- URL (Webkommunikation)

3.8.2 Angaben zum Betrieb
- Name
- Anschrift
- Typ
- Telefonnummer
- Telefaxnummer
- E-Mail-Adresse
- URL des Betriebs (Webkommunikation)
- Mutterkonzern
- Einrichtung Bund/Land

3.8.3 Zuordnung zu den Schülerinnen/Schülern

4 Kategorien der Empfänger, denen die personenbezogenen Daten offengelegt werden:

4.1 Externe Empfänger: Auftragsverarbeiter der Schule
Die Daten werden ausschließlich dem von der Schule beauftragten Auftragsverarbeiter (i.d.R. das kommunale RZ) unter den Voraussetzungen des Art. 28 Verordnung (EU) 2016/679 (Datenschutz-Grundverordnung – DSGVO) offengelegt, soweit dies technisch erforderlich ist.

Die Daten der Nrn. 3.2 und 3.3 werden, soweit in Art. 85a Abs. 2 genannt, zum Zweck der Durchführung des automatisierten Verfahrens zur Unterstützung der Schulen bei schulübergreifenden Verwaltungsvorgängen bei der nach Art. 85a Abs. 1 BayEUG beauftragten öffentlichen Stelle für die Schule verarbeitet.

4.2 Externe Empfänger: Erziehungsberechtigte
Daten betreffend die eigenen Kinder gem. Nr. 3.2

4.3 Andere externe Empfänger

Empfänger	**Übermittelte Daten**	**Zweck der Übermittlung**	**Rechtsgrundlage**
Automatisiertes Verfahren zur Unterstützung der Schulverwaltung			
Zuständiges staatliches Schulamt (bei Grund- und Mittelschulen) zuständige Regierung, zuständige Ministerialbeauftragte und zuständiger Ministerialbeauftragter, Staatsministerium	Nr. 3.1 und 3.2, soweit in Art. 113a Abs. 2 BayEUG genannt	Unterrichtsplanung der staatlichen Schulen; Prüfung der Unterrichtssituation; Bezuschussung nichtstaatlicher Schulen nach dem Bayerischen Schulfinanzierungsgesetz	Art. 85 Abs. 1 Satz 5 Nr. 3 i.V.m. Art. 113a Abs. 2 BayEUG; Art. 31 ff. BaySchFG
Amtliche Schulstatistik			
Landesamt für Statistik	Nr. 3.1 – 3.5 und 3.7, soweit nach Art. 113b BayEUG Bestandteil der Amtlichen Schulstatistik	Bildungsplanung; Organisation des Schulwesens	Art. 113b Abs. 6 und 8 BayEUG
Ergebnisstatistik			
Bayerisches Staatsministerium für Unterricht und Kultus, Institut für Schulqualität und Bildungsforschung	Nr. 3.2.17 und 3.2.18, soweit nach Art. 113b BayEUG Bestandteil der Ergebnisstatistik	Bildungsplanung; Organisation des Schulwesens	Art.113b Abs. 7 und 8 BayEUG

Gastschülerliste			
Jeweils zuständiger Aufwandsträger	Nr. 3.2, beschränkt auf Klasse, Name(n), Vornamen, Geburtsdatum, Staatsangehörigkeit (wenn keine Unionsbürgerschaft), Gemeindekennzahl (des Wohnortes beziehungsweise bei Berufsschülern mit Beschäftigungsverhältnis des Orts des Ausbildungsbetriebs), Schuleintritt; bei Berufsschulen zudem Ausbildungsberuf, Ausbildungsbeginn, Ausbildungsende, Name und Anschrift des Ausbildungsbetriebs	Feststellung der Gastschülereigenschaft	Art. 85 Abs. 1 Satz 1 BayEUG i. V. m. Art. 10 und 19 BaySchFG
Teilnahme an Ausbildungs- und Bildungsmaßnahmen			
Der jeweilige Maßnahmeträger	Nr. 3.2, beschränkt auf Name(n), Vornamen, Klasse, Ausbildungsbetrieb	Zeitliche Koordinierung des Berufsschulunterrichts mit anderen ausbildungsbezogenen Bildungsmaßnahmen	Art. 85 Abs. 1 Satz 1 BayEUG i. V. m. § 25 Abs. 2, § 11 Abs. 1 Satz 1 Nr. 2 und 3 BSO
Abschlusszeugnis der Berufsschule			
Die für die Berufsausbildung zuständigen Stellen	Nr. 3.2, beschränkt auf Name(n), Vornamen, Kammernummer, Durchschnittsnote des Abschlusszeugnisses der Berufsschule	Aufnahme der Durchschnittsnote des Abschlusszeugnisses der Berufsschule in das Berufsabschlusszeugnis	Art. 85 Abs. 1 Satz 1 BayEUG i. V. m. § 25 Abs. 1 Nr. 3, § 24 Abs. 2 BSO

Schülerliste zur Kostenfreiheit des Schulwegs			
Zuständiger Aufgabenträger der Schülerbeförderung	Nr. 3.2, beschränkt auf amtliche Schulbezeichnung, Klasse, Name(n), Vorname(n), Geburtsdatum, Anschrift	Ermittlung der Schulwegkostenfreiheit	Art. 85 Abs. 1 Satz 1 BayEUG i. V. m. Art. 3 Abs. 4 BaySchFG, Art. 1 Abs. 1 und Art. 5 des Gesetzes über die Kostenfreiheit des Schulwegs i. V. m. der Verordnung über die Schülerbeförderung
Erfassung des Verbleibs von Abgängern der Mittelschule oder des Förderzentrums			
Zuständiges staatliches Schulamt oder zuständige Regierung, zuständige Berufsschule	Nr. 3.2 beschränkt auf verpflichtende Angaben: Name(n), Vornamen, Geburtsdatum, Anschrift, besuchte Mittelschule oder besuchten Förderzentrum, Klasse, Schulamtsbezirk, voraussichtlicher schulischer oder beruflicher Verbleib im kommenden Schuljahr freiwillige Angaben: Art des voraussichtlichen Abschlusses der Mittelschule, voraussichtliche Note im Fach Deutsch, beruflicher Interessenschwerpunkt	Überwachung der Schulpflicht, Begleitung von Abgängerinnen und Abgängern und Absolventinnen/Absolventen der Mittelschule oder des Förderzentrums (ohne Schülerinnen/Schüler des M-Zugs) im Übergang Schule – Beruf	betr. die verpflichtenden Angaben: Art. 85 Abs. 1 Satz 1 i. V. m. Art. 39 BayEUG und § 3 MSO oder. § 34 VSO-F betr. die freiwilligen Angaben: Art. 6 Abs. 1 Buchstabe a DSGVO
Schulwechsel			
Zielschule bei Schulwechseln	Nr. 3.2, beschränkt auf die in Art. 85a Abs. 2 BayEUG genannten Daten	Schulwechsel von Schülern	Art. 85a Abs. 3 BayEUG

Internetauftritt von Schulen			
Auftragsverarbeiter Nutzer der Homepage	Daten der Schulleitung und soweit Lehrkräfte an der Schule eine Funktion mit Außenwirkung wahrnehmen Daten gem. Nr. 3.1 beschränkt auf Name(n), Namensbestandteile, Vorname(n), Funktion, Amtsbezeichnung, Lehrbefähigung, dienstliche Anschrift, dienstliche Telefonnummer, dienstliche E-Mail-Adresse.	Präsentation der Schule nach außen, Information der Öffentlichkeit	Art. 85 Abs. 1 Satz 1; Einwilligung
	Andere Daten (z.B. Fotos), in deren Veröffentlichung auf den Internetseiten der Schule die Betroffenen wirksam eingewilligt haben; Daten von Lehrkräften, die an der Schule keine Funktion mit Außenwirkung wahrnehmen, sowie von Schülerinnen und Schülern, Erziehungsberechtigten und sonstigen Personen, Daten (z.B. Fotos), in deren Veröffentlichung auf den Internetseiten der Schule die Betroffenen, bei Minderjährigen bis zur Vollendung des 14. Lebensjahres die Erziehungsberechtigten sowie bei Minderjährigen ab Vollendung des 14. Lebensjahres diese selbst und die Erziehungsberechtigten wirksam eingewilligt haben.		

4.4 Interne Empfänger/Zugriffsberechtigte

	Zugriffsrechte auf
Schulleitung	– Nr. 3.1 bis 3.5; 3.7, 3.8 (ohne Nr. 3.2.16); – Nr. 3.2.16, soweit dies zur Erfüllung ihrer pädagogischen, organisatorischen und rechtlichen Aufgaben erforderlich ist; – Nr. 3.6.4 (nur lesend)
Verwaltungspersonal im Sekretariat	– Nr. 3.1 – Nr. 3.2 (ohne Nr. 3.2.15 und 3.2.16), – Nr. 3.3 bis 3.5 – Nr. 3.7, 3.8
Lehrkräfte	– Daten der von ihnen unterrichteten Schülerinnen und Schüler gemäß Nr. 3.2; dabei Nr. 3.2.15 bis Nr. 3.2.18 in den selbst unterrichteten Fächern; außerdem fächerübergreifend im konkreten Einzelfall, insbesondere für den Zeitraum, für den dies zur Erfüllung ihrer Aufgaben als Mitglied der Klassenkonferenz (insbesondere Zeugniserstellung, Entscheidung über das Vorrücken, Empfehlung an die Lehrerkonferenz im Fall des Vorrückens auf Probe) erforderlich ist – Nr. 3.8 – Nr. 3.1.19 und 3.2.19 (nur mit der Buchausleihe befasste Lehrkräfte)
Klassenleitungen; Oberstufenkoordinator und -koordinatorin	Schreibend: – Nr. 3.2.15, Nr. 3.2.16 fachbezogen – fächerübergreifend für die Schülerinnen und Schüler ihrer Klasse, um schulische oder häusliche Probleme erkennen zu können, die sich durch einen plötzlichen Leistungsabfall in mehreren Fächern gleichzeitig bemerkbar machen, sowie für die Zeugnisvorbereitung und Zeugniserstellung, – Nr. 3.2.18, Nr. 3.5
Lehrkräfte der jeweiligen Schülerinnen und Schüler an Berufsschulen	(zusätzlich zu den vorstehenden) Lesend: – Nr. 3.2.15, Nr. 3.2.16 fächerübergreifend während des gesamten Schuljahrs für die von ihnen unterrichteten Schülerinnen und Schüler wegen der schulorganisatorischen und didaktischen Besonderheiten der Berufsschulen
Beratungslehrkräfte und Schulpsychologen	Lesend: – Nr. 3.2 (ohne Nr. 3.2.15 bis Nr. 3.2.17 und 3.2.19), Nr. 3.8 – fächerübergreifend hinsichtlich Nr. 3.2.15 bis 3.2.17 nur im konkreten Einzelfall, soweit dies zur Erfüllung ihrer pädagogisch-psychologischen und rechtlichen Aufgaben im Rahmen der Schulberatung erforderlich ist
Administrator	Daten der Programmbenutzer gemäß Nr. 3.6.1 und 3.6.2

5 Vorgesehene Fristen für die Löschung der verschiedenen Datenkategorien im Verfahren Schulverwaltungsprogramm

Nr. 3.1.10, 3.1.12, 3.1.14	Spätestens am Ende des laufenden Schuljahres
Nr. 3.1 (außer Nr. 3.1.10–3.1.14 und 3.1.19), Nr. 3.2 (außer Nr. 3.2.4, 3.2.6, 3.2.7, 3.2.16 bis 3.2.19) Nr. 3.3 und 3.4 Nr. 3.6.1 bis 3.6.2, Nr. 3.7	Spätestens am Ende des nachfolgenden Schuljahres, in dem die betroffene Person von der Schule abgegangen ist
Nr. 3.1.11, 3.1.13, 3.1.19 Nr. 3.2.4, 3.2.6, 3.2.7, 3.2.16 bis 3.2.18 Nr. 3.5	Spätestens am Ende des nachfolgenden Schuljahres
Nr. 3.6.3, 3.6.4	Ein Jahr nach der Anlage/der Änderung des Datensatzes
Nr. 3.2.19, 3.8	Löschung spätestens am Ende des nachfolgenden Schuljahres, in dem die Schülerin/der Schüler von der Schule abgegangen ist

Abschnitt 2: Elektronischer Notenbogen

1 **Zwecke der Verarbeitung:**
Unterstützung der Lehrkräfte bei der
- individuellen Förderung der Schülerinnen und Schüler
- Bewertung von Schülerleistungen
- Erfüllung der Unterrichtungs- und Beratungspflichten der Schule gegenüber Schülern und Erziehungsberechtigten
- Vorbereitung schulrechtlicher Entscheidungen
- Erstellung von Zeugnissen

2 **Kategorien der betroffenen Personen**
- Lehrkräfte
- Schülerinnen und Schüler
- Erziehungsberechtigte
- Schulleitung

3 **Kategorien der gespeicherten Daten**

3.1 Daten der Lehrkräfte, der Klassenleitungen und der Schulleitung

3.1.1 Stammdaten
- Name(n)
- Vorname(n)
- Geschlecht
- Nutzerrolle
- Amtsbezeichnung
- Lehrerkürzel

3.1.2 Unterrichtsdaten
- unterrichtete Fächer
- fachbezogene Zuordnung zu unterrichteten Schülerinnen und Schülern
- Zuordnung zu erteilten Erziehungs- und Ordnungsmaßnahmen nach Art. 86 Abs. 1, 2 Nrn. 1 bis 5 BayEUG

3.1.3 Daten über protokollierungsbedürftige Zugriffe

3.2 Daten der Schülerinnen und Schüler

3.2.1 Stammdaten
- Name(n)
- Vorname(n)
- Geschlecht
- Geburtsdatum
- Geburtsort
- Erziehungsberechtigte

3.2.2 Aktuelle Unterrichtsdaten
- Klasse
- Klassenart
- Unterrichtsart
- Schule
- Schulart
- Jahrgangsstufe
- Vorrücken in diese Jahrgangsstufe
- Aufnahme in die Schule durch
- Wiederholungen
- Ausbildungsrichtung/Fachgruppe/Wahlpflichtfächergruppe
- besuchter Religions-/Ethikunterricht
- Fremdsprachen
- Wahlpflichtfächer
- Wahlunterricht/Förderunterricht/Pluskurse/Arbeitsgemeinschaften
- differenzierter Sport einschließlich Sportart

- Erfüllung der Schulpflicht
- ggf. Berufsfeld

3.2.3 Leistungsdaten
- Note
- Art
- ggfs. allgemeine Bemerkung gemäß Art. 52 Abs. 2 Satz 3 BayEUG
- Gewichtung
- Datum der Leistungsbewertung
- Zeugnisbemerkungen
- Erreichen des Klassenziels
- Empfehlungen und Entscheidungen der Klassen- oder Lehrerkonferenz
- Bemerkungen zu Zwischenzeugnis und Jahreszeugnis

3.2.4 Individuelle Unterstützung, Nachteilsausgleich und Notenschutz
ggf. Maßnahmen der Individuellen Unterstützung, des Nachteilsausgleiches und Notenschutzes gemäß Art. 52 Abs. 5 BayEUG, §§ 32 bis 34 BaySchO bei einzelnen Schülerinnen und Schülern (insbesondere wegen Lese- und Rechtschreibstörung)

3.2.5 Absenzen
- Zahl der versäumten Unterrichtstage
- Art der Absenz (entschuldigt/unentschuldigt)
- Datum
- Attestpflicht

3.2.6 Erziehungs- und Ordnungsmaßnahmen nach Art. 86 Abs. 1, 2 Nrn. 1 – 5 BayEUG
- Art
- Betreff
- Datum
- Lehrkraft

3.2.7 Austritt
- Ergänzungsprüfung
- Prüfungsende
- Eignung für weiterführende Schule
- Austrittsdatum
- Abschluss

3.3 Daten der Erziehungsberechtigten

3.3.1 Stammdaten
- Name(n)
- Vorname(n)
- Geschlecht
- Kontaktdaten
- Zuordnung zu Schülerin/Schüler

4 Kategorien der Empfänger, denen die personenbezogenen Daten offengelegt werden:

4.1 Externe Empfänger: Auftragsverarbeiter
Die Daten werden ausschließlich dem von der Schule beauftragten Auftragsverarbeiter und den Voraussetzungen des Art. 28 DSGVO offengelegt, soweit dies technisch erforderlich ist.

4.2 Interne Empfänger/Zugriffsberechtigte

	Zugriffsrechte im konkreten Einzelfall auf
Schulleitung	Nr. 3.2.3, 3.2.4 und 3.2.6: schreibend Nr. 3.1 bis 3.2.2, 3.2.5 und Nr. 3.2.7 bis 3.3: lesend (3.1.3 nur hinsichtlich der eigenen Daten)
Lehrkräfte	Daten aller Schülerinnen und Schüler: 3.2.6: schreibend Nr. 3.2.1 sowie Angabe der Klasse: lesend Daten der von ihnen unterrichteten Schülerinnen und Schüler: Nr. 3.2.3 und 3.2.5 in selbst unterrichteten Fächern: schreibend; im Übrigen lesend, insbesondere für den Zeitraum, für den dies zur Erfüllung der Aufgaben als Mitglied der Klassenkonferenz erforderlich ist (insbesondere Zeugniserstellung, Entscheidung über das Vorrücken, Empfehlung an die Lehrerkonferenz im Fall des Vorrückens auf Probe); Nr. 3.1 bis 3.2.2, 3.2.4, 3.2.7 bis 3.3: lesend (3.1.3 nur hinsichtlich der eigenen Daten)
(Stellvertretende) Klassenleitung, Oberstufenkoordinator oder Oberstufenkoordinatorin	(zusätzlich zu den Zugriffsrechten als Lehrkraft) Nr. 3.2.3, 3.2.5 fächerübergreifend für die Schülerinnen und Schüler ihrer Klasse, um schulische oder häusliche Probleme erkennen zu können, die sich durch einen plötzlichen Leistungsabfall in mehreren Fächern gleichzeitig bemerkbar machen, sowie für die Zeugnisvorbereitung und Zeugniserstellung
Lehrkräfte an Berufsschulen	(zusätzlich zu den Zugriffsrechten der übrigen Lehrkräfte) Daten der von ihnen unterrichteten Schülerinnen und Schüler: Nr. 3.2.3 fächerübergreifend während des gesamten Schuljahres wegen der schulorganisatorischen und didaktischen Besonderheiten der Berufsschulen
Beratungslehrkräfte und Schulpsychologen	(zusätzlich zu den Zugriffsrechten der Lehrkräfte) Nr. 3.2, 3.3 lesend, soweit dies zur Erfüllung ihrer pädagogisch-psychologischen und rechtlichen Aufgaben im Rahmen der Schulberatung erforderlich ist.
Administrator	Nr. 3.1 bis 3.3: schreibend

5 Vorgesehene Fristen für die Löschung der verschiedenen Datenkategorien

Wird der elektronische Notenbogen als Hilfsmittel zur Erstellung entsprechender Schülerakten verwendet, so gelten für die aus diesen Daten erstellten Schülerakten die Aufbewahrungsfristen des § 40 BaySchO.

Im Übrigen werden die gespeicherten Daten jeweils spätestens am Ende des Schuljahres gelöscht, das dem Schuljahr nachfolgt, in dem die Daten gespeichert wurden.

Abschnitt 3: Klassentagebuch

Die mit * gekennzeichneten Regelungen gelten nur für Klassentagebücher in automatisierter Form

1 **Zwecke der Verarbeitung:**

Unterstützung
- bei der Erfassung und Dokumentation von Unterrichtsstunden und Fehlzeiten
- bei der Wahrnehmung der Aufsichtspflicht und Überwachung der Schulpflicht
- bei der Erfüllung der Auskunftspflicht gegenüber Schülerinnen und Schülern, deren Erziehungsberechtigten und ggf. Ausbildungsbetrieben

2 **Kategorien der betroffenen Personen**
- Schülerinnen und Schüler
- Erziehungsberechtigte
- Lehrkräfte
- Schulleitung
- Verwaltungspersonal*

3 **Kategorien der gespeicherten Daten**

3.1 Daten der Lehrkräfte, der Klassenleitungen, der Schulleitung und des Verwaltungspersonals

3.1.1 Stammdaten
- Name(n)
- Vorname(n)
- Geschlecht
- Nutzerrolle*
- Amtsbezeichnung
- Lehrerkürzel

3.1.2 Unterrichtsdaten und -elemente (nicht bei Verwaltungspersonal)
- unterrichtete Fächer
- Lehrverteilung
- Stunden- und Vertretungsplandaten
- Unterrichtsdokumentation
- Unterrichtsrelevante Termine (z.B. Prüfungstermine, Schulfahrten, Praktika)
- Hausaufgaben

3.1.3 Nutzungsbezogene Daten
- Erteilte Bestätigungen/Befreiungen

3.2 Daten der Schülerinnen und Schüler

3.2.1 Stammdaten
- Name(n)
- Vorname(n)
- Geschlecht
- Geburtsdatum
- Geburtsort
- Erziehungsberechtigte

3.2.2 Aktuelle Unterrichtsdaten
- Klasse
- Klassenart
- Unterrichtsart
- Schule
- Schulart
- Jahrgangsstufe
- Ausbildungsrichtung/Fachgruppe/Wahlpflichtfächergruppe
- besuchter Religions-/Ethikunterricht
- Fremdsprachen
- Wahlpflichtfächer

- Wahlunterricht/Förderunterricht/Pluskurse/Arbeitsgemeinschaften
- differenzierter Sport einschließlich Sportart
- ggf. Berufsfeld
- ggfs. Ausbildungsbetrieb

3.2.3 Absenzen
- Grund der Absenz: Verspätung/Krankheit/Befreiung/Beurlaubung (Auswahlfeld)
- ggf. erwarteter Zeitraum der Abwesenheit (von... bis)
- ggf. Verspätungsdauer
- versäumte Unterrichtsstunden
- Entschuldigungsstatus: unentschuldigt/entschuldigt/mit Attest entschuldigt
- ggf. Befreiungs- oder Beurlaubungsstatus: nicht bestätigt/bestätigt/mit Attest bestätigt

3.3 Daten der Erziehungsberechtigten

3.3.1 Stammdaten
- Name(n)
- Vorname(n)
- Geschlecht
- Kontaktdaten
- Zuordnung zu Schülerin/Schüler

4 Kategorien der der Empfänger, denen die personenbezogenen Daten offengelegt werden:

4.1 Externe Empfänger: Auftragsverarbeiter*
Die Daten werden dem von der Schule beauftragten Auftragsverarbeiter unter den Voraussetzungen des Art. 28 DSGVO offengelegt, soweit dies technisch erforderlich ist.

4.2 Externe Empfänger: ggf. Ausbildungsbetrieb
Die Daten der Nr. 3.2 werden, soweit in § 25 BSO genannt, im Rahmen der Zusammenarbeit gem. § 83 Abs. 2 BBiG zum Zwecke einer erfolgreichen dualen Berufsausbildung den Ausbildungsbetrieben offengelegt.

4.3 Interne Empfänger/Zugriffsberechtigte

	Zugriffsrechte* auf
Schulleitung, Verwaltungspersonal	Nr. 3.1.1, 3.1.2, 3.2.1, 3.2.2 und 3.3 lesend Nr. 3.1.3 und 3.2.3 schreibend
Klassenleitungen und Lehrkräfte an Berufsschulen der jeweiligen Schülerinnen und Schüler	Nr. 3.1.1, 3.1.2, 3.2.1, 3.2.2 und 3.3 lesend Nr. 3.2.3 schreibend Nr. 3.1.3 schreibend, beschränkt auf die jeweils unterrichteten Fächer
Lehrkräfte und Vertretungslehrkräfte der jeweiligen Schülerinnen und Schüler	Nr. 3.1.1, 3.1.2, 3.2.1, 3.2.2, 3.3, lesend Nr. 3.1.2, 3.1.3 und 3.2.3 schreibend, beschränkt auf die jeweils unterrichteten Fächer
Administrator*	Nr. 3 schreibend

5 Vorgesehene Fristen für die Löschung
Die gespeicherten Daten werden spätestens jeweils am Ende des Schuljahres gelöscht, das dem Schuljahr nachfolgt, in dem die Daten gespeichert wurden.

Abschnitt 4: Passwortgeschütze Lernplattform

1 **Zwecke der Verarbeitung:**
- Unterstützung der Schulentwicklung
- Ergänzung der pädagogischen Arbeit durch virtuelle Klassenräume
- Förderung der Kooperation innerhalb der Schule und zwischen Schulen
- ortsunabhängiges Arbeiten mit digitalen Unterrichtswerkzeugen
- Durchführung elektronisch unterstützter Leistungsnachweise
- Durchführung von Distanzunterricht unter den Voraussetzungen von § 19 Abs. 4 BaySchO

2 **Kategorien der betroffenen Personen**
- Pädagogisches Personal: Lehrkräfte, Betreuungspersonal förderbedürftiger Schülerinnen und Schüler, Studienreferendare, Lehramtsstudierende im Schulpraktikum, weiteres pädagogisches Personal (z.B. Ganztagsbetreuung)
- Schülerinnen und Schüler
- Nutzer des erweiterten Nutzerkreises: externe Partner im Sinne des Art. 2 Abs. 5 BayEUG

3 **Kategorien der gespeicherten Daten**

3.1 Daten des pädagogischen Personals

Daten des pädagogischen Personals werden grundsätzlich nur gespeichert, soweit die jeweiligen Betroffenen wirksam eingewilligt haben. Einer Einwilligung bedarf es nicht, soweit die Lernplattform auf Grund von Regelungen des Staatsministeriums (z.B. Lehrpläne) verpflichtender Bestandteil des Unterrichts ist. In diesem Fall sind die Betroffenen vor dem Einsatz der Lernplattform über Art und Umfang der Datenverarbeitung umfassend durch die Schule zu informieren.

3.1.1 Stammdaten
- Name(n)
- Vorname(n)
- Schule
- Funktion
- Amtsbezeichnung
- Angaben zur Lehrbefähigung
- E-Mail-Adresse im Rahmen der Lernplattform
- Benutzername
- Nutzerrolle
- lokale User-ID
- Passwort
- Klassenleiter
- Angaben zum Unterrichtseinsatz
- Profilbild (optional)

3.1.2 Nutzungsbezogene Daten
- Zeitpunkt der Anmeldung
- Zeitpunkt des ersten Logins
- Zeitpunkt des letzten Logins
- Zeitpunkt der letzten Kennwortänderung
- Summe der Logins
- Gesamtnutzungsdauer der Lernplattform
- in Anspruch genommener Speicherplatz
- Korrekturzeichen und -anmerkungen
- Mitgliedschaften in virtuellen Kursen/Räumen der Lernplattform (auch im Rahmen einer Schulpartnerschaft) jeweils mit Zeitpunkt des Beginns und der letzten Nutzung der Mitgliedschaft sowie Art der Zugriffsberechtigung
- bearbeitete Lektionen, jeweils mit Zeitpunkt der Erstellung und der letzten Änderung; Auswertung der absolvierten Tests

- in der Lernplattform veröffentlichte Beiträge. Lektionen und Nachrichten (auch Audio-, Video-, Bildaufnahmen oder sonstige Dateien) ggf. inkl. Bearbeitungs-, Zustellungs- und Lesestatus un sowie Zeitpunkt der Erstellung und der letzten Änderung
- IP-Adresse des Benutzers
- ggf. Authentifizierungstoken
- ID zur eindeutigen Geräteidentifikation
- individuelle Einstellungen und Konfigurationen

3.2 Daten der Schülerinnen und Schüler

Schülerdaten werden grundsätzlich nur gespeichert, soweit die Betroffenen oder bei Minderjährigen bis zur Vollendung des 14. Lebensjahres die Erziehungsberechtigten sowie bei Minderjährigen ab Vollendung des 14. Lebensjahres diese selbst und die Erziehungsberechtigten, wirksam eingewilligt haben. Einer Einwilligung bedarf es nicht, soweit die Lernplattform auf Grund von Regelungen des Staatsministeriums (z.B. Lehrpläne) verpflichtender Bestandteil des Unterrichts ist. In diesem Fall sind die Betroffenen vor dem Einsatz der Lernplattform über Art und Umfang der Datenverarbeitung umfassend durch die Schule zu informieren.

3.2.1 Stammdaten

- Name(n)
- Vorname(n)
- Schule
- Klasse/Kurs
- E-Mail-Adresse im Rahmen der Lernplattform
- Benutzername
- Nutzerrolle
- lokale User-ID
- Passwort
- Profilbild (optional)

3.2.2 Nutzungsbezogene Daten

- Zeitpunkt der Anmeldung
- Zeitpunkt des ersten Logins
- Zeitpunkt des letzten Logins
- Zeitpunkt der letzten Kennwortänderung
- Summe der Logins
- Gesamtnutzungsdauer der Lernplattform
- in Anspruch genommener Speicherplatz
- Mitgliedschaften in virtuellen Kursen/Räumen der Lernplattform (auch im Rahmen einer Schulpartnerschaft) jeweils mit Zeitpunkt des Beginns und der letzten Nutzung der Mitgliedschaft sowie Art der Zugriffsberechtigung
- bearbeitete Lektionen, jeweils mit Zeitpunkt der Erstellung und der letzten Änderung; Auswertung der absolvierten Tests
- Korrekturzeichen und -anmerkungen
- in der Lernplattform veröffentlichte Beiträge, Lektionen und Nachrichten (auch Audio-, Video-, Bildaufnahmen oder sonstige Dateien), ggf. inkl. Bearbeitungs-, Zustellungs- und Lesestatus, sowie Zeitpunkt der Erstellung und der letzten Änderung
- IP-Adresse des Benutzers
- ggf. Authentifizierungstoken
- ID zur eindeutigen Geräteidentifikation
- individuelle Einstellungen und Konfigurationen

3.3 Daten von Nutzern des erweiterten Nutzerkreises

Daten von Nutzern des erweiterten Nutzerkreises werden grundsätzlich nur verarbeitet, soweit diese wirksam eingewilligt haben.

3.3.1 Stammdaten

- Name(n)
- Vorname(n)

- ggfs. Arbeitgeber
- Funktion
- E-Mail-Adresse im Rahmen der Lernplattform
- Benutzername
- Nutzerrolle
- lokale User-ID
- Passwort
- Profilbild (optional)
- Klasse/Kurs

3.3.2 Nutzungsbezogene Daten

- Zeitpunkt der Anmeldung
- Zeitpunkt des ersten Logins
- Zeitpunkt des letzten Logins
- Summe der Logins
- Gesamtnutzungsdauer der Lernplattform
- in Anspruch genommener Speicherplatz
- Mitgliedschaften in virtuellen Kursen/Räumen der Lernplattform (auch im Rahmen einer Schulpartnerschaft)
- jeweils mit Zeitpunkt des Beginns der Mitgliedschaft und der letzten Nutzung der Mitgliedschaft sowie Art der Zugriffsberechtigung
- in der Lernplattform veröffentlichte Beiträge, Lektionen und Nachrichten (auch Audio-, Video-, Bildaufnahmen oder sonstige Dateien), ggf. inkl. Bearbeitungs-, Zustellungs- und Lesestatus, sowie Zeitpunkt der Erstellung und der letzten Änderung
- IP-Adresse des Benutzers (in verkürzter/anonymisierter Form)
- ggf. Authentifizierungstoken
- ID zur eindeutigen Geräteidentifikation
- individuelle Einstellungen und Konfigurationen

4 Kategorien der Empfänger, denen die personenbezogenen Daten offengelegt werden

4.1 Externe Empfänger: Pädagogisches Personal, Schülerinnen und Schüler anderer Schulen im Rahmen von Schulkooperationen, die gemeinsam einen virtuellen Kurs/Raum nutzen.

4.1.1 Daten des pädagogischen Personals der Partnerschule

- Angehörige des pädagogischen Personal der Partnerschule haben untereinander ein Leserecht oder Hörrecht betreffend die Daten gemäß Nr. 3.1.1 (ausgenommen lokale User-ID, Passwort) und betreffend die Korrekturzeichen und -anmerkungen sowie die in der Lernplattform veröffentlichten Beiträge, Lektionen gemäß 3.1.2 und Nachrichten (auch Audio-, Video-, Bildaufnahmen oder sonstige Dateien) jeweils mit Zeitpunkt der Erstellung und Zeitpunkt der letzten Änderung.
- Schülerinnen und Schüler in den jeweiligen virtuellen Kursen/Räumen haben ein Lese- bzw. Hörrecht betreffend Daten des pädagogischen Personals gemäß Nr. 3.1.1 (ausgenommen lokale User-ID und Passwort), in der Lernplattform erstellten Beiträge und Nachrichten (auch Audio-, Video-, Bildaufnahmen oder sonstige Dateien), Korrekturzeichen und -anmerkungen und Lektionen jeweils mit Zeitpunkt der Erstellung und Zeitpunkt der letzten Änderung gemäß Nr. 3.1.2.

4.1.2 Schülerdaten

Angehörige des pädagogischen Personals haben – soweit aus didaktischen Gründen für die beteiligten Schulen erforderlich – betreffend die Schülerinnen und Schüler der Partnerschule

- ein Leserecht oder Hörrecht für die Daten gemäß Nr. 3.2.1 (ausgenommen lokale User-ID, Passwort),
- ein Verarbeitungsrecht betreffend die Mitgliedschaften in virtuellen Kursen/Räumen (jeweils mit Zeitpunkt des Beginns und der letzten Nutzung der Mitgliedschaft) betreffend der Daten gemäß 3.2.2, bearbeitete Lektionen, Auswertung der

absolvierten Tests, Korrekturzeichen und -anmerkungen, in der Lernplattform veröffentlichte Beiträge und Nachrichten (auch Audio-, Video-, Bildaufnahmen oder sonstige Dateien), jeweils mit Zeitpunkt der Erstellung sowie Zeitpunkt der letzten Änderung.

- Das an dem virtuellen Kurs/Raum beteiligte pädagogische Personal der Partnerschulen kann – soweit dies aus didaktischen Gründen erforderlich ist – die von ihm unterrichteten Schülerinnen und Schülern gemeinsam befähigen
- ein Leserecht oder Hörrecht für die Daten gemäß Nr. 3.2.1 betreffend Vornamen, Namen und besuchte Schule,
- sowie in den jeweiligen virtuellen Kursen/Räumen (jeweils mit Zeitpunkt des Beginns der Mitgliedschaft und Zeitpunkt der letzten Nutzung der Mitgliedschaft) folgende Daten gemäß 3.2.2: bearbeitete Lektionen, Auswertung der absolvierten Tests, Korrekturzeichen und -anmerkungen, in der Lernplattform erstellte Beiträge und Nachrichten (auch Audio-, Video-, Bildaufnahmen oder sonstige Dateien), jeweils mit Zeitpunkt der Erstellung sowie Zeitpunkt der letzten Änderung
- der Schülerinnen und Schüler der jeweiligen Partnerschule einzusehen.

4.2 Externe Empfänger: Nutzer des erweiterten Nutzerkreises

4.2.1 eigene Daten gemäß Nr. 3.3
schreibend,

4.2.2 Daten des pädagogischen Personals (Leserecht oder Hörrecht, soweit dies zur Kooperation mit dem Nutzer des erweiterten Nutzerkreises erforderlich ist)
Auf den jeweiligen virtuellen Kurs/Raum bezogenen Daten des pädagogischen Personals gemäß Nr. 3.1.1 (ausgenommen lokale User-ID und Passwort), in der Lernplattform veröffentlichte Beiträge und Nachrichten (auch Audio-, Video-, Bildaufnahmen oder sonstige Dateien) und Lektionen jeweils mit Zeitpunkt der Erstellung sowie Zeitpunkt der letzten Änderung gemäß Nr. 3.1.2.

4.2.3 Daten von Schülerinnen und Schülern (lesend, soweit dies zur Kooperation mit dem Nutzer des erweiterten Nutzerkreises erforderlich ist)

- die Daten gemäß Nr. 3.2.1 betreffend Vorname, Namen, besuchte Schule, Klasse/Kurs
- in der Lernplattform veröffentliche Beiträge und Nachrichten (auch Audio-, Video-, Bildaufnahmen oder sonstige Dateien) und bearbeitete Lektionen, Auswertung der absolvierten Tests, Korrekturzeichen und -anmerkungen jeweils mit Zeitpunkt der Erstellung und der letzten Änderung, soweit diese im direkten Zusammenhang mit der Kooperation mit dem externen Nutzer stehen.

4.3 Externe Empfänger: Auftragsverarbeiter
Die Daten werden ausschließlich dem von der Schule beauftragten Auftragsverarbeiter und ggf. dessen Unterauftragnehmer unter den Voraussetzungen des Art. 28 DSGVO offengelegt, soweit dies technisch erforderlich ist.

4.4 Interne Empfänger/Zugriffsberechtigte

	Zugriffsberechtigung
Von der Schulleitung beauftragter Administrator	Auf alle in Nr. 3 genannten Daten der jeweiligen Schule schreibend
Pädagogisches Personal	Auf eigene Daten gem. Nr. 3.1 schreibend; Daten der von ihnen unterrichteten Schülerinnen und Schüler in den virtuellen Kursen/Räumen der Lernplattform gemäß Nr. 3.2.1 (lokale User-ID und Passwort ausgenommen außer bei Vergabe eines Initialpassworts bzw. temporären Passworts) und Nr. 3.2.2 schreibend.

	Ggf. Daten von Nutzern des erweiterten Nutzerkreises in den virtuellen Kursen/Räumen der Lernplattform gemäß Nr. 3.3.1 (ausgenommen lokale User-ID und Passwort) und Nr. 3.3.2 lesend.
Pädagogisches Personal, das gemeinsam einen virtuellen Kurs/Raum betreut	Betreffend die Daten gemäß Nr. 3.1.1 (ausgenommen lokale User-ID und Passwort) und betreffend die Korrekturzeichen und -anmerkungen sowie erstellten Beiträge und Nachrichten (auch Audio-, Video-, Bildaufnahmen oder sonstige Dateien) und Lektionen gemäß Nr. 3.1.2 jeweils mit Zeitpunkt der Erstellung sowie Zeitpunkt der letzten Änderung, untereinander lesend oder hörend.
Schülerinnen und Schüler	Auf ihre eigenen Daten gemäß Nr. 3.2 schreibend; auf die auf den jeweiligen virtuellen Kurs/Raum bezogenen Daten des pädagogischen Personals gemäß Nr. 3.1.1 (ausgenommen lokale User-ID und Passwort), in der Lernplattform veröffentlichte Beiträge und Nachrichten (auch Audio-, Video-, Bildaufnahmen oder sonstige Dateien) und Lektionen jeweils mit Zeitpunkt der Erstellung sowie Zeitpunkt der letzten Änderung gemäß Nr. 3.1.2. lesend oder hörend.
Schülerinnen und Schüler untereinander und ggf. gegenüber Nutzern des erweiterten Nutzerkreises	Im Rahmen eines virtuellen Kurses/Raumes: auf Vornamen, Namen und die besuchte Schule lesend; soweit aus didaktischen Gründen erforderlich und von dem pädagogischen Personal befähigt gegenseitig lesend der Daten gemäß 3.2.2 in Bezug auf Beiträge, Nachrichten (auch Audio-, Video-, Bildaufnahmen oder sonstige Dateien) und die bearbeiteten Lektionen jeweils mit Zeitpunkt der Erstellung sowie Zeitpunkt der letzten Änderung), ggf. darüber hinaus auch mit Auswertung, Korrekturzeichen und -anmerkungen. Ggf. Nutzern des erweiterten Nutzerkreises in den virtuellen Kursen/Räumen der Lernplattform in Bezug auf folgende Daten gemäß Nr. 3.3.1: Vornamen, Namen, Arbeitgeber und soweit aus didaktischen Gründen erforderlich und von dem pädagogischen Personal befähigt lesend der Daten gemäß 3.3.2 in Bezug auf Beiträge und Nachrichten (auch Audio-, Video-, Bildaufnahmen oder sonstige Dateien), Korrekturzeichen und -anmerkungen und die bearbeiteten Lektionen jeweils mit Zeitpunkt der Erstellung sowie Zeitpunkt der letzten Änderung, ggf. darüber hinaus auch mit Auswertung, Korrekturzeichen und -anmerkungen.

5 Vorgesehene Fristen für die Löschung der verschiedenen Datenkategorien

Soweit die Speicherung der Daten einer Einwilligung bedarf (vgl. Nrn. 3.1, 3.2, 3.3), werden die gespeicherten Daten des pädagogischen Personals, Schülerinnen und Schüler und Nutzern des erweiterten Nutzerkreises gelöscht, wenn die Betroffenen, bei Minderjährigen bis zur Vollendung des 14. Lebensjahres die Erziehungsberechtigten sowie bei Minderjährigen ab Vollendung des 14. Lebensjahres diese selbst oder die Erziehungsberechtigten die erteilte Einwilligung widerrufen.

Verkürzte/anonymisierte IP-Adressen werden jeweils spätestens drei Monate nach dem Ende des laufenden Schuljahres gelöscht.

Folgende Daten der Schülerinnen und Schüler werden spätestens gelöscht

- in der Grund- und Förderschule spätestens am Ende des Besuchs der Jahrgangsstufe 2 und am Ende des Besuchs der Jahrgangsstufe 4,
- in der zweijährigen gymnasialen Qualifikationsstufe am Ende der Qualifikationsstufe,
- in der Beruflichen Oberschule oder der Beruflichen Oberschule zur sonderpädagogischen Förderung spätestens am Ende des Schulbesuchs,
- im Übrigen jeweils spätestens zum 30. September des folgenden Schuljahres:

Klasse/Kurs, Mitgliedschaften in virtuellen Kursen/Räumen der Lernplattform (auch im Rahmen einer Schulpartnerschaft), jeweils mit Zeitpunkt des Beginns der Mitgliedschaft und Zeitpunkt der letzten Nutzung der Mitgliedschaft und Art der Zugriffsberechtigung, bearbeitete Lektionen jeweils mit Zeitpunkt der Erstellung sowie Zeitpunkt der letzten Änderung, Auswertung der absolvierten Tests, Korrekturzeichen und -anmerkungen, in der Lernplattform veröffentlichte Beiträge und Nachrichten (auch Audio-, Video-, Bildaufnahmen oder sonstige Dateien) jeweils mit Zeitpunkt der Erstellung sowie Zeitpunkt der letzten Änderung.

Die sonstigen gespeicherten Daten des pädagogischen Personals, der Schülerinnen und Schüler sowie des erweiterten Nutzerkreises werden jeweils spätestens am Ende des Schuljahres gelöscht, in dem die diese die jeweilige Schule verlassen haben.

Gesetzliche Aufbewahrungspflichten bleiben unberührt.

Abschnitt 5: Schulinterner passwortgeschützter Bereich

1 **Zwecke der Verarbeitung:**
- Information der am Schulleben der jeweiligen Schule beteiligten Personen (Schulleitung, Lehrkräfte, Verwaltungspersonal, Erziehungsberechtigte, Schülerinnen und Schüler) über Sachverhalte mit Schulbezug
- Organisation des Schullebens
- digitale Fehlzeitenmeldung

2 **Kategorien der betroffenen Personen**
- Schulleitung
- Lehrkräfte
- Verwaltungspersonal
- Erziehungsberechtigte
- Schülerinnen und Schüler
- sonstige Personen

3 **Kategorien der gespeicherten Daten**

3.1 Daten der Lehrkräfte

3.1.1 Stammdaten
- Name(n)
- Vorname(n)
- Benutzername
- Namenskürzel
- Funktion
- Amtsbezeichnung
- dienstliche Anschrift
- dienstliche Telefonnummer
- dienstliche E-Mail-Adresse
- private E-Mail-Adresse (nur zum Zweck der systemseitig automatisierten Information der Lehrkraft und nur, soweit die Lehrkraft darin wirksam eingewilligt hat)
- lokale User-ID

3.1.2 Stundenplandaten, Vertretungsplandaten
- Klasse/Kurs
- Fach
- Datum
- Dauer (Uhrzeit von/bis)
- Ort (Gebäude, Raum)
- vertretene Lehrkraft
- vertretende Lehrkraft
- Bemerkungen zur Vertretung

3.1.3 Angaben in schulinternen Informationsplattformen
- klassen-, fach- oder schulbezogene Information oder Gruppenmitgliedschaften, soweit erforderlich mit wirksamer Einwilligung der Lehrkraft
- Lesebestätigung (Datum, Uhrzeit)

3.1.4 Ressourcennutzung
- Ressource
- Datum
- Dauer (Uhrzeit von/bis)
- Reservierungsgrund ohne Personenbezug zu Dritten

3.1.5 Buchungsdaten für Sprechzeiten
- Datum
- Dauer (Uhrzeit von/bis)
- Ort (Gebäude, Raum)

3.1.6 Weitere schulbezogene Daten
- Daten (z.B. Fotos), in deren Veröffentlichung im schulinternen passwortgeschützten Bereich die Betroffenen wirksam eingewilligt haben

3.1.7 Sonstige nutzungsbezogene Daten (Protokolldaten)
- Individuelle Einstellungen und Konfigurationen
- Protokolldaten: erfolgreiche Logins, IP-Adresse, Inhaltspflege

3.2 Daten des Verwaltungspersonals

3.2.1 Stammdaten
- Name(n)
- Vorname(n)
- Benutzername
- Namenskürzel
- Funktion
- Amtsbezeichnung
- dienstliche Anschrift
- dienstliche Telefonnummer
- dienstliche E-Mail-Adresse
- private E-Mail-Adresse (nur zum Zweck der systemseitig automatisierten Information der Verwaltungskraft und nur, soweit die Verwaltungskraft darin wirksam eingewilligt hat)
- lokale User-ID

3.2.2 Angaben in schulinternen Informationsplattformen
- klassen-, fach- oder schulbezogene Information oder Gruppenmitgliedschaften, soweit erforderlich mit wirksamer Einwilligung der Verwaltungskraft
- Lesebestätigung (Datum, Uhrzeit)

3.2.3 Ressourcennutzung
- Ressource
- Datum
- Dauer (Uhrzeit von/bis)
- Reservierungsgrund ohne Personenbezug zu Dritten

3.2.4 Weitere schulbezogene Daten
- Daten (z.B. Fotos), in deren Veröffentlichung im schulinternen passwortgeschützten Bereich die Betroffenen wirksam eingewilligt haben

3.2.5 Sonstige nutzungsbezogene Daten (Protokolldaten)
- Individuelle Einstellungen und Konfigurationen
- Protokolldaten: erfolgreiche Logins, IP-Adresse, Inhaltspflege

3.3 Daten der Schülerinnen und Schüler

Schülerdaten werden nur gespeichert, soweit die Betroffenen oder bei Minderjährigen bis zur Vollendung des 14. Lebensjahres die Erziehungsberechtigten sowie bei Minderjährigen ab Vollendung des 14. Lebensjahres diese selbst und die Erziehungsberechtigten wirksam eingewilligt haben. Einer Einwilligung bedarf es nicht, soweit der schulinterne passwortgeschützte Bereich unter Rückgriff auf eine Anwendung gemäß Abschnitt 8 dem Zugriff auf Anwendungen gemäß Abschnitten 4 und 7 dient.

3.3.1 Stammdaten
- Name(n)
- Vorname(n)
- Benutzername
- Namenskürzel
- E-Mail-Adresse
- lokale User-ID

3.3.2 Angaben in schulinternen Informationsplattformen
- klassen- oder schulbezogene Information oder Gruppenmitgliedschaften
- Lesebestätigung (Datum, Uhrzeit)

3.3.3 Buchungsdaten für Sprechzeiten
- Lehrkraft
- Datum
- Dauer (Uhrzeit von/bis)
- Ort (Gebäude, Raum)

3.3.4 Digitale Fehlzeitenmeldung
- Grund der Absenz: Verspätung/Krankheit/Befreiung/Beurlaubung (Auswahlfeld)
- ggf. erwartete Dauer der Abwesenheit

3.3.5 Weitere schulbezogene Daten
Daten (z.B. Fotos), in deren Veröffentlichung im schulinternen passwortgeschützten Bereich die Betroffenen, bei Minderjährigen bis zur Vollendung des 14. Lebensjahres die Erziehungsberechtigten sowie bei Minderjährigen ab Vollendung des 14. Lebensjahres diese selbst und die Erziehungsberechtigten, wirksam eingewilligt haben.

3.3.6 Sonstige nutzungsbezogene Daten (Protokolldaten)
- Individuelle Einstellungen und Konfigurationen
- Protokolldaten: erfolgreiche Logins, IP-Adresse

3.4 Daten der Erziehungsberechtigten
Daten von Erziehungsberechtigten werden nur gespeichert, soweit die Betroffenen wirksam eingewilligt haben.

3.4.1 Stammdaten
Name(n)
- Vorname(n)
- Benutzername
- Namenskürzel
- E-Mail-Adresse

3.4.2 klassen- oder schulbezogene Informationen

3.4.3 Lesebestätigung
- Datum
- Uhrzeit

3.4.4 Buchungsdaten für Sprechzeiten
Lehrkraft
- Datum
- Dauer [Uhrzeit von/bis]
- Ort [Gebäude, Raum])

3.4.5 Weitere schulbezogene Daten
Daten (z.B. Fotos), in deren Veröffentlichung im schulinternen passwortgeschützten Bereich die Betroffenen wirksam eingewilligt haben

3.5 Daten sonstiger Betroffener
Daten (z.B. Fotos), in deren Veröffentlichung im schulinternen passwortgeschützten Bereich die Betroffenen wirksam eingewilligt haben;

4 Kategorien der Empfänger, denen die personenbezogenen Daten offengelegt werden:

4.1 Externe Empfänger: Auftragsverarbeiter der Schule
Die Daten werden dem von der Schule beauftragten Auftragsverarbeiter unter den Voraussetzungen des Art. 28 DSGVO offengelegt, soweit dies technisch erforderlich ist.

4.2 Externe Empfänger: Erziehungsberechtigte
- Zugriff auf Nrn. 3.1.5, 3.3.3, 3.3.4 und 3.4.4 schreibend, soweit selbst betroffen;
- Nrn. 3.1.6, 3.2.4, 3.3.5, 3.4.5 und 3.5 lesend.

- Im Übrigen lesend mit folgenden Einschränkungen:
- kein Leserecht für private E-Mail-Adressen und Ressourcennutzung
- Stundenplandaten und Vertretungsplandaten können bis maximal einen Tag nach Ablauf der Gültigkeit des Stundenplans/Vertretungsplans eingesehen werden
- Lesebestätigungen können nur für selbst erstellte Beiträge eingesehen werden

4.3 Interne Empfänger/Zugriffsberechtigte

	Zugriff
Schulleitung	Nr. 3 lesend und schreibend.
Verwaltungspersonal	- Lesend und schreibend, soweit durch die Schulleitung beauftragt (nicht eigene Lesebestätigungen nur lesend) - Nr. 3.2.3 lesend und schreibend, soweit die Ressource selbst genutzt wird - Im Übrigen lesend, bzgl. Nr. 3.1.1, 3.2.1, 3.3.1, 3.4.1 (ausgenommen lokale User-ID) und Lesebestätigungen für Beiträge anderer Nutzer jedoch nur, soweit durch die Schulleitung beauftragt (ausgenommen: Nr. 3.1.7 und 3.3.6)
Lehrkräfte	- Lesend und schreibend, soweit durch die Schulleitung beauftragt (nicht eigene Lesebestätigungen nur lesend) - Nr. 3.1.4 lesend und schreibend, soweit die Ressource selbst genutzt wird - Nrn. 3.1.5, 3.3.3 und 3.4.4 lesend und schreibend, im Übrigen lesend, bzgl. Nrn. 3.1.1, 3.2.1, 3.3.1, 3.4.1 (ausgenommen lokale User-ID) und Lesebestätigungen für Beiträge anderer Nutzer jedoch nur, soweit durch die Schulleitung beauftragt (ausgenommen: Nrn. 3.2.5 und 3.3.6)
Schülerinnen und Schüler	Nrn. 3.1.5, 3.3.3 schreibend für selbst erstellte Sprechzeitenbuchungen Bei volljährigen Schülern Nr. 3.3.4 schreibend Im Übrigen lesend mit folgenden Einschränkungen: - kein Leserecht für private E-Mail-Adressen und Ressourcennutzung - Stundenplandaten und Vertretungsplandaten können bis maximal einen Tag nach Ablauf der Gültigkeit des Stundenplans/Vertretungsplans eingesehen werden - Lesebestätigungen können nur für selbst erstellte Beiträge eingesehen werden - Kein Leserecht für Buchungsdaten von Elternsprechzeiten

5 **Vorgesehene Fristen für die Löschung der verschiedenen Datenkategorien**
Soweit die Speicherung der Daten einer Einwilligung bedarf, werden die gespeicherten Daten gelöscht, wenn die Betroffenen, bei Minderjährigen bis zur Vollendung des 14. Lebensjahres die Erziehungsberechtigten sowie bei Minderjährigen ab Vollendung des 14. Lebensjahres diese selbst oder die Erziehungsberechtigten die erteilte Einwilligung widerrufen.
Unbeschadet davon werden Grunddaten gemäß Nrn. 3.1.1, 3.2.1, 3.3.1, 3.4.1 spätestens einen Monat nachdem die betreffende Person die Schule verlassen hat gelöscht; alle übrigen Daten werden jeweils spätestens drei Monate nach Ablauf des jeweiligen Schuljahres gelöscht. Protokolldaten gemäß den Nrn. 3.1.7, 3.2.5 und 3.3.6 werden spätestens nach 30 Tagen gelöscht; individuelle Einstellungen und Konfigurationen gemäß den Nrn. 3.1.7, 3.2.5 und 3.3.6 werden spätestens drei Monate nach Ende des Schuljahres, in dem der Nutzer die Dienststelle verlässt, gelöscht.

Abschnitt 6: Videoüberwachung an Schulen

1 **Zwecke der Verarbeitung:**
- Schutz von Leben, Gesundheit, Freiheit und Eigentum der Personen, die sich im Bereich der Schule oder in deren unmittelbarer Nähe aufhalten;
- Schutz der schulischen Einrichtung vor Sachbeschädigung und Diebstahl

2 **Kategorien der betroffenen Personen**
- alle Personen, die sich im Eingangsbereich der Schule aufhalten oder sich zwischen 22:00 Uhr und 6:30 Uhr außerhalb von schulischen oder sonstigen von der Schule zugelassenen Veranstaltungen auf dem Schulgelände befinden;
- darüber hinaus alle Personen, die sich außerhalb von schulischen oder sonstigen von der Schule zugelassenen Veranstaltungen an Feiertagen, Wochenenden oder in den Ferien auf dem Schulgelände befinden.

3 **Kategorien der gespeicherten Daten**
Mit Hilfe von optisch-elektronischen Einrichtungen erhobene personenbezogene Daten

4 **Kategorien der Empfänger, denen die personenbezogenen Daten offengelegt werden:**

4.1 Externe Empfänger:
Personen und Stellen, denen die Daten im Einzelfall nach den einschlägigen datenschutzrechtlichen Vorschriften offengelegt werden dürfen.

4.2 Interne Empfänger/Zugriffsberechtigte
Zugriff auf die personenbezogenen Daten haben nur die Schulleitung und von der Schulleitung beauftragte Angehörige des Lehr- und Verwaltungspersonals

5 **Vorgesehene Fristen für die Löschung der verschiedenen Datenkategorien**
Die gespeicherten Daten werden jeweils spätestens drei Wochen nach Aufzeichnung gelöscht, soweit sie nicht zur Verfolgung von Ordnungswidrigkeiten von erheblicher Bedeutung oder von Straftaten oder zur Geltendmachung von Rechtsansprüchen benötigt werden.

Abschnitt 7: Digitale Kommunikations- und Kollaborationswerkzeuge

1 **Zwecke der Verarbeitung:**

- Beratung und Beschlussfassungen schulischer Gremien mit digitalen Hilfsmitteln unter den Voraussetzungen von § 18a BaySchO;
- Durchführung von Distanzunterricht unter den Voraussetzungen von § 19 Abs. 4 BaySchO;
- schulinterne, unterrichtliche Nutzung, soweit diese aus pädagogischen Gründen (z.B. zur Förderung der Medienkompetenz; gemeinsame Bearbeitung digitaler Produkte in Gruppenarbeit) erforderlich ist;
- Lehrerausbildung im Rahmen des Distanzunterrichts unter den Voraussetzungen von § 19 Abs. 4 BaySchO in Verbindung mit den Zulassungs- und Ausbildungsverordnungen der verschiedenen Schularten sowie den dazu erlassenen Verwaltungsvorschriften.
- Soweit die Betroffenen oder bei Minderjährigen bis zur Vollendung des 14. Lebensjahres die Erziehungsberechtigten sowie bei Minderjährigen ab Vollendung des 14. Lebensjahres diese selbst und die Erziehungsberechtigten wirksam eingewilligt haben, außerdem

1. Unterstützung der Schulentwicklung
2. Ergänzung der pädagogischen Arbeit durch virtuelle Klassenräume
3. Ortsunabhängiges Arbeiten mit digitalen Unterrichtswerkzeugen
4. Innen- und Außenkommunikation der Schule (soweit nicht Telekommunikation i.S. des Telekommunikationsgesetzes -TKG)
5. Schulberatung im Bereich der einzelnen Schule

In den Fällen der Nrn. 1 bis 4 bedarf es keiner Einwilligung, wenn das digitale Kommunikations- und Kollaborationswerkzeug zentral vom Freistaat Bayern über das Staatsministerium bereitgestellt wird.

2 **Kategorien der betroffenen Personen**

- Pädagogisches Personal: Lehrkräfte, Betreuungspersonal förderbedürftiger Schülerinnen und Schüler, Studienreferendarinnen und -referendare, Lehramtsanwärterinnen und -anwärter, Fachlehreranwärterinnen und -anwärter, Förderlehreranwärterinnen und -anwärter, Lehramtsstudierende im Schulpraktikum, weiteres pädagogisches Personal (z. B. Ganztagsbetreuung)
- Verwaltungspersonal und Hauspersonal
- Schülerinnen und Schüler
- Gastnutzer (temporäre Nutzer, für die kein Nutzerprofil hinterlegt ist)
- Weitere Personen, die von der Video- oder Tonübertragung erfasst werden (z.B. Schulbegleitungen)

3 **Kategorien der verarbeiteten Daten**

Über weitere Personen, die von der Video- oder Tonübertragung erfasst werden, werden ausschließlich Daten nach Nr. 3.2 verarbeitet.

3.1 Nutzerbezogene Daten

3.1.1 Stammdaten

- Name(n)
- Vorname(n)
- Nutzerrolle
- Schulzugehörigkeit bzw. Organisationszugehörigkeit
- Zugehörigkeit ggf. zu Klasse, Fächern und Kursen
- Mitgliedschaften in virtuellen Räumen (z.B. Konferenzen, Chatgruppen) sowie Art der Zugriffsberechtigung
- E-Mail-Adresse im Rahmen der schulischen Nutzung (schulintern erzeugt oder freiwillig angegeben)
- ggf. Benutzerkennung
- ggf. lokale User-ID

3.1.2 Sichtbare Profilinformationen

- angezeigter Name des Benutzers

- E-Mail-Adresse im Rahmen der schulischen Nutzung
- Profilbild (optional)
- Online-Status inkl. Zeitpunkt der letzten Aktivität
- Klassen und Kurse (z.B. Oberstufenkurse, Wahlkurse, AGs) bei Schülerinnen und Schülern
- Dienststelle
- Funktionen und Fächerverbindung bei Lehrkräften

3.1.3 Passwort

3.1.4 Inhaltsdaten

- im eigenen Profil gespeicherte Informationen,
- Termine und Kalendereinträge,
- erhaltene Termineinladungen (z.B. zu Videokonferenzen),
- Kontaktdaten,
- E-Mails inkl. Anhänge
- selbst abgelegte Dateien und Verzeichnisse
- individuelle Einstellungen und Konfigurationen
- auf den Einzelfall bezogene und im Einzelfall auf Veranlassung der betroffenen Person erzeugte Standortdaten

3.1.5 Sonstige nutzungsbezogene Daten (Protokolldaten)

- Zeitpunkt der An- und Abmeldung
- Zeitpunkt des ersten Logins
- Zeitpunkt des letzten Logins
- Zeitpunkt der letzten Kennwortänderung
- in Anspruch genommener Speicherplatz
- Zeitpunkt des Beginns und Endes der letzten Nutzung der Mitgliedschaft in virtuellen Räumen
- IP-Adresse des Benutzers

3.2 Videobild und Ton im Rahmen von Videokonferenzen

- Videobild oder Bildschirmanzeige bei Videonutzung (optional: Freigabe für die betroffenen Personen freiwillig, wenn nicht durch die Aufsicht führende Lehrkraft die Übertragung des Videobildes gemäß Art. 56 Abs. 4 Satz 4 BayEUG angeordnet ist)
- Ton bei Videonutzung oder Telefonie (bei Video- oder Telefonkommunikation)

3.3 Gruppen- oder paarbezogene nutzungsbezogene Daten

- Chat/Messenger-Texte, und Chat/Messenger-Sprach- und Videonachrichten, Bilder, und weitere einem oder mehreren an dem Austausch Beteiligte(n) der Gruppe zugänglich gemachte Dateien (z. B. Text-, Tabellen oder Multimediadokumente) und Verzeichnisse inklusive Bearbeitungs-, Zustellungs- und Lesestatus und Zeitpunkt der Erstellung und der letzten Änderung mit Namen des erstellenden oder ändernden Nutzers
- Bei gemeinsamer Bearbeitung von Dokumenten zuletzt vorgenommene Änderungen mit Namen

3.4 Ausgeschlossene Daten

- Ausgeschlossen ist die Verarbeitung von
- besonderen Kategorien personenbezogener Daten (Art. 9 DSGVO), insbesondere Gesundheitsdaten und
- Daten, die einem besonderen strafrechtlichen Geheimnisschutz unterliegen,
- soweit sie nicht durch Bekanntmachung des StMUK zugelassen wird, die die jeweiligen Anforderungen an die Datensicherheit festlegt.

4 Kategorien der Empfänger, denen die personenbezogenen Daten offengelegt werden

4.1 Externe Empfänger: Auftragsverarbeiter

Die Daten werden ausschließlich dem/den von der Schule beauftragten Auftragsverarbeiter und ggf. dessen Unterauftragnehmer im Rahmen des Auftragsverhältnisses nach Art. 28 DSGVO offengelegt, soweit dies technisch erforderlich ist.

4.2 Externe Empfänger: Gastnutzer

- Eigene Daten gemäß Nr. 3.1 lesend
- Angezeigter Name des Benutzers und Daten nach Nr. 3.2 und 3.3 der im selben virtuellen Raum anwesenden Betroffenen (Nr. 2)
- Selbst abgelegte Dateien und Verzeichnisse nach Nr. 3.1.4, sofern der betroffene Benutzer ausdrücklich die Berechtigung erteilt hat.

4.2.1 Eigene Daten gemäß Nr. 3.1 lesend

4.2.2 Angezeigter Name des Benutzers und Daten nach Nr. 3.2 und 3.3 der im selben virtuellen Raum anwesenden betroffenen (Nr. 2)

4.2.3 Selbst abgelegte Dateien und Verzeichnisse nach Nr. 3.1.4, sofern der betroffene Benutzer ausdrücklich die Berechtigung erteilt hat

4.3 Interne Empfänger/Zugriffsberechtigte

Empfänger	**Zugriffsberechtigung auf Datenkategorien**						
	3.1.1	**3.1.2**	**3.1.3**	**3.1.4**	**3.1.5**	**3.2**	**3.3**
Von der Schulleitung beauftragter Administrator	L/S im Rahmen der Beauftragung (5), (6)						
Alle Nutzer bzgl. eigenen Daten	L(1)	L/S	-	L/S	L	+	L/S
Alle Teilnehmer desselben virtuellen Raums untereinander	-	L	-	(2)	-	+	L
Empfänger	Zugriffsberechtigung auf Datenkategorien						
	3.1.1	3.1.2	3.1.3	3.1.4	3.1.5	3.2	3.3
Verwaltungspersonal	L (1)	L	-	(2)	-		
Hauspersonal	L (1)	L	-	(2)	-		
Pädagogisches Personal bzgl. Daten der von ihnen unterrichteten Schülerinnen und Schüler und der von ihnen eingeladenen Gastnutzer	L (1), S (3)	L	S (4)	(2)	-	+	L
Schülerinnen und Schüler bzgl. Daten der sie unterrichtenden Lehrkräfte sowie der Schülerinnen und Schüler in ihren Klassen/Kursen	L (1)	L	-	(2)	-	+	-
Alle Nutzer bzgl. der Daten aller anderen Nutzer	- S (3)	L	-	(2)	-	-	-

L =Lesend, S =Schreibend, +=Zugriff vorhanden, -=kein Zugriff

(1) Ausgenommen die lokale User-ID

(2) Soweit vom Betroffenen freigegeben L oder L/S

(3) bzgl. Mitgliedschaft in virtuellen Räumen, welche der Benutzer selbst erstellt hat oder die er administrieren darf

(4) Passwort kann zurückgesetzt, aber nicht vergessen werden

(5) Ausgenommen die Vergabe eines temporären Passworts

(6) Der Administrator ist ergänzend berechtigt, die Zeitpunkte der An- und Abmeldung (Nr. 3.1.5.) bei schulischen Gremiensitzungen gemäß § 18a BaySchO zu Zwecken der Sicherstellung der Wirksamkeit von Beschlüssen und Entscheidungen an eine schriftführende Person zu Dokumentationszwecken weiterzugeben.

4.4 Unterrichtsbesuche und Hospitationen

Studienreferendarinnen und -referendare, Lehramtsanwärterinnen und -anwärter, Fachlehreranwärterinnen und -anwärter sowie Förderlehreranwärterinnen und -anwärter im Rahmen der nach den Zulassungs- und Ausbildungsordnungen vorgesehenen Unterrichtsbesuche und Hospitationen: Zugriffsberechtigung richtet sich nach der Zugriffsberechtigung der Gastnutzer (Nr. 4.2)

4.5 Pädagogisches Personal im Rahmen der Lehrerausbildung

Externes und internes pädagogisches Personal, dessen Anwesenheit im Unterricht gemäß den Zulassungs- und Ausbildungsordnungen der verschiedenen Schularten sowie den dazu erlassenen Verwaltungsvorschriften im Rahmen der Lehrerausbildung vorgesehen ist: Zugriffsberechtigung richtet sich nach der Zugriffsberechtigung der Gastnutzer (Nr. 4.2)

5. Vorgesehene Fristen für die Löschung der verschiedenen Datenkategorien

Soweit die Verarbeitung auf einer Einwilligung beruht (vgl. Nr. 1), werden die gespeicherten Daten des pädagogischen Personals, von Schülerinnen und Schüler und Gastnutzern unverzüglich gelöscht, wenn die Betroffenen, bei Minderjährigen bis zur Vollendung des 14. Lebensjahres die Erziehungsberechtigten sowie bei Minderjährigen ab Vollendung des 14. Lebensjahres diese selbst oder die Erziehungsberechtigten die erteilte Einwilligung widerrufen.

Für die Daten gelten die nachfolgenden Fristen zur Löschung:

Datenkategorie	**Löschfrist**
3.1.1–3.1.4	spätestens 3 Monate – ab dem Zeitpunkt, zu dem die Schülerin bzw. der Schüler oder das pädagogische Personal die Schule verlassen, – nach Beendigung der Zusammenarbeit (bei Gastnutzern). Die Möglichkeit der Wiederherstellung der Daten kann zur Sicherstellung des Rechts auf Datenübertragbarkeit für weitere 6 Monate vorgesehen werden, sofern die Verarbeitung eingeschränkt ist und die Betroffenen keine Löschung verlangen.
3.1.5, 3.3 (ohne gespeicherte IP-Adressen der Benutzer)	Spätestens 3 Monate nach Ende des laufenden Schuljahres bzw. Ende des Projektes oder Auflösung einer langfristig bestehenden Gruppe (z.B. Fachschaften), im Fall der Speicherung im Rahmen der zweijährigen gymnasialen Qualifikationsstufe spätestens am Ende der Qualifikationsstufe oder im Rahmen der Beruflichen Oberschule oder der Beruflichen Oberschule zur sonderpädagogischen Förderung spätestens am Ende des Besuchs der Beruflichen Oberschule oder der Beruflichen Oberschule zur sonderpädagogischen Förderung

Gespeicherte IP- Adressen der Benutzer	spätestens nach 3 Monaten
3.2	wird nicht gespeichert

Gesetzliche Aufbewahrungspflichten bleiben unberührt.

6. Technische und organisatorische Maßnahmen

- Die Verwendung des digitalen Kommunikationswerkzeugs erfolgt auf der Grundlage einer Nutzungsordnung, die geeignete Vorkehrungen gegen ein Mithören und die Einsichtnahme durch Unbefugte in Video- oder Telefonkonferenz, Chat oder E-Mail trifft.
- Die Aufzeichnung von Bild-, Ton- oder Videoübertragung ist nicht gestattet und soweit möglich technisch zu unterbinden.
- Die benötigten Datenverbindungen sind verschlüsselt abzuwickeln.
- Alle Nutzer haben jederzeit die Möglichkeit, ihre Ton- und Bildübertragung zu unterbrechen.
- Weitere technische und organisatorische Mindestanforderungen, insbesondere an die Datensicherheit, legt das StMUK durch Bekanntmachung fest.

Abschnitt 8: Zentrale vom Freistaat Bayern über das Staatsministerium bereitgestellte Nutzerverwaltung und Anmeldeinfrastruktur

1 **Zwecke der Verarbeitung**
- Bereitstellung einer digitalen Authentifizierungsinfrastruktur
- Bereitstellung einer digitalen Autorisierungsinfrastruktur
- Bereitstellung einer gemeinsamen Datenbasis für angebundene Anwendungen
- Eindeutige Zuordnung einzelner Nutzer zu einem bestimmten Nutzerkonto

2 **Kategorien der betroffenen Personen**
- Lehrkräfte
- nichtunterrichtendes Personal (Verwaltungspersonal, Hauspersonal und externes Betreuungspersonal)
- Schülerinnen und Schüler
- Erziehungsberechtigte
- Sonstiges pädagogisches Personal
- Nutzer des erweiterten Nutzerkreises

3 **Kategorien der verarbeiteten Daten**

3.1 Daten aller im IDM angelegten Personen

3.1.1 Stammdaten
- Benutzername
- Passwort
- Vorname(n)
- Name(n)
- Anrede
- akademische Grade
- E-Mail-Adresse
- Alternative E-Mail-Adresse (freiwillig)
- Geschlecht
- Benutzerrolle
- Berechtigungen
- Lokale UserID
- Profilbild
- Ablaufdatum des Nutzerkontos
- Gruppenmitgliedschaften

3.1.2 Nutzungsbezogene Daten
- Zeitpunkt der Kontoerstellung
- Zeitpunkt der ersten Anmeldung/Login
- Zeitpunkt der letzten Anmeldung/Login
- Zeitpunkt der letzten Kennwortänderung
- Anzahl der Logins
- Authentifizierungstoken
- ID zur eindeutigen Geräteidentifikation
- Individuelle Einstellungen und Konfigurationen
- IP-Adresse
- Fehlversuche beim Login
- Informationen über Änderungen (Historie, ändernder Benutzer und geänderte Werte)
- Zertifikats- und Schlüsseldaten
- Zeitpunkt der Zuweisung der Zertifikats- und Schlüsseldaten
- Zeitpunkt der Sperrung der Zertifikats- und Schlüsseldaten
- Persönliche Identifikationsnummer zur Entsperrung der Zertifikats- und Schlüsseldaten
- Biometrische Daten (z.B. Fingerabdruck oder Gesichtserkennung) für die Entsperrung der Zertifikats- und Schlüsseldaten bei Anwendungen mit erhöhtem Schutzbedarf (nur freiwillig)

3.2 Daten der Lehrkräfte und des nicht unterrichtenden Personals

3.2.1 Erweiterte Stammdaten
- Namenskürzel
- Ordnungsmerkmal (nicht einsehbar, rein technische Verarbeitung)
- Lokales Differenzierungsmerkmal

3.2.2 Angaben zum Dienstverhältnis
- Amts-/Dienstbezeichnung
- Stammschule

3.2.3 Lehrbefähigung
- Lehramt
- Fächer der Lehrbefähigung

3.2.4 Lehrerlaubnis
- Lehramt
- Fächer der Lehrerlaubnis

3.2.5 unterrichtete Fächer
- Unterrichtete Fächer

3.2.6 Einsatz an anderer Schule
- Schulnummer
- Zuweisungsart

3.2.7 Beschäftigungsverhältnis
- Schule
- Schuljahr
- Zugang
- Abgang
- Abordnung an nichtschulische Dienststelle

3.2.8 Klassenleitung/Gruppenleitung
Klassen/Gruppen, in denen die Lehrkraft (stellvertretende) Klassen- oder Gruppenleitung ist.

3.2.9 Lehrerbezogene Stundenplandaten
- Welche Klassen in welchen Fächern wie viele Stunden unterrichtet werden sollen
- Raum und Zeit des Unterrichts
- Kennung, welche Zeit-, Klasse-, Fach-Koppeln welche Lehrkräfte betreffen

3.3 Daten der Schülerinnen und Schüler

3.3.1 Erweiterte Stammdaten
- Tag der Geburt
- Ordnungsmerkmal (nicht einsehbar, rein technische Verarbeitung)
- Zugeordnete Erziehungsberechtigte
- Lokales Differenzierungsmerkmal

3.3.2 Aktuelle Unterrichtsdaten
- Schule
- Klasse/Gruppe
- Jahrgangsstufe
- Art der Klasse/Gruppe
- Unterrichtsart
- besuchter Religionsunterricht
- Stunden an anderer Schule
- Lehrkraft, Zeit, Raum des besuchten Unterrichts

3.3.3 Eintritt
- Eintrittsdatum
- von Schule

3.3.4 Funktion im Schulleben
z. B. Schülersprecherin oder Schülersprecher, Klassensprecherin oder Klassensprecher

3.3.5 Geschwister
Geschwister an derselben Schule

3.4 Daten der Erziehungsberechtigten
- Art des Erziehungsberechtigten
- Zugeordnetes Kind/Zugeordnete Kinder

3.5 Nutzer des erweiterten Nutzerkreises
- Gültigkeitsdauer
- Ersteller

4 Kategorien der Empfänger, denen die personenbezogenen Daten offengelegt werden

4.1 Externe Empfänger: Auftragsverarbeiter
Die Daten werden ausschließlich von der Schule beauftragten Auftragsverarbeitern und deren weiteren Auftragsverarbeitern im Rahmen des jeweiligen Auftragsverhältnisses nach Art. 28 DSGVO offengelegt, soweit dies zur Erfüllung des jeweiligen Auftragsverhältnisses technisch erforderlich ist.

4.2 Sonstige externe Empfänger:
- Weitere nutzungsberechtigte Einrichtungen der BayernCloud Schule, denen der Betroffene im Rahmen der ByCSAngebote zugeordnet ist (z.B. zweite Beschäftigungsstelle, Einsatzschule i.R. der mobilen Reserve) oder im Rahmen schulübergreifender Angebote.
- Verantwortliche der zentralen Angebote der BayernCloud Schule (z.B. teachSHARE, Fortbildungsdatenbank FIBS, Foren).

4.3 Interne Empfänger/Zugriffsberechtigte

Empfänger	**Zugriffsberechtigung auf Datenkategorien**					
	3.1.1	3.1.2	3.2	3.3	3.4	3.5
Von der Schulleitung beauftragter Administrator	L/S (4)					
Alle Nutzer bzgl. eigener Daten	L/S (1)	L	L (3)	L (3)	L	L
Alle Lehrkräfte	L (1)	-	L (3)	L (3)	L	-
Alle Verwaltungskräfte	L (1)	-	L (3)	L (3)	L	L
Alle Eltern	L (1) (2)	-	-	L (2) (3)	-	-
Alle sonstigen Nutzer	L (1)	-	-	-	-	-

L = Lesend, S = Schreibend, – = kein Zugriff
(1) Ausgenommen die lokale User-ID, Passwort
(2) Bezüglich eigener Kinder
(3) Ausgenommen das Ordnungsmerkmal
(4) Ausgenommen die Persönliche Identifikationsnummer zur Entsperrung der Zertifikats- und Schlüsseldaten und die Biometrischen Daten gemäß Nr. 3.1.2

5 Vorgesehene Fristen für die Löschung der verschiedenen Datenkategorien
Soweit die Verarbeitung auf einer Einwilligung beruht (z.B. Alternative E-Mail-Adresse), werden die gespeicherten Daten des pädagogischen Personals, des Verwaltungspersonals von Schülerinnen und Schülern und Gastnutzern unverzüglich gelöscht, wenn die Betroffenen, bei Minderjährigen bis zur Vollendung des 14. Lebensjahres die Erziehungsberechtigten sowie bei Minderjährigen ab Vollendung des 14. Lebensjahres diese selbst oder die Erziehungsberechtigten die erteilte Einwilligung widerrufen.
Für die Daten gelten die nachfolgenden Fristen zur Löschung:

Datenkategorie	**Löschfrist**
Alle	spätestens drei Monate – ab dem Zeitpunkt, zu dem die Schülerin bzw. der Schüler oder das pädagogische Personal die Schule verlassen, – Nach Ende der Tätigkeit an der Schule (bei Verwaltungskräften und sonstigen Nutzern) – Nach Beendigung der Zusammenarbeit (bei Gastnutzern). – Die Möglichkeit der Wiederherstellung der Daten kann zur Sicherstellung des Rechts auf Datenübertragbarkeit für weitere sechs Monate vorgesehen werden, sofern die Verarbeitung eingeschränkt ist und die Betroffenen keine Löschung verlangen.

Gesetzliche Aufbewahrungspflichten bleiben unberührt.

Anlage 3
(zu § 47 Abs. 4 Satz 1)

Schulartunabhängige Deutschklassen der Jahrgangsstufen 5 und 6

Pflichtfächer[1]	**Stunden**
Deutsch als Zweitsprache (DaZ)	11
Mathematik	5
Englisch	4
Kulturelle Bildung und Werteerziehung	2
Religionslehre/Ethik/Islamischer Unterricht[2]	2
Informationstechnischer Fachbereich/Naturwissenschaftlicher Fachbereich/ Gesellschaftswissenschaftlicher Fachbereich/Wirtschaftswissenschaftlicher Fachbereich[3]	2
Musisch-Ästhetischer Fachbereich (Kunst/Musik/Werken und Gestalten[3])	2
Sport	2
Gesamtstundenzahl:	**30**
Wahlfächer[4] z. B. – weitere Belegung von Fächern des Pflichtbereichs – Arbeitsgemeinschaften mit unterschiedlicher inhaltlicher Ausrichtung – Sprach- und Lernpraxis[5]	

1 Alternativ zum Unterricht in eigenständigen Lerngruppen kommt – mit Ausnahme des Unterrichts im Pflichtfach DaZ – auch die (gelegentliche) **Teilnahme am regulären Unterricht der jeweiligen Schulart** in Betracht. Die Schule kann entsprechend der Zusammensetzung der Schülerinnen und Schüler einer schulartunabhängigen Deutschklasse (insbesondere Alter, Vorkenntnisse) hinsichtlich der **Fächer und der Stundenanteile Verschiebungen innerhalb der Stundentafel** vornehmen, wenn der Umfang des Faches DaZ dadurch nicht reduziert wird. Gerade zu Beginn des Schuljahres ist ein höherer Anteil von Deutsch als Zweitsprache sinnvoll.

Die Ausweisung einzelner Fächer erfolgt gemäß den organisatorischen und pädagogischen Erfordernissen und Möglichkeiten der einzelnen Schule.

2 Schülerinnen und Schüler, die nicht am Religionsunterricht teilnehmen, sind gemäß Art. 47 Abs. 1 BayEUG verpflichtet, am Ethikunterricht oder am Islamischen Unterricht teilzunehmen.

3 In dem ausgewiesenen Fachbereich ist sowohl die Einrichtung eines Unterrichtsangebotes in nur einem Fach als auch die Umsetzung epochaler Formen von zwei oder mehreren Fächern möglich. Die Entscheidung hierüber trifft die Schule.

4 Beim Wahlfachbereich handelt es sich um ein **optionales Zusatzangebot** für Schülerinnen und Schüler der schulartunabhängigen Deutschklasse, welches je nach den organisatorischen und pädagogischen Erfordernissen und Möglichkeiten der einzelnen Schule ausgestaltet werden kann. Ein **festgelegter Umfang oder Fächerkanon bestehen hier nicht**. Die Teilnahme am Wahlfachangebot seitens der Schülerinnen und Schüler richtet sich nach Art. 50 Abs. 2 Satz 3 BayEUG.

5 Im Wahlfachbereich können die Schulen auch spezielle Kurse oder Angebote für die schulartunabhängigen Deutschklassen bereitstellen. Hierunter zählen z. B. Kurse zur »Sprach- und Lernpraxis« für eine flexible Sprach- und Lernförderung sowie weitere Angebote zur kulturellen Bildung. Bei der Sprach- und Lernpraxis handelt es sich um ein den Unterricht ergänzendes Angebot für die Schülerinnen und Schüler der schulartunabhängigen Deutschklassen.

GSO für G8

Schulordnung für die Gymnasien in Bayern (Gymnasialschulordnung – GSO)

vom 23. Januar 2007 (GVBl. S. 68), zuletzt geändert durch § 8 der Verordnung vom 4. Juli 2024 (GVBl. S. 281)

Auf Grund von Art. 9 Abs. 4 Satz 2, Art. 25 Abs. 3 Satz 1, Art. 37 Abs. 3 Satz 3, Art. 44 Abs. 2 Satz 1, Art. 45 Abs. 2, Art. 46 Abs. 4, Art. 49 Abs. 1, Art. 50 Abs. 2, Art. 52, Art. 53 Abs. 4 und 6, Art. 54, Art. 55 Abs. 1 Nr. 6, Art. 56 Abs. 2 Nr. 2, Art. 58 Abs. 1 und 6, Art. 62 Abs. 8 und 9, Art. 65 Abs. 1 Satz 4, Art. 68, Art. 69 Abs. 7, Art. 84 Abs. 1, Art. 85, Art. 86 Abs. 15, Art. 89, Art. 100 Abs. 2, Art. 101 Abs. 2, Art. 106, Art. 114 Abs. 1 Nr. 1, Art. 116 Abs. 4 und Art. 128 Abs. 1 des Bayerischen Gesetzes über das Erziehungs- und Unterrichtswesen (BayEUG) in der Fassung der Bekanntmachung vom 31. Mai 2000 (GVBl. S. 414, ber. S. 632, BayRS 2230–1-1-K), zuletzt geändert durch Gesetz vom 26. Juli 2006 (GVBl. S. 397), erlässt das Bayerische Staatsministerium für Unterricht und Kultus folgende Verordnung:

Inhaltsübersicht

TEIL 1 Allgemeines

§ 1 Geltungsbereich

TEIL 2 Aufnahme, Schulwechsel

§ 2 Aufnahme in die unterste Jahrgangsstufe
§ 3 Probeunterricht
§ 4 Erneuter Eintritt in das Gymnasium
§ 5 Aufnahme in eine höhere Jahrgangsstufe
§ 6 Aufnahmeprüfung, Probezeit
§ 7 Aufnahme in die Jahrgangsstufe 10 oder 11
§ 8 Gastschülerinnen und Gastschüler
§ 9 Aufnahme in das Abendgymnasium und das Kolleg
§ 10 Wechsel des Gymnasiums oder der Ausbildungsrichtung in den Jahrgangsstufen 5 bis 10
§ 11 Übertritt in der Qualifikationsphase

TEIL 3 Schulbetrieb

§ 12 Gliederung
§ 13 Einrichtung von Klassen und Kursen
§ 14 Höchstausbildungsdauer
§ 15 Stundentafeln
§ 16 Unterrichtsfächer in den Jahrgangsstufen 5 bis 10
§ 17 Wahl des Kursprogramms und der Abiturprüfungsfächer
§ 18 Wahl der Fächer und Seminare
§ 19 Gestaltung des Pflichtprogramms in der Qualifikationsphase
§ 20 Seminare

TEIL 4 Leistungen, Zeugnisse

KAPITEL 1 Leistungsnachweise

§ 21 Leistungsnachweise
§ 22 Große Leistungsnachweise
§ 23 Kleine Leistungsnachweise
§ 24 Seminararbeit
§ 25 Korrektur und Besprechung
§ 26 Bewertung der Leistungen
§ 27 Nachholung von Leistungsnachweisen
§ 28 Bildung der Jahresfortgangsnote in den Jahrgangsstufen 5 bis 10
§ 29 Bewertung der Leistungen in den Jahrgangsstufen 11 und 12

KAPITEL 2 Vorrücken und Wiederholen

§ 30 Entscheidung über das Vorrücken
§ 31 Vorrücken auf Probe
§ 32 Notenausgleich
§ 33 Nachprüfung
§ 34 Überspringen einer Jahrgangsstufe
§ 35 Vorrücken bei Beurlaubung zum Schulbesuch im Ausland
§ 36 Flexibilisierungsjahr
§ 37 Wiederholen von Jahrgangsstufen und Rücktritt in der Qualifikationsphase
§ 38 Verbot des Wiederholens

KAPITEL 3 Zeugnisse

§ 39 Jahreszeugnis

§ 40 Zwischenzeugnis und Information über das Notenbild
§ 41 Zeugnis über den Ausbildungsabschnitt
§ 42 Bescheinigung über die Dauer des Schulbesuchs

TEIL 5
Prüfungen, Abschluss

KAPITEL 1
Abiturprüfung

§ 43 Zeitpunkt
§ 44 Zulassung
§ 45 Prüfungsausschuss
§ 46 Fachausschüsse, Unterausschüsse
§ 47 Verfahren
§ 48 Prüfungsgegenstände
§ 49 Schriftliche Prüfung
§ 50 Mündliche Prüfung
§ 51 Bewertung der Prüfungsleistungen
§ 52 Festsetzung des Prüfungsergebnisses
§ 53 Festsetzung der Gesamtqualifikation
§ 54 Zuerkennung der allgemeinen Hochschulreife
§ 55 Zeugnis der allgemeinen Hochschulreife
§ 56 Verhinderung der Teilnahme
§ 57 Unterschleif
§ 58 Prüfungswiederholung

KAPITEL 2
Abiturprüfung für andere Bewerberinnen und Bewerber

§ 59 Allgemeines
§ 60 Zulassung
§ 61 Prüfungsgegenstände und -verfahren
§ 62 Prüfungsergebnis und Gesamtqualifikation
§ 63 Allgemeine Hochschulreife, Wiederholung und Rücktritt
§ 64 Schülerinnen und Schüler staatlich genehmigter Ersatzschulen

KAPITEL 3
Weitere Prüfungen

§ 65 Latinum, Graecum
§ 66 Nachweis von Kenntnissen oder gesicherten Kenntnissen in einer Fremdsprache
§ 67 Besondere Prüfung

TEIL 6
Schlussvorschrift

§ 68 Inkrafttreten
Anlage 1 Stundentafeln für die Jahrgangsstufen 5 bis 10
Anlage 2 Stundentafel für den Vorkurs und die Jahrgangsstufe I (Abendgymnasium und Kolleg)
Anlage 3 Stundentafel für die Jahrgangsstufen 11 und 12 (Pflicht- und Wahlpflichtbereich)
Anlage 4 Zusatzangebot für die individuelle Profilbelegung in der Qualifikationsphase
Anlage 5 Belegungsverpflichtung (Gymnasium und Kolleg)
Anlage 6 Belegungsverpflichtung (Abendgymnasium)
Anlage 7 Stundentafel für Einführungsklassen
Anlage 8 Aufgabenstellung für die schriftliche Abiturprüfung
Anlage 9 Schwerpunktbildung in der mündlichen Abiturprüfung
Anlage 10 Verpflichtende Einbringung von Leistungen in die Gesamtqualifikation (Gymnasium und Kolleg)
Anlage 11 Verpflichtende Einbringung von Leistungen in die Gesamtqualifikation (Abendgymnasium)
Anlage 12 Berechnung des Prüfungsergebnisses aus schriftlicher Prüfung und mündlicher Zusatzprüfung
Anlage 13 Umrechnungstabelle (Punkte in Noten)
Anlage 14 Übersicht über die im Zeugnis der allgemeinen Hochschulreife für andere Bewerberinnen und Bewerber erreichbare Höchstzahl von Punkten
Anlage 15 Übersicht über die im Zeugnis der allgemeinen Hochschulreife für andere Bewerberinnen und Bewerber für Schülerinnen und Schüler staatlich genehmigter Ersatzschulen erreichbare Höchstzahl von Punkten

TEIL 1
Allgemeines

§ 1 Geltungsbereich

[1]Diese Schulordnung gilt für die öffentlichen Gymnasien, Abendgymnasien und Kollegs und die staatlich anerkannten Ersatzschulen mit dem Charakter einer öffentlichen Schule. [2]Für Ersatzschulen gilt diese Schulordnung im Rahmen der Art. 90, Art. 92 Abs. 2 Nr. 2 und Abs. 5 und Art. 93 BayEUG, für staatlich anerkannte Ersatzschulen gilt sie darüber hinaus im Rahmen des Art. 100 Abs. 2 BayEUG.

TEIL 2
Aufnahme, Schulwechsel

§ 2 Aufnahme in die unterste Jahrgangsstufe

(1) Die Schülerinnen und Schüler werden von einem Erziehungsberechtigten angemeldet.

(2) Die Aufnahme setzt voraus, dass die Schülerin oder der Schüler
1. für den Bildungsweg des Gymnasiums geeignet ist,
2. mindestens den Besuch der Jahrgangsstufe 4 der Grundschule (vorbehaltlich von Abs. 3 Satz 1 Nr. 3) oder – bei Eintritt in die Kurzform des Gymnasiums – der Jahrgangsstufe 6 der Mittelschule nachweisen kann und
3. am 30. September des Schuljahres das 12. Lebensjahr, bei Eintritt in die Kurzform des Gymnasiums das 14. Lebensjahr noch nicht vollendet hat; über Ausnahmen in besonderen Fällen entscheidet die Schulleiterin oder der Schulleiter.

(3) [1]Für den Bildungsweg des Gymnasiums sind geeignet
1. Schülerinnen und Schüler einer öffentlichen oder staatlich anerkannten Grundschule, wenn sie im Übertrittszeugnis dieser Schule als geeignet für den Bildungsweg eines Gymnasiums bezeichnet sind,
2. Schülerinnen und Schüler, die mit Erfolg am Probeunterricht teilgenommen haben,
3. Schülerinnen und Schüler einer öffentlichen oder staatlich anerkannten Grundschule, denen zum Halbjahr, d.h. zum letzten Unterrichtstag der zweiten vollen Unterrichtswoche im Februar, oder zum Ende der Jahrgangsstufe 3 das Überspringen der Jahrgangsstufe gestattet worden ist, oder
4. Schülerinnen und Schüler der Jahrgangsstufe 5 einer öffentlichen oder staatlich anerkannten Mittel- oder Realschule, die im Jahreszeugnis dieser Schule als geeignet für den Bildungsweg eines Gymnasiums bezeichnet sind.

[2]Das Übertrittszeugnis, der mit Erfolg besuchte Probeunterricht, die Entscheidung über das Überspringen und das Zeugnis der Mittel- oder Realschule gelten hinsichtlich des Satzes 1 nur für das folgende Schuljahr.

(4) Es werden auch die Schülerinnen und Schüler aufgenommen, die ohne Erfolg am Probeunterricht teilgenommen, dabei aber in beiden Fächern die Note 4 erreicht haben und deren Erziehungsberechtigte dies beantragen.

(5) Die Aufnahme in ein Musisches Gymnasium setzt zusätzlich eine einschlägige Begabung voraus, die durch die Note im Fach Musikerziehung im Übertrittszeugnis oder auf andere Weise nachzuweisen ist.

(6) [1]Sind mehr Bewerberinnen und Bewerber vorhanden, als im Hinblick auf die räumlichen und personellen Verhältnisse der Schule aufgenommen werden können, so bemühen sich die staatlichen und nichtstaatlichen Schulen um einen örtlichen Ausgleich. [2]Gelingt dies nicht, so entscheidet die oder der Ministerialbeauftragte mit Wirkung für die öffentlichen Schulen.

(7) An öffentlichen Heimschulen kann die Aufnahme von Externen auf Schülerinnen und Schüler beschränkt werden, die ihren Wohnsitz im Sinn des Bürgerlichen Gesetzbuchs im Einzugsbereich der Schule haben.

(8) Die Aufnahme erfolgt zu Beginn des Schuljahres, sonst nur aus wichtigem Grund.

§ 3 Probeunterricht

(1) [1]Für Schülerinnen und Schüler, bei denen die Voraussetzungen nach § 2 Abs. 3 Satz 1Nr. 1 oder 3 nicht gegeben sind und die nicht der Jahrgangsstufe 5 einer öffentlichen oder staatlich anerkannten Mittel- oder Realschule angehören, führen Gymnasien nach den Vorgaben der Ministerialbeauftragten einen dreitägigen Probeunterricht in

den Fächern Deutsch und Mathematik durch. [2]In begründeten Ausnahmefällen kann ein Nachholtermin für den Probeunterricht eingerichtet werden. [3]Schülerinnen und Schüler, die ohne Erfolg am Probeunterricht der Realschule teilgenommen haben, können nicht am Probeunterricht des Gymnasiums teilnehmen.

(2) Für die Vorbereitung und Durchführung des Probeunterrichts beruft die Schulleiterin oder der Schulleiter einen Aufnahmeausschuss ein, der sich aus Lehrkräften des Gymnasiums zusammensetzt.

(3) [1]Im Probeunterricht sollen die Schülerinnen und Schüler in kleineren Unterrichtsgruppen zusammengefasst werden. [2]Für jede Unterrichtsgruppe sind mindestens zwei Mitglieder des Aufnahmeausschusses verantwortlich, die abwechselnd unterrichten und beobachten. [3]Dem Probeunterricht werden die Anforderungen der Jahrgangsstufe 4 unter Berücksichtigung der Aufgabe des Gymnasiums zugrunde gelegt.

(4) [1]Die schriftlichen Aufgaben werden landeseinheitlich gestellt und von je zwei Fachlehrkräften benotet; die Arbeiten sind zwei Jahre aufzubewahren. [2]Auch die mündlichen Leistungen werden benotet.

(5) [1]Die Teilnahme am Probeunterricht ist erfolgreich, wenn in dem einen Fach mindestens die Note 3 und in dem anderen Fach mindestens die Note 4 erreicht wurde. [2]Die erfolglose Teilnahme wird auf dem Übertrittszeugnis der Grundschule vermerkt. [3]Werden die Schülerinnen und Schüler nicht aufgenommen, erhalten die Erziehungsberechtigten das Übertrittszeugnis zurück.

§ 4 Erneuter Eintritt in das Gymnasium

[1]Schülerinnen und Schüler, die während des Schuljahres an die Mittelschule gewechselt sind, gelten bei erneutem Eintritt in das Gymnasium nur dann als Wiederholungsschülerinnen und -schüler, wenn der Wechsel an die Mittelschule nach dem Ende des ersten Halbjahres der Jahrgangsstufe 5 erfolgt. [2]Die Bestimmungen über die Altersgrenze und § 30 Abs. 4 bleiben unberührt.

§ 5 Aufnahme in eine höhere Jahrgangsstufe

(1) [1]Die Aufnahme in eine höhere Jahrgangsstufe setzt das Bestehen einer Aufnahmeprüfung und einer Probezeit voraus. [2]§ 2 Abs. 2 Nr. 1 und 3 sowie Abs. 5 bis 8 gilt entsprechend. [3]Die Aufnahme in einen höheren Ausbildungsabschnitt als 11/1 ist, abgesehen vom Fall des § 6 Abs. 7, nur zulässig, wenn Zeugnisse über die niedrigeren Ausbildungsabschnitte vorliegen.

(2) [1]Abweichend von Abs. 1 Satz 1 entfallen Aufnahmeprüfung und Probezeit bei der Aufnahme in die Jahrgangsstufe 6 des Gymnasiums, wenn in der Jahrgangsstufe 5 oder 6 einer öffentlichen oder staatlich anerkannten Realschule

1. die Erlaubnis zum Vorrücken erteilt wurde und
2. der Durchschnitt aus den Jahresfortgangsnoten in den Fächern Deutsch, Englisch und Mathematik 2,00 oder besser beträgt.

[2]Dies gilt nur in dem auf die Erteilung des Jahreszeugnisses folgenden Schuljahr.

(3) Schülerinnen und Schüler eines Gymnasiums, denen die Erlaubnis zum Vorrücken in die nächsthöhere Jahrgangsstufe versagt wurde, dürfen im nächstfolgenden Schuljahr nicht zur Aufnahmeprüfung für diese Jahrgangsstufe eines Gymnasiums zugelassen werden.

§ 6 Aufnahmeprüfung, Probezeit

(1) [1]Die Aufnahmeprüfung wird schriftlich und ggf. mündlich bzw. praktisch durchgeführt. [2]Schriftliche Arbeiten sind in den Kernfächern zu fertigen. [3]Die Aufnahmeprüfung erstreckt sich in der Regel auf alle Vorrückungsfächer der vorhergehenden

Jahrgangsstufe des Gymnasiums. 4Voraussetzung für die Aufnahme ist, dass die Schülerin oder der Schüler im Unterricht voraussichtlich erfolgreich mitarbeiten kann. 5Über die Aufnahme entscheidet die Schulleiterin oder der Schulleiter.

(2) Eine nicht bestandene Aufnahmeprüfung für die Jahrgangsstufe 6 oder höher kann bei entsprechendem Ergebnis als bestandene Aufnahmeprüfung für eine niedrigere Jahrgangsstufe gewertet werden.

(3) 1In der Probezeit wird festgestellt, ob die Schülerin oder der Schüler den Anforderungen des Gymnasiums gewachsen ist. 2Die Entscheidung über das Bestehen der Probezeit wird auf der Grundlage der erbrachten Leistungen sowie der pädagogischen Wertung der Gesamtpersönlichkeit der Schülerin oder des Schülers getroffen. 3Über das Bestehen der Probezeit entscheidet die Schulleiterin oder der Schulleiter auf der Grundlage einer Empfehlung der Klassenkonferenz.

(4) 1Die Probezeit dauert in der Regel bis zum Ende des ersten Schulhalbjahres. 2Sie kann aus besonderen Gründen längstens bis zum Ende des Schuljahres verlängert werden. 3Schülerinnen und Schüler, deren Probezeit bis zum Ende des Schuljahres verlängert wurde, unterliegen den Vorrückungsbestimmungen.

(5) 1Die in den Ausbildungsabschnitt 11/1 fallende Probezeit gilt als bestanden, wenn die Schülerin oder der Schüler in den nach Anlage 5 bzw. Anlage 6 belegungspflichtigen Kursen höchstens dreimal, darunter in den Fächern Deutsch, Mathematik sowie der verpflichtend zu belegenden fortgeführten Fremdsprache 1 höchstens einmal, weniger als 5 Punkte – in keinem Fall jedoch weniger als 1 Punkt – als Halbjahresleistung erzielt hat. 2Die Leistungen im Projekt-Seminar zur Studien- und Berufsorientierung und im Fach Sport bleiben dabei unberücksichtigt. 3Eine Verlängerung ist in diesem Fall nicht zulässig; die Schülerin oder der Schüler wird in die Jahrgangsstufe 10 zurückverwiesen.

(6) Schülerinnen und Schüler, die die Probezeit nicht bestanden haben, können bei ausreichendem Leistungsstand in die vorhergehende Jahrgangsstufe zurückverwiesen werden; sie gelten dort nicht als Wiederholungsschülerinnen oder Wiederholungsschüler.

(7) Für Schülerinnen und Schüler, die nach dem Besuch einer ausländischen Schule in die Jahrgangsstufe 11 oder 12 aufgenommen werden wollen, kann die oder der Ministerialbeauftragte Einzelregelungen treffen.

§ 7 Aufnahme in die Jahrgangsstufe 10 oder 11

(1) 1Schülerinnen und Schüler mit dem Abschlusszeugnis der Realschule, der Wirtschaftsschule oder über den mittleren Schulabschluss an der Mittelschule können in die Einführungsphase der Oberstufe eintreten. 2Hierzu haben sie sich grundsätzlich einer Aufnahmeprüfung und einer Probezeit nach § 6 zu unterziehen.

(2) 1Das Staatsministerium kann für geeignete Absolventinnen und Absolventen der Realschule, der Wirtschaftsschule oder der Mittelschule mit mittlerem Schulabschluss Einführungsklassen einrichten. 2In Ausnahmefällen kann Schülerinnen und Schülern gestattet werden, das Flexibilisierungsjahr gemäß § 36 Abs. 3 in der Einführungsklasse zu absolvieren, soweit dies auch im Hinblick auf die räumlichen und personellen Verhältnisse der Schule möglich ist. 3Der erfolgreiche Besuch einer Einführungsklasse berechtigt zum Eintritt in die Jahrgangsstufe 11 des Gymnasiums. 4Die Stundentafel ergibt sich aus Anlage 7. 5Voraussetzung für die Aufnahme in eine Einführungsklasse ist ein pädagogisches Gutachten der in der Jahrgangsstufe 10 besuchten Schule, in dem die Eignung für den Bildungsweg des Gymnasiums uneingeschränkt bestätigt wird. 6§ 2 Abs. 2 Nr. 3 gilt entsprechend mit der Maßgabe, dass die Einführungsklasse diesbezüglich als Jahrgangsstufe 11 gilt. 7Eine Wiederholung von Einführungsklassen ist nicht zulässig.

(3) 1Treten Schülerinnen und Schüler direkt in die Jahrgangsstufe 10 des Gymnasiums ein, so entfallen bei einem Notendurchschnitt im Abschlusszeugnis in den

Vorrückungsfächern von 3,0 oder besser die Aufnahmeprüfung und die Probezeit. [2]Die Nachholfrist für die zweite Fremdsprache beträgt in der Regel nicht mehr als ein Jahr. [3]Die zweite Fremdsprache kann durch eine spät beginnende Fremdsprache ersetzt werden, wenn diese Fremdsprache in den Jahrgangsstufen 10 bis 12 mit insgesamt mindestens 12 Wochenstunden belegt wird. [4]Für das Fach Chemie gilt § 10 Abs. 2 entsprechend. [5]Bleiben die Fächer Informatik und Wirtschaftsinformatik auf Antrag unbenotet, können sie nicht in der Qualifikationsphase belegt werden.

(4) [1]Besonders begabte Schülerinnen und Schüler können direkt in die Jahrgangsstufe 11 des Gymnasiums eintreten, wenn sie im Abschlusszeugnis in den Fächern Deutsch, Mathematik und in einer fortgeführten Fremdsprache einen Notendurchschnitt von 1,5 oder besser haben und ein pädagogisches Gutachten der abgebenden Schule vorgelegt wird, in dem ein über den Mittleren Schulabschluss hinausgehender Leistungsstand bescheinigt wird, der für einen direkten Einstieg in die Qualifikationsphase notwendig ist und einen erfolgreichen Durchgang erwarten lässt. [2]In diesem Fall entfallen die Aufnahmeprüfung und die Probezeit. [3]Der Eintritt in die Jahrgangsstufe 11 setzt den Besuch des Unterrichts in einer zweiten fortgeführten Fremdsprache als Wahlpflichtfach in vier aufeinander folgenden Jahrgangsstufen voraus.

§ 8 Gastschülerinnen und Gastschüler

[1]Schülerinnen und Schülern, die ihren gewöhnlichen Aufenthalt längere Zeit im Ausland hatten, dort keine anerkannte deutsche Auslandsschule besucht haben und sich dem Aufnahmeverfahren zunächst nicht unterziehen wollen, kann die Schulleiterin oder der Schulleiter in stets widerruflicher Weise den Besuch des Unterrichts in einzelnen oder allen Fächern gestatten. [2]Unterliegen solche Schülerinnen und Schüler der Schulpflicht, so müssen sie am Unterricht in allen Pflicht- und Wahlpflichtfächern teilnehmen. [3]Über den Schulbesuch wird auf Antrag eine Bestätigung ausgestellt. [4]Ein Zeugnis kann nur erteilt werden, wenn die Schülerin oder der Schüler auf Grund des bestandenen Aufnahmeverfahrens die Schule besucht.

§ 9 Aufnahme in das Abendgymnasium und das Kolleg

(1) Die Aufnahme in die Jahrgangsstufe I des Abendgymnasiums bzw. des Kollegs setzt voraus

1. eine abgeschlossene Berufsausbildung oder eine mindestens zweijährige Berufstätigkeit,
2. im Schuljahr der Anmeldung ein Mindestalter von 18 Jahren,
3. einen mittleren Schulabschluss oder das erfolgreiche Durchlaufen des Vorkurses oder das erfolgreiche Ablegen einer Aufnahmeprüfung in entsprechender Anwendung von § 6 Abs. 1 und
4. das Bestehen einer Probezeit; § 6 Abs. 3 und 4 gilt entsprechend. Tritt eine Schülerin oder ein Schüler vor Ablauf der Probezeit aus, gilt sie als nicht bestanden.

(2) [1]Die Aufnahme in die Jahrgangsstufe II des Abendgymnasiums bzw. des Kollegs setzt zusätzlich zu Abs. 1 Nrn. 1 und 2 das Bestehen einer Aufnahmeprüfung und einer Probezeit voraus. [2]Für die Aufnahmeprüfung und die Probezeit gelten § 6 und Abs. 1 Nr. 4 Satz 2 entsprechend. [3]Am Abendgymnasium und am Kolleg erfolgt die Wiederaufnahme auf Probe, wenn der Zeitraum zwischen einem Austritt und einem erneuten Besuch größer als zwei Kalenderjahre ist.

(3) [1]In den Vorkurs des Abendgymnasiums bzw. des Kollegs können insbesondere Bewerberinnen und Bewerber ohne mittleren Schulabschluss, die die Voraussetzung des Abs. 1 Nr. 1 erfüllen und ein Mindestalter von 17 Jahren aufweisen, aufgenommen werden. [2]Die endgültige Aufnahme setzt das Bestehen einer Probezeit voraus; § 6 und Abs. 1 Nr. 4 Satz 2 gelten entsprechend. [3]Für die Entscheidung über das erfolgreiche Durchlaufen des Vorkurses finden die Vorrückungsbestimmungen Anwendung.

(4) [1]Der Besuch des zweiten Halbjahres im geteilten Vorkurs setzt das Bestehen des ersten Halbjahres voraus. [2]Im ersten Vorkurshalbjahr sollen in den Fächern Deutsch, Mathematik und Englisch bzw. Latein mindestens sechs, in den übrigen Fächern mindestens zwei kleine Leistungsnachweise gefordert werden. [3]Am Ende des ersten Halbjahres wird eine Prüfung über den gesamten Stoff gehalten. [4]Die Gesamtnote dieser Prüfung und die Gesamtnote der kleinen Leistungsnachweise stehen im Verhältnis 1:1. [5]Leistungen im ersten Vorkurshalbjahr bleiben im zweiten Halbjahr unberücksichtigt. [6]Bewerber mit mittlerem Schulabschluss können unmittelbar in das zweite Vorkurshalbjahr eintreten. [7]Die Probezeit des geteilten Vorkurses endet mit Ablauf des ersten Freitags im Dezember.

(5) Eine unmittelbare Aufnahme in die Jahrgangsstufe III des Abendgymnasiums bzw. des Kollegs ist nicht möglich.

(6) [1]Als berufstätig sind in der Regel nur Personen anzusehen, die ihren Lebensunterhalt vorwiegend durch eigene Tätigkeit bestreiten. [2]Berücksichtigt werden Zeiten des Wehr- oder Zivildienstes, des Entwicklungsdienstes und des Freiwilligen sozialen und ökologischen Jahres. [3]Berücksichtigt werden kann eine durch Bescheinigung der Agentur für Arbeit nachgewiesene Arbeitslosigkeit. [4]Art. 10 Abs. 4 BayEUG bleibt unberührt.

(7) Bewerberinnen und Bewerber, die bereits die allgemeine Hochschulreife besitzen, bereits zweimal erfolglos die Prüfung zur Erlangung einer Fachhochschulreife, einer fachgebundenen Hochschulreife oder einer allgemeinen Hochschulreife abgelegt haben oder vom Besuch aller Kollegs, Gymnasien bzw. Fachoberschulen ausgeschlossen worden sind, können nicht aufgenommen werden.

(8) [1]Schülerinnen und Schüler, die die Probezeit nicht bestanden haben, können ohne Aufnahmeprüfung zu Beginn eines späteren Schuljahres erneut in die zuletzt besuchte Jahrgangsstufe eintreten. [2]Die Bestimmungen über die Probezeit bleiben unberührt; die Probezeit kann nur einmal wiederholt werden.

(9) [1]Am Abendgymnasium müssen die Schülerinnen und Schüler mit Ausnahme der letzten drei Schulhalbjahre berufstätig sein. [2]Am Kolleg sollen die Schülerinnen und Schüler während des Kollegbesuchs nicht berufstätig sein.

§ 10 Wechsel des Gymnasiums oder der Ausbildungsrichtung in den Jahrgangsstufen 5 bis 10

(1) Schülerinnen und Schüler, die eine Jahrgangsstufe mit Erfolg besucht haben, können zu Beginn des folgenden Schuljahres in die nächste Jahrgangsstufe eines anderen Gymnasiums der gleichen Ausbildungsrichtung übertreten.

(2) [1]Beim Übertritt in eine andere Ausbildungsrichtung hat die Schülerin oder der Schüler in den Fächern, die nur der neu gewählten Ausbildungsrichtung eigen sind oder dort ein höheres Lehrziel haben, binnen einer von der Schulleiterin oder dem Schulleiter festzusetzenden Frist, die nicht mehr als ein Jahr betragen soll, eine Prüfung abzulegen. [2]In dieser Prüfung ist nachzuweisen, dass die Schülerin oder der Schüler im Unterricht erfolgreich mitarbeiten kann. [3]Bis dahin kann die Schülerin oder der Schüler vom Besuch des Unterrichts oder von Leistungsnachweisen in diesen Fächern befreit werden. [4]Das Ergebnis dieser Prüfung ist bei der Bildung der Jahresfortgangsnote zu berücksichtigen.

(3) Für den Übertritt aus einer staatlich nicht anerkannten Schule an ein öffentliches oder staatlich anerkanntes Gymnasium gelten die §§ 5 und 6 entsprechend.

(4) Während des Schuljahres ist der Übertritt an ein anderes Gymnasium oder in eine andere Ausbildungsrichtung nur aus wichtigem Grund, insbesondere bei Wohnsitzwechsel, zulässig.

(5) Ist gegen eine Schülerin oder einen Schüler wegen einer Verfehlung eine Untersuchung anhängig, so ist der Übertritt nur zulässig, wenn die bisher besuchte Schule

bestätigt, dass ein Antrag auf Ausschluss von allen Schulen einer oder mehrerer Schularten nach Art. 86 Abs. 2 Nr. 11 und 12 BayEUG nicht gestellt wird.

§ 11 Übertritt in der Qualifikationsphase

(1) [1]Während der Qualifikationsphase ist der Übertritt an ein anderes Gymnasium nur aus wichtigem Grund zulässig. [2]Übertretende Schülerinnen und Schüler haben keinen Anspruch darauf, dass Kurse eingerichtet werden, die ihnen die Beibehaltung des an der früheren Schule gewählten Kursprogramms ermöglichen.

(2) [1]Können bei einem Übertritt während der Qualifikationsphase die bis zum Übertritt besuchten Kurse mangels Angebots nicht fortgeführt werden, so wählt die Schülerin oder der Schüler im Rahmen der Bestimmungen insoweit neu. [2]Fehlende Leistungen aus vorhergegangenen Ausbildungsabschnitten werden durch Feststellungsprüfungen innerhalb eines Zeitraums von vier Monaten nach dem Übertritt erbracht.

(3) Schülerinnen und Schüler, die aus einem nichtbayerischen Gymnasium zu Beginn der Qualifikationsphase übertreten, werden aufgenommen, wenn sie die Vorrückungserlaubnis in die Qualifikationsphase des Gymnasiums besitzen oder nach den bayerischen Bestimmungen hätten vorrücken dürfen.

(4) Bei Übertritt während der Qualifikationsphase und in Sonderfällen beim Eintritt zu Beginn der Qualifikationsphase ist eine Entscheidung der oder des Ministerialbeauftragten herbeizuführen.

TEIL 3
Schulbetrieb

§ 12 Gliederung

(1) [1]Das Gymnasium gliedert sich in die Unterstufe mit den Jahrgangsstufen 5 bis 7, die Mittelstufe mit den Jahrgangsstufen 8 bis 10 und die Oberstufe. [2]Die Einführungsphase der Oberstufe ist die Jahrgangsstufe 10 oder die Einführungsklasse nach § 7 Abs. 2. [3]Die Qualifikationsphase der Oberstufe umfasst die Jahrgangsstufen 11 und 12.

(2) [1]Am Abendgymnasium und am Kolleg ist die Jahrgangsstufe I die Einführungsphase; die Jahrgangsstufen II und III bilden die Qualifikationsphase. [2]Am Abendgymnasium wird ein einjähriger Vorkurs eingerichtet; am Kolleg kann ein einjähriger Vorkurs eingerichtet werden, der in zwei halbjährige Kurse geteilt werden kann. [3]Die Bestimmungen für die Jahrgangsstufen 10 bis 12 des Gymnasiums gelten auch für die Jahrgangsstufen I bis III des Abendgymnasiums bzw. Kollegs, soweit nichts Abweichendes geregelt ist.

§ 13 Einrichtung von Klassen und Kursen

(1) [1]Der Unterricht wird in der Unter- und Mittelstufe sowie in der Einführungsphase der Oberstufe in Klassen erteilt, deren Bildung sich nach pädagogischen, personellen, räumlichen und organisatorischen Gegebenheiten richtet. [2]Für Schülerinnen und Schüler mit nichtdeutscher Muttersprache können besondere Klassen gebildet werden, in denen Abweichungen von der Stundentafel zulässig sind.

(2) [1]Der Unterricht wird in den Jahrgangsstufen 11 und 12 in Kursen (Fächer und Seminare) durchgeführt; hiervon abweichend werden am Abendgymnasium keine Seminare eingerichtet. [2]Jahrgangsstufenübergreifende Kurse können im Einvernehmen mit dem Schulforum eingerichtet werden, wenn dies zur Sicherung des Unterrichtsangebots in einem Fach geboten ist.

§ 14 Höchstausbildungsdauer

(1) Die Höchstausbildungsdauer beträgt zehn, in der Kurzform acht Schuljahre.

(2) [1]Für die Berechnung der Höchstausbildungsdauer zählen alle an öffentlichen oder staatlich anerkannten Gymnasien verbrachten Schuljahre. [2]Die Zeit einer Beurlaubung zum Schulbesuch im Ausland und Flexibilisierungsjahre werden nicht auf die Höchstausbildungsdauer angerechnet. [3]§ 37 Abs. 3 bleibt unberührt.

(3) Die Höchstausbildungsdauer gilt auch dann als überschritten, wenn feststeht, dass der Abschluss der Schule nicht mehr innerhalb der Höchstausbildungsdauer erreicht werden kann.

(4) [1]Die Höchstausbildungsdauer beträgt in den Jahrgangsstufen 10 bis 12 vier Schuljahre. [2]Soweit die Voraussetzungen des § 54 Abs. 1 Nr. 1 und 2 vorliegen, ist eine Überschreitung zur Wiederholung einer nicht bestandenen Abiturprüfung bis zu einem Jahr zulässig. [3]Abs. 2 Sätze 1 und 2 Halbsatz 1 und Satz 3 sowie Abs. 3 gelten entsprechend.

(5) [1]Die Höchstausbildungsdauer beträgt beim Abendgymnasium bzw. Kolleg vier Schuljahre. [2]Für die Berechnung der Höchstausbildungsdauer zählen alle an öffentlichen oder staatlich anerkannten Abendgymnasien bzw. Kollegs verbrachten Schuljahre; der Besuch eines Vorkurses bleibt insoweit unberücksichtigt.

(6) Die Ministerialbeauftragten können unter den Voraussetzungen des § 45 der Bayerischen Schulordnung (BaySchO) Ausnahmen zulassen.

§ 15 Stundentafeln

(1) [1]Für die Jahrgangsstufen 5 bis 10 gelten die Stundentafeln nach Anlage 1. [2]Das Staatsministerium kann Abweichungen von der Stundentafel für die Dauer eines Schuljahres vornehmen bzw. genehmigen. [3]Um einzelne Klassen in einem Fach oder in mehreren Fächern besonders zu fördern, kann die Schule zeitlich begrenzt durch Erhöhung der Stundenzahl in diesen Fächern und entsprechende Verringerung in anderen Fächern von der Stundentafel abweichen. [4]Die Entscheidung trifft die Schulleiterin oder der Schulleiter in Abstimmung mit der Lehrerkonferenz und dem Elternbeirat. [5]Die Entscheidung über das Konzept zur Verwendung der zusätzlichen flexiblen Intensivierungsstunden trifft die Schulleiterin oder der Schulleiter im Einvernehmen mit der Lehrerkonferenz und dem Elternbeirat.

(2) Für die Jahrgangsstufen 11 und 12 gilt das in den Anlagen 3, 4 und 5 festgelegte Unterrichtsangebot.

(3) [1]Schülerinnen und Schülern, die nach dem Besuch eines außerbayerischen Gymnasiums oder einer vergleichbaren Einrichtung des Auslands in die Jahrgangsstufen 7, 8, 9 oder 10 eintreten wollen, kann die oder der Ministerialbeauftragte im Einzelfall eine Änderung der in der Stundentafel festgelegten Fremdsprachen genehmigen, falls die vorgesehene Sprachenfolge zu einer unzumutbaren Härte führen würde. [2]Fremdsprachen, für die eine solche Genehmigung erteilt wird und die in der Anlage 3 nicht als fortgeführte Fremdsprache vorgesehen sind, sind am Ende der Jahrgangsstufe 10 abzuschließen. [3]§ 7 Abs. 3 Satz 3 gilt entsprechend.

(4) Am Abendgymnasium und am Kolleg gelten für den Vorkurs und die Jahrgangsstufe I die Stundentafeln nach Anlage 2 und für die Jahrgangsstufen II und III das in den Anlagen 3 und 4 festgelegte Unterrichtsangebot.

§ 16 Unterrichtsfächer in den Jahrgangsstufen 5 bis 10

(1) [1]Vorrückungsfächer in den Jahrgangsstufen 5 bis 10 sind alle Pflichtfächer und Wahlpflichtfächer der Stundentafeln mit Ausnahme von Sport. [2]Abweichend von Satz 1 ist Musik am Musischen Gymnasium in allen Jahrgangsstufen, in den anderen Ausbildungsrichtungen lediglich in den Jahrgangsstufen 7 bis 10 Vorrückungsfach.

(2) Kernfächer sind Deutsch, zwei Fremdsprachen, Mathematik und Physik, ferner am
1. Sprachlichen Gymnasium (SG) eine weitere Fremdsprache,
2. Naturwissenschaftlich-technologischen Gymnasium (NTG) Chemie,
3. Musischen Gymnasium (MuG) Musik,
4. Wirtschafts- und Sozialwissenschaftlichen Gymnasium (WSG) im wirtschaftswissenschaftlichen Profil Wirtschaft und Recht, im sozialwissenschaftlichen Profil Sozialkunde.

(3) [1]Am Abendgymnasium und am Kolleg sind im Vorkurs und in der Jahrgangsstufe I alle Pflichtfächer und Wahlpflichtfächer der Stundentafeln Vorrückungsfächer. [2]Kernfächer sind in der Jahrgangsstufe I Deutsch und Mathematik, ferner am
1. Sprachlichen Abendgymnasium (SAG) Englisch und eine weitere Fremdsprache,
2. Naturwissenschaftlich-technologischen Abendgymnasium (NTAG) Englisch und Physik oder Chemie,
3. Wirtschaftswissenschaftlichen Abendgymnasium (WWAG) Englisch und Wirtschaft und Recht,
4. Altsprachlichen Kolleg (ASK) Physik und Latein, Griechisch oder Englisch,
5. Neusprachlichen Kolleg (NSK) Physik und Englisch und Französisch, Latein, Italienisch, Russisch oder Spanisch.

(4) [1]An staatlichen Gymnasien und Kollegs wird der Unterricht in Wahlpflichtfächern und Wahlfächern nach näheren Bestimmungen des Staatsministeriums eingerichtet. [2]Der Besuch eines Wahlfachs darf während des Schuljahres nur mit Genehmigung der Schulleiterin oder des Schulleiters abgebrochen oder begonnen werden. [3]Über den Ausschluss vom Besuch eines Wahlfachs entscheidet die Schulleiterin oder der Schulleiter.

§ 17 Wahl des Kursprogramms und der Abiturprüfungsfächer

(1) [1]Für die Jahrgangsstufen 11 und 12 wird das Kursprogramm aus den Anlagen 3 und 4 unter Berücksichtigung der Belegungsverpflichtung (Anlage 5) in der Jahrgangsstufe 10 spätestens bis zum 15. April gewählt; am Abendgymnasium ist insoweit Anlage 6 maßgebend. [2]Können aus schulischen Gründen bestimmte Kurskombinationen nicht ermöglicht werden, teilen dies die Oberstufenkoordinatorinnen bzw. Oberstufenkoordinatoren den Betroffenen unverzüglich mit und fordern sie zu einer neuen Festlegung innerhalb angemessener Frist auf.

(2) [1]Die getroffenen Wahlentscheidungen sind für die Schülerinnen und Schüler während der gesamten Qualifikationsphase verbindlich. [2]In Ausnahmefällen kann die Kurswahl mit Genehmigung der Schulleiterin oder des Schulleiters in den ersten vier Wochen des Ausbildungsabschnitts 11/1 sowie zum Ausbildungsabschnitt 12/1 geändert werden. [3]In Ausnahmefällen kann die Schulleiterin oder der Schulleiter die Abwahl von Kursen, die die Belegungsverpflichtung gemäß Anlage 5 überschreiten, genehmigen.

(3) [1]Das dritte schriftliche Abiturprüfungsfach wird in der Jahrgangsstufe 12 spätestens bis zum 31. Januar gewählt. [2]Bis spätestens sechs Wochen vor Beginn der schriftlichen Abiturprüfung werden die mündlichen Abiturprüfungsfächer gewählt. [3]Hiervon abweichend gilt für die Wahl der besonderen Fachprüfung in den Fächern Kunst, Musik und Sport, welche jeweils die Belegung eines Additums voraussetzt (Anlagen 3 und 5), der in Abs. 1 Satz 1 genannte Zeitpunkt.

(4) [1]Die Wahl der Abiturprüfungsfächer ist so zu treffen, dass die Zahl der nach Anlage 10 bzw. § 53 verpflichtend einzubringenden Halbjahresleistungen die Zahl 40 nicht übersteigt. [2]Am Abendgymnasium ist insoweit Anlage 11 maßgebend.

(5) Wird zu den Fächern Kunst, Musik oder Sport ein Additum gewählt und wird eine Schülerin oder ein Schüler durch einen Unfall oder eine Krankheit auf Dauer daran gehindert, die geforderten praktischen Leistungen der besonderen Fachprüfung in einem dieser Fächer zu erbringen, ist erforderlichenfalls ein neues Abiturprüfungsfach zu wählen.

§ 18 Wahl der Fächer und Seminare

(1) [1]Die Fächer werden aus den drei Aufgabenfeldern (sprachlich-literarisch-künstlerisch, gesellschaftswissenschaftlich und mathematisch-naturwissenschaftlich-technisch) gewählt; ferner sind die beiden Seminare zu wählen; Sport ist zu belegen (Anlagen 3, 4 und 5). [2]Am Abendgymnasium ist insoweit Anlage 6 maßgebend.

(2) Für Belegung und Wahl der Fächer Kunst, Musik und Sport als Abiturprüfungsfächer mit besonderer Fachprüfung gelten folgende Voraussetzungen:
1. Im Fach Kunst, Musik bzw. Sport wurden der Schülerin oder dem Schüler im Zwischenzeugnis der Jahrgangsstufe 10 mindestens befriedigende Leistungen bescheinigt.
2. Im Fach Musik hat die Schülerin oder der Schüler darüber hinaus angemessene Fertigkeiten im Spiel eines anerkannten Musikinstruments (ggf. Gesang) nachgewiesen.

§ 19 Gestaltung des Pflichtprogramms in der Qualifikationsphase

(1) [1]Pflichtfächer in allen vier Ausbildungsabschnitten sind die Fächer Deutsch, Mathematik, Geschichte + Sozialkunde, Religionslehre (ggf. Ethik) und Sport. [2]In allen vier Ausbildungsabschnitten sind ferner eine fortgeführte Fremdsprache, eines der Fächer Physik oder Chemie oder Biologie, eines der Fächer Geographie oder Wirtschaft und Recht sowie eines der Fächer Kunst oder Musik zu belegen. [3]Ferner ist mindestens in Jahrgangsstufe 11 eine weitere Naturwissenschaft oder fortgeführte Informatik oder eine weitere fortgeführte bzw. spät beginnende Fremdsprache zu belegen (Anlage 3). [4]Für die Belegungsverpflichtung gilt im Übrigen Anlage 5. [5]Am Abendgymnasium ist insoweit Anlage 6 maßgebend.

(2) Die Abiturprüfungsfächer sind in allen vier Ausbildungsabschnitten zu belegen.

(3) [1]Falls in der Jahrgangsstufe 10 nach Anlage 1 eine neu einsetzende spät beginnende Fremdsprache gewählt bzw. in der Einführungsklasse nach Anlage 1 Fußnote [3)] Unterricht auf dem Niveau einer spät beginnenden Fremdsprache erteilt wurde, ist diese in allen vier Ausbildungsabschnitten zu belegen; § 14 Abs. 6 gilt entsprechend. [2]Sonstige spät beginnende Fremdsprachen sind nur wählbar, wenn die Schülerin oder der Schüler
1. in der betreffenden Sprache Wahlunterricht in den Jahrgangsstufen 9 und 10 im Umfang von zusammen mindestens fünf Wochenstunden besucht oder die erforderlichen Kenntnisse des Wahlunterrichts der Jahrgangsstufe 10 nachgewiesen hat,
2. in der betreffenden Sprache nicht bereits Unterricht als Pflicht- oder Wahlpflichtfach in den Jahrgangsstufen 9 und/oder 10 besucht hat.

(4) Für Schülerinnen und Schüler, die aus der Realschule, der Wirtschaftsschule oder der Mittleren-Reife-Klasse Jahrgangsstufe 10 der Mittelschule oder über eine Aufnahmeprüfung an das Gymnasium übergetreten sind, ist die Belegung der zweiten Fremdsprache in der Qualifikationsphase verpflichtend, soweit sie nicht den Unterricht in einer zweiten fortgeführten Fremdsprache als Wahlpflichtfach in vier aufeinander folgenden Jahrgangsstufen besucht haben.

(5) Am Abendgymnasium und am Kolleg kann als fortgeführte Fremdsprache nach Abs. 1 Satz 2 von Schülerinnen und Schülern, die ohne Fremdsprachenkenntnisse über den Vorkurs eingetreten sind, nur die erste Fremdsprache, am Sprachlichen Abendgymnasium auch die zweite Fremdsprache gewählt werden.

(6) [1]Am Kolleg ist die zweite Fremdsprache in der Jahrgangsstufe II zu belegen. [2]Wird diese Fremdsprache als Abiturprüfungsfach gewählt, so ist diese Fremdsprache auch in Jahrgangsstufe III zu belegen. [3]Satz 1 gilt nicht, wenn der Nachweis erbracht wird, dass in den Jahrgangsstufen 7 bis 10 an versetzungsrelevantem Unterricht in einer zweiten Fremdsprache an einer öffentlichen oder staatlich anerkannten allgemein bildenden Schule teilgenommen wurde und im Jahreszeugnis der zehnten oder einer höheren

Jahrgangsstufe bzw. in einem in diesen Jahrgangsstufen erteilten Abschlusszeugnis die zweite Fremdsprache mindestens mit der Note »ausreichend« bewertet wurde. [4]Wird eine zweite Fremdsprache am Kolleg neu aufgenommen, muss die erste Fremdsprache mindestens bis zum Übergang in die Qualifikationsphase weitergeführt werden.

(7) Kann für Schülerinnen und Schüler, die den Religionsunterricht nicht besuchen, in der Qualifikationsphase Ethikunterricht nicht eingerichtet werden, so haben die Schülerinnen und Schüler die anfallenden Stunden aus dem Wahlpflichtangebot des gesellschaftswissenschaftlichen Aufgabenfelds zu belegen.

(8) [1]Schülerinnen und Schüler, die auf Grund einer körperlichen Behinderung vom Sportunterricht auf Dauer befreit sind, sind nicht verpflichtet, anstelle des Fachs Sport ein anderes Fach zu belegen. [2]Entsprechend kann bei Schülerinnen und Schülern verfahren werden, die während eines Ausbildungsabschnitts aus gesundheitlichen Gründen vom Sportunterricht befreit werden müssen. [3]Schülerinnen und Schüler, die aus gesundheitlichen Gründen für die Dauer eines Ausbildungsabschnitts vom Sportunterricht befreit sind, müssen jedoch ein anderes Fach belegen. [4]Abs. 2 bleibt unberührt.

(9) Bei einer Halbjahresleistung von 0 Punkten gilt ein Fach für das betreffende Schuljahr als nicht belegt.

(10) [1]Hat eine Schülerin oder ein Schüler auf Grund einer Halbjahresleistung von 0 Punkten die Bedingung des Abs. 1 Satz 3 nicht erfüllt, kann die Belegungsverpflichtung ggf. auch durch Besuch eines Kurses im betreffenden Fach in der Jahrgangsstufe 12 erfüllt werden. [2]Wird ein entsprechender Kurs nicht eingerichtet, so kann auf Antrag gestattet werden, die ersten beiden Ausbildungsabschnitte des betreffenden Fachs mit dem nachfolgenden Jahrgang zu wiederholen; ansonsten ist auf Antrag ein Kurs in einem anderen der in Abs. 1 Satz 3 genannten Fächer mit dem nachfolgenden Jahrgang oder in der Jahrgangsstufe 12 zu belegen. [3]Die ursprünglich erbrachten Leistungen verfallen. [4]In den übrigen Fällen ist die Jahrgangsstufe zu wiederholen.

§ 20 Seminare

[1]In Jahrgangsstufe 11 ist ein Projekt-Seminar zur beruflichen Orientierung, in den Ausbildungsabschnitten 11/1 bis 12/1 sind ein Wissenschaftspropädeutisches Seminar und ein Projekt-Seminar zur Studien- und Berufsorientierung zu belegen. [2]Im Wissenschaftspropädeutischen Seminar ist eine Seminararbeit zu erstellen. [3]Seminare können in allen Fächern des Pflicht- und Wahlpflichtangebots und ggf. auch fächerübergreifend angeboten werden. [4]Am Abendgymnasium werden die in Satz 1 genannten Seminare nicht angeboten; die in Satz 2 genannte Seminararbeit wird nicht gefordert.

TEIL 4
Leistungen, Zeugnisse

KAPITEL 1
Leistungsnachweise

§ 21 Leistungsnachweise

(1) [1]Große Leistungsnachweise sind Schulaufgaben. [2]Kleine Leistungsnachweise sind schriftliche, mündliche und praktische Leistungen nach Maßgabe des § 23. [3]In der Qualifikationsphase ist die Seminararbeit ein zusätzlicher Leistungsnachweis.

(2) [1]Die Lehrerkonferenz trifft vor Unterrichtsbeginn des Schuljahres grundsätzliche Festlegungen zur Erhebung von Leistungsnachweisen und entscheidet über prüfungsfreie Zeiten; das Schulforum ist zu hören; die Festlegungen sind den Schülerinnen und

Schülern sowie ihren Erziehungsberechtigten bekanntzugeben. [2]Mündliche und schriftliche Leistungsnachweise sollen in allen Vorrückungsfächern gefordert werden und sollen sich auch auf Grundwissen beziehen. [3]Im Fach Kunst können praktische Leistungen als Ersatz für schriftliche und mündliche Leistungsnachweise, im Fach Musik nur als Ersatz für mündliche Leistungsnachweise gefordert werden. [4]Zahl, Art und Terminierung der Leistungserhebungen liegen ansonsten im pädagogischen Ermessen der Lehrkräfte.

(3) [1]In den Jahrgangsstufen 11 und 12 werden in jedem Ausbildungsabschnitt in allen Fächern mindestens zwei kleine Leistungsnachweise, darunter wenigstens ein mündlicher, gefordert. [2]Im Wissenschaftspropädeutischen Seminar werden in den Ausbildungsabschnitten 11/1 und 11/2 jeweils mindestens zwei kleine Leistungsnachweise gefordert. [3]Im Projekt-Seminar zur Studien- und Berufsorientierung werden mindestens zwei kleine Leistungsnachweise, insbesondere individuelle Projektbeiträge der Schülerinnen und Schüler, gefordert.

§ 22 Große Leistungsnachweise

(1) [1]In den Fächern Deutsch und Mathematik sowie in den Fremdsprachen sind je Schuljahr mindestens drei, bei vier und mehr Wochenstunden mindestens vier schriftliche Schulaufgaben zu halten. [2]Die Anzahl nach Satz 1 kann in Ausnahmefällen um eine unterschritten werden. [3]In modernen Fremdsprachen wird in mindestens einer Jahrgangsstufe eine Schulaufgabe oder ein Teil davon in Form einer mündlichen Prüfung abgehalten. [4]Im Fach Deutsch sind Diktate oder grammatische Übungen als Schulaufgaben nicht zulässig. [5]In den übrigen Kernfächern sind je Schuljahr mindestens zwei Schulaufgaben zu halten.

(2) [1]Pro Fach kann höchstens eine Schulaufgabe durch andere gleichwertige Leistungsnachweise ersetzt werden. [2]Die Entscheidung trifft die Lehrerkonferenz zu Beginn des Schuljahres für alle Klassen einer Jahrgangsstufe derselben Ausbildungsrichtung einheitlich; das Schulforum ist zu hören.

(3) Für Schulaufgaben in den Jahrgangsstufen 11 und 12 gilt:

1. Für jedes Fach wird in allen Ausbildungsabschnitten je eine Schulaufgabe gefordert.
2. In den modernen Fremdsprachen wird eine Schulaufgabe in der Jahrgangsstufe 11 oder 12 in mündlicher Form, möglichst als Partner- oder Gruppenprüfung, abgehalten.
3. Es gelten folgende Ausnahmen:
   a) In Geschichte + Sozialkunde wird in jedem Ausbildungsabschnitt eine kombinierte Schulaufgabe mit Inhalten aus beiden Fächern gestellt. Die beiden Fachteile werden getrennt bewertet, eine Gesamtnote wird nicht gebildet. Soweit Sozialkunde gemäß Anlage 5 als zweistündiges Fach belegt wurde, wird in jedem Ausbildungsabschnitt in Sozialkunde eine separate Schulaufgabe gestellt.
   b) Im Fach Kunst werden jeweils kombinierte Aufgaben gestellt (bildnerisch-praktischer und schriftlich-theoretischer Teil).Im Fall der Wahl des Additums »Bildnerische Praxis« wird zusätzlich zur Schulaufgabe nach Nr. 1 und Satz 1 ein Leistungsnachweis, bestehend aus bildnerisch-praktischen Arbeiten, gefordert.
   c) Im Fach Musik wird im Fall der Wahl des Additums (Instrument bzw. Gesang) zusätzlich zur Schulaufgabe nach Nr. 1 eine praktische Prüfung gefordert.
   d) Im Fach Sport treten an die Stelle der Schulaufgabe praktische Leistungsnachweise in den gewählten sportlichen Handlungsfeldern. Abweichend hiervon wird im Fach Sport als Abiturprüfungsfach mit besonderer Fachprüfung in allen Ausbildungsabschnitten zusätzlich eine Schulaufgabe aus der Sporttheorie gestellt.
   e) In den Fächern Vokalensemble, Instrumentalensemble, Theater und Film sowie biologisch-chemisches Praktikum tritt an die Stelle der Schulaufgabe eine praktische Prüfung, die ein Prüfungsgespräch einschließt.

f) In fremdsprachiger Konversation tritt an die Stelle der Schulaufgabe eine Konversationsübung, möglichst als Partner- oder Gruppenprüfung.
g) Im Fach Rhetorik kann die Schulaufgabe durch einen komplexen mündlichen Leistungsnachweis in angemessener Länge ersetzt werden, in dessen Mittelpunkt der vertiefte Nachweis rhetorischer Fähigkeiten steht.

(4) [1]Schulaufgaben werden spätestens eine Woche vorher angekündigt. [2]An einem Tag darf nicht mehr als eine Schulaufgabe, in einer Kalenderwoche sollen nicht mehr als zwei Schulaufgaben abgehalten werden. [3]Welche kleinen Leistungsnachweise in den Jahrgangsstufen 5 bis 10 an Tagen, an denen die Klasse eine Schulaufgabe schreibt, gefordert werden, entscheidet die Lehrerkonferenz nach § 21 Abs. 2.

(5) [1]Die Bearbeitungszeit für eine Schulaufgabe in den Jahrgangsstufen 5 bis 10 beträgt höchstens 60 Minuten, in den Jahrgangsstufen 11 und 12 höchstens 90 Minuten. [2]In der Jahrgangsstufe 12 kann in den Fächern der Abiturprüfung je eine Schulaufgabe im Umfang einer Prüfungsaufgabe gehalten werden. [3]Bei Schulaufgaben im Fach Deutsch kann die Bearbeitungszeit unabhängig von Satz 1 ab der Jahrgangsstufe 8 angemessen erhöht werden. [4]Im Fach Kunst kann in den Jahrgangsstufen 11 und 12 die Arbeitszeit bis zu 180 Minuten betragen. [5]Im Fach Musik werden Vorspielzeiten auf die Arbeitszeit nicht angerechnet.

(6) Welche Hilfsmittel bei der Anfertigung von Schulaufgaben verwendet werden dürfen, legt das Staatsministerium gesondert fest.

(7) Die Schulleiterin oder der Schulleiter kann nach Rücksprache mit der Lehrkraft und der Fachschaftsleitung einen großen Leistungsnachweis für ungültig erklären und die Erhebung eines neuen anordnen, insbesondere wenn die Anforderungen für die Jahrgangsstufe nicht angemessen waren oder der Lehrstoff nicht genügend vorbereitet war.

(8) Die freiwillige Wiederholung von Schulaufgaben ist nicht zulässig.

§ 23 Kleine Leistungsnachweise

(1) Mündliche Leistungsnachweise sind insbesondere Rechenschaftsablagen, Unterrichtsbeiträge und Referate.

(2) [1]Schriftliche Leistungsnachweise sind insbesondere Kurzarbeiten, Stegreifaufgaben, fachliche Leistungstests und Praktikumsberichte; dafür gilt:
1. Kurzarbeiten werden spätestens eine Woche vorher angekündigt, beziehen sich auf höchstens zehn unmittelbar vorangegangene Unterrichtsstunden. Die Bearbeitungszeit soll höchstens 30 Minuten betragen.
2. Stegreifaufgaben werden nicht angekündigt, beziehen sich auf höchstens zwei unmittelbar vorangegangene Unterrichtsstunden. Die Bearbeitungszeit soll höchstens 20 Minuten betragen.
3. Fachliche Leistungstests, die in den Jahrgangsstufen 5 bis 10 zentral oder schulintern gehalten werden können, werden spätestens eine Woche vorher angekündigt. Die Bearbeitungszeit soll höchstens 45 Minuten betragen.

[2]Für Satz 1 Nrn. 1 bis 3 gelten § 22 Abs. 6 bis 8 entsprechend.

(3) Bei Projekten können mündliche, schriftliche und praktische Leistungen bewertet werden.

§ 24 Seminararbeit

(1) [1]Das Thema der Seminararbeit ist bis zum Ende des Ausbildungsabschnitts 11/1 im Einvernehmen mit der Kursleiterin oder dem Kursleiter zu wählen. [2]Im Fach Englisch muss die Seminararbeit in der Fremdsprache verfasst werden, in den übrigen modernen Fremdsprachen in der jeweiligen Fremdsprache oder auf Deutsch. [3]Die Seminararbeit muss in der Jahrgangsstufe 12 spätestens am zweiten Unterrichtstag im

November abgeliefert werden; die Schule kann in besonderen Fällen eine Fristverlängerung gewähren.

(2) [1]Die Schülerin oder der Schüler präsentiert die Ergebnisse der Seminararbeit, erläutert sie und beantwortet Fragen (Prüfungsgespräch). [2]In modernen Fremdsprachen erfolgt dies in der jeweiligen Fremdsprache. [3]Auch bei Arbeiten, an denen mehrere Schülerinnen und Schüler beteiligt waren, wird die individuelle Schülerleistung bewertet.

(3) Die Seminararbeit kann durch einen gleichwertigen Beitrag zu einem vom Staatsministerium als geeignet anerkannten Wettbewerb aus dem jeweiligen Aufgabenfeld ersetzt werden.

§ 25 Korrektur und Besprechung

(1) [1]Schriftliche Leistungsnachweise sollen von den Lehrkräften binnen zwei Wochen korrigiert, benotet, an die Schülerinnen und Schüler zurückgegeben und mit ihnen besprochen werden. [2]In der Jahrgangsstufe 10 im Fach Deutsch und in den Jahrgangsstufen 11 und 12 beträgt diese Frist für Schulaufgaben drei Wochen. [3]Eine Schulaufgabe darf nicht gehalten werden, bevor die vorausgegangene Schulaufgabe im selben Fach zurückgegeben und besprochen wurde.

(2) Schriftliche Leistungsnachweise sollen den Schülerinnen und Schülern zur Kenntnisnahme durch die Erziehungsberechtigten mit nach Hause gegeben werden und sind der Schule binnen einer Woche unverändert zurückzugeben.

§ 26 Bewertung der Leistungen

(1) [1]Bei der Bewertung einer schriftlichen Arbeit kann die äußere Form mit berücksichtigt werden. [2]Bei schriftlichen Arbeiten sind Verstöße gegen die Sprachrichtigkeit sowie Ausdrucksmängel zu kennzeichnen und können angemessen bewertet werden.

(2) § 57 Abs. 1 gilt entsprechend.

(3) Nach Beginn der Leistungserhebung können gesundheitliche Gründe der Schülerin oder des Schülers, denen zufolge der Leistungsnachweis nicht gewertet werden soll, in der Regel nicht mehr anerkannt werden.

(4) [1]Versäumt eine Schülerin oder ein Schüler ohne ausreichende Entschuldigung einen angekündigten Leistungsnachweis oder wird eine Leistung verweigert, so wird die Note 6 erteilt. [2]§ 56 Abs. 2 gilt entsprechend.

(5) § 47 Abs. 3 gilt entsprechend mit der Maßgabe, dass in den Jahrgangsstufen 5 bis 10 die Schulleiterin oder der Schulleiter, in der Qualifikationsphase die oder der Ministerialbeauftragte Sonderregelungen treffen kann.

§ 27 Nachholung von Leistungsnachweisen

(1) [1]Versäumen Schülerinnen und Schüler einen großen Leistungsnachweis mit ausreichender Entschuldigung, so erhalten sie einen Nachtermin. [2]Versäumen sie mehrere große Leistungsnachweise mit ausreichender Entschuldigung, so kann je Fach ein Nachtermin für mehrere Leistungsnachweise angesetzt werden. [3]Bei angekündigten kleinen Leistungsnachweisen kann entsprechend verfahren werden.

(2) [1]Wird auch der Nachtermin mit ausreichender Entschuldigung versäumt, so kann eine Ersatzprüfung angesetzt werden, die sich über den gesamten bis dahin behandelten Unterrichtsstoff des Schuljahres erstrecken kann. [2]Eine Ersatzprüfung kann auch angesetzt werden, wenn in einem Fach wegen der Versäumnisse der Schülerin oder des Schülers keine hinreichenden kleinen Leistungsnachweise vorliegen.

(3) [1]Eine Ersatzprüfung kann in einem Fach nur einmal im Schulhalbjahr stattfinden. [2]Der Termin der Ersatzprüfung ist der Schülerin oder dem Schüler und den

Erziehungsberechtigten spätestens eine Woche vorher mitzuteilen. [3]Mit dem Termin ist der Prüfungsstoff bekannt zu geben.

(4) [1]Nimmt die Schülerin oder der Schüler an der Ersatzprüfung wegen Erkrankung nicht teil, so muss die Erkrankung durch ärztliches Zeugnis nachgewiesen werden. [2]Die Schule kann die Vorlage eines schulärztlichen Zeugnisses verlangen.

§ 28 Bildung der Jahresfortgangsnote in den Jahrgangsstufen 5 bis 10

(1) [1]In Fächern mit Schulaufgaben wird die Jahresfortgangsnote aus einer Gesamtnote für die großen Leistungsnachweise und aus einer Gesamtnote für die kleinen Leistungsnachweise gebildet. [2]Bei der Bildung der Gesamtnote für die kleinen Leistungsnachweise sind die schriftlichen, mündlichen und ggf. praktischen Leistungen angemessen zu gewichten. [3]In Fächern mit zwei Schulaufgaben stehen die Gesamtnoten grundsätzlich im Verhältnis 1:1. [4]In Fächern mit mehr als zwei Schulaufgaben stehen die Gesamtnoten grundsätzlich im Verhältnis 2:1.

(2) In Fächern ohne Schulaufgaben ergibt sich die Jahresfortgangsnote aus den kleinen Leistungsnachweisen.

(3) Im Fach Musik an Musischen Gymnasien soll die Gesamtnote zu gleichen Teilen aus den beiden Bereichen »Klassenunterricht« (einschließlich Gesang) und »Instrument« gebildet werden.

(4) Hat eine Schülerin oder ein Schüler außerhalb des stundenplanmäßigen Unterrichts in Schulveranstaltungen oder Hochschulveranstaltungen, in durch das Staatsministerium beworbenen und gegebenenfalls mit Hilfe von Lehrkräften öffentlicher oder staatlich anerkannter Gymnasien durchgeführten internationalen Sprachzertifikatsprüfungen oder in vom Staatsministerium als geeignet anerkannten Wettbewerben besondere Leistungen erzielt und ist eine eindeutige fachliche Zuordnung möglich, so können diese auf Antrag in der Jahresfortgangsnote im entsprechenden Fach angemessen berücksichtigt werden.

(5) Bei Inanspruchnahme des Flexibilisierungsjahrs gemäß § 36 Abs. 2 wird die Jahresfortgangsnote der Jahrgangsstufe 8 bzw. 9 aus den Leistungsnachweisen der Teiljahrgangsstufen 8.1 und 8.2 bzw. der Teiljahrgangsstufen 9.1 und 9.2 gemäß Abs. 1 bis 4 gebildet; für die Anzahl der Schulaufgaben gemäß Abs. 1 Sätze 3 und 4 bleibt das Schuljahr statt des zwei Schuljahre umfassenden Ausbildungsabschnitts maßgebend.

§ 29 Bewertung der Leistungen in den Jahrgangsstufen 11 und 12

(1) [1]In den Jahrgangsstufen 11 und 12 werden die Leistungen mittels eines Punktesystems bewertet. [2]Dieses berücksichtigt die Notenstufen mit der jeweiligen Tendenz nach folgendem Schlüssel:

Punkte	15	14	13	12	11	10	9	8	7	6	5	4	3	2	1	0
Noten mit Tendenz	+	1	–	+	2	–	+	3	–	+	4	–	+	5	–	6

(2) [1]Die Leistungen in den Fächern werden am Ende eines jeden Ausbildungsabschnitts zu einer Halbjahresleistung zusammengefasst und in einer Endpunktzahl von höchstens 15 Punkten ausgedrückt. [2]Sie ergibt sich als Durchschnittswert aus der Punktzahl der Schulaufgabe sowie aus dem Durchschnitt der Punktzahlen der kleinen Leistungsnachweise. [3]In den Ausbildungsabschnitten 11/1 und 11/2 des Wissenschaftspropädeutischen Seminars ergibt sich die Halbjahresleistung jeweils aus dem Durchschnittswert der kleinen Leistungsnachweise. [4]Das Ergebnis wird gerundet; eine Aufrundung zur Endpunktzahl 1 ist nicht zulässig. [5] § 28 Abs. 1 Satz 2 und Abs. 4 gilt entsprechend.

(3) [1]Die Fächer Geschichte + Sozialkunde (einstündig) bilden eine gemeinsame Halbjahresleistung, die sich aus den gemäß Abs. 2 gebildeten Punktzahlen pro Fach ergibt, welche im Verhältnis 2:1 (Geschichte: Sozialkunde) gewichtet werden; abweichend von

§ 21 Abs. 3 Satz 1 wird im Fach Sozialkunde mindestens ein kleiner Leistungsnachweis gefordert. [2]Bei Belegung des Fachs Sozialkunde (zweistündig) wird sowohl für das Fach Geschichte als auch für das Fach Sozialkunde eine eigene Halbjahresleistung gemäß Abs. 2 ermittelt.

(4) [1]Im Fach Kunst als Abiturprüfungsfach mit besonderer Fachprüfung (Additum »Bildnerische Praxis«) wird zur Ermittlung der Halbjahresleistung die Punktzahl der Schulaufgabe verdoppelt und die Punktzahl, die sich aus dem Durchschnitt der im Additum erbrachten Arbeitsergebnisse ergibt, verdreifacht; der einfache Durchschnitt der Punktzahlen der kleinen Leistungsnachweise wird addiert. [2]Die Halbjahresleistung nach Abs. 2 Satz 1 wird ermittelt, indem die sich ergebende Summe durch sechs geteilt wird.

(5) [1]Im Fach Musik als Abiturprüfungsfach mit besonderer Fachprüfung (Additum Instrument bzw. Gesang) wird zur Ermittlung der Halbjahresleistung die Punktzahl der Schulaufgabe verdoppelt und die Punktzahl der praktischen Prüfung verdreifacht; der einfache Durchschnitt der Punktzahlen der kleinen Leistungsnachweise wird addiert. [2]Die Halbjahresleistung nach Abs. 2 Satz 1 wird ermittelt, indem die sich ergebende Summe durch sechs geteilt wird.

(6) [1]Im Fach Sport ergibt sich die Halbjahresleistung als Durchschnittswert aus dem doppelt gewichteten Durchschnitt der Punktzahlen der praktischen Leistungen im gewählten sportlichen Handlungsfeld sowie dem Durchschnitt der Punktzahlen der anderen kleinen Leistungsnachweise. [2]Im Fach Sport als Abiturprüfungsfach mit besonderer Fachprüfung (Additum »Sporttheorie«) ergibt sich die Endpunktzahl aus dem Durchschnitt der Punktzahl im Fach Sport gemäß Satz 1 und der Punktzahl im Additum »Sporttheorie«, die nach Abs. 2 Satz 2 gebildet wird.

(7) [1]Zur Ermittlung der Gesamtleistung in der Seminararbeit wird zunächst die Punktzahl für die abgelieferte Arbeit verdreifacht und die Punktzahl für Präsentation mit Prüfungsgespräch addiert. [2]Die Summe wird durch 2 geteilt und das Ergebnis gerundet.

(8) [1]Für die Gesamtleistung im Projekt-Seminar zur Studien- und Berufsorientierung (besondere Lernleistung) werden insgesamt maximal 30 Punkte vergeben. [2]Über die Gewichtung der kleinen Leistungsnachweise entscheidet die Lehrkraft. [3]Beiträge aus einem vom Staatsministerium als geeignet anerkannten Wettbewerb können in die Bewertung einbezogen werden.

KAPITEL 2
Vorrücken und Wiederholen

§ 30 Entscheidung über das Vorrücken

(1) [1]Die Grundlage für die Entscheidung über das Vorrücken bilden die Leistungen in den Vorrückungsfächern. [2]Vom Vorrücken sind Schülerinnen und Schüler ausgeschlossen, deren Jahreszeugnis in einem Vorrückungsfach die Note 6 oder in zwei Vorrückungsfächern die Note 5 aufweist. [3]Eine Bemerkung in einem Vorrückungsfach gemäß § 39 Abs. 7 steht hinsichtlich des Vorrückens einer Note 6 gleich.

(2) Bei Schülerinnen und Schülern des Wirtschafts- und Sozialwissenschaftlichen Gymnasiums mit sozialwissenschaftlichem Profil setzt das Vorrücken in die Jahrgangsstufe 11 die erfolgreiche Ableistung eines Sozialpraktikums im Umfang von mindestens 15 Arbeitstagen voraus.

(3) Bei Schülerinnen und Schülern mit nichtdeutscher Muttersprache und bei Aussiedlerschülerinnen und -schülern sind in den ersten beiden Jahren des Schulbesuchs in der Bundesrepublik Deutschland unzureichende Leistungen im Fach Deutsch in den Jahrgangsstufen 5 bis 9 bei der Entscheidung über das Vorrücken nicht zu berücksichtigen.

(4) [1]Treten Schülerinnen und Schüler der Jahrgangsstufen 5 bis 10 später als zwei Monate vor Unterrichtsbeendigung aus der Schule aus, so stellt die Klassenkonferenz die Noten fest. [2]Gleichzeitig entscheidet sie, ob die Schülerinnen und Schüler bei weiterem Verbleib an der Schule die Erlaubnis zum Vorrücken erhalten hätten; die Feststellung wird mit Begründung in die Niederschrift aufgenommen. [3]Schülerinnen und Schüler, deren Bescheinigung über den Schulbesuch (§ 42) keine Bemerkung über die Erlaubnis zum Vorrücken enthält, können im darauf folgenden Schuljahr zu einer Aufnahmeprüfung für die nächsthöhere Jahrgangsstufe nicht zugelassen werden. [4]Bei Wiedereintritt in die gleiche Jahrgangsstufe gelten sie als Wiederholungsschülerinnen und Wiederholungsschüler.

§ 31 Vorrücken auf Probe

(1) [1]Schülerinnen und Schüler der Jahrgangsstufen 5 bis 9, die das Ziel der jeweiligen Jahrgangsstufe erstmals nicht erreicht haben, können mit Einverständnis ihrer Erziehungsberechtigten auf Probe vorrücken, wenn nach dem Gesamtbild aller erzielten Leistungen erwartet werden kann, dass sie im nächsten Schuljahr das Ziel der Jahrgangsstufe erreichen. [2]Dies gilt für Schülerinnen und Schüler der Jahrgangsstufe 10 nur, wenn sie das Ziel der Jahrgangsstufe wegen Note 6 in einem oder Note 5 in zwei Vorrückungsfächern, darunter in Kernfächern keine schlechtere Note als einmal Note 5, nicht erreicht haben; bei Schülerinnen und Schülern der Jahrgangsstufe 11 kommt es darauf an, ob erwartet werden kann, dass sie das Ziel des Gymnasiums erreichen. [3]Die Entscheidung trifft die Lehrerkonferenz auf der Grundlage einer Empfehlung der Klassenkonferenz.

(2) Wird einer Schülerin oder einem Schüler das Vorrücken auf Probe nach Abs. 1 oder nach Art. 53 Abs. 6 Satz 2 BayEUG gestattet, so wird in das Jahreszeugnis folgende Bemerkung aufgenommen: »Die Schülerin bzw. der Schüler erhält die vorläufige Erlaubnis zum Besuch der Jahrgangsstufe ....«

(3) [1]Die Probezeit dauert bis zum 15. Dezember; sie kann von der Lehrerkonferenz in besonderen Fällen um höchstens zwei Monate verlängert werden. [2]Die Lehrerkonferenz entscheidet auf der Grundlage einer Empfehlung der Klassenkonferenz, ob die Schülerin oder der Schüler nach dem Gesamtbild aller erzielten Leistungen die Probezeit bestanden hat oder zurückverwiesen wird. [3]Zurückverwiesene Schülerinnen und Schüler gelten nicht als Wiederholungsschülerinnen und Wiederholungsschüler; dies gilt nicht im Fall des Abs. 1.

(4) Wird das Vorrücken auf Probe in die Jahrgangsstufe 11 gestattet, gilt § 6 Abs. 5 entsprechend.

§ 32 Notenausgleich

[1]Schülerinnen und Schülern der Jahrgangsstufe 10, die nach § 30 Abs. 1 Satz 2 vom Vorrücken ausgeschlossen sind, kann unter folgenden Voraussetzungen Notenausgleich gewährt werden:

1. Sie weisen nicht in einem weiteren Vorrückungsfach Note 5 oder 6 auf und
2. sie haben Note 1 in einem oder Note 2 in zwei Vorrückungsfächern, wobei Kernfächer nur durch Kernfächer ausgeglichen werden können, oder haben in mindestens drei Kernfächern keine schlechtere Note als 3.

[2]§ 31 Abs. 1 Satz 2 Halbsatz 2 und Satz 3 gilt entsprechend. [3]Wird einer Schülerin oder einem Schüler Notenausgleich gewährt, so wird in das Jahreszeugnis eine entsprechende Bemerkung aufgenommen.

§ 33 Nachprüfung

(1) [1]Schülerinnen und Schüler der Jahrgangsstufen 6 bis 9, die wegen nicht ausreichender Noten in höchstens drei Vorrückungsfächern (darunter in Kernfächern nicht

schlechter als höchstens einmal Note 6 oder zweimal Note 5) das Ziel der Jahrgangsstufe nicht erreicht haben, können vorrücken, wenn sie sich einer Nachprüfung erfolgreich unterzogen haben. [2]Diese findet in den letzten Tagen der Sommerferien statt.

(2) Von der Nachprüfung ausgeschlossen sind Schülerinnen und Schüler mit der Note 6 im Fach Deutsch und Schülerinnen und Schüler, die die betreffende Jahrgangsstufe zum zweiten Mal besuchen.

(3) [1]Die Teilnahme an der Nachprüfung setzt einen Antrag der Erziehungsberechtigten voraus, der spätestens eine Woche nach Aushändigung des Jahreszeugnisses bei der Schule vorliegen muss. [2]Die Schülerinnen und Schüler können bei einem Wohnsitzwechsel die Nachprüfung auch an der neuen Schule ablegen.

(4) [1]Die Schülerinnen und Schüler haben sich der Nachprüfung in den Vorrückungsfächern zu unterziehen, in denen ihre Leistungen schlechter als »ausreichend« waren. [2]In Fächern, in denen Schulaufgaben vorgeschrieben sind, wird die Prüfung in schriftlicher Form abgenommen; die Aufgaben haben etwa den Umfang einer Schulaufgabe. [3]In anderen Fächern bleibt die Art der Durchführung der Prüfung der Schule überlassen. [4]Den Prüfungen liegt der Stoff der zuletzt besuchten Jahrgangsstufe zugrunde.

(5) [1]Reichen die in der Nachprüfung erzielten Noten zusammen mit den übrigen Noten für das Vorrücken aus, wird das Bestehen der Nachprüfung und das Vorrücken festgestellt. [2]In einem neuen Jahreszeugnis werden die jeweils besseren Noten aus Jahresfortgang oder Nachprüfung eingetragen. [3]Das Zeugnis erhält einen Vermerk darüber, welche der Noten auf der Nachprüfung beruhen.

§ 34 Überspringen einer Jahrgangsstufe

[1]Besonders befähigten Schülerinnen und Schülern wird auf Antrag ihrer Erziehungsberechtigten das Überspringen einer Jahrgangsstufe gestattet, wenn zu erwarten ist, dass sie nach ihrer Reife und Leistungsfähigkeit den Anforderungen gewachsen sind. [2]Die Entscheidung trifft die Schulleiterin oder der Schulleiter auf Grund einer Empfehlung der Klassenkonferenz. [3]Die Schülerinnen und Schüler rücken auf Probe vor. [4]Hinsichtlich der Probezeit gilt § 6 entsprechend; für das Vorrücken auf Probe in die Jahrgangsstufe 11 gilt § 31 Abs. 4 entsprechend. [5]Das Überspringen von Ausbildungsabschnitten in der Qualifikationsphase ist nicht zulässig.

§ 35 Vorrücken bei Beurlaubung zum Schulbesuch im Ausland

(1) [1]Schülerinnen und Schülern, für die eine Vorrückungsentscheidung nicht getroffen werden kann, weil sie zum Schulbesuch im Ausland beurlaubt waren, wird auf Antrag das Vorrücken auf Probe in die nächsthöhere Jahrgangsstufe gestattet, wenn eine Schule im Ausland ordnungsgemäß besucht wurde und hierüber sowie über die dabei erzielten Leistungen eine Bestätigung der Schule vorgelegt wird. [2]§ 31 Abs. 3 und 4 gilt entsprechend.

(2) [1]Dies gilt nicht für Schülerinnen und Schüler, die im der Beurlaubung vorangegangenen Schuljahr das Klassenziel nicht erreicht haben. [2]Solche Schülerinnen und Schüler müssen die nicht bestandene Jahrgangsstufe wiederholen, es sei denn, sie unterziehen sich nach der Rückkehr mit Erfolg der Nachprüfung nach den Vorschriften des § 33. [3]Abweichend von § 33 Abs. 1 Satz 1 können in diesem Fall auch Schülerinnen und Schüler, die in Jahrgangsstufe 10 oder 11 das Ziel der Jahrgangsstufe nicht erreicht hatten, an der Nachprüfung teilnehmen.

(3) Schülerinnen und Schüler, die die Vorrückungserlaubnis nicht erhalten haben, im Anschluss daran zum Schulbesuch im Ausland beurlaubt werden und für die infolge dieser Beurlaubung keine Vorrückungsentscheidung getroffen werden kann, gelten im Schuljahr der Beurlaubung nicht als Wiederholungsschülerinnen und Wiederholungsschüler.

§ 36 Flexibilisierungsjahr

(1) [1]In der Mittelstufe können die Schülerinnen und Schüler einmal ein Flexibilisierungsjahr absolvieren, entweder in der Jahrgangsstufe 8 bzw. 9 in Form eines Flexibilisierungsjahrs gemäß Abs. 2 oder nach den Jahrgangsstufen 8, 9 oder 10 in Form eines Flexibilisierungsjahrs gemäß Abs. 3. [2]§ 37 bleibt unberührt.

(2) [1]Nach Beratung durch die Schule können einzelne Schülerinnen und Schüler auf Antrag der Erziehungsberechtigten entweder die Jahrgangsstufe 8 oder die Jahrgangsstufe 9 in einem zwei Schuljahre umfassenden Ausbildungsabschnitt mit den Teiljahrgangsstufen 8.1 bzw. 9.1 und 8.2 bzw. 9.2 absolvieren; diese Entscheidung kann bis spätestens zwei Wochen nach Ende des Halbjahres der Jahrgangsstufe 8 bzw. 9 getroffen werden. [2]Sie können vom Unterricht in Fächern, die nicht Kernfächer sind, im Umfang von bis zu sechs Wochenstunden je Teiljahrgangsstufe befreit werden, soweit innerhalb des Ausbildungsabschnitts jedes der Fächer der Stundentafel für die jeweilige Jahrgangsstufe zumindest während einer Teiljahrgangsstufe besucht wird; abweichend davon ist bei neu einsetzenden Kernfächern eine Befreiung vom Unterricht in Teiljahrgangsstufe 8.1 möglich. [3]Der Besuch eines von der Schule angebotenen, auf die Bedürfnisse dieser Schülerinnen bzw. Schüler zugeschnittenen ergänzenden Unterrichts ist verpflichtend.

(3) [1]Nach Beratung durch die Schule können einzelne Schülerinnen und Schüler mit der Erlaubnis zum Vorrücken in die Jahrgangsstufen 9, 10 bzw. 11 auf Antrag der Erziehungsberechtigten die Jahrgangsstufe 8, 9 bzw. 10 freiwillig wiederholen oder spätestens zwei Wochen nach Ende des Halbjahres in diese Jahrgangsstufen zurücktreten und dabei vom Unterricht in Fächern, die nicht Kernfächer sind, im Umfang von bis zu sechs Wochenstunden befreit werden. [2]Abweichend von Satz 1 kann im Flexibilisierungsjahr der Jahrgangsstufe 10 vom Unterricht in Fächern, die nicht Kernfächer sind, sowie auch vom Unterricht in Kernfächern, wenn diese in der Qualifikationsphase nicht fortgeführt werden, im Umfang von bis zu acht Wochenstunden befreit werden; die Nichtfortführung ist schriftlich durch die Erziehungsberechtigten zu erklären. [3]Abs. 2 Satz 3 gilt entsprechend.

(4) Schülerinnen und Schüler, die von einem Flexibilisierungsjahr Gebrauch machen, gelten nicht als Wiederholungsschülerinnen und Wiederholungsschüler.

§ 37 Wiederholen von Jahrgangsstufen und Rücktritt in der Qualifikationsphase

(1) Auf Antrag der Erziehungsberechtigten können Schülerinnen und Schüler freiwillig wiederholen oder spätestens zwei Wochen nach Ende des Halbjahres aus den Jahrgangsstufen 6 bis 10 in die vorherige Jahrgangsstufe zurücktreten; sie gelten nicht als Wiederholungsschülerinnen und Wiederholungsschüler.

(2) Schülerinnen und Schüler, die eine der Jahrgangsstufen 5 bis 10 freiwillig wiederholen, aber dabei das Ziel der Jahrgangsstufe nicht erreichen, erhalten anstelle des Jahreszeugnisses eine Bestätigung über das freiwillige Wiederholen und die dabei gezeigten Leistungen mit der Bemerkung, dass das Vorrücken auf Grund des früheren Jahreszeugnisses gestattet wird.

(3) Schülerinnen und Schüler, die im abgelaufenen Schuljahr infolge nachgewiesener erheblicher Beeinträchtigungen ohne eigenes Verschulden wegen Leistungsminderungen die Voraussetzungen zum Vorrücken nicht erfüllten (z.B. wegen Krankheit) und denen das Vorrücken auf Probe nicht gestattet wurde, gelten nicht als Wiederholungsschülerinnen und Wiederholungsschüler.

(4) [1]Ein Rücktritt im Verlauf eines Ausbildungsabschnitts ist nicht zulässig. [2]Schülerinnen und Schüler, die in der Qualifikationsphase am Ende des Ausbildungsabschnitts 11/2 oder 12/1 zurücktreten, müssen zwei aufeinander folgende Ausbildungsabschnitte wiederholen. [3]Bei einem Rücktritt am Ende des Ausbildungsabschnitts 11/1 muss auch

das zweite Halbjahr der Jahrgangsstufe 10 wiederholt werden, die Ergebnisse des Ausbildungsabschnitts 11/1 verfallen. [4]Schülerinnen und Schüler, die am Ende des Ausbildungsabschnitts 11/1 oder 11/2 zurücktreten, haben keinen Anspruch darauf, dass Kurse eingerichtet werden, die ihnen die Beibehaltung des ursprünglich gewählten Kursprogramms ermöglichen. [5]Finden Schülerinnen und Schüler bei Rücktritt am Ende des Ausbildungsabschnitts 12/1 ihr Kursprogramm nicht mehr vor, trifft die oder der Ministerialbeauftragte eine Sonderregelung. [6]Behalten zurückgetretene Schülerinnen und Schüler ihre ursprünglich gewählten Fächer bei, können sie wählen, ob sie in die Gesamtqualifikation das Gesamtergebnis des ersten oder des zweiten Durchlaufs einbringen. [7]Die Ergebnisse des Projekt-Seminars zur Studien- und Berufsorientierung und des Ausbildungsabschnitts 11/2 im Wissenschaftspropädeutischen Seminar sowie das Ergebnis der Seminararbeit können auf Antrag der Schülerin oder des Schülers beibehalten werden; bei einem Rücktritt am Ende des Ausbildungsabschnitts 11/2 ist die Fortsetzung eines Seminars oder beider Seminare mit Zustimmung der Schulleiterin oder des Schulleiters möglich.

§ 38 Verbot des Wiederholens

(1) Ist das Wiederholen einer Jahrgangsstufe nach Art. 53 Abs. 3 BayEUG oder wegen Überschreitens der Höchstausbildungsdauer (Art. 55 Abs. 1 Nr. 6 BayEUG, § 14) nicht zulässig, so wird dies im Jahreszeugnis eigens vermerkt.

(2) Über eine Befreiung von den Folgen des Art. 53 Abs. 3 BayEUG entscheidet die Lehrerkonferenz von Amts wegen.

KAPITEL 3
Zeugnisse

§ 39 Jahreszeugnis

(1) [1]Über die in den Pflichtfächern und Wahlpflichtfächern im Schuljahr erzielten Leistungen erhalten die Schülerinnen und Schüler der Jahrgangsstufen 5 bis 10 ein Jahreszeugnis nach dem vom Staatsministerium herausgegebenen Muster. [2]Die Teilnahme am Wahlunterricht wird durch eine den erzielten Fortschritt kennzeichnende Bemerkung bestätigt; ohne ausreichenden Erfolg besuchter Wahlunterricht wird nicht erwähnt. [3]Das Jahreszeugnis wird am letzten Unterrichtstag des Schuljahres ausgestellt.

(2) [1]Abweichend von Abs. 1 erhalten Schülerinnen und Schüler des Flexibilisierungsjahrs gemäß § 36 Abs. 2 erst nach der Teiljahrgangsstufe 8.2 bzw. 9.2 ein Jahreszeugnis; es wird am letzten Unterrichtstag des Schuljahres ausgestellt. [2]Schülerinnen und Schüler, die das Flexibilisierungsjahr gemäß § 36 Abs. 3 in Anspruch nehmen, erhalten hierfür kein Jahreszeugnis, sondern eine schriftliche Information über das Notenbild in den besuchten Fächern.

(3) [1]In den Jahrgangsstufen 5 bis 10 sind Bemerkungen im Sinn des Art. 52 Abs. 3 Satz 3 BayEUG über Anlagen, Mitarbeit und Verhalten der Schülerin oder des Schülers in das Zeugnis aufzunehmen; dies gilt nicht am Abendgymnasium und am Kolleg. [2]Die Mitarbeit ist unabhängig von den Leistungen zu beurteilen. [3]Ordnungsmaßnahmen werden nur aus besonderem Anlass erwähnt. [4]In den Jahrgangsstufen 9 und 10 darf das Jahreszeugnis keine Bemerkung enthalten, die den Übertritt in das Berufsleben erschwert. [5]Die Entscheidung über das Vorrücken muss im Jahreszeugnis vermerkt sein.

(4) Im Zeugnis oder auf einem Beiblatt nach dem vom Staatsministerium herausgegebenen Muster sind auf Wunsch der Schülerin oder des Schülers die Tätigkeit in der Schülermitverantwortung oder sonstige freiwillige Tätigkeiten für die Schulgemeinschaft zu vermerken.

(5) [1]Das Zeugnis wird von der Klassenleiterin oder dem Klassenleiter entworfen und von der Klassenkonferenz festgesetzt. [2]In den Fällen des Nichtvorrückens, des Vorrückens auf Probe oder des Notenausgleichs spricht die Klassenkonferenz eine Empfehlung aus; die Entscheidung trifft die Lehrerkonferenz. [3]Gleiches gilt, wenn die oder der Vorsitzende der Klassenkonferenz oder ein Drittel ihrer Mitglieder einen entsprechenden Antrag stellt oder die Schulleiterin oder der Schulleiter es aus besonderen Gründen für erforderlich hält. [4]In besonderen Fällen sind die für die Notenfestsetzung maßgeblichen Gründe in der Niederschrift festzuhalten.

(6) Bei Schülerinnen und Schülern mit nichtdeutscher Muttersprache und Aussiedlerschülerinnen und Aussiedlerschülern kann in den ersten beiden Jahren des Schulbesuchs in der Bundesrepublik Deutschland die Benotung im Fach Deutsch in den Jahrgangsstufen 5 bis 9 durch eine Bemerkung über die mündliche und schriftliche Ausdrucks- und Verständigungsfähigkeit ersetzt oder erläutert werden.

(7) Hat eine Schülerin oder ein Schüler in einem Unterrichtsfach keine hinreichenden Leistungsnachweise erbracht und mit ausreichender Entschuldigung weder an Nachterminen noch an einer Ersatzprüfung teilgenommen, so wird anstelle einer Note eine entsprechende Bemerkung mit der Folge des § 30 Abs. 1 Satz 3 aufgenommen.

(8) [1]War eine Schülerin oder ein Schüler der Jahrgangsstufen 5 bis 10 von der Teilnahme am Unterricht im Fach Sport befreit, so erhält sie oder er anstelle einer Note im Zeugnis eine entsprechende Bemerkung. [2]In musischen und praktischen Fächern gilt dies entsprechend.

(9) In ein Zeugnis, das den Anforderungen des § 20 der Mittelschulordnung entspricht, trägt das Gymnasium auf Antrag folgenden Vermerk ein: »Die mit diesem Zeugnis nachgewiesene Schulbildung schließt die Berechtigungen des erfolgreichen Abschlusses der Mittelschule ein.«

(10) Im Jahreszeugnis der Jahrgangsstufe 10 erhalten alle Schülerinnen und Schüler, die diese Jahrgangsstufe mit Erfolg besucht haben, den zusätzlichen Vermerk: »Der Schüler bzw. die Schülerin ist damit zum Eintritt in die Qualifikationsphase der Oberstufe des Gymnasiums berechtigt; dies schließt den Nachweis eines mittleren Schulabschlusses ein.«*)

§ 40 Zwischenzeugnis und Information über das Notenbild

(1) [1]In den Jahrgangsstufen 5 bis 10 wird zum Schulhalbjahr ein Zwischenzeugnis nach dem vom Staatsministerium herausgegebenen Muster ausgestellt. [2]Darin sind die Mitarbeit und das Verhalten zu beurteilen; dies gilt nicht am Abendgymnasium und am Kolleg. [3]§ 39 gilt entsprechend.

(2) Abweichend von Abs. 1 wird den Schülerinnen und Schülern der Teiljahrgangsstufen 8.1 bzw. 9.1 gemäß § 36 Abs. 2 auch zum Termin des Jahreszeugnisses ein Zwischenzeugnis ausgestellt.

(3) [1]Das Zwischenzeugnis kann in den Jahrgangsstufen 5 bis 8 einheitlich durch mindestens zwei schriftliche Informationen über das Notenbild der Schülerinnen und Schüler ersetzt werden. [2]Die Entscheidung trifft die Lehrerkonferenz im Einvernehmen mit dem Elternbeirat vor Unterrichtsbeginn des Schuljahres.

(4) [1]Erscheint die Erlaubnis zum Vorrücken gefährdet, so weist die Schule in den Fällen der Abs. 1 und 2 darauf hin. [2]Besteht zusätzlich die Gefahr, dass die Jahrgangsstufe gemäß Art. 53 Abs. 3 BayEUG oder wegen Überschreitens der Höchstausbildungsdauer (Art. 55 Abs. 1 Nr. 6 BayEUG, § 14) nicht mehr wiederholt werden darf, wird auch darauf hingewiesen.

---

* Im Jahreszeugnis der Jahrgangsstufe I des Abendgymnasiums oder des Kollegs erhalten alle Schülerinnen und Schüler, die diese Jahrgangsstufe mit Erfolg besucht haben, den zusätzlichen Vermerk: »Dieses Zeugnis schließt den Nachweis eines mittleren Schulabschlusses ein.« (vgl. § 39 Abs. 9, § 68 Abs. 3 Satz 2 GSO G9)

§ 41 Zeugnis über den Ausbildungsabschnitt

(1) [1]Für die Ausbildungsabschnitte 11/1, 11/2 und 12/1 werden Zeugnisse über den Ausbildungsabschnitt nach dem vom Staatsministerium herausgegebenem Muster erstellt. [2]Die Zeugnisse über die Ausbildungsabschnitte 11/1 und 11/2 werden zum Schulhalbjahr und zum Termin des Jahreszeugnisses, die Zeugnisse über den Ausbildungsabschnitt 12/1 zum ersten Unterrichtstag nach dem 23. Januar erstellt. [3]Die Zeugnisse über die Ausbildungsabschnitte werden von den Oberstufenkoordinatorinnen bzw. Oberstufenkoordinatoren entworfen und von der Schulleiterin oder dem Schulleiter festgesetzt.

(2) Über die im Ausbildungsabschnitt 12/2 erzielten Ergebnisse erhält die Schülerin oder der Schüler anstelle eines Zeugnisses eine schriftliche Mitteilung mit der Aufforderung, die in die Gesamtqualifikation einzubringenden Halbjahresleistungen spätestens eine Woche vor Beginn der schriftlichen Abiturprüfung zu benennen.

(3) [1]Hat eine Schülerin oder ein Schüler in einem Fach oder im Wissenschaftspropädeutischen Seminar keine hinreichenden Leistungsnachweise erbracht und mit ausreichender Entschuldigung weder an Nachterminen noch an einer Ersatzprüfung teilgenommen, so wird anstelle einer Halbjahresleistung eine entsprechende Bemerkung mit der Folge des § 19 Abs. 9 aufgenommen. [2]Bei Befreiung im Fach Sport gilt § 39 Abs. 8 Satz 1 entsprechend.

§ 42 Bescheinigung über die Dauer des Schulbesuchs

[1]Verlassen Schülerinnen und Schüler während des Schuljahres die Schule oder werden sie entlassen, so erhalten sie auf schriftlichen Antrag für das laufende Schuljahr eine Bescheinigung über die Dauer des Schulbesuchs, über die bis zum Ausscheiden erzielten Leistungen und ggf. über den erworbenen mittleren Schulabschluss; § 30 Abs. 4 bleibt unberührt. [2]Die Schule kann die Bescheinigung zurückbehalten, wenn ein von einer Schülerin oder einem Schüler zurückzugebendes Lernmittel trotz wiederholter Mahnung weder zurückgegeben noch in seinem Zeitwert ersetzt wird.

TEIL 5
Prüfungen, Abschluss

KAPITEL 1
Abiturprüfung

§ 43 Zeitpunkt

(1) [1]Die Termine für die schriftlichen Prüfungen gibt das Staatsministerium bekannt. [2]Die Termine für die mündlichen und praktischen Prüfungen setzt der Prüfungsausschuss im Rahmen der Fristen fest, die das Staatsministerium bekannt gibt. [3]Die Schule unterrichtet die Prüfungsteilnehmerinnen und Prüfungsteilnehmer rechtzeitig über alle Termine.

(2) [1]Schülerinnen und Schüler, die an der Abiturprüfung in allen oder einzelnen Fächern infolge eines nicht von ihnen zu vertretenden Grundes nicht teilnehmen konnten, können die Abiturprüfung oder die nicht abgelegten Teile der Prüfung mit Genehmigung der oder des Ministerialbeauftragten nachholen. [2]Die oder der Ministerialbeauftragte stellt die Aufgaben und legt den Nachtermin und die Schule fest, an der die Prüfung nachgeholt wird. [3]Die Prüfung muss spätestens bis zum 31. Dezember desselben Jahres nachgeholt sein.

§ 44 Zulassung

(1) [1]Am Ende der Ausbildungsabschnitte 11/2 und 12/1 teilt die Schule, soweit erforderlich, der Schülerin oder dem Schüler und ggf. den Erziehungsberechtigten schriftlich mit, welche Voraussetzungen für die Zulassung zur Abiturprüfung noch zu erbringen sind. [2]Bis zum Ende des Ausbildungsabschnitts 12/1 unterrichtet die Schule die Schülerinnen und Schüler, wenn ihre Seminararbeit mit 0 Punkten bewertet wird. [3]Ist eine Benachrichtigung unterblieben, so kann daraus ein Recht auf Zulassung zur Abiturprüfung nicht hergeleitet werden.

(2) Die Schülerin oder der Schüler des Ausbildungsabschnitts 12/2 ist zugelassen, wenn sie oder er folgende Voraussetzungen erfüllt:

1. Durch die gewählten Abiturprüfungsfächer sind die drei Aufgabenfelder nach Maßgabe des § 18 Abs. 1 abgedeckt.
2. Aus Deutsch, Mathematik und einer in der Abiturprüfung gewählten fortgeführten Fremdsprache sind während der Qualifikationsphase mindestens 48 Punkte und in den fünf Abiturprüfungsfächern insgesamt mindestens 100 Punkte erreicht worden.
3. In der Punktsumme aus den 40 einzubringenden Halbjahresleistungen sind mindestens 200 Punkte erreicht worden, davon in 32 Halbjahresleistungen je mindestens 5 Punkte bzw. je mindestens 9 Punkte (zwei Halbjahresleistungen) in der Seminararbeit bzw. im Projekt-Seminar zur Studien- und Berufsorientierung.
4. In der Seminararbeit und in den Seminaren sind insgesamt mindestens 24 Punkte erreicht worden.
5. Jede einzubringende Halbjahresleistung und das Projekt-Seminar zur Studien- und Berufsorientierung wurden mit mindestens 1 Punkt bewertet.
6. Es sind unter Berücksichtigung des Ausbildungsabschnitts 12/2 mindestens die gemäß Anlage 5 vorgeschriebenen 132 Halbjahreswochenstunden sowie die vorgeschriebenen Fächer und Seminare als belegt nachgewiesen.
7. Die Seminararbeit ist abgeliefert und weder diese Arbeit noch die Präsentation nach § 24 Abs. 2 sind mit 0 Punkten bewertet.
8. Es ist der Nachweis erbracht, dass der Unterricht in einer zweiten Fremdsprache wenigstens im nach § 19 Abs. 4 geforderten Mindestumfang besucht wurde.

(3) Am Abendgymnasium ist die Schülerin oder der Schüler des Ausbildungsabschnitts III/2 zugelassen, wenn sie oder er folgende Voraussetzungen erfüllt:

1. Durch die gewählten Abiturprüfungsfächer sind die drei Aufgabenfelder nach Maßgabe des § 18 Abs. 1 abgedeckt.
2. Aus Deutsch, Mathematik und einer fortgeführten Fremdsprache sind während der Qualifikationsphase mindestens 48 Punkte und in den fünf Abiturprüfungsfächern insgesamt mindestens 100 Punkte erreicht worden (ohne den Faktor 1,74).
3. In der Punktsumme aus den 23 einzubringenden Halbjahresleistungen sind mindestens 115 Punkte erreicht worden, davon in 18 Halbjahresleistungen je mindestens 5 Punkte (ohne den Faktor 1,74).
4. Jede einzubringende Halbjahresleistung wurde mit mindestens 1 Punkt bewertet.
5. Es sind unter Berücksichtigung des Ausbildungsabschnitts III/2 mindestens die gemäß Anlage 6 vorgeschriebenen 80 Halbjahreswochenstunden sowie die vorgeschriebenen Fächer als belegt nachgewiesen.

(4) [1]Die Schülerin oder der Schüler darf nicht an der Abiturprüfung teilnehmen, wenn sie oder er die Zulassungsvoraussetzungen des Abs. 2 bzw. Abs. 3 nicht erfüllt oder im Ausbildungsabschnitt 12/2 schriftlich den Rücktritt von der Prüfung erklärt. [2]In diesen Fällen gilt die Abiturprüfung als abgelegt und nicht bestanden.

(5) Wenn die Voraussetzungen des Abs. 2 bzw. Abs. 3 nicht erfüllt sind, teilt dies die Schule der Schülerin oder dem Schüler schriftlich unter Angabe des Grundes mit.

§ 45 Prüfungsausschuss

(1) [1]Für die Durchführung der gesamten Abiturprüfung wird an der Schule ein Prüfungsausschuss gebildet. [2]Aufgabe des Prüfungsausschusses ist es,
1. über die Besetzung von Fachausschüssen zu entscheiden,
2. aus dem Kreis der Mitglieder des jeweiligen Fachausschusses je mindestens zwei Berichterstattende für jede Kursgruppe zu bestimmen, wovon eine die Kursleiterin bzw. einer der Kursleiter sein soll,
3. den Zeitplan für die Durchführung der mündlichen und praktischen Prüfungen zu erstellen,
4. über den Antrag einer Schülerin oder eines Schülers auf eine Zusatzprüfung oder die Anordnung einer Zusatzprüfung in einem schriftlichen Abiturprüfungsfach zu entscheiden,
5. den Prüfungsablauf zu überwachen und die Entscheidungen gemäß § 57 zu treffen,
6. die Prüfungsergebnisse festzustellen,
7. über einen vorzeitigen Abbruch der Prüfung zu entscheiden,
8. über die Zuerkennung der allgemeinen Hochschulreife zu entscheiden.

(2) [1]Den Vorsitz des Prüfungsausschusses gemäß Art. 54 Abs. 2 BayEUG hat die Schulleiterin oder der Schulleiter, soweit das Staatsministerium nicht eine Ministerialkommissärin oder einen Ministerialkommissär bestellt. [2]Alle Prüfungsangelegenheiten, die nicht dem Prüfungsausschuss, den Fachausschüssen oder deren Unterausschüssen durch diese Schulordnung zugewiesen werden, sind von der oder dem Vorsitzenden des Prüfungsausschusses zu erledigen.

(3) [1]Dem Prüfungsausschuss gehören neben der oder dem Vorsitzenden an:
1. Die Schulleiterin oder der Schulleiter, wenn das Staatsministerium eine Ministerialkommissärin oder einen Ministerialkommissär bestellt,
2. die ständige Stellvertreterin oder der ständige Stellvertreter,
3. die Oberstufenkoordinatorinnen bzw. Oberstufenkoordinatoren.

[2]Die oder der Vorsitzende kann bis zu drei weitere Lehrkräfte in den Prüfungsausschuss berufen. [3]§ 47 Abs. 3 bleibt unberührt.

(4) Das Staatsministerium kann für jede öffentliche oder staatlich anerkannte Schule eine Ministerialkommissärin oder einen Ministerialkommissär insbesondere mit folgenden Befugnissen bestellen:
1. Vorsitz im Prüfungsausschuss,
2. Berufung von Lehrkräften anderer Schulen in den Prüfungsausschuss und in die Fachausschüsse,
3. Überprüfung der in den Ausbildungsabschnitten 11/1 bis 12/2 erzielten Ergebnisse anhand der Leistungsnachweise und Überprüfung der Ergebnisse der schriftlichen Abiturprüfungsarbeiten anhand der schriftlichen Arbeiten und nach Anhörung des Prüfungsausschusses Änderung der Bewertung der Abiturprüfungsaufgaben.

§ 46 Fachausschüsse, Unterausschüsse

(1) [1]Die Fachausschüsse bestehen aus mindestens zwei Mitgliedern, die die Lehrbefähigung im jeweiligen Fach haben sollen. [2]Die oder der Vorsitzende wird von der oder dem Vorsitzenden des Prüfungsausschusses bestellt. [3]Aufgabe eines jeden Fachausschusses ist es,
1. die ggf. erforderliche Auswahl von Aufgaben bei der Prüfung zu treffen,
2. die Ergebnisse der schriftlichen Prüfungen zusammenzustellen,
3. die mündlichen und praktischen Prüfungen durchzuführen und zu bewerten sowie jeweils eine Niederschrift anzufertigen.

(2) [1]Die oder der Vorsitzende des Prüfungsausschusses kann Unterausschüsse, bestehend aus mindestens zwei Mitgliedern der Fachausschüsse, einsetzen; ein Mitglied

wird zur oder zum Vorsitzenden bestellt. [2]Unterausschüsse übernehmen die Aufgaben nach Abs. 1 Satz 3 Nr. 3.

§ 47 Verfahren

(1) Die Vorsitzenden der Ausschüsse bestimmen jeweils ein Mitglied des Ausschusses für die Schriftführung, das über den Gesamtverlauf der Tätigkeit des Ausschusses eine Niederschrift fertigt.

(2) [1]Die oder der Vorsitzende des Prüfungsausschusses ist berechtigt, in die Prüfungsvorgänge einzugreifen und selbst Fragen zu stellen. [2]Er oder sie kann an der Beschlussfassung von Fach- und Unterausschüssen ohne Stimmrecht teilnehmen.

(3) [1]Für die Beschlussfassung von Prüfungs-, Fach- und Unterausschüssen gilt § 6 BaySchO entsprechend. [2]Kommt ein Ausschluss von der Prüfungstätigkeit nach Art. 20 und 21 BayVwVfG in Betracht, so ist dies spätestens bis zum 1. Oktober des der Abiturprüfung vorausgehenden Jahres der oder dem Ministerialbeauftragten zu melden; eine Sonderregelung kann getroffen werden.

§ 48 Prüfungsgegenstände

(1) [1]Die Abiturprüfung erstreckt sich auf fünf verschiedene Fächer. [2]Verpflichtende Abiturprüfungsfächer sind Deutsch und Mathematik (Abiturprüfungsfächer 1 und 2), mindestens eine fortgeführte Fremdsprache sowie ein Fach aus dem gesellschaftswissenschaftlichen Aufgabenfeld; für den Fall des gleichzeitigen Erwerbs des Abiturs und des Baccalauréats trifft das Staatsministerium eine gesonderte Regelung. [3]Wählbar sind Fächer gemäß den Anlagen 3 und 4 Nr. 1. [4]Es sind insbesondere folgende Bedingungen zu erfüllen:

1. Die Fächer Kunst und Musik können als schriftliches und Sport kann als schriftliches und mündliches Abiturprüfungsfach (besondere Fachprüfung) nur gewählt werden, wenn das geforderte Additum belegt wird.
2. Sozialkunde als eigenständiges Prüfungsfach kann nur gewählt werden, wenn in der Jahrgangsstufe 10 ein Wirtschafts- und Sozialwissenschaftliches Gymnasium besucht und das Fach gemäß Anlage 5 zweistündig belegt wurde.
3. Die Wahl von Religionslehre, ggf. Ethik, als Abiturprüfungsfach ist nur bei Nachweis des Besuchs dieses Fachs in der Jahrgangsstufe 10 zulässig. Hat eine Schülerin oder ein Schüler beim Eintritt in die Jahrgangsstufe 11 von Religionslehre zu Ethik gewechselt oder umgekehrt, ist das neue Fach als Abiturprüfungsfach zulässig, wenn sie oder er zu Beginn der Jahrgangsstufe 11 durch eine Feststellungsprüfung nachgewiesen hat, dass sie oder er sich die Kenntnisse der Jahrgangsstufe 10 angeeignet hat; bei einem späteren Wechsel scheiden die Fächer Religionslehre, ggf. Ethik, als Abiturprüfungsfächer aus.
4. Spät beginnende Fremdsprachen sowie Wirtschaftsinformatik und Sozialwissenschaftliche Arbeitsfelder können nur mündliches Abiturprüfungsfach sein.
5. Bei der Wahl der Lehrplanalternative Biophysik kann Physik nur als mündliches Abiturprüfungsfach gewählt werden.
6. Bei der Wahl der Lehrplanalternative Geologie kann Geographie nur als mündliches Abiturprüfungsfach gewählt werden.

(2) [1]Die Abiturprüfung wird in den Abiturprüfungsfächern 1 und 2 in schriftlicher Form durchgeführt. [2]Bei den weiteren Abiturprüfungsfächern entscheiden die Schülerinnen und Schüler, welches Fach in schriftlicher Form (Abiturprüfungsfach 3) und welche beiden Fächer (Abiturprüfungsfächer 4 und 5) in mündlicher Form (Kolloquium) geprüft werden. [3]In den schriftlichen Abiturprüfungsfächern wird auf Antrag der Schülerinnen und Schüler oder auf Anordnung des Prüfungsausschusses eine mündliche Zusatzprüfung (§ 50 Abs. 1 und 3) durchgeführt.

(3) Inhaltliche Grundlage der Abiturprüfung im einzelnen Fach sind unbeschadet der Schwerpunktbildung gemäß Anlage 9 die Lernziele und die Lerninhalte der vier Ausbildungsabschnitte der Jahrgangsstufen 11 und 12 unter Einbeziehung von Grundkenntnissen aus den früheren Jahrgangsstufen.

(4) [1]Ist Kunst oder Musik schriftliches Abiturprüfungsfach, tritt an die Stelle der schriftlichen Prüfung eine besondere Fachprüfung, die neben einem schriftlichen auch einen fachpraktischen Teil umfasst. [2]In diesem Fall bezieht sich die Prüfung auch auf das Additum.

(5) [1]Ist Sport schriftliches oder mündliches Abiturprüfungsfach, besteht die Prüfung aus einer besonderen Fachprüfung, die auch einen fachpraktischen Teil umfasst. [2]In beiden Fällen bezieht sich die Prüfung auch auf das Additum. [3]Der mündlich-theoretische Teil der mündlichen Abiturprüfung wird gemäß § 50 Abs. 1 und 2, der sportartspezifisch praxisbezogene Teil gemäß Anlage 8 Nr. 18 durchgeführt.

§ 49 Schriftliche Prüfung

(1) [1]Das Staatsministerium stellt die Aufgaben zentral für die schriftlichen Prüfungen und für die besonderen Fachprüfungen. [2]Das Staatsministerium kann anordnen, dass ersatzweise von den Schulen zu erstellende Aufgaben bereitgehalten werden.

(2) [1]Soweit die Schule aus den vom Staatsministerium zentral gestellten Aufgaben eine Auswahl treffen muss, geschieht dies durch die Fachausschüsse rechtzeitig am Morgen vor Beginn der Prüfung, wenn nicht ein anderes Datum angegeben wird. [2]Für Schülerinnen und Schüler aus demselben Kurs müssen dieselben Aufgaben ausgewählt werden.

(3) [1]Während der Prüfung führen ständig mindestens zwei Lehrkräfte Aufsicht. [2]Die Schülerinnen und Schüler dürfen den Prüfungsraum während der Prüfung nur mit Erlaubnis einer der aufsichtsführenden Lehrkräfte verlassen; die Erlaubnis darf jeweils nur einer Schülerin bzw. einem Schüler erteilt werden.

(4) [1]Art und Umfang der Aufgabenstellung sowie die Auswahl aus mehreren Aufgaben bemisst sich nach Anlage 8. [2]§ 22 Abs. 6 gilt entsprechend.

§ 50 Mündliche Prüfung

(1) [1]Mündliche Prüfungen sind das Kolloquium und die Zusatzprüfung (Anlage 9). [2]Diese Prüfungen sind Einzelprüfungen. [3]Der Zeitplan für die Prüfungen wird den Schülerinnen und Schülern spätestens am Tag vor der Prüfung bekannt gegeben. [4]In den modernen Fremdsprachen erhalten die Schülerinnen und Schüler eine fremdsprachige Textvorlage und/oder einen Hörtext; die Prüfungen finden in der jeweiligen Fremdsprache statt. [5]In Musik können die Schülerinnen und Schüler Hör- und Videobeispiele, im Fach Kunst Videobeispiele erhalten. [6]Die Schülerin oder der Schüler darf sich auf das Kolloquium etwa 30 Minuten und auf die Zusatzprüfung etwa 20 Minuten unter Aufsicht vorbereiten und dabei Aufzeichnungen als Grundlage für die Ausführungen machen; bei Verwendung von Hör- und Videobeispielen verlängert sich die jeweilige Vorbereitungszeit entsprechend, im Fach Chinesisch wird je nach Textvorlage zusätzlich eine angemessene Einlesezeit gewährt. [7]Die Zusatzprüfung dauert in der Regel 20 Minuten, das Kolloquium in der Regel 30 Minuten. [8]§ 57 gilt entsprechend; dabei gilt das Kolloquium insgesamt als eine Prüfung.

(2) [1]Das Kolloquium gliedert sich in zwei Prüfungsteile von je etwa 15 Minuten Dauer:

1. Kurzreferat der Schülerin oder des Schülers zum gestellten Thema (ca. 10 Minuten) aus dem gewählten Prüfungsschwerpunkt sowie ein Gespräch ausgehend vom Kurzreferat, wobei in spät beginnenden Fremdsprachen die Dauer des Kurzreferats maßvoll unterschritten werden kann und sich das anschließende Gespräch entsprechend verlängert;

2. Gespräch zu den Lerninhalten aus zwei weiteren Ausbildungsabschnitten.

[2]Der Prüfungsausschuss benennt rechtzeitig die Themenbereiche der Kolloquiumsprüfung (mehr als zwei pro Ausbildungsabschnitt. [3]Die Themenbereiche sind allen vier Ausbildungsabschnitten zu entnehmen. [4]Spätestens vier Wochen vor dem vom Prüfungsausschuss festgesetzten Prüfungstermin entscheidet sich die Schülerin oder der Schüler für einen der angebotenen Themenbereiche. [5]Aus dem gewählten Themenbereich legt der zuständige Fachausschuss die Themen für die Kurzreferate fest. [6]Das Thema wird der Schülerin oder dem Schüler etwa 30 Minuten vor Prüfungsbeginn schriftlich bekannt gegeben. [7]Bei experimentell bzw. praktisch zu bearbeitenden Themen beträgt die Vorbereitungszeit etwa 120 Minuten.

(3) [1]Die Schülerin oder der Schüler hat eine Zusatzprüfung spätestens am Tag nach Bekanntgabe des Ergebnisses der schriftlichen Prüfung beim Prüfungsausschuss schriftlich zu beantragen; ein Rücktritt ist spätestens an dem der mündlichen Prüfung vorangehenden Schultag dem Prüfungsausschuss schriftlich mitzuteilen. [2]Der Prüfungsausschuss ist berechtigt, eine Schülerin oder einen Schüler in die Zusatzprüfung zu verweisen. [3]Der Prüfungsausschuss kann von der Durchführung einer Zusatzprüfung absehen, wenn auf Grund der Ergebnisse der schriftlichen Prüfung und der sonstigen vorliegenden Teile der Gesamtqualifikation ein Bestehen der Abiturprüfung nicht mehr möglich ist (vorzeitiger Abbruch). [4]Die Prüfung ist dann nicht bestanden. [5]Die Zusatzprüfung gliedert sich in zwei Prüfungsteile von je etwa zehn Minuten Dauer:

1. Gespräch zu den Lerninhalten aus dem gewählten Prüfungsschwerpunkt;
2. Gespräch zu den Lerninhalten aus zwei weiteren Ausbildungsabschnitten.

§ 51 Bewertung der Prüfungsleistungen

(1) [1]Für die Bewertung der Prüfungsleistungen wird das Punktesystem des § 29 Abs. 1 verwendet. [2]§ 26 gilt entsprechend.

(2) [1]Die schriftlichen Prüfungsarbeiten werden gesondert von zwei der gemäß § 45 Abs. 1 Satz 2 Nr. 2 bestimmten Berichterstatterinnen oder Berichterstattern korrigiert und bewertet, wobei eine davon die Kursleiterin bzw. einer davon der Kursleiter sein soll. [2]Kommt eine Einigung nicht zustande, wird die Punktzahl von der oder dem Vorsitzenden des Prüfungsausschusses oder von einer Prüferin oder einem Prüfer festgesetzt, die sie oder er bestimmt hat.

(3) [1]Die Leistungen in den mündlichen und praktischen Prüfungen bewertet der zuständige Ausschuss. [2]Abs. 2 Satz 2 gilt entsprechend. [3]Bei der Bewertung der mündlichen Prüfungen ist neben den fachlichen Kenntnissen und Fähigkeiten die Gesprächsfähigkeit angemessen zu berücksichtigen.

§ 52 Festsetzung des Prüfungsergebnisses

(1) [1]Das Ergebnis der Prüfungsleistungen in den Abiturprüfungsfächern wird dadurch festgesetzt, dass die jeweils erzielten Punktzahlen vervierfacht werden. [2]Wird in einem schriftlichen Prüfungsfach hingegen auch eine Zusatzprüfung nach § 50 Abs. 1 und 3 durchgeführt, so werden die beiden Prüfungsteile im Verhältnis 2:1 gewertet. [3]Das Endergebnis wird nach der in Anlage 12 aufgeführten Formel berechnet.

(2) Wurde Musik als schriftliches Abiturprüfungsfach mit besonderer Fachprüfung oder Sport als schriftliches oder mündliches Abiturprüfungsfach mit besonderer Fachprüfung gewählt, gilt Folgendes:

1. Wenn eine Zusatzprüfung nicht abgelegt wurde, werden die Ergebnisse des schriftlichen bzw. mündlichen und des praktischen Teils der besonderen Fachprüfung addiert; die sich ergebende Summe wird verdoppelt.
2. Wenn eine Zusatzprüfung abgelegt wurde, werden die Ergebnisse des schriftlichen und des praktischen Teils der besonderen Fachprüfung addiert und die sich

ergebende Summe vervierfacht; die Punktzahl für die Zusatzprüfung wird vervierfacht. Die zwei sich ergebenden Punktwerte werden addiert. Die Summe wird durch drei geteilt.

§ 53 Festsetzung der Gesamtqualifikation

(1) [1]Aus den in den Ausbildungsabschnitten 11/1 bis 12/2 eingebrachten Leistungen (Block 1) und den in der Abiturprüfung erzielten Leistungen (Block 2) wird eine Gesamtpunktzahl ermittelt. [2]Dabei sind im Block 1 höchstens 600 Punkte und im Block 2 höchstens 300 Punkte zu erreichen.

(2) [1]In Block 1 sind einzubringen (Anlage 10)

1. die in den Ausbildungsabschnitten 11/1 bis 12/2 erzielten Ergebnisse in den Abiturprüfungsfächern,
2. aus den weiteren Fächern des Pflicht- und Wahlpflichtbereichs ohne Sport
   a) drei Halbjahresleistungen, soweit sie in vier Ausbildungsabschnitten verpflichtend zu belegen waren,
   b) eine Halbjahresleistung, soweit sie in zwei Ausbildungsabschnitten verpflichtend zu belegen war.
   Dabei ist sicherzustellen, dass aus den Naturwissenschaften (Biologie, Physik, Chemie) vier Halbjahresleistungen eingebracht werden.
3. die Halbjahresleistungen aus den Ausbildungsabschnitten 11/1 und 11/2 des Wissenschaftspropädeutischen Seminars;
4. das in der Seminararbeit (nach § 29 Abs. 7) erzielte Ergebnis und
5. die gemäß § 29 Abs. 8 bewertete Leistung aus dem Projekt-Seminar zur Studien- und Berufsorientierung;
6. weitere Halbjahresleistungen, so dass insgesamt 40 Halbjahresleistungen berücksichtigt werden.

[2]Halbjahresleistungen aus Kursen, die nach § 19 Abs. 9 als nicht belegt gelten, können nicht eingebracht werden.

(3) Am Abendgymnasium gilt abweichend von Abs. 2 Satz 1 Anlage 11; Abs. 2 Satz 2 bleibt unberührt.

(4) In Block 2 sind die Ergebnisse in den Abiturprüfungsfächern (§ 52) einzubringen.

§ 54 Zuerkennung der allgemeinen Hochschulreife

(1) Die allgemeine Hochschulreife wird der Schülerin oder dem Schüler zuerkannt, wenn

1. die Zulassungsvoraussetzungen nach § 44 erfüllt sind,
2. alle verpflichtend vorgeschriebenen Prüfungen abgelegt wurden,
3. keines der nach § 52 errechneten Prüfungsergebnisse weniger als 4 Punkte (vierfache Wertung) beträgt,
4. die Punktsumme der Abiturprüfung (§ 52) mindestens 100 beträgt,
5. in mindestens drei der fünf Abiturprüfungsfächer, darunter eines der Fächer Deutsch, Mathematik und fortgeführte Fremdsprache, in den nach § 52 ermittelten Prüfungsergebnissen mindestens 20 Punkte und zudem in einem weiteren Abiturprüfungsfach aus den Fächern Deutsch, Mathematik und fortgeführte Fremdsprache mindestens 16 Punkte erreicht wurden und
6. in der Gesamtqualifikation mindestens 300 Punkte erzielt wurden.

(2) Die Gesamtqualifikation der Schülerin oder des Schülers, die oder der alle Voraussetzungen des Abs. 1 erfüllt hat, wird in einer Durchschnittsnote (in Ziffern und Worten) ausgedrückt, die unter Anwendung der Tabelle zur Umrechnung der Punktzahl der Gesamtqualifikation (Anlage 13) als Note auf eine Dezimalstelle ohne Rundung festgesetzt wird.

§ 55 Zeugnis der allgemeinen Hochschulreife

(1) Schülerinnen und Schüler, die alle Voraussetzungen des § 54 erfüllt haben, erhalten ein Zeugnis nach dem vom Staatsministerium herausgegebenem Muster, das die Befähigung zum Hochschulstudium ausspricht (Abiturzeugnis).

(2) Eine Wiederholung der Abiturprüfung darf im Abiturzeugnis nicht vermerkt werden.

(3) [1]Bemerkungen über die Gesamtpersönlichkeit der Schülerin oder des Schülers werden in das Abiturzeugnis nicht aufgenommen. [2]Auf Antrag der Schülerin oder des Schülers sind herausragende Leistungen in Vokalensemble oder Instrumentalensemble sowie die Tätigkeit in der Schülermitverantwortung oder ähnliche Tätigkeiten zu vermerken. [3]Bei Befreiung vom Unterricht im Fach Sport gilt § 39 Abs. 8 Satz 1 entsprechend.

(4) [1]Schülerinnen und Schüler, die das Latinum und/oder Graecum erworben haben, erhalten im Abiturzeugnis einen entsprechenden Vermerk. [2]In den modernen Fremdsprachen werden die erreichten Niveaustufen nach dem Gemeinsamen europäischen Referenzrahmen für Sprachen angegeben.

(5) [1]Schülerinnen und Schüler des Ausbildungsabschnitts 12/2, denen die allgemeine Hochschulreife nicht zuerkannt werden konnte (§ 44 Abs. 4, § 54), erhalten ein Zeugnis über diesen Ausbildungsabschnitt mit dem Vermerk, dass sie sich der Abiturprüfung ohne Erfolg unterzogen haben. [2]Dabei bleiben die in der Prüfung erzielten Ergebnisse außer Betracht, auch wird eine Bescheinigung hierüber nicht ausgestellt.

§ 56 Verhinderung der Teilnahme

(1) [1]Erkrankungen, die die Teilnahme einer Schülerin oder eines Schülers an der Abiturprüfung verhindern, sind unverzüglich durch ärztliches Zeugnis nachzuweisen; die Schule kann die Vorlage eines schulärztlichen Zeugnisses verlangen. [2]§ 26 Abs. 3 gilt entsprechend.

(2) [1]Versäumt eine Schülerin oder ein Schüler eine Prüfung, gilt dieser Prüfungsteil als nicht abgelegt im Sinn des § 54 Abs. 1 Nr. 2, es sei denn, sie oder er hat das Versäumnis nicht zu vertreten. [2]Im Fall einer Zusatzprüfung nach § 50 Abs. 1 und 3 wird dieser Prüfungsteil mit 0 Punkten bewertet.

(3) Die Einräumung eines Nachtermins richtet sich nach § 43 Abs. 2.

§ 57 Unterschleif

(1) [1]Bedient sich eine Schülerin oder ein Schüler unerlaubter Hilfe oder macht den Versuch dazu (Unterschleif), so wird die Arbeit mit 0 Punkten bewertet. [2]Als Versuch gilt auch das Bereithalten nicht zugelassener Hilfsmittel nach Beginn der Prüfung. [3]Ebenso kann verfahren werden, wenn die Handlungen zu fremdem Vorteil unternommen werden.

(2) In schweren Fällen wird die Schülerin oder der Schüler von der gesamten Abiturprüfung ausgeschlossen; diese gilt als nicht bestanden.

(3) [1]Wird ein Tatbestand nach Abs. 1 Satz 1 erst nach Abschluss der Prüfung bekannt, so ist die betreffende Prüfungsleistung nachträglich mit 0 Punkten zu bewerten und die Gesamtqualifikation entsprechend zu berichtigen. [2]In schweren Fällen ist die gesamte Abiturprüfung als nicht bestanden zu erklären. [3]Ein unrichtiges Abiturzeugnis ist einzuziehen.

§ 58 Prüfungswiederholung

(1) Eine bestandene Abiturprüfung darf nicht wiederholt werden.

(2) [1]Eine nicht bestandene Abiturprüfung kann nur einmal wiederholt werden. [2]Dabei schließt die Wiederholung alle Prüfungsteile ein.

(3) [1]Für eine Schülerin oder einen Schüler, die oder der die Abiturprüfung gemäß Art. 54 Abs. 5 Satz 3 BayEUG wiederholt, verfallen die im ersten Durchlauf der Ausbildungsabschnitte 12/1 und 12/2 erzielten Ergebnisse. [2]§ 37 Abs. 4 Satz 7 Halbsatz 1 gilt entsprechend.

(4) Für den Fall, dass die Ausbildungsabschnitte 12/1 und 12/2 nicht wiederholt werden, kann die Wiederholungsprüfung nur in Form der Abiturprüfung als andere Bewerberin oder als anderer Bewerber abgelegt werden.[1)]

KAPITEL 2
Abiturprüfung für andere Bewerberinnen und Bewerber

§ 59 Allgemeines

(1) [1]Bewerberinnen und Bewerber, die in der Schulart der von ihnen besuchten öffentlichen Schule oder staatlich anerkannten Ersatzschule die allgemeine Hochschulreife nicht erlangen können, die eine staatlich genehmigte Ersatzschule besuchen oder die keiner Schule angehören, können als andere Bewerberinnen und Bewerber die Abiturprüfung an den öffentlichen Gymnasien, nicht aber an Abendgymnasien oder Kollegs, ablegen. [2]Hierzu zählt nicht, wer in dem Schuljahr, in dem er sich der Abiturprüfung unterziehen will, Schülerin oder Schüler der Jahrgangsstufe 12 eines öffentlichen oder staatlich anerkannten Gymnasiums, eines Abendgymnasiums oder Kollegs war.

(2) [1]Die öffentliche Schule nimmt die Anmeldung entgegen und unterrichtet umgehend die oder den Ministerialbeauftragten. [2]Sie führt die Prüfung durch, falls nicht die oder der Ministerialbeauftragte eine andere prüfende Schule festsetzt. [3]Die oder der Ministerialbeauftragte kann auch die Beteiligung von Lehrkräften anderer öffentlicher Schulen veranlassen.

(3) Für die Abiturprüfung gelten die Bestimmungen über die Abiturprüfung für Schülerinnen und Schüler öffentlicher und staatlich anerkannter Gymnasien, soweit nachfolgend nichts anderes bestimmt ist.

§ 60 Zulassung

(1) [1]Die Bewerberinnen und Bewerber bedürfen der Zulassung, die bis spätestens 15. Dezember bei der Schule schriftlich zu beantragen ist, an der die Prüfung abgelegt werden soll. [2]Das Staatsministerium legt gesondert fest, welche Unterlagen die Bewerberinnen und Bewerber der Schule vorzulegen haben.

(2) [1]Die Bewerberinnen und Bewerber müssen ihren Hauptwohnsitz seit mindestens drei Monaten vor Antragstellung in Bayern haben. [2]Für Schülerinnen und Schüler staatlich genehmigter Ersatzschulen kann die oder der Ministerialbeauftragte hiervon Ausnahmen gewähren.

(3) [1]Über die Zulassung entscheidet die Schule durch schriftlichen Bescheid; die Zulassung ist nur wirksam für die Schule, an der die Bewerberin oder der Bewerber zur Prüfung zugelassen worden ist. [2]Die Zulassung ist zu versagen, wenn die Bewerberin oder der Bewerber
1. bereits zweimal erfolglos die Prüfung zur Erlangung einer Fachhochschulreife, einer fachgebundenen Hochschulreife oder einer allgemeinen Hochschulreife abgelegt hat;
2. zur gleichen Prüfung an einer anderen Stelle zugelassen wurde, diese Prüfung aber noch nicht abgeschlossen ist;
3. keine zureichende Erklärung über die Fächerwahl abgegeben hat;
4. eine bestandene Abiturprüfung wiederholen will.

1) Schülerinnen und Schüler, die die Abiturprüfung 2025 nicht bestehen, können die Abiturprüfung nach Teil 5 Kapitel 1 wiederholen; in diesem Fall bleiben die in den Ausbildungsabschnitten 12/1 und 12/2 erzielten Ergebnisse und die Zulassung zur Abiturprüfung erhalten.

§ 61 Prüfungsgegenstände und -verfahren

(1) [1]Gegenstand der Prüfung sind acht Prüfungsfächer. [2]Unter den Prüfungsfächern müssen sich Deutsch, Geschichte bzw. Geschichte + Sozialkunde, Mathematik, eine Naturwissenschaft und zwei Fremdsprachen befinden. [3]Vier Fächer werden schriftlich und auf Antrag der Bewerberin oder des Bewerbers oder auf Anordnung des Prüfungsausschusses auch mündlich geprüft (erster Prüfungsteil); vier weitere Fächer werden nur mündlich geprüft (zweiter Prüfungsteil). [4]Sie oder er kann nur solche Fächer wählen, die auch für Schülerinnen und Schüler der Gymnasien als Prüfungsfächer wählbar sind. [5]Der Antrag auf Zulassung zur mündlichen Zusatzprüfung in den Fächern des ersten Prüfungsteils ist spätestens am Tag nach Bekanntgabe der Ergebnisse der schriftlichen Prüfung der Fächer des ersten Prüfungsteils dem Prüfungsausschuss schriftlich einzureichen.

(2) [1]Die vier Fächer des ersten Prüfungsteils müssen die drei Aufgabenfelder gemäß § 18 abdecken. [2]Für die schriftliche Prüfung in den Fächern eins bis drei des ersten Prüfungsteils werden die zentral gestellten Abiturprüfungsaufgaben mit den hierfür vorgesehenen Bearbeitungszeiten und Auswahlregeln verwendet. [3]Unter diesen Fächern müssen sich die Fächer Deutsch und Mathematik befinden. [4]Im vierten Fach des ersten Prüfungsteils erfolgt die Aufgabenstellung durch die prüfende Schule bei einer Bearbeitungszeit von 270 Minuten in den modernen Fremdsprechen und von 180 Minuten in den anderen Fächern; dabei soll die Vorbereitung der anderen Bewerberin oder des anderen Bewerbers nach Maßgabe der Anlage 9 nach Möglichkeit berücksichtigt werden. [5]Die mündlichen Zusatzprüfungen in den Fächern des ersten Prüfungsteils dauern in der Regel 20 Minuten und entsprechen den Regelungen für das reguläre Abitur.

(3) [1]Die Bewerberin oder der Bewerber wählt unter Berücksichtigung von Abs. 1 die vier Fächer des zweiten Prüfungsteils, die nicht bereits Gegenstand der schriftlichen Prüfung sein dürfen. [2]Die mündliche Prüfung dauert für jedes der vier Fächer in der Regel 30 Minuten, die Vorbereitungszeit beträgt 30 Minuten. [3]In den modernen Fremdsprachen findet die mündliche Prüfung in der jeweiligen Fremdsprache statt. [4]Den Prüfungsanforderungen liegen unbeschadet notwendiger Grundkenntnisse jeweils die Lerninhalte der letzten beiden Kurshalbjahre zugrunde, die von Schülerinnen und Schülern öffentlicher Gymnasien verpflichtend zu belegen wären. [5]Die zweite Fremdsprache wird nur auf dem Niveau einer spät beginnenden Fremdsprache geprüft. [6]Der Ablauf der Prüfung entspricht dem Kolloquium. [7]Sofern die Belange der prüfenden Schule es erlauben, findet nur eine mündliche Prüfung an einem Tag statt.

(4) [1]Auf Wunsch der Bewerberin oder des Bewerbers können zwei der vier mündlichen Prüfungen im Zeitraum von zwei Wochen vor Beginn der schriftlichen Abiturprüfungen stattfinden. [2]Sollten in diesen beiden Prüfungen die Bedingungen von § 62 Abs. 2 bereits nicht erfüllt werden, so wird die Prüfung abgebrochen. [3]Die Ergebnisse werden ansonsten erst nach Abschluss der schriftlichen Prüfungen mitgeteilt.

§ 62 Prüfungsergebnis und Gesamtqualifikation

(1) [1]Die Gesamtpunktzahl in den Fächern des ersten Prüfungsteils wird gemäß Anlage 14 ermittelt. [2]Wird eine mündliche Zusatzprüfung abgelegt, so erfolgt die Berechnung für das jeweilige Fach gemäß Anlage 12. [3]Der erste Prüfungsteil ist bestanden, wenn

1. kein Fach mit 0 Punkten abgeschlossen wurde,
2. insgesamt mindestens 220 Punkte erreicht wurden und
3. in mindestens zwei der vier Fächer wenigstens 5 Punkte der einfachen Wertung erreicht wurden, davon eines mit erhöhtem Anforderungsniveau – Deutsch, Mathematik oder fortgeführte Fremdsprache –. [2]Ein Aufrunden ist nicht zulässig.

[4]Sind diese Bedingungen nicht erfüllt, so wird die Prüfung nach dem ersten Prüfungsteil abgebrochen.

(2) [1]Die Gesamtpunktzahl in den Fächern des zweiten Prüfungsteils wird gemäß Anlage 14 ermittelt. [2]Der zweite Prüfungsteil ist bestanden, wenn
1. kein Fach mit 0 Punkten abgeschlossen wurde,
2. insgesamt mindestens 80 Punkte erreicht wurden und
3. in mindestens zwei der vier Fächer wenigstens 5 Punkte der einfachen Wertung erreicht werden.

(3) Die Summe aus den Gesamtpunktzahlen der acht Prüfungsfächer ergibt die Punktzahl der Gesamtqualifikation.

§ 63 Allgemeine Hochschulreife, Wiederholung und Rücktritt

(1) [1]Die allgemeine Hochschulreife wird den Bewerberinnen oder Bewerbern zuerkannt, die den ersten und zweiten Prüfungsteil bestanden haben. [2]Sie erhalten ein Zeugnis nach dem vom Staatsministerium herausgegebenem Muster. [3]§ 55 Abs. 4 gilt entsprechend. [4]Wer die Prüfung nicht bestanden hat, erhält darüber eine Bescheinigung, in der die Leistungen nach Punkten der einfachen Wertung ausgewiesen werden.

(2) [1]Eine nicht bestandene Prüfung kann frühestens nach einem Jahr und nur einmal wiederholt werden. [2]Die Prüfung kann nur als Ganzes wiederholt werden.

(3) [1]Ein Rücktritt von der Prüfung muss bis spätestens eine Woche vor Beginn der schriftlichen Prüfungen schriftlich bei der Schule erklärt werden. [2]Bei einem Rücktritt nach diesem Zeitpunkt gilt die Prüfung als abgelegt und nicht bestanden.

§ 64 Schülerinnen und Schüler staatlich genehmigter Ersatzschulen

(1) [1]Anträge mehrerer Bewerberinnen und Bewerber, die gemeinsam an einer staatlich genehmigten Ersatzschule unterrichtet werden, sollen von dieser Schule bei der prüfenden öffentlichen Schule gesammelt eingereicht werden; eine entsprechende Anzeige ist unter Angabe der Prüfungsfächer bis zum 15. Dezember durch die Ersatzschule an diese öffentliche Schule zu richten. [2]Die prüfende öffentliche Schule wird von der oder dem Ministerialbeauftragten im Benehmen mit der Ersatzschule in der Regel für mehrere Jahre bestimmt. [3]Für die Abiturprüfung gelten folgende zusätzliche Regelungen:
1. Die Abiturprüfung ist in den Räumen der staatlich genehmigten Ersatzschule abzunehmen, wenn diese dafür geeignet sind und die Belange der prüfenden Schule es zulassen.
2. Nach Möglichkeit sind bei der Abiturprüfung für die Schülerinnen und Schüler von Ersatzschulen eigene Fachausschüsse einzurichten. In diese soll jeweils eine Lehrkraft der Ersatzschule, soweit sie beide Staatsprüfungen für das Lehramt an Gymnasien erfolgreich abgelegt hat oder für sie die erforderliche Unterrichtsgenehmigung nach dem Bayerischen Gesetz über das Erziehungs- und Unterrichtswesen endgültig erteilt worden ist, als Mitglied, nicht aber als Vorsitzende oder Vorsitzender berufen werden. Sie soll bei der Korrektur der schriftlichen Prüfungsarbeiten und bei den mündlichen Prüfungen nach Anweisung der oder des Vorsitzenden des Prüfungsausschusses mitwirken. Gleiches gilt für die Beteiligung von Lehrkräften der Ersatzschule an anderen Fachausschüssen, soweit Schülerinnen und Schüler der privaten Schule betroffen sind.
3. Die Aufgaben im vierten Prüfungsfach erstellt die prüfende öffentliche Schule. Stoffangaben einer Ersatzschule sollen nach Möglichkeit für die von anderen Bewerberinnen und Bewerbern zu bearbeitenden Aufgaben in der Abiturprüfung berücksichtigt werden. Die oder der Vorsitzende des Prüfungsausschusses soll Lehrkräfte der Ersatzschule bei der Auswahl der zentral gestellten Prüfungsaufgaben mitwirken lassen. Für die Fächer fünf bis acht erstellt die Ersatzschule in

Zusammenarbeit mit der prüfenden Schule Aufgabenvorschläge. Die Entscheidung über die Auswahl trifft die prüfende Schule.
4. Entscheidungen nach Nrn. 1 bis 3 trifft die oder der Vorsitzende des Prüfungsausschusses.

(2) [1]Abweichend von § 61 Abs. 3 kann auf Wahl der Schülerin oder des Schülers der Ersatzschule in genau zwei der vier Fächer des zweiten Prüfungsteils an Stelle der mündlichen Prüfung das im letzten Ausbildungshalbjahr an der Ersatzschule in diesen Fächern erzielte Ergebnis eingebracht werden, wenn die Schülerin oder der Schüler den Unterricht in allen gewählten Prüfungsfächern an der Ersatzschule besucht hat. [2]Die Schulaufgaben sind in diesem Fall der prüfenden Schule vorher vorzulegen; diese nimmt auch die Zweitkorrektur vor. [3]Das Ergebnis ergibt sich jeweils als Durchschnittswert aus der doppelt gewichteten Punktzahl der Schulaufgabe und dem Durchschnitt der kleinen Leistungsnachweise. [4]Aus der so ermittelten Punktzahl in einfacher Wertung wird die Gesamtpunktzahl gemäß Anlage 15 berechnet. [5]Das Nähere regelt die oder der Vorsitzende des Prüfungsausschusses. [6]Ausgenommen von der Regelung nach Satz 1 sind die beiden Fremdsprachen.

KAPITEL 3
Weitere Prüfungen

§ 65 Latinum, Graecum

(1) [1]Schülerinnen und Schüler öffentlicher oder staatlich anerkannter Gymnasien erwerben das Latinum bzw. Graecum über den Pflichtunterricht oder eine Ergänzungsprüfung an ihrer Schule. [2]Bewerberinnen und Bewerber, die das Latinum bzw. Graecum nicht als Schülerinnen oder Schüler erworben haben, können sich an einem öffentlichen Gymnasium, an dem Pflichtunterricht in Latein bzw. Griechisch angeboten wird, einer Ergänzungsprüfung unterziehen, sofern sie in Bayern ihren Wohnsitz haben oder an einer bayerischen Hochschule immatrikuliert sind.

(2) [1]Die Ergänzungsprüfung besteht aus einem schriftlichen und einem mündlichen Teil; für die mündliche Prüfung gilt § 46 entsprechend; die Einzelheiten legt das Staatsministerium gesondert fest. [2]Die Ergebnisse der schriftlichen und mündlichen Prüfung zählen bei der Gesamtnotenbildung im Verhältnis 2:1; die Prüfung ist bestanden, wenn die Gesamtnote »ausreichend« oder besser lautet und wenn in der schriftlichen und der mündlichen Prüfung jeweils mindestens die Note »mangelhaft« erreicht wurde. [3]Wer die Prüfung bestanden hat, erhält ein Zeugnis nach dem vom Staatsministerium herausgegebenen Muster.

(3) Bei Verhinderung an der Teilnahme, bei Unterschleif und Wiederholung der Prüfung gelten §§ 56 bis 58 entsprechend.

§ 66 Nachweis von Kenntnissen oder gesicherten Kenntnissen in einer Fremdsprache

(1) [1]Kenntnisse oder gesicherte Kenntnisse in einer Fremdsprache können an einem öffentlichen oder staatlich anerkannten Gymnasium über den Pflichtunterricht oder durch Bestehen einer Feststellungsprüfung nachgewiesen werden. [2]Den erfolgreich besuchten Pflichtunterricht bescheinigt das zuletzt besuchte Gymnasium. [3]Wer Inhaber einer Hochschulzugangsberechtigung ist oder eine solche erwerben will, kann für Studienzwecke bzw. für den Erwerb der Hochschulzugangsberechtigung mit einer Feststellungsprüfung in einer als Pflicht- oder Wahlpflichtunterricht nach einem staatlich genehmigten Lehrplan unterrichteten Fremdsprache Kenntnisse oder gesicherte Kenntnisse nachweisen. [4]Die Einzelheiten legt das Staatsministerium gesondert fest.

(2) Der Zulassungsantrag zur Feststellungsprüfung ist an das öffentliche Gymnasium zu stellen, an dem sich die Bewerberin oder der Bewerber der Prüfung unterziehen will und an dem das betreffende fremdsprachliche Fach geführt wird.

(3) [1]Der Feststellungsprüfung liegt der Lehrplan des gewählten Fachs für die betreffende Jahrgangsstufe zugrunde. [2]Die Feststellungsprüfung besteht aus einer schriftlichen und einer mündlichen Prüfung. [3]Die Ergebnisse der schriftlichen und mündlichen Prüfung zählen bei der Gesamtnotenbildung 2:1; die Prüfung ist bestanden, wenn die Gesamtnote »ausreichend« oder besser lautet. [4]Wer die Prüfung bestanden hat, erhält von der Schule eine Bescheinigung.

§ 67 Besondere Prüfung

(1) [1]Schülerinnen und Schüler der Jahrgangsstufe 10, denen wegen der Note 6 in einem oder Note 5 in zwei Vorrückungsfächern die Vorrückungserlaubnis nicht erteilt worden ist und die in den übrigen Vorrückungsfächern keine schlechtere Note als 4 erhalten haben, können durch die Besondere Prüfung den mittleren Schulabschluss erwerben. [2]Das einmal erworbene Recht zur Teilnahme an der Besonderen Prüfung bleibt erhalten, wenn bei Wiederholung der Jahrgangsstufe 10 nicht die nach Satz 1 erforderlichen Leistungen erzielt wurden.

(2) [1]Die Besondere Prüfung kann nur in unmittelbarem Anschluss an den Besuch der Jahrgangsstufe 10 abgelegt werden. [2]Sie wird in den letzten Tagen der Sommerferien nach Möglichkeit für mehrere benachbarte Gymnasien und ggf. Abendgymnasien oder Kollegs gemeinsam abgehalten. [3]Die oder der Ministerialbeauftragte kann hierzu Anordnungen treffen.

(3) [1]Über die Zulassung zur Besonderen Prüfung entscheidet das zuletzt besuchte Gymnasium auf Antrag. [2]Der Zulassungsantrag ist spätestens eine Woche nach Aushändigung des Jahreszeugnisses vorzulegen.

(4) [1]Bei jeder prüfenden Schule wird ein Prüfungsausschuss eingesetzt, der aus Lehrkräften der Gymnasien besteht. [2]Den Vorsitz des Prüfungsausschusses hat die Schulleiterin oder der Schulleiter. [3]Die zentral für ganz Bayern gestellten Aufgaben werden spätestens bis zum ersten Unterrichtstag vom jeweiligen Prüfungsausschuss korrigiert und benotet, der auch über das Bestehen der Besonderen Prüfung entscheidet.

(5) [1]Die Besondere Prüfung erstreckt sich auf die Fächer Deutsch, Mathematik und erste Fremdsprache; sie wird in schriftlicher Form abgenommen. [2]Auf Antrag kann die erste Fremdsprache durch die zweite Fremdsprache ersetzt werden, die dann auf dem Niveau der ersten Fremdsprache nachzuweisen ist. [3]Für die Prüfungsanforderungen sind die Lehrpläne der Jahrgangsstufe 10 des Gymnasiums maßgebend. [4]Für die Prüfung gilt:

1. Im Fach Deutsch werden drei Themen zur Wahl gestellt (Arbeitszeit 180 Minuten).
2. Im Fach Mathematik besteht die Aufgabe aus mehreren Teilaufgaben (Arbeitszeit 120 Minuten).
3. In der Fremdsprache Englisch wird eine Textaufgabe einschließlich Sprachmittlungsaufgabe verlangt (Arbeitszeit 120 Minuten). Dies gilt auch für die Fremdsprache Französisch. In der Fremdsprache Latein wird eine Übersetzung in das Deutsche gefordert (Arbeitszeit 120 Minuten).

(6) [1]Die Besondere Prüfung ist bestanden, wenn alle Prüfungsarbeiten mit mindestens der Note 4 bewertet wurden oder wenn nur einmal die Note 5 und in einem anderen Fach dafür mindestens die Note 3 vorliegt. [2]Wer die Prüfung bestanden hat, erhält eine Bescheinigung nach dem vom Staatsministerium herausgegebenen Muster. [3]Die Bescheinigung gilt nur in Verbindung mit dem Jahreszeugnis des Gymnasiums.

(7) Eine Wiederholung der ohne Erfolg abgelegten Besonderen Prüfung ist nur einmal zulässig, sofern die Jahrgangsstufe 10 des Gymnasiums wiederholt wird und erneut die Voraussetzungen des Abs. 1 Satz 1 vorliegen.

(8) Schülerinnen und Schüler der Jahrgangsstufe I des Abendgymnasiums bzw. des Kollegs, die noch keinen mittleren Schulabschluss haben, können sich nach den vorstehenden Bestimmungen der Besonderen Prüfung unterziehen.

TEIL 6
Schlussvorschrift

§ 68 Inkrafttreten

Diese Verordnung tritt am 1. August 2007 in Kraft.

Anlage 1
(zu § 15 Abs. 1)

Stundentafeln für die Jahrgangsstufen 5 bis 10[1)]

A. Sprachliches (einschließlich Humanistisches) Gymnasium (SG)

	Jahrgangsstufen					
Pflichtfächer[2)]	**5**	**6**	**7**	**8**	**9**	**10**
Religionslehre/Ethik/Islamischer Unterricht	2	2	2	2	2	2
Deutsch[3)]	5	4	4	4	4	3
Englisch/Französisch/Latein[3)4)5)6)7)8)]	5	4	3	3	3	3
Englisch/Französisch/Latein[3)4)5)6)7)8)]	–	4	4	4	3	3
Französisch/Italienisch/Russisch/Spanisch/ Griechisch/Chinesisch[3)7)]	–	–	–	4	4	4
Mathematik[3)]	4	4	4	3	4	3
Physik[3)]	–	–	–	2	2	2
Chemie	–	–	–	–	2	2
Biologie	–	–	–	2	2	2
Natur und Technik	3	3	3	–	–	–
Geschichte, in 10: Geschichte + Sozialkunde	–	2	2	2	2	1 + 1
Geographie	2	–	2	2	–	2
Wirtschaft und Recht	–	–	–	–	2	2
Kunst	2	2	2	1	1	1
Musik	2	2	2	1	1	1
Sport	3	3	3[13]	2	2	2
Intensivierung[9)10)]	2	2	1			
Summe	30	32	32	32	34	34
Intensivierung[9)11)]	1	1	1	2	2	2

B. Naturwissenschaftlich-technologisches Gymnasium (NTG)

	Jahrgangsstufen					
Pflichtfächer[2)]	**5**	**6**	**7**	**8**	**9**	**10**
Religionslehre/Ethik/Islamischer Unterricht	2	2	2	2	2	2
Deutsch[3)]	5	4	4	4	4	3
Englisch/Französisch/Latein[3)4)5)6)7)8)]	5	4	3	3	3	3

Englisch/Französisch/Latein[3)4)5)6)7)8)]	–	4	4	4	3	3
Mathematik[3)]	4	4	4	3	4	3
Informatik	–	–	–	–	2	2
Physik[3)]	–	–	–	2	2	2
Chemie[3)]	–	–	–	2	2	2
Biologie	–	–	–	2	2	2
Natur und Technik	3	3	3	–	–	–
Profilstunden[12)]	–	–	–	2	2	2
Geschichte, in 10: Geschichte + Sozialkunde	–	2	2	2	2	1 + 1
Geographie	2	–	2	2	–	2
Wirtschaft und Recht	–	–	–	–	2	2
Kunst	2	2	2	1	1	1
Musik	2	2	2	1	1	1
Sport	3	3	3[13)]	2	2	2
Intensivierung[9)10)]	2	2	1			
Summe	30	32	32	32	34	34
Intensivierung[9)11)]	1	1	1	2	2	2

C. Musisches Gymnasium (achtjährige Form – MuG)

	Jahrgangsstufen					
Pflichtfächer[2)]	**5**	**6**	**7**	**8**	**9**	**10**
Religionslehre/Ethik/Islamischer Unterricht	2	2	2	2	2	2
Deutsch[3)]	5	4	4	4	4	3
Englisch/Latein[3)4)5)6)7)8)]	5	4	3	3	3	3
Englisch/Latein[3)4)5)6)7)8)]	–	4	4	4	3	3
Mathematik[3)]	4	4	4	3	4	3
Physik[3)]	–	–	–	2	2	2
Chemie	–	–	–	–	2	2
Biologie	–	–	–	2	2	2
Natur und Technik	3	3	3		–	–
Geschichte, in 10: Geschichte + Sozialkunde	–	2	2	2	2	1 + 1
Geographie	2	–	2	2	–	2
Wirtschaft und Recht	–	–	–	–	2	2
Kunst	2	2	2	1	1	1

Profilstunden[10)]	–	–	–	1	1	1
Musik[3)]	2	2	2	2	2	2
Instrument[14)]	1	1	1	1	1	1
Sport	2	2	2	3[15)]	3[13)]	3[13)]
Intensivierung[9)10)]	2	2	1			
Summe	30	32	32	32	34	34
Intensivierung[9)10)]	1	1	1	2	2	2

D. Wirtschafts- und Sozialwissenschaftliches Gymnasium (WSG)

	Jahrgangsstufen					
Pflichtfächer[2)]	**5**	**6**	**7**	**8**	**9**	**10**
Religionslehre/Ethik/Islamischer Unterricht	2	2	2	2	2	2
Deutsch[3)]	5	4	4	4	4	3
Englisch/Französisch/Latein[3)4)5)6)7)8)]	5	4	3	3	3	3
Englisch/Französisch/Latein[3)4)5)6)7)8)]	–	4	4	4	3	3
Mathematik[3)]	4	4	4	3	4	3
Physik[3)]	–	–	–	2	2	2
Chemie	–	–	–	–	2	2
Biologie	–	–	–	2	2	2
Natur und Technik	3	3	3	–	–	–
Geschichte	–	2	2	2	2	1[16)]
Geographie	2	–	2	2	–	2
wirtschaftswissenschaftliches Profil (WSG-W)						
Wirtschaft und Recht[3)]	–	–	–	2	2	2
Sozialkunde	–	–	–	–	2	1[16)]
Wirtschaftsinformatik	–	–	–	2	2	2
Profilstunden[10)]	–	–	–	–	–	2
sozialwissenschaftliches Profil (WSG-S)						
Wirtschaft und Recht	–	–	–	–	2	2
Sozialkunde[3)]	–	–	–	2	2	2
Sozialpraktische Grundbildung[17)]	–	–	–	2	2	2
Profilstunden[10)]	–	–	–	–	–	1
Kunst[18)]	2	2	2	1	1	1
Musik	2	2	2	1	1	1

	Jahrgangsstufen					
Sport	3	3	3[11)]	2	2	2
Intensivierung[9)10)]	2	2	1			
Summe	30	32	32	32	34	34
Intensivierung[9)11)]	1	1	1	2	2	2

1) **[Amtl. Anm.:]** Für zweisprachige Züge gelten modifizierte Stundentafeln, die das Staatsministerium festlegt.
2) **[Amtl. Anm.:]** In einstündigen Pflichtfächern kann der Unterricht in Epochen erteilt werden. Am SG, NTG und WSG können die Fächer Kunst und Musik in den Jahrgangsstufen 8 und 9 wechselweise jeweils zweistündig unterrichtet werden.
3) **[Amtl. Anm.:]** Dieses Pflichtfach ist Kernfach. Am WSG mit wirtschaftswissenschaftlichem Profil (WSG-W) ist Wirtschaft und Recht Kernfach, am WSG mit sozialwissenschaftlichem Profil (WSG-S) Sozialkunde.
4) **[Amtl. Anm.:]** Englisch ist verpflichtend 1. oder 2. Fremdsprache.
5) **[Amtl. Anm.:]** Latein ist verpflichtend 1. oder 2. Fremdsprache. Auf Antrag kann vom Staatsministerium eine Sprachenfolge von drei modernen Fremdsprachen genehmigt werden. Am Humanistischen Gymnasium ist Latein verpflichtend 1. oder 2. Fremdsprache (Art. 9 Abs. 3 Satz 1 Nr. 1 BayEUG).
6) **[Amtl. Anm.:]** Die Schule kann in den Jahrgangsstufen 5 bis 7 im Rahmen ihrer personellen Möglichkeiten sowie im Rahmen des der Schule zur Verfügung stehenden Budgets Französisch und Englisch bzw. Latein und Englisch als gleichzeitig einsetzende erste und zweite Fremdsprache mit insgesamt mindestens 24 Wochenstunden (in beiden Fächern), einschließlich einer Intensivierungsstunde in Jahrgangsstufe 7 gemäß Fußnote 15, und mit jeweils mindestens drei Wochenstunden je Jahrgangsstufe und Fach anbieten. Dabei ist Französisch bzw. Latein erste Fremdsprache, in der insgesamt mindestens 13 Wochenstunden Unterricht erteilt werden muss, und Englisch zweite Fremdsprache, in der insgesamt mindestens 11 Wochenstunden Unterricht erteilt werden muss. Das Profil der ersten Fremdsprache (Französisch/Latein) muss im Vergleich zur zweiten Fremdsprache (Englisch) erhalten bleiben, indem die insgesamt erteilte Wochenstundenzahl in der ersten Fremdsprache überwiegt.
7) **[Amtl. Anm.:]** Die Festlegung der Fremdsprachenfolgen an den an der Schule eingerichteten Ausbildungsrichtungen obliegt im Rahmen der vorstehenden Vorgaben und im Rahmen des der Schule zustehenden Budgets an Lehrerwochenstunden der Schule im Einvernehmen mit dem Elternbeirat. Am MuG dient die Profilstunde in Jahrgangsstufe 11 zur Stärkung des Faches Kunst.
8) **[Amtl. Anm.:]** Die Schule kann nach Jahrgangsstufe 9 im Rahmen ihrer personellen Möglichkeiten die Ablösung der 1. oder 2. Fremdsprache durch eine in Jahrgangsstufe 10 neu einsetzende spät beginnende Fremdsprache anbieten. In Ausnahmefällen kann die Schulleiterin oder der Schulleiter in den ersten vier Wochen der Jahrgangsstufe 10 ein Zurückwechseln zur ersetzten Fremdsprache genehmigen.
Der Unterricht in der neu einsetzenden spät beginnenden Fremdsprache wird im Umfang von vier Wochenstunden erteilt, davon ist eine den Intensivierungsstunden zu entnehmen.
9) **[Amtl. Anm.:]** Die Intensivierungsstunden sollen den individuellen Lernprozess durch gezieltes Üben, Wiederholen und Vertiefen in kleineren Lerngruppen unterstützen. Zudem bieten sie die Möglichkeit, die Potenziale von besonders Begabten zielgerichteter zu fördern. Bei der Zuordnung zu den Fächern können auch schulische Schwerpunktsetzungen (Schulprofil) berücksichtigt werden. Die Intensivierungsstunden dienen nicht der Vermittlung neuer Lehrplaninhalte. Schülerinnen und Schüler mit besonderem Förderbedarf können zum Besuch bestimmter Intensivierungsstunden verpflichtet werden.
10) **[Amtl. Anm.:]** Die (verpflichtenden) Intensivierungsstunden sollen in den Kernfächern (§ 16 Abs. 2) eingesetzt werden. Die Intensivierungsstunde in der Jahrgangsstufe 7 soll in geteilter Klasse in der ersten Fremdsprache stattfinden.
11) **[Amtl. Anm.:]** Im Rahmen der von der Kultusministerkonferenz vorgegebenen 265 Wochenstunden sind von den Schülerinnen und Schülern mindestens fünf Stunden ggf. unter Berücksichtigung des Wahlunterrichts individuell zu wählen (flexible Intensivierungsstunden).
12) **[Amtl. Anm.:]** Die Profilstunden werden am Naturwissenschaftlich-technologischen Gymnasium zur Stärkung von Chemie und Physik, am Musischen Gymnasium zur Stärkung des musischen Profils (insbesondere Kunst) und am Wirtschafts- und Sozialwissenschaftlichen zur Stärkung der wirtschafts- und sozialkundlichen Fächer eingesetzt.
13) **[Amtl. Anm.:]** Eine Sportstunde kann von der Jahrgangsstufe 7 in die Jahrgangsstufe 5 oder 6 verlegt werden. Die Erteilung als Differenzierter Sportunterricht ist möglich.
14) **[Amtl. Anm.:]** Die Note im Instrumentalspiel geht in die Fachnote Musik ein. Der Unterricht im Instrumentalspiel kann nicht in Epochen erteilt werden.

15) **[Amtl. Anm.:]** Die dritten Sportstunden in den Jahrgangsstufen 8 bis 10 können Profil verstärkend eingesetzt werden (z.B. Tanz, Pantomime, Bewegungskünste). Sie können auch ganz oder teilweise in die Unterstufe verlagert werden. Die Erteilung als Differenzierter Sportunterricht ist möglich.
16) **[Amtl. Anm.:]** WSG-W: Geschichte und Sozialkunde werden in Jahrgangsstufe 10 gekoppelt.
17) **[Amtl. Anm.:]** Das Sozialpraktikum ist bis zum Ende der Jahrgangsstufe 10 abzuleisten (§ 30 Abs. 2); es soll zumindest teilweise in der unterrichtsfreien Zeit abgeleistet werden. Das Nähere regelt das Staatsministerium.
18) **[Amtl. Anm.:]** Am WSG kann im sozialwissenschaftlichen Profil statt des Faches Kunst in den Jahrgangsstufen 7 und 8 das Fach Textilarbeit mit Werken mit gleicher Stundenzahl angeboten werden, solange an der Schule Fachlehrkräfte für Textilarbeit mit Werken vorhanden sind.

Anlage 2
(zu § 15 Abs. 4)

Stundentafel für den Vorkurs und die Jahrgangsstufe I (Abendgymnasium und Kolleg)

A. Abendgymnasium

Pflichtfächer	Vorkurs	SAG	NTAG	WWAG
		Jahrgangsstufe I	Jahrgangsstufe I	Jahrgangsstufe I
Religionslehre/Ethik	1	1	1	1
Deutsch	3	3	3	3
Englisch (1. Fremdsprache)	4	4	4	4
Französisch/Latein/Italienisch/Russisch/Spanisch (2. Fremdsprache)	4 (im SAG) bzw. 3 (im NTAG+WWAG)	4	3	3
Mathematik	5	5	5	5
Physik	1 (im SAG) bzw. 2 (im NTAG)	1	2	1
Biologie (mit Chemie)	1	1	1	1
Geschichte (mit Sozialkunde)	1	1	1	1
Wirtschaft und Recht	2 (im WWAG)	–	–	1
Summe	**20**	**20**	**20**	**20**

B. Kolleg

Pflichtfächer	NSK	NSK	ASK
	Vorkurs	Jahrgangsstufe I	Jahrgangsstufe I
Religionslehre/Ethik	–	1	1
Deutsch	6	4	4
Englisch (1. Fremdsprache)	6	4	–
Latein (1. Fremdsprache)	–	–	5
Französisch/Italienisch/Latein/Russisch/Spanisch (2. Fremdsprache)	–	6	–
Englisch/Griechisch (2. Fremdsprache)	–	–	6

Mathematik	6	6	6
Physik	2	3	2
Chemie	2	3	3
Biologie	1	2	2
Geschichte + Sozialkunde	3+0	2+1	2+1
Geographie	1	1	1
Wirtschaft und Recht	–	1	1
Summe	**27**	**34**[1)]	**34**[1)]

C. Kolleg bei geteiltem Vorkurs

Pflichtfächer	**Vorkurs**	**Vorkurs**
	1. Halbjahr	**2. Halbjahr**
Deutsch	10	6
Englisch bzw. Latein	8	6
Mathematik	8	6
Physik	–	3
Chemie	–	3
Biologie	2	–
Geschichte		2
Geographie	2	2
Sozialkunde/Wirtschaft		2
Summe	**30**	**30**

1) **[Amtl. Anm.:]** Am Kolleg können mit Zustimmung des Schulträgers zudem bis zu zwei fakultative Intensivierungsstunden angeboten werden.

Anlage 3
(zu § 15 Abs. 2)

Stundentafel für die Jahrgangsstufen 11 und 12 (Pflicht- und Wahlpflichtbereich)

<table>
<tr><th>Kurse</th><th colspan="2">Wochenstunden.</th><th>Fachbereich</th><th>Aufgabenfeld</th></tr>
<tr><td>Deutsch</td><td colspan="2">4</td><td></td><td rowspan="18">sprachlich-literarisch-künstlerisch (SLK)</td></tr>
<tr><td></td><td>fortgeführt</td><td>spät beginnend</td><td rowspan="15">Fremdsprachen</td></tr>
<tr><td>Englisch</td><td>4</td><td>–</td></tr>
<tr><td>Französisch</td><td>4</td><td>3</td></tr>
<tr><td>Griechisch</td><td>4</td><td>–</td></tr>
<tr><td>Latein</td><td>4</td><td>–</td></tr>
<tr><td>Italienisch</td><td>4</td><td>3</td></tr>
<tr><td>Russisch</td><td>4</td><td>3</td></tr>
<tr><td>Spanisch</td><td>4</td><td>3</td></tr>
<tr><td>Chinesisch</td><td>4</td><td>3</td></tr>
<tr><td>Japanisch</td><td>–</td><td>3</td></tr>
<tr><td>Neugriechisch</td><td>–</td><td>3</td></tr>
<tr><td>Polnisch</td><td>–</td><td>3</td></tr>
<tr><td>Tschechisch</td><td>–</td><td>3</td></tr>
<tr><td>Türkisch</td><td>–</td><td>3</td></tr>
<tr><td>Kunst</td><td colspan="2">2[1]</td><td rowspan="2">Künstlerische Fächer</td></tr>
<tr><td>Musik</td><td colspan="2">2[1]</td></tr>
<tr><td>Religionslehre/Ethik</td><td colspan="2">2</td><td></td><td rowspan="4">gesellschaftswissenschaftlich (GPR)</td></tr>
<tr><td>Geschichte[2] + Sozialkunde</td><td colspan="2">2+1[3]</td><td rowspan="3">Politische Bildung</td></tr>
<tr><td>Wirtschaft und Recht</td><td colspan="2">2</td></tr>
<tr><td>Geographie</td><td colspan="2">2</td></tr>
<tr><td>Mathematik</td><td colspan="2">4</td><td></td><td rowspan="5">mathematisch-naturwissenschaftlich-technisch (MINT)</td></tr>
<tr><td>Informatik[4]</td><td colspan="2">3</td><td></td></tr>
<tr><td>Biologie</td><td colspan="2">3</td><td rowspan="3">Naturwissenschaften</td></tr>
<tr><td>Chemie</td><td colspan="2">3</td></tr>
<tr><td>Physik</td><td colspan="2">3</td></tr>
</table>

Kurse	Wochenstunden.	Fachbereich	Aufgabenfeld
Wissenschaftspropädeutisches Seminar	2		
Projekt-Seminar zur Studien- und Berufsorientierung[5)]	2		
Sport	2[6)]		

1) **[Amtl. Anm.:]** Soweit das Fach gemäß § 17 Abs. 3 als Abiturprüfungsfach mit besonderer Fachprüfung gewählt wird, erhöht sich durch verpflichtende Belegung eines 1- bzw. 2-stündigen Additums (Kunst: Bildnerische Praxis; Musik: Instrument bzw. Gesang) in den Jahrgangsstufen 11 und 12 der Stundenumfang für das Fach Kunst auf 4 und für das Fach Musik auf 3 Wochenstunden
2) **[Amtl. Anm.:]** Das Fach Geschichte ist gemäß § 48 Abs. 1 Satz 3 als eigenständiges Abiturprüfungsfach wählbar.
3) **[Amtl. Anm.:]** Schülerinnen und Schüler, die in Jgst. 10 ein Wirtschafts- und Sozialwissenschaftliches Gymnasium besucht (WSG) haben, können in den Jgst. 11 und 12 das Fach Sozialkunde 2-stündig belegen. Das Fach Sozialkunde ist in diesem Fall gemäß § 48 Abs. 1 Satz 3 als eigenständiges Abiturprüfungsfach wählbar.
4) **[Amtl. Anm.:]** Nur wählbar für Schülerinnen und Schüler, die in Jgst. 10 den Informatikunterricht des Naturwissenschaftlich-technologischen Gymnasiums (NTG) besucht haben.
5) **[Amtl. Anm.:]** Das Fach Psychologie kann auch Leitfach für ein Projekt-Seminar zur Studien- und Berufsorientierung sein. Für Schülerinnen und Schüler des WSG-W kann das Fach Wirtschaftsinformatik (Anlage 4), für Schülerinnen und Schüler des WSG-S kann das Fach Sozialwissenschaftliche Arbeitsfelder (Anlage 4) Leitfach für ein Projekt-Seminar zur Studien- und Berufsorientierung (§ 20) sein.
6) **[Amtl. Anm.:]** Soweit Sport gemäß § 17 Abs. 3 als Abiturprüfungsfach mit besonderer Fachprüfung gewählt wird, erhöht sich durch verpflichtende Belegung eines 2-stündigen Additums (Sporttheorie) in den Jgst. 11 und 12 der Stundenumfang für das Fach auf 4 Wochenstunden.

Anlage 4
(zu § 15 Abs. 2)

Zusatzangebot für die individuelle Profilbelegung in der Qualifikationsphase

Fächer des Zusatzangebots belegt die Schülerin oder der Schüler im Rahmen des Profilbereichs. Die Teilnahme kann vom Nachweis angemessener fachlicher Kenntnisse abhängig gemacht werden.

Fächer des Zusatzangebots werden mit zwei Wochenstunden und, sofern es sich um spät beginnende Fremdsprachen (außer Profilkurse sowie fremdsprachliche Spezialgebiete wie fremdsprachige Konversation oder z.B. Wirtschaftsenglisch), Astrophysik bzw. Biophysik (sofern nicht schon als Lehrplanalternative zu Physik belegt) handelt, mit drei Wochenstunden je Ausbildungsabschnitt ausgestattet.

1. **Fächer einzelner Ausbildungsrichtungen**
   Wirtschafts- und Sozialwissenschaftliches Gymnasium mit wirtschaftswissenschaftlichem Profil:
   Wirtschaftsinformatik
   Wirtschafts- und Sozialwissenschaftliches Gymnasium mit sozialwissenschaftlichem Profil:
   Sozialwissenschaftliche Arbeitsfelder
   (jeweils im gesellschaftswissenschaftlichen Aufgabengebiet)
2. **Weitere Fächer mit Lehrplan**
   2.1 im sprachlich-literarisch-künstlerischen Aufgabenfeld:
      spät beginnende Fremdsprachen, sofern nicht schon eine Verpflichtung zur Belegung besteht (Chinesisch, Französisch, Italienisch, Japanisch, Neugriechisch, Polnisch, Russisch, Spanisch, Tschechisch, Türkisch); Vokalensemble, Instrumentalensemble, Theater und Film
   2.2 im gesellschaftswissenschaftlichen Aufgabenfeld:
      Psychologie, Geologie, Archäologie
   2.3 im mathematisch-naturwissenschaftlich-technischen Aufgabenfeld:
   Angewandte Informatik (Nicht wählbar für Schülerinnen und Schüler, die am Informatikunterricht des Naturwissenschaftlich-technologischen Gymnasiums teilgenommen haben oder das Fach Wirtschaftsinformatik belegen)

Astrophysik
Biophysik
biologisch-chemisches Praktikum

3. **Fächer ohne Lehrplan**
   3.1 im sprachlich-literarisch-künstlerischen Aufgabenfeld:
      Profilkurs Chinesisch, Profilkurs Russisch
      Wirtschaftsenglisch, fremdsprachige Konversation, Hebräisch
      Literatur, Rhetorik
      Linguistik
      Kunstgeschichte, Fotografie, Architektur, Produktdesign, Film- und Mediendesign
   3.2 im gesellschaftswissenschaftlichen Aufgabenfeld:
      Pädagogik, Philosophie
   3.3 im mathematisch-naturwissenschaftlich-technischen Aufgabenfeld:
   reine Mathematik, angewandte Mathematik
   Informationstechnologie
   Mineralogie, chemische Analyse
   Die unter Nr. 3 als Beispiele aufgeführten sowie ggf. weitere Fächer ohne Lehrplan können nur eingerichtet werden, wenn die Kursleiterin oder der Kursleiter der Schulleiterin

oder dem Schulleiter vor Kursbeginn eine Lehrplanskizze vorlegt. Diese muss Aufschluss geben über die Ziele, den Lehrstoff, seine Verteilung über die Ausbildungsabschnitte, die vorgesehenen Hilfsmittel und die Leistungskontrollen; Abweichungen von § 22 Abs. 3 bedürfen der Zustimmung des Staatsministeriums.

Die Lehrplanskizze wird nach Abschluss des jeweiligen Ausbildungsabschnittes durch einen Kurzbericht über den tatsächlichen Kursverlauf ergänzt. Das Staatsministerium behält sich die Einforderung solcher Lehrplanskizzen vor.

Anlage 5
(zu § 15 Abs. 2)

Belegungsverpflichtung (Gymnasium und Kolleg)

		Ausbildungsabschnitte und Wochenstunden			
	Fach bzw. Fächergruppe	**12/1**	**12/2**	**13/1**	**13/2**
Pflichtbereich					
1	Religionslehre/Ethik	2	2	2	2
2	Deutsch	4	4	4	4
3	Mathematik	4	4	4	4
4	Geschichte + Sozialkunde[1)]	2+1	2+1	2+1	2+1
5	Sport[2)]	2	2	2	2
Wahlpflichtbereich					
6	Naturwissenschaft 1	3	3	3	3
7	Fremdsprache 1[3)]	4	4	4	4
8	Naturwissenschaft 2 oder Informatik oder Fremdsprache 2[4)]	3/4	3/4	30	30
9	Geographie oder Wirtschaft und Recht	2	2	2	2
10	Kunst oder Musik[5)]	2	2	2	2
Profilbereich					
11	Wissenschaftspropädeutisches Seminar	2	2	2	
12	Projekt-Seminar zur Studien- und Berufsorientierung	2	2	2[6)]	
13	individuelle Profilbelegung[7)]	10/8			
14	gesamte Halbjahreswochenstundenzahl	132			

1) **[Amtl. Anm.:]** Schülerinnen und Schüler, die in Jahrgangsstufe 11ein WWG oder SWG besucht haben, können im Rahmen des Angebots der Schule auch folgende Alternative belegen: Geschichte 2-stündig und Sozialkunde 2-stündig jeweils über vier Ausbildungsabschnitte. In diesem Fall entfällt die Belegungsverpflichtung in Geographie bzw. Wirtschaft und Recht in Jahrgangsstufe 13 (Zeile 9).

2) **[Amtl. Anm.:]** Wer Sport als Abiturprüfungsfach wählt, muss im Rahmen der individuellen Profilbelegung in allen Ausbildungsabschnitten zusätzlich ein Additum (Sporttheorie) im Umfang von 2 Wochenstunden belegen. Am Kolleg besteht keine Verpflichtung, das Fach Sport zu belegen.

3) **[Amtl. Anm.:]** Es ist eine fortgeführte Fremdsprache aus dem Angebot der Schule zu belegen.

4) **[Amtl. Anm.:]** Es ist eine Naturwissenschaft (3-stündig) oder fortgeführte Informatik (3-stündig) oder eine fortgeführte Fremdsprache (4-stündig) oder eine spät beginnende Fremdsprache (3-stündig) zu wählen. Das in Jahrgangsstufe 12gewählte Fach kann in Jahrgangsstufe 13 weitergeführt werden. Für die in Jgst. 11 gewählte neu einsetzende spät beginnende Fremdsprache besteht in Jgst. 13 Belegungspflicht. Am Kolleg ist eine weitere Naturwissenschaft zu wählen; das in der Jahrgangsstufe II gewählte Fach muss in der Jahrgangsstufe III weitergeführt werden, falls nur eine Fremdsprache belegt wird.

5) **[Amtl. Anm.:]** Wer Musik bzw. Kunst als schriftliches Abiturprüfungsfach wählt, muss im Rahmen der individuellen Profilbelegung in allen Ausbildungsabschnitten zusätzlich ein Additum

(Musik: Instrument bzw. Gesang [Umfang von einer Wochenstunde]); Kunst: Bildnerische Praxis [Umfang von zwei Wochenstunden] belegen. Am Kolleg besteht keine Verpflichtung, die Fächer Kunst und Musik zu belegen.

6) **[Amtl. Anm.:]** Am Kolleg sind die im Ausbildungsabschnitt 13/1 für das Projekt-Seminar zur Studien- und Berufsorientierung vorgesehenen zwei Wochenstunden bei der individuellen Profilbelegung zu berücksichtigen.

7) **[Amtl. Anm.:]** Jede Schülerin und jeder Schüler belegt aus dem Angebot der Schule zusätzliche Fächer aus dem Wahlpflichtbereich (Anlage 3) oder dem Zusatzangebot (Anlage 4), so dass insgesamt mindestens 132 Halbjahreswochenstunden erreicht werden. Im Fall von § 19 Abs. 8 Satz 1 und 2 ist eine Unterschreitung ausnahmsweise möglich.

Anlage 6

(zu § 19 Abs. 1 Satz 5)

Belegungsverpflichtung (Abendgymnasium)

		Ausbildungsabschnitte und Wochenstunden			
Fach bzw. Fächergruppe		**II/1**	**II/2**	**III/1**	**III/2**
Pflichtbereich					
1	Deutsch	4	4	4	4
2	Mathematik	4	4	4	4
3	Geschichte + Sozialkunde	3	3	3	3
Wahlpflichtbereich					
4	Fremdsprache (Englisch, Französisch, Italienisch, Latein, Russisch oder Spanisch)	4	4	4	4
5	Naturwissenschaft (Biologie, Chemie oder Physik)	3	3	3	3
6	Religionslehre/Ethik, Geographie oder Wirtschaft und Recht	2	2	2	2
7	gesamte Halbjahreswochenstundenzahl	80			
8	Profil (schulspezifisch)	8			

Anlage 7
(zu § 7 Abs. 2)

Stundentafel für Einführungsklassen[1)]

Religionslehre	1
Deutsch	4
Englisch[2)]	4
Französisch (bzw. spät beginnende Fremdsprache)[2)3)]	4 (6)
Mathematik	6
Physik	2
Chemie oder Biologie	2
Geschichte + Sozialkunde	1+1
Geographie oder Wirtschaft und Recht	2
Kunst oder Musik	1
Sport	2
Profilstunden[4)]	(+2) 4 (2)
(Intensivierungsstunden)[5)]	(2)
Summe	34 (+2)

1) **[Amtl. Anm.:]** Die Lehrerkonferenz kann Abweichungen von dieser Stundentafel beschließen. Dem Unterricht in den einzelnen Fächern sind unter Berücksichtigung der besonderen Zielsetzung der Einführungsklasse die für die Jahrgangsstufen 10 und 11 geltenden Lehrpläne zugrunde zu legen.
2) **[Amtl. Anm.:]** Die Schule kann in der Einführungsklasse im Rahmen ihrer qualitativen und quantitativen Ressourcen die Ersetzung von Englisch oder Französisch durch eine neu einsetzende spät beginnende Fremdsprache anbieten. Voraussetzung für die Ablösung der Fremdsprache Französisch ist der Besuch von mindestens 15 Jahreswochenstunden Französischunterricht als Wahlpflichtfach und mindestens Note 3 in diesem Fach im Abschlusszeugnis der Realschule.
3) **[Amtl. Anm.:]** Schülerinnen und Schüler, die keinen Unterricht in einer zweiten Fremdsprache als Wahlpflichtfach in vier aufeinander folgenden Jahrgangsstufen besucht haben, erhalten 6 WS Unterricht (4+2 Profilstunden) in Französisch bzw. in einer anderen Fremdsprache auf dem Niveau einer spät beginnenden Fremdsprache. Schülerinnen und Schülern, die Unterricht in einer zweiten Fremdsprache als Wahlpflichtfach in vier aufeinander folgenden Jahrgangsstufen besucht haben, wird, sofern diese nicht durch eine neu einsetzende spät beginnende Fremdsprache ersetzt wird, vierstündiger weiterführender Fremdsprachenunterricht erteilt.
4) **[Amtl. Anm.:]** Die Zuordnung der Profilstunden zu den einzelnen Fächern, die im Rahmen der Ressourcen der Schule erfolgt, orientiert sich an der Vorbildung der Schülerinnen und Schüler und dient auch der spezifischen Vorbereitung der Schüler auf die Qualifikationsphase der Oberstufe.
5) **[Amtl. Anm.:]** Bei besonderem Förderbedarf können bis zu zwei Intensivierungsstunden erteilt werden – ggf. gemeinsam mit Schülerinnen und Schülern der Regelklassen.

Anlage 8
(zu § 49 Abs. 4)

Aufgabenstellung für die schriftliche Abiturprüfung

Die für die einzelnen Prüfungen angegebene Arbeitszeit versteht sich als Gesamtarbeitszeit einschließlich Einlesezeit.

1. Deutsch

Für die schriftliche Prüfung aus dem Deutschen werden dem Prüfling fünf Aufgaben vorgelegt, von denen er eine nach seiner Wahl zu bearbeiten hat.

Arbeitszeit: 315 Minuten.

2. Mathematik

Die schriftliche Prüfung aus der Mathematik besteht aus einem ländergemeinsamen Prüfungsteil und einem ländereigenen Prüfungsteil.

Dem Prüfling wird für jeden Prüfungsteil aus jedem der drei Prüfungsgebiete Analysis, Stochastik und Geometrie je eine Aufgabe zur Bearbeitung vorgelegt.

Arbeitszeit: 270 Minuten, davon 70 Minuten für den ländergemeinsamen Prüfungsteil

3. Englisch, Französisch, Italienisch, Russisch, Spanisch

In der schriftlichen Prüfung werden dem Prüfling zunächst eine Hörverstehensaufgabe und nach deren Bearbeitung zwei Textaufgaben, von denen er eine nach seiner Wahl zu bearbeiten hat, sowie eine Sprachmittlungsaufgabe vorgelegt.

Arbeitszeit: 315 Minuten, davon 30 Minuten für die Hörverstehensaufgabe.

3a. Chinesisch

In der schriftlichen Prüfung werden dem Prüfling zunächst eine Hörverstehensaufgabe und nach deren Bearbeitung eine Textaufgabe sowie eine Sprachmittlungsaufgabe vorgelegt.

Arbeitszeit: 345 Minuten, davon 30 Minuten für die Hörverstehensaufgabe.

4. Griechisch, Latein

In der schriftlichen Prüfung aus dem Griechischen oder Lateinischen wird die Übersetzung einer Stelle eines Prosaschriftstellers in das Deutsche und die Bearbeitung von acht Aufgaben, die die Schülerin oder der Schüler aus 14 vorgelegten Aufgaben auswählt, gefordert.

Arbeitszeit: 240 Minuten.

5. Kunst

Die besondere Fachprüfung besteht aus einer kombinierten Aufgabe, die einen schriftlich-theoretischen und einen bildnerisch-praktischen Teil enthält.

Dem Prüfling wird eine Aufgabe mit schriftlich-theoretischem, eine Aufgabe mit bildnerisch-praktischem Schwerpunkt und eine Aufgabe mit beiden Bereichen zu gleichen Anteilen vorgelegt, von denen er eine nach seiner Wahl zu bearbeiten hat.

Arbeitszeit: 300 Minuten.

Bei den bildnerisch-praktischen Prüfungsanteilen wird neben der gestalterischen Leistung des Prüflings auch die handwerklich-technische Qualität der Ausführung bewertet.

6. Musik

Die besondere Fachprüfung besteht aus einem fachpraktischen und einem fachtheoretischen Teil.

Die Prüfung erstreckt sich auf

- den Vortrag eines Pflichtstückes,
- den Vortrag eines Wahlstückes und
- das Vomblattspiel auf dem gewählten Instrument bzw. das Vomblattsingen bei der Wahl von Gesang.

Die Prüfung dauert 30 Minuten.

Für den fachtheoretischen Teil werden dem Prüfling drei Aufgaben vorgelegt, von denen er eine nach seiner Wahl zu bearbeiten hat.

Arbeitszeit: 210 Minuten ohne Vorspielzeit.

7. Geschichte + Sozialkunde

In der schriftlichen Prüfung aus Geschichte + Sozialkunde werden dem Prüfling vier Aufgaben mit Anteilen aus beiden Fächern vorgelegt, von denen er eine nach seiner Wahl zu bearbeiten hat.

Arbeitszeit: 210 Minuten.

8. Geschichte

In der schriftlichen Prüfung aus der Geschichte werden dem Prüfling vier Aufgaben vorgelegt, von denen er eine Aufgabe nach seiner Wahl zu bearbeiten hat.

Arbeitszeit: 210 Minuten.

9. Geographie

In der schriftlichen Prüfung aus der Geographie werden dem Prüfling vier Aufgaben vorgelegt, von denen er zwei Aufgaben nach seiner Wahl zu bearbeiten hat.

Arbeitszeit: 210 Minuten.

10. Wirtschaft und Recht

In der schriftlichen Prüfung aus Wirtschaft und Recht werden dem Prüfling zwei Aufgaben vorgelegt, von denen der Prüfling eine Aufgabe nach seiner Wahl zu bearbeiten hat.

Arbeitszeit: 210 Minuten.

11. Sozialkunde (nur am WSG)

Für die schriftliche Prüfung aus der Sozialkunde gilt Nr. 8 entsprechend.

12. Religionslehre

In der schriftlichen Prüfung aus katholischer und evangelischer Religionslehre werden dem Prüfling vier Aufgaben vorgelegt, von denen er eine nach seiner Wahl zu bearbeiten hat.

Arbeitszeit: schriftlicher Prüfungsteil 210 Minuten.

13. Ethik

In der schriftlichen Prüfung aus der Ethik gilt Nr. 12 entsprechend.

14. Biologie

In der schriftlichen Prüfung aus der Biologie werden dem Prüfling drei Aufgaben zur Bearbeitung vorgelegt.

Arbeitszeit: 180 Minuten.

15. Chemie

Für die schriftliche Prüfung aus der Chemie gilt Nr. 14 entsprechend.

16. Physik

In der schriftlichen Prüfung aus der Physik werden dem Prüfling zwei Aufgaben zur Bearbeitung vorgelegt.

Arbeitszeit: 180 Minuten.

17. Informatik

In der schriftlichen Prüfung aus der Informatik wird dem Prüfling aus den beiden Prüfungsgebieten je eine Aufgabe zur Bearbeitung vorgelegt.

Arbeitszeit: 180 Minuten.

18. Sport

Die besondere Fachprüfung besteht aus einem allgemeinen schriftlich-theoretischen Teil und aus einem sportartspezifischen praxisbezogenen Teil.

Für den allgemeinen schriftlich-theoretischen Teil werden dem Prüfling drei Aufgaben vorgelegt, von denen er eine nach seiner Wahl zu bearbeiten hat.

Arbeitszeit: 180 Minuten.

Der sportartspezifisch praxisbezogene Teil wird im Ausbildungsabschnitt 12/2 durchgeführt.

Er umfasst je eine Prüfung in den über zwei Ausbildungsabschnitte hinweg belegten Sportarten (eine Individual- und eine Mannschaftssportart).

Anlage 9
(zu § 48 Abs. 3)

Schwerpunktbildung in der mündlichen Abiturprüfung

1. **Kolloquium (§ 50 Abs. 2)**
   a) Die geforderte Prüfungsvorbereitung wird auf drei Ausbildungsabschnitte in der Weise beschränkt, dass die Schülerin oder der Schüler
      aa) die Lerninhalte des ersten oder des zweiten Ausbildungsabschnitts ausschließen und
      bb) die Lerninhalte eines der drei verbleibenden Ausbildungsabschnitte zum Prüfungsschwerpunkt erklären darf.
   b) Abweichend von Buchst. a Doppelbuchst. bb ist in den modernen Fremdsprachen der Prüfungsschwerpunkt ein Spezialgebiet, das Themen der Literatur oder Landeskunde oder Sprachbetrachtung zugeordnet und einem der verbleibenden drei Ausbildungsabschnitte entnommen ist. Es wird von der Schülerin oder dem Schüler rechtzeitig aus dem Angebot der Kursleiterin oder des Kursleiters ausgewählt. Die allgemeinen sprachlichen Anforderungen bleiben von dieser Regelung unberührt.
   c) Abweichend von Buchst. a gilt in Geschichte + Sozialkunde Folgendes:
      aa) Die geforderte Prüfungsvorbereitung wird auf zwei Ausbildungsabschnitte in der Weise beschränkt, dass die Schülerin oder der Schüler
         - die Lerninhalte eines Ausbildungsabschnitts der Jahrgangsstufe 11 und eines Ausbildungsabschnitts der Jahrgangsstufe 12 in beiden Fächern ausschließen und
         - die Lerninhalte eines der beiden verbleibenden Ausbildungsabschnitte zum Prüfungsschwerpunkt erklären darf.
      bb) Abweichend von § 50 Abs. 2 Satz 1 entfallen in Geschichte + Sozialkunde insgesamt etwa zwei Drittel der Prüfungszeit auf Geschichte und etwa ein Drittel auf Sozialkunde. § 29 Abs. 3 Satz 1 gilt entsprechend.

   Das Kolloquium gliedert sich in zwei Prüfungsteile von je etwa 15 Minuten Dauer
   - Kurzreferat der Schülerin oder des Schülers zum gestellten Thema (ca. 10 Minuten) aus dem gewählten Prüfungsschwerpunkt
   - entweder
     - nur aus Geschichte oder
     - aus Sozialkunde mit kleinerem Geschichte-Anteil (Verhältnis 2:1)
     - sowie ein Gespräch ausgehend vom Kurzreferat;
   - Gespräch zu den Lerninhalten
     - im Fall von Spiegelstrich 1 Punkt 1 aus Geschichte aus dem anderen Ausbildungsabschnitt sowie aus Sozialkunde aus den beiden Ausbildungsabschnitten;
     - im Fall von Spiegelstrich 1 Punkt 2 aus Geschichte aus den beiden Ausbildungsabschnitten, soweit die Lerninhalte im ersten Prüfungsteil noch nicht geprüft wurden.
2. **Zusatzprüfung (§ 50 Abs. 3)**
   a) Die geforderte Prüfungsvorbereitung wird auf drei Ausbildungsabschnitte in der Weise beschränkt, dass die Schülerin oder der Schüler
      aa) die Lerninhalte des ersten oder des zweiten Ausbildungsabschnitts ausschließen und
      bb) die Lerninhalte eines der drei verbleibenden Ausbildungsabschnitte zum Prüfungsschwerpunkt erklären darf.
   b) Abweichend von Buchst. a werden in den folgenden Fächern besondere Regelungen getroffen:
      aa) In Mathematik darf die Schülerin oder der Schüler anstelle der Lerninhalte eines Ausbildungsabschnitts eines der zwei Gebiete Geometrie oder Stochastik ausschließen. Eine weitere Schwerpunktbildung findet nicht statt.

Die Zusatzprüfung gliedert sich dann in folgende zwei Prüfungsteile gemäß § 50 Abs. 3 Satz 5:

1. Gespräch zu den Lerninhalten des Gebiets Analysis;
2. Gespräch zu den Lerninhalten des nicht ausgeschlossenen Gebiets.

bb) In Geschichte + Sozialkunde gilt Folgendes:

- Die geforderte Prüfungsvorbereitung wird auf zwei Ausbildungsabschnitte in der Weise beschränkt, dass die Schülerin oder der Schüler
  - die Lerninhalte eines Ausbildungsabschnitts der Jahrgangsstufe 11 und eines Ausbildungsabschnitts der Jahrgangsstufe 12 in beiden Fächern ausschließen und
  - die Lerninhalte eines der beiden verbleibenden Ausbildungsabschnitte aus Geschichte + Sozialkunde zum Prüfungsschwerpunkt erklären darf.
- Abweichend von § 50 Abs. 3 Satz 5 entfallen in Geschichte + Sozialkunde etwa zwei Drittel der Prüfungszeit auf Geschichte und etwa ein Drittel auf Sozialkunde. § 61 Abs. 3 Satz 1 gilt entsprechend.

Anlage 10
(zu § 17 Abs. 4)

Verpflichtende Einbringung von Leistungen in die Gesamtqualifikation Gymnasium und Kolleg

QUALIFIKATIONSPHASE	
Zahl der einzubringenden Halbjahresleistungen[1)]	
Pflicht- und Wahlpflichteinbringung	
Deutsch	4
Mathematik	4
Englisch, Französisch, Griechisch, Italienisch, Latein, Russisch, Spanisch	4
Religionslehre (bzw. Ethik)	3
Geschichte + Sozialkunde[2)]	3[3)]
Geographie, Wirtschaft und Recht	3
Kunst, Musik	3
Biologie, Chemie, Physik	3[4)]
Weitere Naturwissenschaft oder fortgeführte Informatik oder weitere fortgeführte bzw. spät beginnende Fremdsprache[43]	1[5)]
Zusätzliche Halbjahresleistungen für die weiteren Abiturprüfungsfächer	2
Gesamt	**30**
Profileinbringung	
Wissenschaftspropädeutisches Seminar[6)]	2
Projekt-Seminar zur Studien- und Berufsorientierung[7)]	2
Seminararbeit[8)]	2
Sonstige[9)]	4
Gesamt	**10**
40 Halbjahresleistungen * max. 15 Punkte = max. 600 Punkte	

<table>
<tr><td colspan="2">ABITURPRÜFUNG</td></tr>
<tr><td colspan="2">1. Deutsch (schriftlich)</td></tr>
<tr><td colspan="2">2. Mathematik (schriftlich)</td></tr>
<tr><td>3. Abiturprüfungsfach (schriftlich)</td><td rowspan="3">darunter mindestens eine fortgeführte Fremdsprache und genau ein GPR-Fach</td></tr>
<tr><td>4. Abiturprüfungsfach (mündlich)</td></tr>
<tr><td>5. Abiturprüfungsfach (mündlich)</td></tr>
<tr><td colspan="2">5 Abiturprüfungen * max. 60 Punkte = max. 300 Punkte</td></tr>
</table>

1) **[Amtl. Anm.:]** Abweichend von § 53 Abs. 2 Satz 1 Nr. 2 Buchst. a kann die Schülerin oder der Schüler nach der Aufforderung nach § 41 Abs. 2 in höchstens zwei Fächern je eine verpflichtend einzubringende Halbjahresleistung durch eine in einem anderen Fach erbrachte Halbjahresleistung ersetzen; Fußnote 9) bleibt unberührt. Alternativ können Schülerinnen und Schüler, die nach § 19 Abs. 3 Satz 1 zur Belegung einer neu einsetzenden spät beginnenden Fremdsprache verpflichtet sind, in zwei Fächern jeweils eine der drei einbringungspflichtigen Halbjahresleistungen streichen, wenn dadurch eine nach § 17 Abs. 4 ausgeschlossene Wahl der Abiturprüfungsfächer ermöglicht wird. Die Einbringungsverpflichtung nach § 53 Abs. 2 Satz 1 Nr. 1 sowie in den Naturwissenschaften bleibt unberührt.
2) **[Amtl. Anm.:]** Schülerinnen und Schüler, die in Jgst. 10 ein Wirtschafts- und Sozialwissenschaftliches Gymnasium besucht und gemäß Anlage 5 (FN 1) Sozialkunde in zwei Wochenstunden belegt haben, bringen je drei Halbjahresleistungen aus den Fächern Geschichte und Sozialkunde ein. In diesem Fall reduziert sich die Einbringungsverpflichtung in Geographie bzw. Wirtschaft und Recht auf eine Halbjahresleistung.
3) [Amtl. Anm.:] Einbringung von drei gemeinsamen Halbjahresleistungen gemäß § 29 Abs. 3.
4) [Amtl. Anm.:] Soweit keine weitere Naturwissenschaft belegt wird, sind in der gewählten Naturwissenschaft 4 Halbjahresleistungen einzubringen.
5) [Amtl. Anm.:] Weitere fortgeführte Fremdsprache bzw. spät beginnende Fremdsprache gemäß Anlage 3. Soweit eine Schülerin oder ein Schüler gemäß § 19 Abs. 3 bzw. 4 in der Qualifikationsphase zur Belegung einer weiteren Fremdsprache verpflichtet ist, sind zwei weitere Halbjahresleistungen einzubringen (Profileinbringung: Sonstige).
6) [Amtl. Anm.:] Einzubringen sind die Halbjahresleistungen aus den Ausbildungsabschnitten 11/1 und 11/2.
7) [Amtl. Anm.:] Im Projekt-Seminar zur Studien- und Berufsorientierung wird anstelle von Halbjahresleistungen gemäß § 29 Abs. 8 eine Gesamtbewertung ermittelt, die in ihrer Wertigkeit zwei Halbjahresleistungen entspricht.
8) [Amtl. Anm.:] Für die Seminararbeit wird eine Gesamtleistung ermittelt, die in ihrer Wertigkeit zwei Halbjahresleistungen entspricht.
9) [Amtl. Anm.:] Weitere Halbjahresleistungen aus dem Pflicht-, Wahlpflicht- oder Profilbereich, davon höchstens drei Halbjahresleistungen Sport, wenn Sport nicht als Abiturprüfungsfach gewählt wird, bzw. in Fächern des Zusatzangebots (mit Ausnahme von Wirtschaftsinformatik und Sozialwissenschaftliche Arbeitsfelder). Hier sind außerdem diejenigen Halbjahresleistungen eines Abiturfachs einzubringen, die bei der Pflicht- und Wahlpflichteinbringung nicht verpflichtend sind: zweite Fremdsprache, fortgeführte Informatik, Wirtschaftsinformatik, Sozialwissenschaftliche Arbeitsfelder, Sport.

Anlage 11
(zu § 17 Abs. 4)

Verpflichtende Einbringung von Leistungen in die Gesamtqualifikation (Abendgymnasium)

<table>
<tr><td colspan="2">QUALIFIKATIONSPHASE</td></tr>
<tr><td colspan="2" align="right">Zahl der einzubringenden Halbjahresleistungen</td></tr>
<tr><td>Pflicht- und Wahlpflichteinbringung</td><td></td></tr>
<tr><td>Deutsch</td><td>4</td></tr>
<tr><td>Mathematik</td><td>4</td></tr>
<tr><td>Fremdsprache</td><td>4</td></tr>
<tr><td>Geschichte + Sozialkunde</td><td>3/4[1)2)]</td></tr>
<tr><td>Religionslehre (bzw. Ethik), Geographie, Wirtschaft und Recht</td><td>3/4[2)]</td></tr>
<tr><td>Biologie, Chemie, Physik</td><td>4</td></tr>
<tr><td></td><td>23</td></tr>
<tr><td colspan="2" align="center">23 Halbjahresleistungen * max. 15 Punkte * 1,74 = max. 600 Punkte</td></tr>
<tr><td colspan="2">ABITURPRÜFUNG</td></tr>
<tr><td colspan="2">1. Deutsch (schriftlich)</td></tr>
<tr><td colspan="2">2. Mathematik (schriftlich)</td></tr>
<tr><td>3. Abiturprüfungsfach (schriftlich)</td><td rowspan="3">darunter die gewählte fortgeführte Fremdsprache, genau ein GPR-Fach sowie die gewählte Naturwissenschaft</td></tr>
<tr><td>4. Abiturprüfungsfach (mündlich)</td></tr>
<tr><td>5. Abiturprüfungsfach (mündlich)</td></tr>
<tr><td colspan="2" align="center">5 Abiturprüfungen * max. 60 Punkte = max. 300 Punkte</td></tr>
</table>

1) **[Amtl. Anm.:]** Einbringung von drei gemeinsamen Halbjahresleistungen gemäß § 29 Abs. 3.
2) **[Amtl. Anm.:]** Nur in dem als Abiturprüfungsfach gewählten GPR-Fach sind 4 Halbjahresleistungen einzubringen.

Anlage 12
(zu § 52 Abs. 1)

Berechnung des Prüfungsergebnisses aus schriftlicher Prüfung und mündlicher Zusatzprüfung

1 Das Prüfungsergebnis ist mit folgender Formel zu berechnen:

$$P = \frac{2s + m}{3} \times 4$$

2 Das Prüfungsergebnis wird gerundet.
3 Bei einem Ergebnis (vierfache Wertung) von unter 4 Punkten ist die Abiturprüfung nicht bestanden.
4 Für andere Bewerberinnen und Bewerber erfolgt die Berechnung des Prüfungsergebnisses mit folgender Formel:

$$P = \frac{2s + m}{3} \times 11$$

5 Das Prüfungsergebnis wird gerundet.
(P = Prüfungsergebnis, s = Punktzahl der schriftlichen Prüfung, m = Punktzahl der mündlichen Prüfung).
6 Bei einem Ergebnis (elffache Wertung) von unter 11 Punkten ist die Abiturprüfung nicht bestanden.

Anlage 13
(zu § 54 Abs. 2)

Umrechnungstabelle (Punkte in Noten)

Punkte	Abiturdurchschnittsnote
900–823	1,0
822–805	1,1
804–787	1,2
786–769	1,3
768–751	1,4
750–733	1,5
732–715	1,6
714–697	1,7
696–679	1,8
678–661	1,9
660–643	2,0
642–625	2,1
624–607	2,2
606–589	2,3
588–571	2,4
570–553	2,5
552–535	2,6
534–517	2,7
516–499	2,8
498–481	2,9
480–463	3,0
462–445	3,1
444–427	3,2
426–409	3,3
408–391	3,4
390–373	3,5
372–355	3,6
354–337	3,7
336–319	3,8
318–301	3,9
300	4,0

Anlage 14
(zu § 62 Abs. 1)

Übersicht über die im Zeugnis der allgemeinen Hochschulreife für andere Bewerberinnen und Bewerber erreichbare Höchstzahl von Punkten

	Faktor	**Gesamtqualifikation**
1. schriftliches Fach (Deutsch)	11	165
2. schriftliches Fach (Mathematik)	11	165
3. schriftliches Fach	11	165
4. schriftliches Fach	11	165
5. mündliches Fach	4	60
6. mündliches Fach	4	60
7. mündliches Fach	4	60
8. mündliches Fach	4	60
Insgesamt		**900**

Anlage 15
(zu § 64 Abs. 2)

Übersicht über die im Zeugnis der allgemeinen Hochschulreife für andere Bewerberinnen und Bewerber für Schülerinnen und Schüler staatlich genehmigter Ersatzschulen erreichbare Höchstzahl von Punkten

	13/II Faktor	Prüfung Faktor	Gesamtqualifikation
1. schriftliches Fach (Deutsch)	–	11	165
2. schriftliches Fach (Mathematik)	–	11	165
3. schriftliches Fach	–	11	165
4. schriftliches Fach	–	11	165
5. mündliches Fach	–	4	60
6. mündliches Fach	–	4	60
7. weiteres Fach	4	–	60
8. weiteres Fach	4	–	60
Insgesamt	8	52	**900**

GSO für G9

Schulordnung für die Gymnasien in Bayern (Gymnasialschulordnung – GSO)

vom 23. Januar 2007 (GVBl. S. 68), zuletzt geändert durch § 8 der Verordnung vom 4. Juli 2024 (GVBl. S. 281)

Auf Grund von Art. 9 Abs. 4 Satz 2, Art. 25 Abs. 3 Satz 1, Art. 37 Abs. 3 Satz 3, Art. 44 Abs. 2 Satz 1, Art. 45 Abs. 2, Art. 46 Abs. 4, Art. 49 Abs. 1, Art. 50 Abs. 2, Art. 52, Art. 53 Abs. 4 und 6, Art. 54, Art. 55 Abs. 1 Nr. 6, Art. 56 Abs. 2 Nr. 2, Art. 58 Abs. 1 und 6, Art. 62 Abs. 8 und 9, Art. 65 Abs. 1 Satz 4, Art. 68, Art. 69 Abs. 7, Art. 84 Abs. 1, Art. 85, Art. 86 Abs. 15, Art. 89, Art. 100 Abs. 2, Art. 101 Abs. 2, Art. 106, Art. 114 Abs. 1 Nr. 1, Art. 116 Abs. 4 und Art. 128 Abs. 1 des Bayerischen Gesetzes über das Erziehungs- und Unterrichtswesen (BayEUG) in der Fassung der Bekanntmachung vom 31. Mai 2000 (GVBl. S. 414, ber. S. 632, BayRS 2230–1-1-K), zuletzt geändert durch Gesetz vom 26. Juli 2006 (GVBl. S. 397), erlässt das Bayerische Staatsministerium für Unterricht und Kultus folgende Verordnung:

Inhaltsübersicht (nicht amtlich)

TEIL 1
Allgemeines

§ 1 Geltungsbereich

TEIL 2
Aufnahme, Schulwechsel

§ 2 Aufnahme in die unterste Jahrgangsstufe
§ 3 Probeunterricht
§ 4 Erneuter Eintritt in das Gymnasium
§ 5 Aufnahme in eine höhere Jahrgangsstufe
§ 6 Aufnahmeprüfung, Probezeit
§ 7 Aufnahme in die Jahrgangsstufe 10 oder 11
§ 8 Gastschülerinnen und Gastschüler
§ 9 Aufnahme in das Abendgymnasium und das Kolleg
§ 10 Wechsel des Gymnasiums oder der Ausbildungsrichtung in den Jahrgangsstufen 5 bis 11
§ 11 Übertritt in der Qualifikationsphase

TEIL 3
Schulbetrieb

§ 12 Gliederung
§ 13 Einrichtung von Klassen und Kursen
§ 14 Höchstausbildungsdauer
§ 15 Stundentafeln
§ 16 Unterrichtsfächer in den Jahrgangsstufen 5 bis 11
§ 17 Wahl des Kursprogramms und der Abiturprüfungsfächer
§ 18 Wahl der Fächer und Seminare
§ 19 Gestaltung des Pflichtprogramms in der Qualifikationsphase
§ 20 Seminare, Aufbaumodul zur beruflichen Orientierung

TEIL 4
Leistungen, Zeugnisse

KAPITEL 1
Leistungsnachweise

§ 21 Leistungsnachweise
§ 22 Große Leistungsnachweise
§ 23 Kleine Leistungsnachweise
§ 24 Seminararbeit
§ 25 Korrektur und Besprechung
§ 26 Bewertung der Leistungen
§ 27 Nachholung von Leistungsnachweisen
§ 28 Bildung der Jahresfortgangsnote in den Jahrgangsstufen 5 bis 11
§ 29 Bewertung der Leistungen in den Jahrgangsstufen 12 und 13

KAPITEL 2
Vorrücken und Wiederholen

§ 30 Entscheidung über das Vorrücken
§ 31 Vorrücken auf Probe
§ 32 Notenausgleich
§ 33 Nachprüfung
§ 34 Überspringen einer Jahrgangsstufe
§ 34a Lernzeitverkürzung
§ 35 Vorrücken bei Beurlaubung zum Schulbesuch im Ausland
§ 36 (aufgehoben)

§ 37 Wiederholen von Jahrgangsstufen und Rücktritt in der Qualifikationsphase
§ 38 Verbot des Wiederholens

KAPITEL 3
Zeugnisse

§ 39 Jahreszeugnis
§ 40 Zwischenzeugnis und Information über das Notenbild
§ 41 Zeugnis über den Ausbildungsabschnitt
§ 42 Bescheinigung über die Dauer des Schulbesuchs

TEIL 5
Prüfungen, Abschluss

KAPITEL 1
Abiturprüfung

§ 43 Zeitpunkt
§ 44 Zulassung
§ 45 Prüfungsausschuss
§ 46 Fachausschüsse, Unterausschüsse
§ 47 Verfahren
§ 48 Prüfungsgegenstände
§ 49 Schriftliche Prüfung
§ 50 Mündliche Prüfung
§ 51 Bewertung der Prüfungsleistungen
§ 52 Festsetzung des Prüfungsergebnisses
§ 53 Festsetzung der Gesamtqualifikation
§ 54 Zuerkennung der allgemeinen Hochschulreife
§ 55 Zeugnis der allgemeinen Hochschulreife
§ 56 Verhinderung der Teilnahme
§ 57 Unterschleif
§ 58 Prüfungswiederholung

KAPITEL 2
Abiturprüfung für andere Bewerberinnen und Bewerber

§ 59 Allgemeines
§ 60 Zulassung
§ 61 Prüfungsgegenstände und -verfahren
§ 62 Prüfungsergebnis und Gesamtqualifikation
§ 63 Allgemeine Hochschulreife, Wiederholung und Rücktritt
§ 64 Schülerinnen und Schüler staatlich genehmigter Ersatzschulen

KAPITEL 3
Weitere Prüfungen

§ 65 Latinum, Graecum
§ 66 Nachweis von Kenntnissen oder gesicherten Kenntnissen in einer Fremdsprache
§ 67 Besondere Prüfung

TEIL 6
Schlussvorschrift

§ 68 Übergangsbestimmung
§ 69 Inkrafttreten
Anlage 1 Stundentafeln für die Jahrgangsstufen 5 bis 11
Anlage 2 Stundentafel für den Vorkurs und die Jahrgangsstufe I (Abendgymnasium und Kolleg)
Anlage 3 Stundentafel für die Jahrgangsstufen 12 und 13 (Pflicht- und Wahlpflichtbereich)
Anlage 4 Zusatzangebot für die individuelle Profilbelegung in der Qualifikationsphase
Anlage 5 Belegungsverpflichtung (Gymnasium und Kolleg)
Anlage 6 Belegungsverpflichtung (Abendgymnasium)
Anlage 7 Stundentafel für Einführungsklassen
Anlage 8 Aufgabenstellung für die schriftliche Abiturprüfung
Anlage 9 Schwerpunktbildung in der mündlichen Abiturprüfung
Anlage 10 Verpflichtende Einbringung von Leistungen in die Gesamtqualifikation (Gymnasium und Kolleg)
Anlage 11 Verpflichtende Einbringung von Leistungen in die Gesamtqualifikation (Abendgymnasium)
Anlage 12 Berechnung des Prüfungsergebnisses aus schriftlicher Prüfung und mündlicher Zusatzprüfung
Anlage 13 Umrechnungstabelle (Punkte in Noten)
Anlage 14 Übersicht über die im Zeugnis der allgemeinen Hochschulreife für andere Bewerberinnen und Bewerber erreichbare Höchstzahl von Punkten
Anlage 15 Übersicht über die im Zeugnis der allgemeinen Hochschulreife für andere Bewerberinnen und Bewerber für Schülerinnen und Schüler staatlich genehmigter Ersatzschulen erreichbare Höchstzahl von Punkten

TEIL 1
Allgemeines

§ 1 Geltungsbereich

[1]Diese Schulordnung gilt für die öffentlichen Gymnasien, Abendgymnasien und Kollegs und die staatlich anerkannten Ersatzschulen mit dem Charakter einer öffentlichen Schule. [2]Für Ersatzschulen gilt diese Schulordnung im Rahmen der Art. 90, Art. 92 Abs. 2

Nr. 2 und Abs. 5 und Art. 93 BayEUG, für staatlich anerkannte Ersatzschulen gilt sie darüber hinaus im Rahmen des Art. 100 Abs. 2 BayEUG.

TEIL 2
Aufnahme, Schulwechsel

§ 2 Aufnahme in die unterste Jahrgangsstufe

(1) Die Schülerinnen und Schüler werden von einem Erziehungsberechtigten angemeldet.

(2) Die Aufnahme setzt voraus, dass die Schülerin oder der Schüler

1. für den Bildungsweg des Gymnasiums geeignet ist,
2. mindestens den Besuch der Jahrgangsstufe 4 der Grundschule (vorbehaltlich von Abs. 3 Satz 1 Nr. 3) oder – bei Eintritt in die Kurzform des Gymnasiums – der Jahrgangsstufe 6 der Mittelschule nachweisen kann und
3. am 30. September des Schuljahres das 12. Lebensjahr, bei Eintritt in die Kurzform des Gymnasiums das 14. Lebensjahr noch nicht vollendet hat; über Ausnahmen in besonderen Fällen entscheidet die Schulleiterin oder der Schulleiter.

(3) [1]Für den Bildungsweg des Gymnasiums sind geeignet

1. Schülerinnen und Schüler einer öffentlichen oder staatlich anerkannten Grundschule, wenn sie im Übertrittszeugnis dieser Schule als geeignet für den Bildungsweg eines Gymnasiums bezeichnet sind,
2. Schülerinnen und Schüler, die mit Erfolg am Probeunterricht teilgenommen haben,
3. Schülerinnen und Schüler einer öffentlichen oder staatlich anerkannten Grundschule, denen zum Halbjahr, d.h. zum letzten Unterrichtstag der zweiten vollen Unterrichtswoche im Februar, oder zum Ende der Jahrgangsstufe 3 das Überspringen der Jahrgangsstufe gestattet worden ist, oder
4. Schülerinnen und Schüler der Jahrgangsstufe 5 einer öffentlichen oder staatlich anerkannten Mittel- oder Realschule, die im Jahreszeugnis dieser Schule als geeignet für den Bildungsweg eines Gymnasiums bezeichnet sind.

[2]Das Übertrittszeugnis, der mit Erfolg besuchte Probeunterricht, die Entscheidung über das Überspringen und das Zeugnis der Mittel- oder Realschule gelten hinsichtlich des Satzes 1 nur für das folgende Schuljahr.

(4) Es werden auch die Schülerinnen und Schüler aufgenommen, die ohne Erfolg am Probeunterricht teilgenommen, dabei aber in beiden Fächern die Note 4 erreicht haben und deren Erziehungsberechtigte dies beantragen.

(5) Die Aufnahme in ein Musisches Gymnasium setzt zusätzlich eine einschlägige Begabung voraus, die durch die Note im Fach Musikerziehung im Übertrittszeugnis oder auf andere Weise nachzuweisen ist.

(6) [1]Sind mehr Bewerberinnen und Bewerber vorhanden, als im Hinblick auf die räumlichen und personellen Verhältnisse der Schule aufgenommen werden können, so bemühen sich die staatlichen und nichtstaatlichen Schulen um einen örtlichen Ausgleich. [2]Gelingt dies nicht, so entscheidet die oder der Ministerialbeauftragte mit Wirkung für die öffentlichen Schulen.

(7) An öffentlichen Heimschulen kann die Aufnahme von Externen auf Schülerinnen und Schüler beschränkt werden, die ihren Wohnsitz im Sinn des Bürgerlichen Gesetzbuchs im Einzugsbereich der Schule haben.

(8) Die Aufnahme erfolgt zu Beginn des Schuljahres, sonst nur aus wichtigem Grund.

§ 3 Probeunterricht

(1) [1]Für Schülerinnen und Schüler, bei denen die Voraussetzungen nach § 2 Abs. 3 Satz 1 Nr. 1 oder 3 nicht gegeben sind und die nicht der Jahrgangsstufe 5 einer öffentlichen oder staatlich anerkannten Mittel- oder Realschule angehören, führen Gymnasien nach den Vorgaben der Ministerialbeauftragten einen dreitägigen Probeunterricht in den Fächern Deutsch und Mathematik durch. [2]In begründeten Ausnahmefällen kann ein Nachholtermin für den Probeunterricht eingerichtet werden. [3]Schülerinnen und Schüler, die ohne Erfolg am Probeunterricht der Realschule teilgenommen haben, können nicht am Probeunterricht des Gymnasiums teilnehmen.

(2) Für die Vorbereitung und Durchführung des Probeunterrichts beruft die Schulleiterin oder der Schulleiter einen Aufnahmeausschuss ein, der sich aus Lehrkräften des Gymnasiums zusammensetzt.

(3) [1]Im Probeunterricht sollen die Schülerinnen und Schüler in kleineren Unterrichtsgruppen zusammengefasst werden. [2]Für jede Unterrichtsgruppe sind mindestens zwei Mitglieder des Aufnahmeausschusses verantwortlich, die abwechselnd unterrichten und beobachten. [3]Dem Probeunterricht werden die Anforderungen der Jahrgangsstufe 4 unter Berücksichtigung der Aufgabe des Gymnasiums zugrunde gelegt.

(4) [1]Die schriftlichen Aufgaben werden landeseinheitlich gestellt und von je zwei Fachlehrkräften benotet; die Arbeiten sind zwei Jahre aufzubewahren. [2]Auch die mündlichen Leistungen werden benotet.

(5) [1]Die Teilnahme am Probeunterricht ist erfolgreich, wenn in dem einen Fach mindestens die Note 3 und in dem anderen Fach mindestens die Note 4 erreicht wurde. [2]Die erfolglose Teilnahme wird auf dem Übertrittszeugnis der Grundschule vermerkt. [3]Werden die Schülerinnen und Schüler nicht aufgenommen, erhalten die Erziehungsberechtigten das Übertrittszeugnis zurück.

§ 4 Erneuter Eintritt in das Gymnasium

[1]Schülerinnen und Schüler, die während des Schuljahres an die Mittelschule gewechselt sind, gelten bei erneutem Eintritt in das Gymnasium nur dann als Wiederholungsschülerinnen und -schüler, wenn der Wechsel an die Mittelschule nach dem Ende des ersten Halbjahres der Jahrgangsstufe 5 erfolgt. [2]Die Bestimmungen über die Altersgrenze und § 30 Abs. 4 bleiben unberührt.

§ 5 Aufnahme in eine höhere Jahrgangsstufe

(1) [1]Die Aufnahme in eine höhere Jahrgangsstufe setzt das Bestehen einer Aufnahmeprüfung und einer Probezeit voraus. [2]§ 2 Abs. 2 Nr. 1 und 3 sowie Abs. 5 bis 8 gilt entsprechend. [3]Die Aufnahme in einen höheren Ausbildungsabschnitt als 12/1 ist, abgesehen vom Fall des § 6 Abs. 7, nur zulässig, wenn Zeugnisse über die niedrigeren Ausbildungsabschnitte vorliegen.

(2) [1]Abweichend von Abs. 1 Satz 1 entfallen Aufnahmeprüfung und Probezeit bei der Aufnahme in die Jahrgangsstufe 6 des Gymnasiums, wenn in der Jahrgangsstufe 5 oder 6 einer öffentlichen oder staatlich anerkannten Realschule
1. die Erlaubnis zum Vorrücken erteilt wurde und
2. der Durchschnitt aus den Jahresfortgangsnoten in den Fächern Deutsch, Englisch und Mathematik 2,00 oder besser beträgt.

[2]Dies gilt nur in dem auf die Erteilung des Jahreszeugnisses folgenden Schuljahr.

(3) Schülerinnen und Schüler eines Gymnasiums, denen die Erlaubnis zum Vorrücken in die nächsthöhere Jahrgangsstufe versagt wurde, dürfen im nächstfolgenden Schuljahr nicht zur Aufnahmeprüfung für diese Jahrgangsstufe eines Gymnasiums zugelassen werden.

§ 6 Aufnahmeprüfung, Probezeit

(1) [1]Die Aufnahmeprüfung wird schriftlich und ggf. mündlich bzw. praktisch durchgeführt. [2]Schriftliche Arbeiten sind in den Kernfächern zu fertigen. [3]Die Aufnahmeprüfung erstreckt sich in der Regel auf alle Vorrückungsfächer der vorhergehenden Jahrgangsstufe des Gymnasiums. [4]Voraussetzung für die Aufnahme ist, dass die Schülerin oder der Schüler im Unterricht voraussichtlich erfolgreich mitarbeiten kann. [5]Über die Aufnahme entscheidet die Schulleiterin oder der Schulleiter.

(2) Eine nicht bestandene Aufnahmeprüfung für die Jahrgangsstufe 6 oder höher kann bei entsprechendem Ergebnis als bestandene Aufnahmeprüfung für eine niedrigere Jahrgangsstufe gewertet werden.

(3) [1]In der Probezeit wird festgestellt, ob die Schülerin oder der Schüler den Anforderungen des Gymnasiums gewachsen ist. [2]Die Entscheidung über das Bestehen der Probezeit wird auf der Grundlage der erbrachten Leistungen sowie der pädagogischen Wertung der Gesamtpersönlichkeit der Schülerin oder des Schülers getroffen. [3]Über das Bestehen der Probezeit entscheidet die Schulleiterin oder der Schulleiter auf der Grundlage einer Empfehlung der Klassenkonferenz.

(4) [1]Die Probezeit dauert in der Regel bis zum Ende des ersten Schulhalbjahres. [2]Sie kann aus besonderen Gründen längstens bis zum Ende des Schuljahres verlängert werden. [3]Schülerinnen und Schüler, deren Probezeit bis zum Ende des Schuljahres verlängert wurde, unterliegen den Vorrückungsbestimmungen.

(5) [1]Die in den Ausbildungsabschnitt 12/1 fallende Probezeit gilt als bestanden, wenn die Schülerin oder der Schüler in den nach Anlage 5 bzw. Anlage 6 belegungspflichtigen Kursen höchstens dreimal, darunter in den Fächern Deutsch, Mathematik sowie der verpflichtend zu belegenden fortgeführten Fremdsprache 1 höchstens einmal, weniger als 5 Punkte – in keinem Fall jedoch weniger als 1 Punkt – als Halbjahresleistung erzielt hat. [2]Die Leistungen im Fach Sport bleiben dabei unberücksichtigt, wenn es nicht als Leistungsfach belegt wird. [3]Eine Verlängerung der Probezeit ist nicht zulässig; bei nicht bestandener Probezeit wird die Schülerin oder der Schüler in die Jahrgangsstufe 11 zurückverwiesen.

(6) Schülerinnen und Schüler, die die Probezeit nicht bestanden haben, können bei ausreichendem Leistungsstand in die vorhergehende Jahrgangsstufe zurückverwiesen werden; sie gelten dort nicht als Wiederholungsschülerinnen oder Wiederholungsschüler.

(7) Für Schülerinnen und Schüler, die nach dem Besuch einer ausländischen Schule in die Jahrgangsstufe 12 oder 13 aufgenommen werden wollen, kann die oder der Ministerialbeauftragte Einzelregelungen treffen.

§ 7 Aufnahme in die Jahrgangsstufe 10 oder 11

(1) [1]Bei Schülerinnen und Schülern mit dem Abschlusszeugnis der Realschule, der Wirtschaftsschule oder der Abschlussprüfung über den mittleren Schulabschluss an der Mittelschule entfällt die Aufnahmeprüfung bei Eintritt in die Jahrgangsstufe 11, falls im Abschlusszeugnis in den Vorrückungsfächern ein Notendurchschnitt von 1,5 oder besser erreicht wurde. [2]Bei einem Notendurchschnitt von 2,5 oder besser beschränkt sich die Aufnahmeprüfung bei Eintritt in die Jahrgangsstufe 11 auf die Kernfächer der jeweiligen Ausbildungsrichtung mit Ausnahme der zweiten Fremdsprache; sie entfällt bei Eintritt in die Jahrgangsstufe 10. [3]Die Probezeit entfällt jeweils. [4]Die Nachholfrist für die zweite Fremdsprache beträgt in der Regel nicht mehr als ein Jahr. [5]Die zweite Fremdsprache kann durch eine neu einsetzende spät beginnende Fremdsprache ersetzt werden, wenn diese Fremdsprache in den Jahrgangsstufen 11 bis 13 mit insgesamt zwölf Wochenstunden belegt wird. [6]Für die Fächer Chemie, Informatik und Wirtschaftsinformatik gilt § 10 Abs. 2 entsprechend.

(2) [1]Das Bayerische Staatsministerium für Unterricht und Kultus (Staatsministerium)kann für geeignete Absolventinnen und Absolventen der Realschule, der Wirtschaftsschule oder der Mittelschule mit mittlerem Schulabschluss Einführungsklassen

einrichten. [2]Der erfolgreiche Besuch einer Einführungsklasse berechtigt zum Eintritt in die Jahrgangsstufe 12 des Gymnasiums. [3]Die Stundentafel ergibt sich aus Anlage 7. [4]Voraussetzung für die Aufnahme in eine Einführungsklasse ist ein Durchschnitt aus den Noten in den Fächern Deutsch, Englisch und Mathematik von 2,00 oder besser im Abschlusszeugnis oder ein pädagogisches Gutachten der in der Jahrgangsstufe 10 besuchten Schule, in dem die Eignung für den Bildungsweg des Gymnasiums uneingeschränkt bestätigt wird.

§ 8 Gastschülerinnen und Gastschüler

[1]Schülerinnen und Schülern, die ihren gewöhnlichen Aufenthalt längere Zeit im Ausland hatten, dort keine anerkannte deutsche Auslandsschule besucht haben und sich dem Aufnahmeverfahren zunächst nicht unterziehen wollen, kann die Schulleiterin oder der Schulleiter in stets widerruflicher Weise den Besuch des Unterrichts in einzelnen oder allen Fächern gestatten. [2]Unterliegen solche Schülerinnen und Schüler der Schulpflicht, so müssen sie am Unterricht in allen Pflicht- und Wahlpflichtfächern teilnehmen. [3]Über den Schulbesuch wird auf Antrag eine Bestätigung ausgestellt. [4]Ein Zeugnis kann nur erteilt werden, wenn die Schülerin oder der Schüler auf Grund des bestandenen Aufnahmeverfahrens die Schule besucht.

§ 9 Aufnahme in das Abendgymnasium und das Kolleg

(1) Die Aufnahme in die Jahrgangsstufe I des Abendgymnasiums bzw. des Kollegs setzt voraus

1. eine abgeschlossene Berufsausbildung oder eine mindestens zweijährige Berufstätigkeit,
2. im Schuljahr der Anmeldung ein Mindestalter von 18 Jahren,
3. einen mittleren Schulabschluss oder das erfolgreiche Durchlaufen des Vorkurses oder das erfolgreiche Ablegen einer Aufnahmeprüfung in entsprechender Anwendung von § 6 Abs. 1 und
4. das Bestehen einer Probezeit; § 6 Abs. 3 und 4 gilt entsprechend. Tritt eine Schülerin oder ein Schüler vor Ablauf der Probezeit aus, gilt sie als nicht bestanden.

(2) [1]Die Aufnahme in die Jahrgangsstufe II des Abendgymnasiums bzw. des Kollegs setzt zusätzlich zu Abs. 1 Nrn. 1 und 2 das Bestehen einer Aufnahmeprüfung und einer Probezeit voraus. [2]Für die Aufnahmeprüfung und die Probezeit gelten § 6 und Abs. 1 Nr. 4 Satz 2 entsprechend. [3]Am Abendgymnasium und am Kolleg erfolgt die Wiederaufnahme auf Probe, wenn der Zeitraum zwischen einem Austritt und einem erneuten Besuch größer als zwei Kalenderjahre ist.

(3) [1]In den Vorkurs des Abendgymnasiums bzw. des Kollegs können insbesondere Bewerberinnen und Bewerber ohne mittleren Schulabschluss, die die Voraussetzung des Abs. 1 Nr. 1 erfüllen und ein Mindestalter von 17 Jahren aufweisen, aufgenommen werden. [2]Die endgültige Aufnahme setzt das Bestehen einer Probezeit voraus; § 6 und Abs. 1 Nr. 4 Satz 2 gelten entsprechend. [3]Für die Entscheidung über das erfolgreiche Durchlaufen des Vorkurses finden die Vorrückungsbestimmungen Anwendung.

(4) [1]Der Besuch des zweiten Halbjahres im geteilten Vorkurs setzt das Bestehen des ersten Halbjahres voraus. [2]Im ersten Vorkurshalbjahr sollen in den Fächern Deutsch, Mathematik und Englisch bzw. Latein mindestens sechs, in den übrigen Fächern mindestens zwei kleine Leistungsnachweise gefordert werden. [3]Am Ende des ersten Halbjahres wird eine Prüfung über den gesamten Stoff gehalten. [4]Die Gesamtnote dieser Prüfung und die Gesamtnote der kleinen Leistungsnachweise stehen im Verhältnis 1:1. [5]Leistungen im ersten Vorkurshalbjahr bleiben im zweiten Halbjahr unberücksichtigt. [6]Bewerber mit mittlerem Schulabschluss können unmittelbar in das zweite Vorkurshalbjahr eintreten. [7]Die Probezeit des geteilten Vorkurses endet mit Ablauf des ersten Freitags im Dezember.

(5) Eine unmittelbare Aufnahme in die Jahrgangsstufe III des Abendgymnasiums bzw. des Kollegs ist nicht möglich.

(6) [1]Als berufstätig sind in der Regel nur Personen anzusehen, die ihren Lebensunterhalt vorwiegend durch eigene Tätigkeit bestreiten. [2]Berücksichtigt werden Zeiten des Wehr- oder Zivildienstes, des Entwicklungsdienstes und des Freiwilligen sozialen und ökologischen Jahres. [3]Berücksichtigt werden kann eine durch Bescheinigung der Agentur für Arbeit nachgewiesene Arbeitslosigkeit. [4]Art. 10 Abs. 4 BayEUG bleibt unberührt.

(7) Bewerberinnen und Bewerber, die bereits die allgemeine Hochschulreife besitzen, bereits zweimal erfolglos die Prüfung zur Erlangung einer Fachhochschulreife, einer fachgebundenen Hochschulreife oder einer allgemeinen Hochschulreife abgelegt haben oder vom Besuch aller Kollegs, Gymnasien bzw. Fachoberschulen ausgeschlossen worden sind, können nicht aufgenommen werden.

(8) [1]Schülerinnen und Schüler, die die Probezeit nicht bestanden haben, können ohne Aufnahmeprüfung zu Beginn eines späteren Schuljahres erneut in die zuletzt besuchte Jahrgangsstufe eintreten. [2]Die Bestimmungen über die Probezeit bleiben unberührt; die Probezeit kann nur einmal wiederholt werden.

(9) [1]Am Abendgymnasium müssen die Schülerinnen und Schüler mit Ausnahme der letzten drei Schulhalbjahre berufstätig sein. [2]Am Kolleg sollen die Schülerinnen und Schüler während des Kollegbesuchs nicht berufstätig sein.

§ 10 Wechsel des Gymnasiums oder der Ausbildungsrichtung in den Jahrgangsstufen 5 bis 11

(1) Schülerinnen und Schüler, die eine Jahrgangsstufe mit Erfolg besucht haben, können zu Beginn des folgenden Schuljahres in die nächste Jahrgangsstufe eines anderen Gymnasiums der gleichen Ausbildungsrichtung übertreten.

(2) [1]Beim Übertritt in eine andere Ausbildungsrichtung hat die Schülerin oder der Schüler in den Fächern, die nur der neu gewählten Ausbildungsrichtung eigen sind oder dort ein höheres Lehrziel haben, binnen einer von der Schulleiterin oder dem Schulleiter festzusetzenden Frist, die nicht mehr als ein Jahr betragen soll, eine Prüfung abzulegen. [2]In dieser Prüfung ist nachzuweisen, dass die Schülerin oder der Schüler im Unterricht erfolgreich mitarbeiten kann. [3]Bis dahin kann die Schülerin oder der Schüler vom Besuch des Unterrichts oder von Leistungsnachweisen in diesen Fächern befreit werden. [4]Das Ergebnis dieser Prüfung ist bei der Bildung der Jahresfortgangsnote zu berücksichtigen.

(3) Für den Übertritt aus einer staatlich nicht anerkannten Schule an ein öffentliches oder staatlich anerkanntes Gymnasium gelten die §§ 5 und 6 entsprechend.

(4) Während des Schuljahres ist der Übertritt an ein anderes Gymnasium oder in eine andere Ausbildungsrichtung nur aus wichtigem Grund, insbesondere bei Wohnsitzwechsel, zulässig.

(5) Ist gegen eine Schülerin oder einen Schüler wegen einer Verfehlung eine Untersuchung anhängig, so ist der Übertritt nur zulässig, wenn die bisher besuchte Schule bestätigt, dass ein Antrag auf Ausschluss von allen Schulen einer oder mehrerer Schularten nach Art. 86 Abs. 2 Nr. 11 und 12 BayEUG nicht gestellt wird.

§ 11 Übertritt in der Qualifikationsphase

(1) [1]Während der Qualifikationsphase ist der Übertritt an ein anderes Gymnasium nur aus wichtigem Grund zulässig. [2]Übertretende Schülerinnen und Schüler haben keinen Anspruch darauf, dass Kurse eingerichtet werden, die ihnen die Beibehaltung des an der früheren Schule gewählten Kursprogramms ermöglichen.

(2) [1]Können bei einem Übertritt während der Qualifikationsphase die bis zum Übertritt besuchten Kurse mangels Angebots nicht fortgeführt werden, so wählt die Schülerin

oder der Schüler im Rahmen der Bestimmungen insoweit neu. [2]Fehlende Leistungen aus vorhergegangenen Ausbildungsabschnitten werden durch Feststellungsprüfungen innerhalb eines Zeitraums von vier Monaten nach dem Übertritt erbracht.

(3) Schülerinnen und Schüler, die aus einem nichtbayerischen Gymnasium zu Beginn der Qualifikationsphase übertreten, werden aufgenommen, wenn sie die Vorrückungserlaubnis in die Qualifikationsphase des Gymnasiums besitzen oder nach den bayerischen Bestimmungen hätten vorrücken dürfen.

(4) Bei Übertritt während der Qualifikationsphase und in Sonderfällen beim Eintritt zu Beginn der Qualifikationsphase ist eine Entscheidung der oder des Ministerialbeauftragten herbeizuführen.

TEIL 3
Schulbetrieb

§ 12 Gliederung

(1) [1]Das Gymnasium gliedert sich in die Unterstufe mit den Jahrgangsstufen 5 bis 7, die Mittelstufe mit den Jahrgangsstufen 8 bis 10 und die Oberstufe. [2]Die Einführungsphase der Oberstufe ist die Jahrgangsstufe 11 oder die Einführungsklasse nach § 7 Abs. 2. [3]Die Qualifikationsphase der Oberstufe umfasst die Jahrgangsstufen 12 und 13.

(2) [1]Am Abendgymnasium und am Kolleg ist die Jahrgangsstufe I die Einführungsphase; die Jahrgangsstufen II und III bilden die Qualifikationsphase. [2]Am Abendgymnasium wird ein einjähriger Vorkurs eingerichtet; am Kolleg kann ein einjähriger Vorkurs eingerichtet werden, der in zwei halbjährige Kurse geteilt werden kann. [3]Die Bestimmungen für die Jahrgangsstufen 11 bis 13 des Gymnasiums gelten auch für die Jahrgangsstufen I bis III des Abendgymnasiums bzw. Kollegs, soweit nichts Abweichendes geregelt ist.

§ 13 Einrichtung von Klassen, Kursen und Seminaren

(1) [1]Der Unterricht wird in der Unter- und Mittelstufe in Klassen sowie in der Einführungsphase der Oberstufe in Klassen und Seminaren erteilt, deren Bildung sich jeweils nach pädagogischen, personellen, räumlichen und organisatorischen Gegebenheiten richtet. [2]Für Schülerinnen und Schüler mit nichtdeutscher Muttersprache können besondere Klassen gebildet werden, in denen Abweichungen von der Stundentafel zulässig sind.

(2) [1]Der Unterricht wird in den Jahrgangsstufen 12 und 13 in Kursen (Fächer und Seminare) durchgeführt. [2]Hiervon abweichend wird am Abendgymnasium kein Wissenschaftspropädeutisches Seminar eingerichtet. [3]Jahrgangsstufenübergreifende Kurse können im Einvernehmen mit dem Schulforum eingerichtet werden, wenn dies zur Sicherung des Unterrichtsangebots in einem Fach geboten ist.

§ 14 Höchstausbildungsdauer

(1) Die Höchstausbildungsdauer beträgt elf, in der Kurzform neun Schuljahre.

(2) [1]Für die Berechnung der Höchstausbildungsdauer zählen alle an öffentlichen oder staatlich anerkannten Gymnasien verbrachten Schuljahre. [2]Die Zeit einer Beurlaubung zum Schulbesuch im Ausland wird nicht auf die Höchstausbildungsdauer angerechnet. [3]§ 37 Abs. 3 bleibt unberührt.

(3) Die Höchstausbildungsdauer gilt auch dann als überschritten, wenn feststeht, dass der Abschluss der Schule nicht mehr innerhalb der Höchstausbildungsdauer erreicht werden kann.

(4) [1]Die Höchstausbildungsdauer beträgt in den Jahrgangsstufen 11 bis 13 vier Schuljahre. [2]Soweit die Voraussetzungen des § 54 Abs. 1 Nr. 1 und 2 vorliegen, ist eine Überschreitung zur Wiederholung einer nicht bestandenen Abiturprüfung bis zu einem Jahr zulässig. [3]Die Abs. 2 und 3 gelten entsprechend.

(5) [1]Die Höchstausbildungsdauer beträgt beim Abendgymnasium bzw. Kolleg vier Schuljahre. [2]Für die Berechnung der Höchstausbildungsdauer zählen alle an öffentlichen oder staatlich anerkannten Abendgymnasien bzw. Kollegs verbrachten Schuljahre; der Besuch eines Vorkurses bleibt insoweit unberücksichtigt.

(6) Die Ministerialbeauftragten können unter den Voraussetzungen des § 45 der Bayerischen Schulordnung (BaySchO) Ausnahmen zulassen.

§ 15 Stundentafeln

(1) [1]Für die Jahrgangsstufen 5 bis 11 gelten die Stundentafeln nach Anlage 1. [2]Das Staatsministerium kann Abweichungen von der Stundentafel für die Dauer eines Schuljahres vornehmen bzw. genehmigen. [3]Um einzelne Klassen in einem Fach oder in mehreren Fächern besonders zu fördern, kann die Schule zeitlich begrenzt durch Erhöhung der Stundenzahl in diesen Fächern und entsprechende Verringerung in anderen Fächern von der Stundentafel abweichen. [4]Die Entscheidung trifft die Schulleiterin oder der Schulleiter in Abstimmung mit der Lehrerkonferenz und dem Elternbeirat.

(2) Für die Jahrgangsstufen 12 und 13 gilt das in den Anlagen 3, 4 und 5 festgelegte Unterrichtsangebot.

(3) [1]Schülerinnen und Schülern, die nach dem Besuch eines außerbayerischen Gymnasiums oder einer vergleichbaren Einrichtung des Auslands in die Jahrgangsstufen 7 bis 11 eintreten wollen, kann die oder der Ministerialbeauftragte im Einzelfall eine Änderung der in der Stundentafel festgelegten Fremdsprachen genehmigen, falls die vorgesehene Sprachenfolge zu einer unzumutbaren Härte führen würde. [2]Fremdsprachen, für die eine solche Genehmigung erteilt wird und die in der Anlage 3 nicht als fortgeführte Fremdsprache vorgesehen sind, sind am Ende der Jahrgangsstufe 11 abzuschließen.

(4) Am Abendgymnasium und am Kolleg gelten für den Vorkurs und die Jahrgangsstufe I die Stundentafeln nach Anlage 2 und für die Jahrgangsstufen II und III das in den Anlagen 3 und 4 festgelegte Unterrichtsangebot.

§ 16 Unterrichtsfächer in den Jahrgangsstufen 5 bis 11

(1) [1]Vorrückungsfächer in den Jahrgangsstufen 5 bis 11 sind alle Pflichtfächer und Wahlpflichtfächer der Stundentafeln mit Ausnahme von Sport und des Moduls zur beruflichen Orientierung. [2]Abweichend von Satz 1 ist Musik am Musischen Gymnasium in allen Jahrgangsstufen, in den anderen Ausbildungsrichtungen lediglich in den Jahrgangsstufen 7 bis 11 Vorrückungsfach.

(2) Kernfächer sind Deutsch, zwei Fremdsprachen, Mathematik und Physik, ferner am
1. Humanistischen Gymnasium (HG) Griechisch,
2. Sprachlichen Gymnasium (SG) eine weitere Fremdsprache,
3. Naturwissenschaftlich-technologischen Gymnasium (NTG) Chemie,
4. Musischen Gymnasium (MuG) Musik,
5. Wirtschaftswissenschaftlichen Gymnasium (WWG) Wirtschaft und Recht,
6. Sozialwissenschaftlichen Gymnasium (SWG) Politik und Gesellschaft.

(3) [1]Am Abendgymnasium und am Kolleg sind im Vorkurs und in der Jahrgangsstufe I alle Pflichtfächer und Wahlpflichtfächer der Stundentafeln Vorrückungsfächer. [2]Kernfächer sind Deutsch, Mathematik und die Fremdsprachen, am Kolleg zusätzlich Physik.

(4) [1]An staatlichen Gymnasien und Kollegs wird der Unterricht in Wahlpflichtfächern und Wahlfächern nach näheren Bestimmungen des Staatsministeriums eingerichtet. [2]Der Besuch eines Wahlfachs darf während des Schuljahres nur mit Genehmigung der

Schulleiterin oder des Schulleiters abgebrochen oder begonnen werden. [3]Über den Ausschluss vom Besuch eines Wahlfachs entscheidet die Schulleiterin oder der Schulleiter.

§ 17 Wahl des Kursprogramms und der Abiturprüfungsfächer

(1) [1]Für die Jahrgangsstufen 12 und 13 wird das Kursprogramm aus den Anlagen 3 und 4 unter Berücksichtigung der Belegungsverpflichtung (Anlage 5) in der Jahrgangsstufe 11 spätestens bis zum 15. April gewählt; am Abendgymnasium ist insoweit Anlage 6 maßgebend. [2]Können aus schulischen Gründen bestimmte Kurskombinationen nicht ermöglicht werden, teilen dies die Oberstufenkoordinatorinnen bzw. Oberstufenkoordinatoren den Betroffenen unverzüglich mit und fordern sie zu einer neuen Festlegung innerhalb angemessener Frist auf.

(2) [1]Die getroffenen Wahlentscheidungen sind für die Schülerinnen und Schüler während der gesamten Qualifikationsphase verbindlich. [2]In Ausnahmefällen kann die Kurswahl mit Genehmigung der Schulleiterin oder des Schulleiters in den ersten vier Wochen des Ausbildungsabschnitts 12/1 sowie zum Ausbildungsabschnitt 13/1 geändert werden. [3]In Ausnahmefällen kann die Schulleiterin oder der Schulleiter die Abwahl von Kursen, die die Belegungsverpflichtung gemäß Anlage 5 überschreiten, genehmigen. [4]Nach Satz 3 abgewählte Kurse gelten als für das gesamte Schuljahr nicht belegt.

(3) [1]Die schriftlichen Abiturprüfungsfächer werden in der Jahrgangsstufe 12 spätestens bis zum 31. Januar gewählt. [2]Bis spätestens sechs Wochen vor Beginn der schriftlichen Abiturprüfung werden die mündlichen Abiturprüfungsfächer gewählt. [3]Hiervon abweichend gilt für die Wahl der besonderen Fachprüfung in den Fächern Kunst, Musik und Sport, welche jeweils die Wahl als Leistungsfach voraussetzt (Anlagen 3 und 5), der in Abs. 1 Satz 1 genannte Zeitpunkt.

(4) [1]Die Wahl der Abiturprüfungsfächer ist so zu treffen, dass die Zahl der nach Anlage 10 bzw. § 53 verpflichtend einzubringenden Halbjahresleistungen die Zahl 40 nicht übersteigt. [2]Am Abendgymnasium ist insoweit Anlage 11 maßgebend.

(5) [1]Wird das Leistungsfach Kunst, Musik oder Sport gewählt und wird eine Schülerin oder ein Schüler in Jahrgangsstufe 12 durch einen Unfall oder eine Krankheit auf Dauer daran gehindert, die geforderten praktischen Leistungen der besonderen Fachprüfung in einem dieser Fächer zu erbringen, soll sie oder er ein neues Leistungsfach wählen. [2]Im Übrigen und wenn ein Ereignis dieser Art in Jahrgangsstufe 13 eintritt, trifft die oder der Ministerialbeauftragte eine Regelung. [3]Die oder der Ministerialbeauftragte kann insoweit erforderliche Ausnahmen unter den Voraussetzungen des § 45 BaySchO gewähren.

(6) [1]Schülerinnen und Schüler können Religionslehre als Leistungsfach oder als einfaches Abiturprüfungsfach wählen, wenn sie in Jahrgangsstufe 11 Religionslehre besucht oder die Kenntnisse der Jahrgangsstufe 11 in Religionslehre über eine Feststellungsprüfung, im Fall der Wahl des Leistungsfaches entsprechend § 66 Abs. 3, zu Beginn der Jahrgangsstufe 12 nachgewiesen haben. [2]Dies gilt für Ethik entsprechend. [3]Wenn das Leistungsfach im Religionsunterricht des in Jahrgangsstufe 11 besuchten Bekenntnisses nicht zustande kommt, können Schülerinnen und Schüler mit Zustimmung beider Religionsgemeinschaften auch Religionslehre einer anderen Konfession als Leistungsfach wählen. [4]Bei einem Wechsel zu Religionslehre oder Ethik nach Beginn der Jahrgangsstufe 12 scheiden diese Fächer als Leistungsfächer oder einfache Abiturprüfungsfächer aus. [5]War Religionslehre oder Ethik zunächst als Leistungsfach gewählt, ist bei einer nachträglichen Änderung ein neues Leistungsfach zu wählen. 6Für die Einbringungsverpflichtung ist unbeachtlich, dass das neue Leistungsfach zunächst auf grundlegendem Anforderungsniveau belegt wurde.

§ 18 Wahl der Fächer und des Wissenschaftspropädeutischen Seminars

(1) [1]Die Fächer werden aus den drei Aufgabenfeldern (sprachlich-literarisch-künstlerisch, gesellschaftswissenschaftlich und mathematisch-naturwissenschaftlich-technisch) gewählt; ferner ist ein Wissenschaftspropädeutisches Seminar zu wählen; Sport

ist zu belegen (Anlagen 3, 4 und 5). [2]Am Abendgymnasium ist insoweit Anlage 6 maßgebend.

(2) Für Belegung und Wahl der Fächer Kunst, Musik und Sport als Abiturprüfungsfächer mit besonderer Fachprüfung gelten folgende Voraussetzungen:
1. Im Fach Kunst, Musik bzw. Sport wurden der Schülerin oder dem Schüler im Zwischenzeugnis der Jahrgangsstufe 11 mindestens befriedigende Leistungen bescheinigt.
2. Im Fach Musik hat die Schülerin oder der Schüler darüber hinaus angemessene Fertigkeiten im Spiel eines anerkannten Musikinstruments (ggf. Gesang) nachgewiesen.

§ 19 Gestaltung des Pflichtprogramms in der Qualifikationsphase

(1) [1]Pflichtfächer in allen vier Ausbildungsabschnitten sind die Fächer Deutsch, Mathematik, Geschichte, Religionslehre (ggf. Ethik) und Sport. [2]In allen vier Ausbildungsabschnitten sind ferner eine fortgeführte Fremdsprache, eines der Fächer Physik oder Chemie oder Biologie und eines der Fächer Kunst oder Musik zu belegen. [3]Ferner ist in allen vier Ausbildungsabschnitten eine weitere Naturwissenschaft oder Informatik bzw. spät beginnende Informatik oder eine weitere fortgeführte bzw. spät beginnende Fremdsprache zu belegen. [4]Schülerinnen und Schüler, die in Deutsch in Jahrgangsstufe 12 einen zweistündigen Vertiefungskurs wählen, sind in Jahrgangsstufe 13 von der Wahlpflichtbelegung der zweiten fortgeführten Fremdsprache befreit. [5]Schülerinnen und Schüler, die in Mathematik in Jahrgangsstufe 12 einen zweistündigen Vertiefungskurs wählen, sind in Jahrgangsstufe 13 von der Wahlpflichtbelegung der zweiten Naturwissenschaft oder der Informatik bzw. spät beginnenden Informatik befreit. [6]Ferner sind mindestens in Jahrgangsstufe 12 das Fach Politik und Gesellschaft sowie eines der Fächer Geographie oder Wirtschaft und Recht zu belegen; eines dieser drei in Jahrgangsstufe 12 belegten Fächer muss in Jahrgangsstufe 13 fortgeführt werden (Anlage 5). [7]Die Fächer Deutsch, Mathematik und das Leistungsfach werden auf erhöhtem Anforderungsniveau unterrichtet. [8]Mit Ausnahme von Mathematik und Deutsch kann jedes der in den Sätzen 1, 2 und 6 genannten Fächer sowie Informatik als Leistungsfach auf erhöhtem Anforderungsniveau gewählt werden, wenn es über vier Kurshalbjahre belegt wird. [9]Lehrplanalternativen können nur auf grundlegendem Anforderungsniveau belegt werden. [10]Für die Belegungsverpflichtung gilt im Übrigen Anlage 5. [11]Am Abendgymnasium und am Kolleg ist insoweit Anlage 6 maßgebend.

(2) Die Abiturprüfungsfächer sind in allen vier Ausbildungsabschnitten zu belegen.

(3) [1]Falls in der Jahrgangsstufe 11 nach Anlage 1 eine neu einsetzende spät beginnende Fremdsprache gewählt bzw. in der Einführungsklasse nach Anlage 7 Fußnote [3)] Unterricht auf dem Niveau einer spät beginnenden Fremdsprache erteilt wurde, ist diese in allen vier Ausbildungsabschnitten zu belegen; § 14 Abs. 6 gilt entsprechend. [2]Sonstige spät beginnende Fremdsprachen sind nur wählbar, wenn die Schülerin oder der Schüler
1. in der betreffenden Sprache Wahlunterricht in den Jahrgangsstufen 10 und 11 im Umfang von zusammen mindestens fünf Wochenstunden besucht oder die erforderlichen Kenntnisse des Wahlunterrichts der Jahrgangsstufe 11 nachgewiesen hat,
2. in der betreffenden Sprache nicht bereits Unterricht als Pflicht- oder Wahlpflichtfach in den Jahrgangsstufen 10 und/oder 11 besucht hat.

(4) Für Schülerinnen und Schüler, die aus der Realschule, der Wirtschaftsschule oder der Mittleren-Reife-Klasse Jahrgangsstufe 10 der Mittelschule oder über eine Aufnahmeprüfung an das Gymnasium übergetreten sind, ist die Belegung der zweiten Fremdsprache in der Qualifikationsphase verpflichtend, soweit sie nicht den Unterricht in einer zweiten fortgeführten Fremdsprache als Wahlpflichtfach in vier aufeinander folgenden Jahrgangsstufen besucht haben.

(5) Am Abendgymnasium und am Kolleg können Schülerinnen und Schüler, die ohne Fremdsprachenkenntnisse über den Vorkurs eingetreten sind, nur die erste Fremdsprache als fortgeführte Fremdsprache nach Abs. 1 Satz 2 wählen.

(6) [1]Am Kolleg ist die zweite Fremdsprache mindestens in der Jahrgangsstufe II fortzuführen. [2]Satz 1 gilt nicht, wenn der Nachweis erbracht wird, dass in den Jahrgangsstufen 7 bis 10 an versetzungsrelevantem Unterricht in einer zweiten Fremdsprache an einer öffentlichen oder staatlich anerkannten allgemein bildenden Schule teilgenommen wurde und im Jahreszeugnis der zehnten oder einer höheren Jahrgangsstufe bzw. in einem in diesen Jahrgangsstufen erteilten Abschlusszeugnis die zweite Fremdsprache mindestens mit der Note »ausreichend« bewertet wurde.

(7) Kann für Schülerinnen und Schüler, die den Religionsunterricht nicht besuchen, in der Qualifikationsphase Ethikunterricht nicht eingerichtet werden, so haben die Schülerinnen und Schüler die anfallenden Stunden aus dem Wahlpflichtangebot des gesellschaftswissenschaftlichen Aufgabenfelds zu belegen.

(8) [1]Schülerinnen und Schüler, die auf Grund einer körperlichen Behinderung vom Sportunterricht auf Dauer befreit sind, sind nicht verpflichtet, anstelle des Fachs Sport ein anderes Fach zu belegen. [2]Entsprechend kann bei Schülerinnen und Schülern verfahren werden, die während eines Ausbildungsabschnitts aus gesundheitlichen Gründen vom Sportunterricht befreit werden müssen. [3]Schülerinnen und Schüler, die aus gesundheitlichen Gründen für die Dauer eines Ausbildungsabschnitts vom Sportunterricht befreit sind, müssen jedoch ein anderes Fach belegen. [4]Abs. 2 bleibt unberührt.

(9) Bei einer Halbjahresleistung von 0 Punkten gilt ein Fach für das betreffende Schuljahr als nicht belegt.

(10) *(aufgehoben)*

§ 20 Seminare, Aufbaumodul zur beruflichen Orientierung

[1]In Jahrgangsstufe 11 ist ein Projekt-Seminar zur beruflichen Orientierung, in den Ausbildungsabschnitten 12/1 bis 13/1 ein Wissenschaftspropädeutisches Seminar zu belegen. [2]Zudem nehmen die Schülerinnen und Schüler in den Jahrgangsstufen 12 und 13 am Aufbaumodul zur beruflichen Orientierung teil. [3]Im Wissenschaftspropädeutischen Seminar ist eine Seminararbeit zu erstellen. [4]Seminare können in allen Pficht- und Wahlpfichtfächern und ggf. auch fächerübergreifend angeboten werden. [5]Abweichend von Satz 3 sind spät beginnende Fremdsprachen als Leitfach im Projekt-Seminar zur beruflichen Orientierung sowie im Wissenschaftspropädeutischen Seminar und die spät beginnende Informatik als Leitfach im Wissenschaftspropädeutischen Seminar ausgeschlossen. [6]Fächerübergreifende Seminare werden einem für die fachlichen Anforderungen maßgeblichen Leitfach zugeordnet. [7]Am Abendgymnasium werden weder Seminare noch ein Aufbaumodul zur beruflichen Orientierung angeboten und keine Seminararbeit gefordert. [8]Am Kolleg wird kein Projekt-Seminar zur beruflichen Orientierung angeboten.

TEIL 4
Leistungen, Zeugnisse

KAPITEL 1
Leistungsnachweise

§ 21 Leistungsnachweise

(1) [1]Große Leistungsnachweise sind Schulaufgaben. [2]Kleine Leistungsnachweise sind schriftliche, mündliche und praktische Leistungen nach Maßgabe des § 23. [3]In der Qualifikationsphase ist die Seminararbeit ein zusätzlicher Leistungsnachweis.

---

*) Redaktioneller Hinweis: In der amtlichen Fassung der GSO ist das Wort »werden« doppelt enthalten. Einmal kann das Wort »werden« weggedacht werden.

(2) [1]Die Lehrerkonferenz trifft vor Unterrichtsbeginn des Schuljahres grundsätzliche Festlegungen zur Erhebung von Leistungsnachweisen und entscheidet über prüfungsfreie Zeiten; das Schulforum ist zu hören; die Festlegungen sind den Schülerinnen und Schülern sowie ihren Erziehungsberechtigten bekanntzugeben. [2]Mündliche und schriftliche Leistungsnachweise sollen in allen Vorrückungsfächern gefordert werden und sollen sich auch auf grundlegende Ergebnisse und Inhalte des bisherigen Kompetenzaufbaus beziehen. [3]Im Fach Kunst können praktische Leistungen als Ersatz für schriftliche und mündliche Leistungsnachweise, im Fach Musik nur als Ersatz für mündliche Leistungsnachweise gefordert werden. [4]Im Projekt-Seminar zur beruflichen Orientierung werden mindestens zwei kleine Leistungsnachweise, insbesondere individuelle Projektbeiträge der Schülerinnen und Schüler, gefordert. [5]Zahl, Art und Terminierung der Leistungserhebungen liegen ansonsten im pädagogischen Ermessen der Lehrkräfte.

(3) [1]In den Ausbildungsabschnitten 12/1 bis 13/1 werden in allen Fächern und im Ausbildungsabschnitt 13/2 in den Fächern auf erhöhtem Anforderungsniveau mindestens zwei kleine Leistungsnachweise, darunter wenigstens ein mündlicher, gefordert. [2]In den Fächern auf grundlegendem Anforderungsniveau werden im Ausbildungsabschnitt 13/2 mindestens zwei kleine Leistungsnachweise gefordert, darunter wenigstens je ein schriftlicher und ein mündlicher. [3]Im Ausbildungsabschnitt 13/2 können in den in § 22 Abs. 3 Nr. 3 Buchst. d genannten Fächern praktische Leistungen als Ersatz für schriftliche Leistungsnachweise, in den in § 22 Abs. 3 Nr. 3 Buchst. e und f genannten Fächern mündliche Leistungsnachweise als Ersatz für schriftliche Leistungsnachweise gefordert werden. [4]Im Fach Kunst auf grundlegendem Anforderungsniveau können im Ausbildungsabschnitt 13/2 abweichend von Abs. 2 Satz 3 nur mündliche Leistungsnachweise durch praktische Leistungen ersetzt werden. [5]Im Fach Sport gilt abweichend von Satz 1 und 2:

1. Auf grundlegendem Anforderungsniveau wird in allen Ausbildungsabschnitten je mindestens ein kleiner Leistungsnachweis gefordert.
2. Im Leistungsfach Sport wird zusätzlich zu Nr. 1 in allen Ausbildungsabschnitten je mindestens ein kleiner Leistungsnachweis aus der Sporttheorie gefordert.

[6]Im Wissenschaftspropädeutischen Seminar werden in den Ausbildungsabschnitten 12/1 und 12/2 jeweils mindestens zwei kleine Leistungsnachweise gefordert. [3]*aufgehoben.*

§ 22 Große Leistungsnachweise

(1) [1]In den Fächern Deutsch und Mathematik sowie in den Fremdsprachen sind je Schuljahr mindestens drei, bei vier und mehr Wochenstunden mindestens vier schriftliche Schulaufgaben zu halten. [2]Die Anzahl nach Satz 1 kann in Ausnahmefällen um eine unterschritten werden. [3]In modernen Fremdsprachen wird in mindestens einer Jahrgangsstufe eine Schulaufgabe oder ein Teil davon in Form einer mündlichen Prüfung abgehalten. [4]Im Fach Deutsch sind Diktate oder grammatische Übungen als Schulaufgaben nicht zulässig. [5]In den übrigen Kernfächern sind je Schuljahr mindestens zwei Schulaufgaben zu halten.

(2) [1]Pro Fach kann höchstens eine Schulaufgabe durch andere gleichwertige Leistungsnachweise ersetzt werden. [2]Die Entscheidung trifft die Lehrerkonferenz zu Beginn des Schuljahres für alle Klassen einer Jahrgangsstufe derselben Ausbildungsrichtung einheitlich; das Schulforum ist zu hören.

(3) Für Schulaufgaben in den Jahrgangsstufen 12 und 13 gilt:

1. Für jedes Fach in den Ausbildungsabschnitten 12/1 bis 13/1 sowie im Ausbildungsabschnitt 13/2 für jedes Fach auf erhöhtem Anforderungsniveau und für das Fach Sport wird je eine Schulaufgabe gefordert.
2. In den modernen Fremdsprachen wird eine Schulaufgabe in der Jahrgangsstufe 12 oder 13 in mündlicher Form, möglichst als Partner- oder Gruppenprüfung, abgehalten.
3. Es gelten folgende Ausnahmen:
   a) Im Fach Kunst werden jeweils kombinierte Aufgaben gestellt (bildnerisch-praktischer und schriftlich-theoretischer Teil). Im Leistungsfach wird zusätzlich zur Schulaufgabe nach Nr. 1 und Satz 1 ein künstlerisches Projekt gefordert.

b) Im Leistungsfach Musik wird zusätzlich zur Schulaufgabe nach Nr. 1 eine praktische Prüfung (Instrument oder Gesang) gefordert.
c) Im Fach Sport treten an die Stelle der Schulaufgabe praktische Leistungsnachweise in den gewählten sportlichen Handlungsfeldern. Abweichend hiervon wird im Leistungsfach Sport in allen Ausbildungsabschnitten zusätzlich eine Schulaufgabe aus der Sporttheorie gestellt.
d) In den Fächern Theater und Film, Vokalensemble, Instrumentalensemble, Tanz- und Bewegungskünstetheater, Sport und Gesellschaft sowie biologisch-chemisches Praktikum tritt an die Stelle der Schulaufgabe eine praktische Prüfung, die ein Prüfungsgespräch einschließt.
e) In fremdsprachiger Konversation tritt an die Stelle der Schulaufgabe eine Konversationsübung, möglichst als Partner- oder Gruppenprüfung.
f) Im Fach Rhetorik kann die Schulaufgabe durch einen komplexen mündlichen Leistungsnachweis in angemessener Länge ersetzt werden, in dessen Mittelpunkt der vertiefte Nachweis rhetorischer Fähigkeiten steht.

(4) [1]Schulaufgaben werden spätestens eine Woche vorher angekündigt. [2]An einem Tag darf nicht mehr als eine Schulaufgabe, in einer Kalenderwoche sollen nicht mehr als zwei Schulaufgaben abgehalten werden. [3]Welche kleinen Leistungsnachweise in den Jahrgangsstufen 5 bis 11 an Tagen, an denen die Klasse eine Schulaufgabe schreibt, gefordert werden, entscheidet die Lehrerkonferenz nach § 21 Abs. 2.

(5) [1]Die Bearbeitungszeit für eine Schulaufgabe in den Jahrgangsstufen 5 bis 11 beträgt höchstens 60 Minuten, in den Jahrgangsstufen 12 und 13 höchstens 90 Minuten. [2]In der Jahrgangsstufe 13 kann in den Fächern der Abiturprüfung je eine Schulaufgabe im Umfang einer Prüfungsaufgabe gehalten werden. [3]Bei Schulaufgaben im Fach Deutsch kann die Bearbeitungszeit unabhängig von Satz 1 ab der Jahrgangsstufe 8 angemessen erhöht werden. [4]Im Fach Kunst kann in den Jahrgangsstufen 12 und 13 die Arbeitszeit bis zu 180 Minuten betragen. [5]Im Fach Musik werden Vorspielzeiten auf die Arbeitszeit nicht angerechnet.

(6) Welche Hilfsmittel bei der Anfertigung von Schulaufgaben verwendet werden dürfen, legt das Staatsministerium gesondert fest.

(7) Die Schulleiterin oder der Schulleiter kann nach Rücksprache mit der Lehrkraft und der Fachschaftsleitung einen großen Leistungsnachweis für ungültig erklären und die Erhebung eines neuen anordnen, insbesondere wenn die Anforderungen für die Jahrgangsstufe nicht angemessen waren oder der Lehrstoff nicht genügend vorbereitet war.

(8) Die freiwillige Wiederholung von Schulaufgaben ist nicht zulässig.

§ 23 Kleine Leistungsnachweise

(1) Mündliche Leistungsnachweise sind insbesondere Rechenschaftsablagen, Unterrichtsbeiträge und Referate.

(2) [1]Schriftliche Leistungsnachweise sind insbesondere Kurzarbeiten, Stegreifaufgaben, fachliche Leistungstests und Praktikumsberichte; dafür gilt:
1. Kurzarbeiten werden spätestens eine Woche vorher angekündigt, beziehen sich auf höchstens zehn unmittelbar vorangegangene Unterrichtsstunden. Die Bearbeitungszeit soll höchstens 30 Minuten betragen.
2. Stegreifaufgaben werden nicht angekündigt, beziehen sich auf höchstens zwei unmittelbar vorangegangene Unterrichtsstunden. Die Bearbeitungszeit soll höchstens 20 Minuten betragen.
3. Fachliche Leistungstests, die in den Jahrgangsstufen 5 bis 11 zentral oder schulintern gehalten werden können, werden spätestens eine Woche vorher angekündigt. Die Bearbeitungszeit soll höchstens 45 Minuten betragen.

[2]Für Satz 1 Nrn. 1 bis 3 gelten § 22 Abs. 6 bis 8 entsprechend.

(3) Bei Projekten können mündliche, schriftliche und praktische Leistungen bewertet werden.

§ 24 Seminararbeit

(1) [1]Das Thema der Seminararbeit ist bis zum Ende des Ausbildungsabschnitts 12/1 im Einvernehmen mit der Kursleiterin oder dem Kursleiter zu wählen. [2]Im Fach Englisch muss die Seminararbeit in der Fremdsprache verfasst werden, in den übrigen modernen Fremdsprachen in der jeweiligen Fremdsprache oder auf Deutsch. [3]Die Seminararbeit muss in der Jahrgangsstufe 13 spätestens am zweiten Unterrichtstag im November abgeliefert werden; die Schule kann in besonderen Fällen eine Fristverlängerung gewähren.

(2) [1]Die Schülerin oder der Schüler präsentiert die Ergebnisse der Seminararbeit, erläutert sie und beantwortet Fragen (Prüfungsgespräch). [2]In modernen Fremdsprachen erfolgt dies in der jeweiligen Fremdsprache. [3]Auch bei Arbeiten, an denen mehrere Schülerinnen und Schüler beteiligt waren, wird die individuelle Schülerleistung bewertet.

(3) Die Seminararbeit kann durch einen gleichwertigen Beitrag zu einem vom Staatsministerium als geeignet anerkannten Wettbewerb aus dem jeweiligen Aufgabenfeld ersetzt werden.

§ 25 Korrektur und Besprechung

(1) [1]Schriftliche Leistungsnachweise sollen von den Lehrkräften binnen zwei Wochen korrigiert, benotet, an die Schülerinnen und Schüler zurückgegeben und mit ihnen besprochen werden. [2]Ab Jahrgangsstufe 10 im Fach Deutsch und in den Jahrgangsstufen 12 und 13 beträgt diese Frist für Schulaufgaben drei Wochen. [3]Eine Schulaufgabe darf nicht gehalten werden, bevor die vorausgegangene Schulaufgabe im selben Fach zurückgegeben und besprochen wurde.

(2) Schriftliche Leistungsnachweise sollen den Schülerinnen und Schülern zur Kenntnisnahme durch die Erziehungsberechtigten mit nach Hause gegeben werden und sind der Schule binnen einer Woche unverändert zurückzugeben.

§ 26 Bewertung der Leistungen

(1) [1]Bei der Bewertung einer schriftlichen Arbeit kann die äußere Form mit berücksichtigt werden. [2]Bei schriftlichen Arbeiten sind Verstöße gegen die Sprachrichtigkeit sowie Ausdrucksmängel zu kennzeichnen und angemessen zu bewerten.

(2) § 57 Abs. 1 gilt entsprechend.

(3) Nach Beginn der Leistungserhebung können gesundheitliche Gründe der Schülerin oder des Schülers, denen zufolge der Leistungsnachweis nicht gewertet werden soll, in der Regel nicht mehr anerkannt werden.

(4) [1]Versäumt eine Schülerin oder ein Schüler ohne ausreichende Entschuldigung einen angekündigten Leistungsnachweis oder wird eine Leistung verweigert, so wird die Note 6 erteilt. [2]§ 56 Abs. 2 gilt entsprechend.

(5) § 47 Abs. 3 gilt entsprechend mit der Maßgabe, dass in den Jahrgangsstufen 5 bis 11 die Schulleiterin oder der Schulleiter, in der Qualifikationsphase die oder der Ministerialbeauftragte Sonderregelungen treffen kann.

§ 27 Nachholung von Leistungsnachweisen

(1) [1]Versäumen Schülerinnen und Schüler einen großen Leistungsnachweis mit ausreichender Entschuldigung, so erhalten sie einen Nachtermin. [2]Versäumen sie mehrere große Leistungsnachweise mit ausreichender Entschuldigung, so kann je Fach ein Nachtermin für mehrere Leistungsnachweise angesetzt werden. [3]Bei angekündigten kleinen Leistungsnachweisen kann entsprechend verfahren werden.

(2) [1]Wird auch der Nachtermin mit ausreichender Entschuldigung versäumt, so kann eine Ersatzprüfung angesetzt werden, die sich über den gesamten bis dahin behandelten Unterrichtsstoff des Schuljahres erstrecken kann. [2]Eine Ersatzprüfung kann auch

angesetzt werden, wenn in einem Fach wegen der Versäumnisse der Schülerin oder des Schülers keine hinreichenden kleinen Leistungsnachweise vorliegen.

(3) [1]Eine Ersatzprüfung kann in einem Fach nur einmal im Schulhalbjahr stattfinden. [2]Der Termin der Ersatzprüfung ist der Schülerin oder dem Schüler und den Erziehungsberechtigten spätestens eine Woche vorher mitzuteilen. [3]Mit dem Termin ist der Prüfungsstoff bekannt zu geben.

(4) [1]Nimmt die Schülerin oder der Schüler an der Ersatzprüfung wegen Erkrankung nicht teil, so muss die Erkrankung durch ärztliches Zeugnis nachgewiesen werden. [2]Die Schule kann die Vorlage eines schulärztlichen Zeugnisses verlangen.

§ 28 Bildung der Jahresfortgangsnote in den Jahrgangsstufen 5 bis 11

(1) [1]In Fächern mit Schulaufgaben wird die Jahresfortgangsnote aus einer Gesamtnote für die großen Leistungsnachweise und aus einer Gesamtnote für die kleinen Leistungsnachweise gebildet. [2]Bei der Bildung der Gesamtnote für die kleinen Leistungsnachweise sind die schriftlichen, mündlichen und ggf. praktischen Leistungen angemessen zu gewichten. [3]In Fächern mit zwei Schulaufgaben stehen die Gesamtnoten grundsätzlich im Verhältnis 1:1. [4]In Fächern mit mehr als zwei Schulaufgaben stehen die Gesamtnoten grundsätzlich im Verhältnis 2:1.

(2) In Fächern ohne Schulaufgaben ergibt sich die Jahresfortgangsnote aus den kleinen Leistungsnachweisen.

(3) Im Fach Musik an Musischen Gymnasien soll die Gesamtnote zu gleichen Teilen aus den beiden Bereichen »Klassenunterricht« (einschließlich Gesang) und »Instrument« gebildet werden.

(4) Hat eine Schülerin oder ein Schüler außerhalb des stundenplanmäßigen Unterrichts in Schulveranstaltungen oder Hochschulveranstaltungen, in durch das Staatsministerium beworbenen und gegebenenfalls mit Hilfe von Lehrkräften öffentlicher oder staatlich anerkannter Gymnasien durchgeführten internationalen Sprachzertifikatsprüfungen oder in vom Staatsministerium als geeignet anerkannten Wettbewerben besondere Leistungen erzielt und ist eine eindeutige fachliche Zuordnung möglich, so können diese auf Antrag in der Jahresfortgangsnote im entsprechenden Fach angemessen berücksichtigt werden.

(5) [1]Im Projekt-Seminar zur beruflichen Orientierung wird die Jahresfortgangsnote aus dem Durchschnitt der kleinen Leistungsnachweise gebildet. [2]Abs. 1 Satz 2 gilt entsprechend.

§ 29 Bewertung der Leistungen in den Jahrgangsstufen 12 und 13

(1) [1]In den Jahrgangsstufen 12 und 13 werden die Leistungen mittels eines Punktesystems bewertet. [2]Dieses berücksichtigt die Notenstufen mit der jeweiligen Tendenz nach folgendem Schlüssel:

Punkte	15	14	13	12	11	10	9	8	7	6	5	4	3	2	1	0
Noten mit Tendenz	+	1	–	+	2	–	+	3	–	+	4	–	+	5	–	6

(2) [1]Die Leistungen in den Fächern werden am Ende eines jeden Ausbildungsabschnitts zu einer Halbjahresleistung zusammengefasst und in einer Endpunktzahl von höchstens 15 Punkten ausgedrückt. [2]Die Endpunktzahl ergibt sich als Durchschnittswert aus der Punktzahl der Schulaufgabe sowie aus dem Durchschnitt der Punktzahlen der kleinen Leistungsnachweise. [3]In den Fächern auf grundlegendem Anforderungsniveau ergibt sich die Halbjahresleistung im Ausbildungsabschnitt 13/2 aus dem Durchschnitt der kleinen Leistungsnachweise. [4]In den Ausbildungsabschnitten 12/1 und 12/2 des Wissenschaftspropädeutischen Seminars ergibt sich die Halbjahresleistung jeweils aus dem Durchschnittswert

der kleinen Leistungsnachweise. [5]Das Ergebnis wird gerundet; eine Aufrundung zur Endpunktzahl 1 ist nicht zulässig. [6]§ 28 Abs. 1 Satz 2 und Abs. 4 gilt entsprechend.

(3) [1]Im Leistungsfach Kunst ergibt sich die Halbjahresleistung aus dem Durchschnitt aus der Punktzahl der Schulaufgabe, der Punktzahl des künstlerischen Projekts sowie dem Durchschnitt der Punktzahlen der kleinen Leistungsnachweise. [2]Die Endpunktzahl wird nach Abs. 2 Satz 1 gebildet.

(4) [1]Im Leistungsfach Musik ergibt sich die Halbjahresleistung aus dem Durchschnitt aus der Punktzahl der Schulaufgabe, der Punktzahl der praktischen Prüfung sowie dem Durchschnitt der Punktzahlen der kleinen Leistungsnachweise. [2]Die Endpunktzahl wird nach Abs. 2 Satz 1 gebildet.

(5) [1]Im Fach Sport ergibt sich die Halbjahresleistung als Durchschnittswert aus dem doppelt gewichteten Durchschnitt der Punktzahlen der praktischen Leistungen im gewählten sportlichen Handlungsfeld sowie dem Durchschnitt der Punktzahlen der kleinen Leistungsnachweise. [2]Im Leistungsfach Sport ergibt sich die Endpunktzahl aus dem Durchschnitt der Punktzahl im Fach Sport gemäß Satz 1 und der Punktzahl in der Sporttheorie, die nach Abs. 2 Satz 2 gebildet wird.

(6) [1]Zur Ermittlung der Gesamtleistung in der Seminararbeit wird zunächst die Punktzahl für die abgelieferte Arbeit verdreifacht und die Punktzahl für Präsentation mit Prüfungsgespräch addiert. [2]Die Summe wird durch 2 geteilt und das Ergebnis gerundet.

(7) *(aufgehoben)*

KAPITEL 2
Vorrücken und Wiederholen

§ 30 Entscheidung über das Vorrücken

(1) [1]Die Grundlage für die Entscheidung über das Vorrücken bilden die Leistungen in den Vorrückungsfächern. [2]Vom Vorrücken sind Schülerinnen und Schüler ausgeschlossen, deren Jahreszeugnis in einem Vorrückungsfach die Note 6 oder in zwei Vorrückungsfächern die Note 5 aufweist. [3]Eine Bemerkung in einem Vorrückungsfach gemäß § 39 Abs. 6 steht hinsichtlich des Vorrückens einer Note 6 gleich.

(2) Bei Schülerinnen und Schülern des Sozialwissenschaftlichen Gymnasiums setzt das Vorrücken in die Jahrgangsstufe 12 die erfolgreiche Ableistung eines Sozialpraktikums im Umfang von mindestens 15 Arbeitstagen voraus.

(3) Bei Schülerinnen und Schülern mit nichtdeutscher Muttersprache und bei Aussiedlerschülerinnen und -schülern sind in den ersten beiden Jahren des Schulbesuchs in der Bundesrepublik Deutschland unzureichende Leistungen im Fach Deutsch in den Jahrgangsstufen 5 bis 9 bei der Entscheidung über das Vorrücken nicht zu berücksichtigen.

(4) [1]Treten Schülerinnen und Schüler der Jahrgangsstufen 5 bis 11 später als zwei Monate vor Unterrichtsbeendigung aus der Schule aus, so stellt die Klassenkonferenz die Noten fest. [2]Gleichzeitig entscheidet sie, ob die Schülerinnen und Schüler bei weiterem Verbleib an der Schule die Erlaubnis zum Vorrücken erhalten hätten; die Feststellung wird mit Begründung in die Niederschrift aufgenommen. [3]Schülerinnen und Schüler, deren Bescheinigung über den Schulbesuch (§ 42) keine Bemerkung über die Erlaubnis zum Vorrücken enthält, können im darauf folgenden Schuljahr zu einer Aufnahmeprüfung für die nächsthöhere Jahrgangsstufe nicht zugelassen werden. [4]Bei Wiedereintritt in die gleiche Jahrgangsstufe gelten sie als Wiederholungsschülerinnen und Wiederholungsschüler.

§ 31 Vorrücken auf Probe

(1) [1]Schülerinnen und Schüler der Jahrgangsstufen 5 bis 9, die das Ziel der jeweiligen Jahrgangsstufe erstmals nicht erreicht haben oder die im Wiederholungsfall nicht als

Wiederholungsschülerinnen oder Wiederholungsschüler gelten, können mit Einverständnis ihrer Erziehungsberechtigten auf Probe vorrücken, wenn nach dem Gesamtbild aller erzielten Leistungen erwartet werden kann, dass sie im nächsten Schuljahr das Ziel der Jahrgangsstufe erreichen. [2]Dies gilt für Schülerinnen und Schüler der Jahrgangsstufen 10 und 11 nur, wenn sie das Ziel der Jahrgangsstufe wegen Note 6 in einem oder Note 5 in zwei Vorrückungsfächern, darunter in Kernfächern keine schlechtere Note als einmal Note 5, nicht erreicht haben; bei Schülerinnen und Schülern der Jahrgangsstufe 11 kommt es darauf an, ob erwartet werden kann, dass sie das Ziel des Gymnasiums erreichen. [3]Die Entscheidung trifft die Lehrerkonferenz auf der Grundlage einer Empfehlung der Klassenkonferenz.

(2) Wird einer Schülerin oder einem Schüler das Vorrücken auf Probe nach Abs. 1 oder nach Art. 53 Abs. 6 Satz 2 BayEUG gestattet, so wird in das Jahreszeugnis folgende Bemerkung aufgenommen: »Die Schülerin bzw. der Schüler erhält die vorläufige Erlaubnis zum Besuch der Jahrgangsstufe ....«

(3) [1]Die Probezeit dauert bis zum 15. Dezember; sie kann von der Lehrerkonferenz in besonderen Fällen um höchstens zwei Monate verlängert werden. [2]Die Lehrerkonferenz entscheidet auf der Grundlage einer Empfehlung der Klassenkonferenz, ob die Schülerin oder der Schüler nach dem Gesamtbild aller erzielten Leistungen die Probezeit bestanden hat oder zurückverwiesen wird. [3]Zurückverwiesene Schülerinnen und Schüler gelten nicht als Wiederholungsschülerinnen und Wiederholungsschüler; dies gilt nicht im Fall des Abs. 1.

(4) Wird das Vorrücken auf Probe in die Jahrgangsstufe 12 gestattet, gilt § 6 Abs. 5 entsprechend.

§ 32 Notenausgleich

[1]Schülerinnen und Schülern der Jahrgangsstufen 10 und 11, die nach § 30 Abs. 1 Satz 2 vom Vorrücken ausgeschlossen sind, kann unter folgenden Voraussetzungen Notenausgleich gewährt werden:

1. Sie weisen nicht in einem weiteren Vorrückungsfach Note 5 oder 6 auf,
2. sie haben Note 1 in einem oder Note 2 in zwei Vorrückungsfächern, wobei Kernfächer nur durch Kernfächer ausgeglichen werden können, oder haben in mindestens drei Kernfächern keine schlechtere Note als 3,
3. sie durften in die nichtbestandene Jahrgangsstufe nicht nur auf Grund eines Notenausgleichs vorrücken und
4. in der Jahrgangsstufe 10 kann erwartet werden, dass das Ziel der Jahrgangsstufe 11 erreicht wird und in der Jahrgangsstufe 11 kann erwartet werden, dass das Ziel des Gymnasiums erreicht wird.

[2]§ 31 Abs. 1 Satz 3 gilt entsprechend. [3]Wird einer Schülerin oder einem Schüler Notenausgleich gewährt, so wird in das Jahreszeugnis eine entsprechende Bemerkung aufgenommen.

§ 33 Nachprüfung

(1) [1]Schülerinnen und Schüler der Jahrgangsstufen 6 bis 9, die wegen nicht ausreichender Noten in höchstens drei Vorrückungsfächern (darunter in Kernfächern nicht schlechter als höchstens einmal Note 6 oder zweimal Note 5) das Ziel der Jahrgangsstufe nicht erreicht haben, können vorrücken, wenn sie sich einer Nachprüfung erfolgreich unterzogen haben. [2]Diese findet in den letzten Tagen der Sommerferien statt.

(2) Von der Nachprüfung ausgeschlossen sind Schülerinnen und Schüler mit der Note 6 im Fach Deutsch und Schülerinnen und Schüler, die die betreffende Jahrgangsstufe wiederholen.

(3) [1]Die Teilnahme an der Nachprüfung setzt einen Antrag der Erziehungsberechtigten voraus, der spätestens eine Woche nach Aushändigung des Jahreszeugnisses bei der Schule vorliegen muss und die Vorrückungsfächer benennt, in denen die Nachprüfung

abgelegt werden soll. [2]Die Schülerinnen und Schüler können bei einem Wohnsitzwechsel die Nachprüfung auch an der neuen Schule ablegen.

(4) [1]Die Schülerinnen und Schüler haben sich der Nachprüfung in einzelnen oder allen Vorrückungsfächern zu unterziehen, in denen ihre Leistungen schlechter als »ausreichend« waren. [2]In Fächern, in denen Schulaufgaben vorgeschrieben sind, wird die Prüfung in schriftlicher Form abgenommen; die Aufgaben haben etwa den Umfang einer Schulaufgabe. [3]In anderen Fächern bleibt die Art der Durchführung der Prüfung der Schule überlassen. [4]Den Prüfungen liegt der Stoff der zuletzt besuchten Jahrgangsstufe zugrunde.

(5) [1]Reichen die in der Nachprüfung erzielten Noten zusammen mit den übrigen Noten für das Vorrücken aus, wird das Bestehen der Nachprüfung und das Vorrücken festgestellt. [2]In einem neuen Jahreszeugnis werden die jeweils besseren Noten aus Jahresfortgang oder Nachprüfung eingetragen. [3]Das Zeugnis erhält einen Vermerk darüber, welche der Noten auf der Nachprüfung beruhen.

§ 34 Überspringen einer Jahrgangsstufe

[1]Besonders befähigten Schülerinnen und Schülern wird auf Antrag ihrer Erziehungsberechtigten das Überspringen einer Jahrgangsstufe gestattet, wenn zu erwarten ist, dass sie nach ihrer Reife und Leistungsfähigkeit den Anforderungen gewachsen sind. [2]Die Entscheidung trifft die Schulleiterin oder der Schulleiter auf Grund einer Empfehlung der Klassenkonferenz. [3]Die Schülerinnen und Schüler rücken auf Probe vor. [4]Hinsichtlich der Probezeit gilt § 6 entsprechend; für das Vorrücken auf Probe in die Jahrgangsstufe 12 gilt § 31 Abs. 4 entsprechend. [5]Das Überspringen von Ausbildungsabschnitten in der Qualifikationsphase ist nicht zulässig.

§ 34a Lernzeitverkürzung

[1]Schülerinnen und Schüler werden in der Jahrgangsstufe 8 hinsichtlich einer Verkürzung ihrer Lernzeit, durch Auslassen der Jahrgangsstufe 11, durch die Schule beraten. [2]Schülerinnen und Schülern, die auf Grund dieser Beratung und bei entsprechender Leistungsbereitschaft ihre Lernzeit verkürzen wollen, stellt die Schule in den Jahrgangsstufen 9 und 10 hierfür strukturierte Förder- und Begleitmodule sowie besondere Ansprechpartner (Mentoren) zur Verfügung. [3]Den Schülerinnen und Schülern, die die Teilnahme an den Förder- und Begleitmodulen in den Jahrgangsstufen 9 und 10 bescheinigt bekommen haben, wird nach erfolgreichem Besuch der Jahrgangsstufe 10 und nach eingehender Beratung der Erziehungsberechtigten zu Beginn des folgenden Schuljahres das Vorrücken auf Probe in die Jahrgangsstufe 12 gestattet. [4]Grundlage der Beratung ist eine Empfehlung der Klassenkonferenz, ob die Schülerinnen und Schüler nach ihrer Reife und Leistungsfähigkeit den Anforderungen gewachsen sind. [5]§ 34 Satz 4 gilt entsprechend.

§ 35 Vorrücken bei Beurlaubung zum Schulbesuch im Ausland

(1) [1]Schülerinnen und Schülern, für die eine Vorrückungsentscheidung nicht getroffen werden kann, weil sie zum Schulbesuch im Ausland beurlaubt waren, wird auf Antrag das Vorrücken auf Probe in die nächsthöhere Jahrgangsstufe gestattet, wenn eine Schule im Ausland ordnungsgemäß besucht wurde und hierüber sowie über die dabei erzielten Leistungen eine Bestätigung der Schule vorgelegt wird. [2]§ 31 Abs. 3 und 4 gilt entsprechend.

(2) [1]Dies gilt nicht für Schülerinnen und Schüler, die im der Beurlaubung vorangegangenen Schuljahr das Klassenziel nicht erreicht haben. [2]Solche Schülerinnen und Schüler müssen die nicht bestandene Jahrgangsstufe wiederholen, es sei denn, sie unterziehen sich nach der Rückkehr mit Erfolg der Nachprüfung nach den Vorschriften des § 33. [3]Abweichend von § 33 Abs. 1 Satz 1 können in diesem Fall auch Schülerinnen und Schüler, die in Jahrgangsstufe 10 oder 11 das Ziel der Jahrgangsstufe nicht erreicht hatten, an der Nachprüfung teilnehmen.

(3) Schülerinnen und Schüler, die die Vorrückungserlaubnis nicht erhalten haben, im Anschluss daran zum Schulbesuch im Ausland beurlaubt werden und für die infolge dieser Beurlaubung keine Vorrückungsentscheidung getroffen werden kann, gelten im Schuljahr der Beurlaubung nicht als Wiederholungsschülerinnen und Wiederholungsschüler.

§ 36
(aufgehoben)

§ 37 Wiederholen von Jahrgangsstufen und Rücktritt in der Qualifikationsphase

(1) Auf Antrag der Erziehungsberechtigten können Schülerinnen und Schüler freiwillig wiederholen oder spätestens zwei Wochen nach Ende des Halbjahres aus den Jahrgangsstufen 6 bis 11 in die vorherige Jahrgangsstufe zurücktreten; sie gelten nicht als Wiederholungsschülerinnen und Wiederholungsschüler.

(2) Schülerinnen und Schüler, die eine der Jahrgangsstufen 5 bis 11 freiwillig wiederholen, aber dabei das Ziel der Jahrgangsstufe nicht erreichen, erhalten anstelle des Jahreszeugnisses eine Bestätigung über das freiwillige Wiederholen und die dabei gezeigten Leistungen mit der Bemerkung, dass das Vorrücken auf Grund des früheren Jahreszeugnisses gestattet wird.

(3) Schülerinnen und Schüler, die im abgelaufenen Schuljahr infolge nachgewiesener erheblicher Beeinträchtigungen ohne eigenes Verschulden wegen Leistungsminderungen die Voraussetzungen zum Vorrücken nicht erfüllten (z.B. wegen Krankheit) und denen das Vorrücken auf Probe nicht gestattet wurde, gelten nicht als Wiederholungsschülerinnen und Wiederholungsschüler.

(4) [1]Ein Rücktritt in die Jahrgangsstufe 11 ist bis zum Ende des Ausbildungsabschnitts 12/1 zulässig, dessen Ergebnisse damit verfallen. [2]Im Übrigen ist ein Rücktritt im Verlauf eines Ausbildungsabschnitts nicht zulässig. [3]Schülerinnen und Schüler, die nach Ende des Ausbildungsabschnitts 12/2 oder 13/1 zurücktreten, müssen zwei aufeinander folgende Ausbildungsabschnitte wiederholen. [4]Schülerinnen und Schüler, die zurücktreten, haben keinen Anspruch darauf, dass Kurse eingerichtet werden, die ihnen die Beibehaltung des ursprünglich gewählten Kursprogramms ermöglichen. [5]Finden Schülerinnen und Schüler bei Rücktritt am Ende des Ausbildungsabschnitts 13/1 ihr Kursprogramm nicht mehr vor, trifft die oder der Ministerialbeauftragte eine Sonderregelung. [6]Behalten zurückgetretene Schülerinnen und Schüler ihre ursprünglich gewählten Fächer auf dem jeweiligen Anforderungsniveau bei, können sie wählen, ob sie in die Gesamtqualifikation das Gesamtergebnis des ersten oder des zweiten Durchlaufs einbringen. [7]Die Ergebnisse des Ausbildungsabschnitts 12/2 im Wissenschaftspropädeutischen Seminar sowie der Seminararbeit können auf Antrag der Schülerin oder des Schülers beibehalten werden; bei einem Rücktritt am Ende der Ausbildungsabschnitte 12/2 und 13/1 ist die Fortsetzung des Wissenschaftspropädeutischen Seminars mit Zustimmung der Schulleiterin oder des Schulleiters möglich. [8]Werden die Ergebnisse der Ausbildungsabschnitte 12/2 und 13/1 im Wissenschaftspropädeutischen Seminar sowie der Seminararbeit nicht beibehalten oder wird das Wissenschaftspropädeutische Seminar nicht fortgeführt, gelten jeweils die Ergebnisse des zweiten Durchgangs.

§ 38 Verbot des Wiederholens

(1) Ist das Wiederholen einer Jahrgangsstufe nach Art. 53 Abs. 3 BayEUG oder wegen Überschreitens der Höchstausbildungsdauer (Art. 55 Abs. 1 Nr. 6 BayEUG, § 14) nicht zulässig, so wird dies im Jahreszeugnis eigens vermerkt.

(2) Über eine Befreiung von den Folgen des Art. 53 Abs. 3 BayEUG entscheidet die Lehrerkonferenz von Amts wegen.

KAPITEL 3
Zeugnisse

§ 39 Jahreszeugnis

(1) [1]Über die in den Pflichtfächern und Wahlpflichtfächern im Schuljahr erzielten Leistungen erhalten die Schülerinnen und Schüler der Jahrgangsstufen 5 bis 11 ein Jahreszeugnis nach dem vom Staatsministerium herausgegebenen Muster. [2]Die Teilnahme am Wahlunterricht, die Teilnahme am Modul zur beruflichen Orientierung in Jahrgangsstufe 9 und an der Wissenschaftswoche in Jahrgangsstufe 11, der Einführungsklasse oder in Jahrgangsstufe I des Kollegs werden durch eine den erzielten Fortschritt kennzeichnende Bemerkung bestätigt; ohne ausreichenden Erfolg besuchter Wahlunterricht wird nicht erwähnt. [3]Das Jahreszeugnis wird am letzten Unterrichtstag des Schuljahres ausgestellt.

(2) [1]In den Jahrgangsstufen 5 bis 10 sind Bemerkungen im Sinn des Art. 52 Abs. 3 Satz 3 BayEUG über Anlagen, Mitarbeit und Verhalten der Schülerin oder des Schülers in das Zeugnis aufzunehmen; dies gilt nicht am Abendgymnasium und am Kolleg. [2]Die Mitarbeit ist unabhängig von den Leistungen zu beurteilen. [3]Ordnungsmaßnahmen werden nur aus besonderem Anlass erwähnt. [4]In den Jahrgangsstufen 9 und 10 darf das Jahreszeugnis keine Bemerkung enthalten, die den Übertritt in das Berufsleben erschwert. [5]Die Entscheidung über das Vorrücken muss im Jahreszeugnis vermerkt sein.

(3) Im Zeugnis oder auf einem Beiblatt nach dem vom Staatsministerium herausgegebenen Muster sind auf Wunsch der Schülerin oder des Schülers die Tätigkeit in der Schülermitverantwortung oder sonstige freiwillige Tätigkeiten für die Schulgemeinschaft zu vermerken.

(4) [1]Das Zeugnis wird von der Klassenleiterin oder dem Klassenleiter entworfen und von der Klassenkonferenz festgesetzt. [2]In den Fällen des Nichtvorrückens, des Vorrückens auf Probe oder des Notenausgleichs spricht die Klassenkonferenz eine Empfehlung aus; die Entscheidung trifft die Lehrerkonferenz. [3]Gleiches gilt, wenn die oder der Vorsitzende der Klassenkonferenz oder ein Drittel ihrer Mitglieder einen entsprechenden Antrag stellt oder die Schulleiterin oder der Schulleiter es aus besonderen Gründen für erforderlich hält. [4]In besonderen Fällen sind die für die Notenfestsetzung maßgeblichen Gründe in der Niederschrift festzuhalten.

(5) Bei Schülerinnen und Schülern mit nichtdeutscher Muttersprache und Aussiedlerschülerinnen und Aussiedlerschülern kann in den ersten beiden Jahren des Schulbesuchs in der Bundesrepublik Deutschland die Benotung im Fach Deutsch in den Jahrgangsstufen 5 bis 9 durch eine Bemerkung über die mündliche und schriftliche Ausdrucks- und Verständigungsfähigkeit ersetzt oder erläutert werden.

(6) Hat eine Schülerin oder ein Schüler in einem Unterrichtsfach keine hinreichenden Leistungsnachweise erbracht und mit ausreichender Entschuldigung weder an Nachterminen noch an einer Ersatzprüfung teilgenommen, so wird anstelle einer Note eine entsprechende Bemerkung mit der Folge des § 30 Abs. 1 Satz 3 aufgenommen.

(7) [1]War eine Schülerin oder ein Schüler der Jahrgangsstufen 5 bis 11 von der Teilnahme am Unterricht im Fach Sport befreit, so erhält sie oder er anstelle einer Note im Zeugnis eine entsprechende Bemerkung. [2]In musischen und praktischen Fächern gilt dies entsprechend.

(8) In ein Zeugnis, das den Anforderungen des § 20 der Mittelschulordnung entspricht, tragen das Gymnasium, das Abendgymnasium oder das Kolleg auf Antrag folgenden Vermerk ein: »Die mit diesem Zeugnis nachgewiesene Schulbildung schließt die Berechtigungen des erfolgreichen Abschlusses der Mittelschule ein.«

(9) Im Jahreszeugnis der Jahrgangsstufe 10 des Gymnasiums und der Jahrgangsstufe I des Abendgymnasiums oder des Kollegs erhalten alle Schülerinnen und Schüler, die diese Jahrgangsstufe mit Erfolg besucht haben, den zusätzlichen Vermerk: »Dieses Zeugnis schließt den Nachweis eines mittleren Schulabschlusses ein.«

(10) Im Jahreszeugnis der Jahrgangsstufe 11 erhalten alle Schülerinnen und Schüler, die diese Jahrgangsstufe mit Erfolg besucht haben, den zusätzlichen Vermerk: »Der Schüler bzw. die Schülerin ist damit zum Eintritt in die Qualifikationsphase der Oberstufe des Gymnasiums berechtigt.«

§ 40 Zwischenzeugnis und Information über das Notenbild

(1) [1]In den Jahrgangsstufen 5 bis 11 wird zum Schulhalbjahr ein Zwischenzeugnis nach dem vom Staatsministerium herausgegebenen Muster ausgestellt. [2]Darin sind die Mitarbeit und das Verhalten zu beurteilen; dies gilt nicht am Abendgymnasium und am Kolleg. [3]§ 39 gilt entsprechend.

(2) [1]Das Zwischenzeugnis kann in den Jahrgangsstufen 5 bis 8 einheitlich durch mindestens zwei schriftliche Informationen über das Notenbild der Schülerinnen und Schüler ersetzt werden. [2]Die Entscheidung trifft die Lehrerkonferenz im Einvernehmen mit dem Elternbeirat vor Unterrichtsbeginn des Schuljahres.

(3) [1]Erscheint die Erlaubnis zum Vorrücken gefährdet, so weist die Schule in den Fällen der Abs. 1 und 2 darauf hin. [2]Besteht zusätzlich die Gefahr, dass die Jahrgangsstufe gemäß Art. 53 Abs. 3 BayEUG oder wegen Überschreitens der Höchstausbildungsdauer (Art. 55 Abs. 1 Nr. 6 BayEUG, § 14) nicht mehr wiederholt werden darf, wird auch darauf hingewiesen.

§ 41 Zeugnis über den Ausbildungsabschnitt

(1) [1]Für die Ausbildungsabschnitte 12/1, 12/2 und 13/1 werden Zeugnisse über den Ausbildungsabschnitt nach dem vom Staatsministerium herausgegebenem Muster erstellt. [2]Die Zeugnisse über die Ausbildungsabschnitte 12/1 und 12/2 werden zum Schulhalbjahr und zum Termin des Jahreszeugnisses, die Zeugnisse über den Ausbildungsabschnitt 13/1 zum ersten Unterrichtstag nach dem 23. Januar erstellt. [3]Die Zeugnisse über die Ausbildungsabschnitte werden von den Oberstufenkoordinatorinnen bzw. Oberstufenkoordinatoren entworfen und von der Schulleiterin oder dem Schulleiter festgesetzt.

(2) Über die im Ausbildungsabschnitt 13/2 erzielten Ergebnisse erhält die Schülerin oder der Schüler anstelle eines Zeugnisses eine schriftliche Mitteilung mit der Aufforderung, die in die Gesamtqualifikation einzubringenden Halbjahresleistungen spätestens eine Woche vor Beginn der schriftlichen Abiturprüfung zu benennen.

(3) [1]Hat eine Schülerin oder ein Schüler in einem Fach oder im Wissenschaftspropädeutischen Seminar keine hinreichenden Leistungsnachweise erbracht und mit ausreichender Entschuldigung weder an Nachterminen noch an einer Ersatzprüfung teilgenommen, so wird anstelle einer Halbjahresleistung eine entsprechende Bemerkung mit der Folge des § 19 Abs. 9 aufgenommen. [2]Bei Befreiung im Fach Sport gilt § 39 Abs. 7 Satz 1 entsprechend.

§ 42 Bescheinigung über die Dauer des Schulbesuchs

[1]Verlassen Schülerinnen und Schüler während des Schuljahres die Schule oder werden sie entlassen, so erhalten sie auf schriftlichen Antrag für das laufende Schuljahr eine Bescheinigung über die Dauer des Schulbesuchs, über die bis zum Ausscheiden erzielten Leistungen und ggf. über den erworbenen mittleren Schulabschluss; § 30 Abs. 4 bleibt unberührt. [2]Die Schule kann die Bescheinigung zurückbehalten, wenn ein von einer Schülerin oder einem Schüler zurückzugebendes Lernmittel trotz wiederholter Mahnung weder zurückgegeben noch in seinem Zeitwert ersetzt wird.

TEIL 5
Prüfungen, Abschluss

KAPITEL 1
Abiturprüfung

§ 43 Zeitpunkt

(1) [1]Die Termine für die schriftlichen Prüfungen gibt das Staatsministerium bekannt. [2]Die Termine für die mündlichen und praktischen Prüfungen setzt der Prüfungsausschuss im Rahmen der Fristen fest, die das Staatsministerium bekannt gibt. [3]Die Schule unterrichtet die Prüfungsteilnehmerinnen und Prüfungsteilnehmer rechtzeitig über alle Termine.

(2) [1]Schülerinnen und Schüler, die an der Abiturprüfung in allen oder einzelnen Fächern infolge eines nicht von ihnen zu vertretenden Grundes nicht teilnehmen konnten, können die Abiturprüfung oder die nicht abgelegten Teile der Prüfung mit Genehmigung der oder des Ministerialbeauftragten nachholen. [2]Die oder der Ministerialbeauftragte stellt die Aufgaben und legt den Nachtermin und die Schule fest, an der die Prüfung nachgeholt wird. [3]Die Prüfung muss spätestens bis zum 31. Dezember desselben Jahres nachgeholt sein.

§ 44 Zulassung

(1) [1]Am Ende der Ausbildungsabschnitte 12/2 und 13/1 teilt die Schule, soweit erforderlich, der Schülerin oder dem Schüler und ggf. den Erziehungsberechtigten schriftlich mit, welche Voraussetzungen für die Zulassung zur Abiturprüfung noch zu erbringen sind. [2]Bis zum Ende des Ausbildungsabschnitts 13/1 unterrichtet die Schule die Schülerinnen und Schüler, wenn ihre Seminararbeit mit weniger als 9 Punkten (zwei Halbjahresleistungen) bewertet wird. [3]Ist eine Benachrichtigung unterblieben, so kann daraus ein Recht auf Zulassung zur Abiturprüfung nicht hergeleitet werden.

(2) Die Schülerin oder der Schüler des Ausbildungsabschnitts 13/2 ist zugelassen, wenn sie oder er folgende Voraussetzungen erfüllt:

1. Durch die gewählten Abiturprüfungsfächer sind die drei Aufgabenfelder nach Maßgabe des § 18 Abs. 1 abgedeckt.
2. In Deutsch, Mathematik und im Leistungsfach sind während der Qualifikationsphase mindestens 48 Punkte und in den fünf Abiturprüfungsfächern insgesamt mindestens 100 Punkte erreicht worden.
3. In der Punktsumme aus den 40 einzubringenden Halbjahresleistungen sind mindestens 200 Punkte erreicht worden, davon in 32 Halbjahresleistungen je mindestens 5 Punkte bzw. mindestens 9 Punkte (zwei Halbjahresleistungen) in der Seminararbeit.
4. Jede einzubringende Halbjahresleistung wurde mit mindestens 1 Punkt bewertet.
5. Es sind unter Berücksichtigung des Ausbildungsabschnitts 13/2 mindestens die gemäß Anlage 5 vorgeschriebenen 124 oder 126 Halbjahreswochenstunden sowie die vorgeschriebenen Fächer und das Wissenschaftspropädeutische Seminar als belegt nachgewiesen, für das Kolleg ist Anlage 6 Buchst. B maßgeblich.
6. Die Seminararbeit ist abgeliefert und weder diese Arbeit noch die Präsentation nach § 24 Abs. 2 sind mit 0 Punkten bewertet.
7. Es ist der Nachweis erbracht, dass der Unterricht in einer zweiten Fremdsprache wenigstens im nach § 19 Abs. 4 geforderten Mindestumfang besucht wurde.

(3) Am Abendgymnasium ist die Schülerin oder der Schüler des Ausbildungsabschnitts III/2 zugelassen, wenn sie oder er folgende Voraussetzungen erfüllt:

1. Durch die gewählten Abiturprüfungsfächer sind die drei Aufgabenfelder nach Maßgabe des § 18 Abs. 1 abgedeckt.
2. In Deutsch, Mathematik und im Leistungsfach sind während der Qualifikationsphase mindestens 48 Punkte und in den fünf Abiturprüfungsfächern insgesamt mindestens 100 Punkte erreicht worden (ohne den Faktor 1,8181).
3. In der Punktsumme aus den 22 einzubringenden Halbjahresleistungen sind mindestens 110 Punkte erreicht worden, davon in 18 Halbjahresleistungen je mindestens 5 Punkte (ohne den Faktor 1,8181).
4. Jede einzubringende Halbjahresleistung wurde mit mindestens 1 Punkt bewertet.
5. Es sind unter Berücksichtigung des Ausbildungsabschnitts III/2 mindestens die gemäß Anlage 6 vorgeschriebenen 80 Halbjahreswochenstunden sowie die vorgeschriebenen Fächer als belegt nachgewiesen.

(4) [1]Die Schülerin oder der Schüler darf nicht an der Abiturprüfung teilnehmen, wenn sie oder er die Zulassungsvoraussetzungen des Abs. 2 bzw. Abs. 3 nicht erfüllt oder im Ausbildungsabschnitt 13/2 schriftlich den Rücktritt von der Prüfung erklärt. [2]In diesen Fällen gilt die Abiturprüfung als abgelegt und nicht bestanden.

(5) Wenn die Voraussetzungen des Abs. 2 bzw. Abs. 3 nicht erfüllt sind, teilt dies die Schule der Schülerin oder dem Schüler schriftlich unter Angabe des Grundes mit.

§ 45 Prüfungsausschuss

(1) [1]Für die Durchführung der gesamten Abiturprüfung wird an der Schule ein Prüfungsausschuss gebildet. [2]Aufgabe des Prüfungsausschusses ist es,
1. über die Besetzung von Fachausschüssen zu entscheiden,
2. aus dem Kreis der Mitglieder des jeweiligen Fachausschusses je mindestens zwei Berichterstattende für jede Kursgruppe zu bestimmen, wovon eine die Kursleiterin bzw. einer der Kursleiter sein soll,
3. den Zeitplan für die Durchführung der mündlichen und praktischen Prüfungen zu erstellen,
4. über den Antrag einer Schülerin oder eines Schülers auf eine Zusatzprüfung oder die Anordnung einer Zusatzprüfung in einem schriftlichen Abiturprüfungsfach zu entscheiden,
5. den Prüfungsablauf zu überwachen und die Entscheidungen gemäß § 57 zu treffen,
6. die Prüfungsergebnisse festzustellen,
7. über einen vorzeitigen Abbruch der Prüfung zu entscheiden,
8. über die Zuerkennung der allgemeinen Hochschulreife zu entscheiden.

(2) [1]Den Vorsitz des Prüfungsausschusses gemäß Art. 54 Abs. 2 BayEUG hat die Schulleiterin oder der Schulleiter, soweit das Staatsministerium nicht eine Ministerialkommissärin oder einen Ministerialkommissär bestellt. [2]Alle Prüfungsangelegenheiten, die nicht dem Prüfungsausschuss, den Fachausschüssen oder deren Unterausschüssen durch diese Schulordnung zugewiesen werden, sind von der oder dem Vorsitzenden des Prüfungsausschusses zu erledigen.

(3) [1]Dem Prüfungsausschuss gehören neben der oder dem Vorsitzenden an:
1. Die Schulleiterin oder der Schulleiter, wenn das Staatsministerium eine Ministerialkommissärin oder einen Ministerialkommissär bestellt,
2. die ständige Stellvertreterin oder der ständige Stellvertreter,
3. die Oberstufenkoordinatorinnen bzw. Oberstufenkoordinatoren. [2]Die oder der Vorsitzende kann bis zu drei weitere Lehrkräfte in den Prüfungsausschuss berufen. [3]§ 47 Abs. 3 bleibt unberührt.

(4) Das Staatsministerium kann für jede öffentliche oder staatlich anerkannte Schule eine Ministerialkommissärin oder einen Ministerialkommissär insbesondere mit folgenden Befugnissen bestellen:
1. Vorsitz im Prüfungsausschuss,

2. Berufung von Lehrkräften anderer Schulen in den Prüfungsausschuss und in die Fachausschüsse,
3. Überprüfung der in den Ausbildungsabschnitten 12/1 bis 13/2 erzielten Ergebnisse anhand der Leistungsnachweise und Überprüfung der Ergebnisse der schriftlichen Abiturprüfungsarbeiten anhand der schriftlichen Arbeiten und nach Anhörung des Prüfungsausschusses Änderung der Bewertung der Abiturprüfungsaufgaben.

§ 46 Fachausschüsse, Unterausschüsse

(1) [1]Die Fachausschüsse bestehen aus mindestens zwei Mitgliedern, die die Lehrbefähigung im jeweiligen Fach haben sollen. [2]Die oder der Vorsitzende wird von der oder dem Vorsitzenden des Prüfungsausschusses bestellt. [3]Aufgabe eines jeden Fachausschusses ist es,
1. die ggf. erforderliche Auswahl von Aufgaben bei der Prüfung zu treffen,
2. die Ergebnisse der schriftlichen Prüfungen zusammenzustellen,
3. die mündlichen und praktischen Prüfungen durchzuführen und zu bewerten sowie jeweils eine Niederschrift anzufertigen.

(2) [1]Die oder der Vorsitzende des Prüfungsausschusses kann Unterausschüsse, bestehend aus mindestens zwei Mitgliedern der Fachausschüsse, einsetzen; ein Mitglied wird zur oder zum Vorsitzenden bestellt. [2]Unterausschüsse übernehmen die Aufgaben nach Abs. 1 Satz 3 Nr. 3.

§ 47 Verfahren

(1) Die Vorsitzenden der Ausschüsse bestimmen jeweils ein Mitglied des Ausschusses für die Schriftführung, das über den Gesamtverlauf der Tätigkeit des Ausschusses eine Niederschrift fertigt.

(2) [1]Die oder der Vorsitzende des Prüfungsausschusses ist berechtigt, in die Prüfungsvorgänge einzugreifen und selbst Fragen zu stellen. [2]Er oder sie kann an der Beschlussfassung von Fach- und Unterausschüssen ohne Stimmrecht teilnehmen.

(3) [1]Für die Beschlussfassung von Prüfungs-, Fach- und Unterausschüssen gilt § 6 BaySchO entsprechend. [2]Kommt ein Ausschluss von der Prüfungstätigkeit nach Art. 20 und 21 BayVwVfG in Betracht, so ist dies spätestens bis zum 1. Oktober des der Abiturprüfung vorausgehenden Jahres der oder dem Ministerialbeauftragten zu melden; eine Sonderregelung kann getroffen werden.

§ 48 Prüfungsgegenstände

(1) [1]Die Abiturprüfung erstreckt sich auf fünf verschiedene Fächer. [2]2Verpflichtende Abiturprüfungsfächer sind Deutsch, Mathematik und das Leistungsfach. [3]Sie werden auf erhöhtem Anforderungsniveau geprüft. [4]Unter den fünf Abiturprüfungsfächern müssen mindestens eine fortgeführte Fremdsprache oder eine Naturwissenschaft sowie mindestens ein Fach aus dem gesellschaftswissenschaftlichen Aufgabenfeld als Abiturprüfungsfächer gewählt werden. [5]Deutsch kann durch die Wahl zweier fortgeführter Fremdsprachen als Abiturprüfungsfächer, eines davon als Leistungsfach, Mathematik durch die Wahl zweier Naturwissenschaften oder einer Naturwissenschaft und der Informatik als Abiturprüfungsfächer, jeweils eines davon als Leistungsfach, nach Wahl der Schülerinnen und Schüler ersetzt werden (Substitution). [6]Bei Substitution von Mathematik ist die Abiturprüfung in einer Fremdsprache verpfichtend. [7]Für den Fall des gleichzeitigen Erwerbs des Abiturs und des Baccalauréats trifft das Staatsministerium eine gesonderte Regelung. [8]Wählbar sind Fächer gemäß den Anlagen 3 und 4 Nr. 1. [9]Es sind insbesondere folgende Bedingungen zu erfüllen:
1. Die Fächer Kunst und Musik können als schriftliches und Sport kann als schriftliches oder mündliches Abiturprüfungsfach (besondere Fachprüfung) nur gewählt

werden, wenn das jeweilige Fach als Leistungsfach belegt wird; die Fächer Kunst und Musik können nur dann als mündliche Abiturprüfungsfächer gewählt werden, wenn sie keine Leistungsfächer sind.

2. Spät beginnende Fremdsprachen, spät beginnende Informatik sowie Wirtschaftsinformatik und Sozialwissenschaftliche Arbeitsfelder können nur auf grundlegendem Anforderungsniveau geprüft und als mündliches Abiturprüfungsfach gewählt werden.
3. Bei der Wahl der Lehrplanalternative Biophysik kann Physik nur als mündliches Abiturprüfungsfach gewählt werden.
4. Bei der Wahl der Lehrplanalternative Astrophysik kann Physik nur auf grundlegendem Anforderungsniveau geprüft werden.
5. Bei der Wahl der Lehrplanalternative Geologie kann Geographie nur auf grundlegendem Anforderungsniveau geprüft und als mündliches Abiturprüfungsfach gewählt werden.

(2) [1]Die Abiturprüfung wird in drei Abiturprüfungsfächern in schriftlicher Form, in zwei Abiturprüfungsfächern in mündlicher Form (Kolloquium) durchgeführt. [2]Die Schülerinnen und Schüler entscheiden, welche Fächer in schriftlicher Form und welche beiden Fächer in mündlicher Form geprüft werden. [3]Die Festlegung ist so zu treffen, dass mindestens zwei Fächer auf erhöhtem Anforderungsniveau in schriftlicher Form geprüft werden. [4]In den schriftlichen Abiturprüfungsfächern wird auf Antrag der Schülerinnen und Schüler oder auf Anordnung des Prüfungsausschusses eine mündliche Zusatzprüfung (§ 50 Abs. 1 und 3) durchgeführt.

(3) Inhaltliche Grundlage der Abiturprüfung im einzelnen Fach sind unbeschadet der Schwerpunktbildung gemäß Anlage 9 die Lernziele und die Lerninhalte der vier Ausbildungsabschnitte der Jahrgangsstufen 12 und 13 unter Einbeziehung von Grundkenntnissen aus den früheren Jahrgangsstufen.

(4) Ist Kunst oder Musik schriftliches Abiturprüfungsfach, tritt an die Stelle der schriftlichen Prüfung eine besondere Fachprüfung, die neben einem schriftlichen auch einen fachpraktischen Teil umfasst.

(5) [1]Ist Sport schriftliches oder mündliches Abiturprüfungsfach, besteht die Prüfung aus einer besonderen Fachprüfung, die auch einen fachpraktischen Teil umfasst. [2]Der mündlich-theoretische Teil der mündlichen Abiturprüfung wird gemäß § 50 Abs. 1 und 2, der sportartspezifisch praxisbezogene Teil gemäß Anlage 8 Nr. 18 durchgeführt.

(6) Abweichend von Abs. 1 Satz 4 ist am Abendgymnasium die Abiturprüfung in einer fortgeführten Fremdsprache verpfichtend.

§ 49 Schriftliche Prüfung

(1) [1]Das Staatsministerium stellt die Aufgaben zentral für die schriftlichen Prüfungen und für die besonderen Fachprüfungen. [2]Das Staatsministerium kann anordnen, dass ersatzweise von den Schulen zu erstellende Aufgaben bereitgehalten werden.

(2) [1]Soweit die Schule aus den vom Staatsministerium zentral gestellten Aufgaben eine Auswahl treffen muss, geschieht dies durch die Fachausschüsse rechtzeitig am Morgen vor Beginn der Prüfung, wenn nicht ein anderes Datum angegeben wird. [2]Für Schülerinnen und Schüler aus demselben Kurs müssen dieselben Aufgaben ausgewählt werden.

(3) [1]Während der Prüfung führen ständig mindestens zwei Lehrkräfte Aufsicht. [2]Die Schülerinnen und Schüler dürfen den Prüfungsraum während der Prüfung nur mit Erlaubnis einer der aufsichtsführenden Lehrkräfte verlassen; die Erlaubnis darf jeweils nur einer Schülerin bzw. einem Schüler erteilt werden.

(4) [1]Art und Umfang der Aufgabenstellung sowie die Auswahl aus mehreren Aufgaben bemessen sich nach Anlage 8. [2] § 22 Abs. 6 gilt entsprechend.

§ 50 Mündliche Prüfung

(1) [1]Mündliche Prüfungen sind das Kolloquium und die Zusatzprüfung (Anlage 9). [2]Diese Prüfungen sind Einzelprüfungen. [3]Der Zeitplan für die Prüfungen wird den Schülerinnen und Schülern spätestens am Tag vor der Prüfung bekannt gegeben. [4]In den modernen Fremdsprachen erhalten die Schülerinnen und Schüler eine fremdsprachige Textvorlage, ein fremdsprachiges Hör- oder Videobeispiel oder eine Kombination aus beiden Arten von Vorlagen; die Prüfungen finden in der jeweiligen Fremdsprache statt. [5]In Musik können die Schülerinnen und Schüler Hör- oder Videobeispiele, im Fach Kunst Videobeispiele erhalten. [6]Die Schülerin oder der Schüler darf sich auf das Kolloquium etwa 30 Minuten und auf die Zusatzprüfung etwa 20 Minuten unter Aufsicht vorbereiten und dabei Aufzeichnungen als Grundlage für die Ausführungen machen; bei Verwendung von Hör- und Videobeispielen verlängert sich die jeweilige Vorbereitungszeit entsprechend, im Fach Chinesisch wird je nach Textvorlage zusätzlich eine angemessene Einlesezeit gewährt. [7]Die Zusatzprüfung dauert in der Regel 20 Minuten, das Kolloquium in der Regel 30 Minuten. [8]§ 57 gilt entsprechend; dabei gilt das Kolloquium insgesamt als eine Prüfung.

(2) [1]Das Kolloquium gliedert sich in zwei Prüfungsteile von je etwa 15 Minuten Dauer:
1. Kurzreferat der Schülerin oder des Schülers zum gestellten Thema (ca. 10 Minuten) aus dem gewählten Prüfungsschwerpunkt sowie ein Gespräch ausgehend vom Kurzreferat, wobei in spät beginnenden Fremdsprachen die Dauer des Kurzreferats maßvoll unterschritten werden kann und sich das anschließende Gespräch entsprechend verlängert;
2. Gespräch zu den Lerninhalten aus zwei weiteren Ausbildungsabschnitten.

[2]Der Prüfungsausschuss benennt rechtzeitig die Themenbereiche der Kolloquiumsprüfung (mehr als zwei pro Ausbildungsabschnitt. [3]Die Themenbereiche sind allen vier Ausbildungsabschnitten zu entnehmen. [4]Spätestens vier Wochen vor dem vom Prüfungsausschuss festgesetzten Prüfungstermin entscheidet sich die Schülerin oder der Schüler für einen der angebotenen Themenbereiche. [5]Aus dem gewählten Themenbereich legt der zuständige Fachausschuss die Themen für die Kurzreferate fest. [6]Das Thema wird der Schülerin oder dem Schüler etwa 30 Minuten vor Prüfungsbeginn schriftlich bekannt gegeben. [7]Bei experimentell bzw. praktisch zu bearbeitenden Themen beträgt die Vorbereitungszeit etwa 120 Minuten.

(3) [1]Die Schülerin oder der Schüler hat eine Zusatzprüfung spätestens am Schultag nach Bekanntgabe des Ergebnisses der schriftlichen Prüfung beim Prüfungsausschuss schriftlich zu beantragen; ein Rücktritt ist spätestens an dem der mündlichen Prüfung vorangehenden Schultag dem Prüfungsausschuss schriftlich mitzuteilen. [2]Der Prüfungsausschuss ist berechtigt, eine Schülerin oder einen Schüler in die Zusatzprüfung zu verweisen. [3]Der Prüfungsausschuss kann von der Durchführung einer Zusatzprüfung absehen, wenn auf Grund der Ergebnisse der schriftlichen Prüfung und der sonstigen vorliegenden Teile der Gesamtqualifikation ein Bestehen der Abiturprüfung nicht mehr möglich ist (vorzeitiger Abbruch). [4]Die Prüfung ist dann nicht bestanden. [5]Die Zusatzprüfung gliedert sich in zwei Prüfungsteile von je etwa zehn Minuten Dauer:
1. Gespräch zu den Lerninhalten aus dem gewählten Prüfungsschwerpunkt;
2. Gespräch zu den Lerninhalten aus zwei weiteren Ausbildungsabschnitten.

§ 51 Bewertung der Prüfungsleistungen

(1) [1]Für die Bewertung der Prüfungsleistungen wird das Punktesystem des § 29 Abs. 1 verwendet. [2]§ 26 gilt entsprechend.

(2) [1]Die schriftlichen Prüfungsarbeiten werden gesondert von zwei der gemäß § 45 Abs. 1 Satz 2 Nr. 2 bestimmten Berichterstatterinnen oder Berichterstattern korrigiert und bewertet, wobei eine davon die Kursleiterin bzw. einer davon der Kursleiter sein soll. [2]Kommt eine Einigung nicht zustande, wird die Punktzahl von der oder dem

Vorsitzenden des Prüfungsausschusses oder von einer Prüferin oder einem Prüfer festgesetzt, die sie oder er bestimmt hat.

(3) [1]Die Leistungen in den mündlichen und praktischen Prüfungen bewertet der zuständige Ausschuss. [2]Abs. 2 Satz 2 gilt entsprechend. [3]Bei der Bewertung der mündlichen Prüfungen ist neben den fachlichen Kenntnissen und Fähigkeiten die Gesprächsfähigkeit angemessen zu berücksichtigen.

§ 52 Festsetzung des Prüfungsergebnisses

(1) [1]Das Ergebnis der Prüfungsleistungen in den Abiturprüfungsfächern wird dadurch festgesetzt, dass die jeweils erzielten Punktzahlen vervierfacht werden. [2]Wird in einem schriftlichen Prüfungsfach hingegen auch eine Zusatzprüfung nach § 50 Abs. 1 und 3 durchgeführt, so werden die beiden Prüfungsteile im Verhältnis 2:1 gewertet. [3]Das Endergebnis wird nach der in Anlage 12 aufgeführten Formel berechnet.

(2) Wurde Musik als schriftliches Abiturprüfungsfach mit besonderer Fachprüfung oder Sport als schriftliches oder mündliches Abiturprüfungsfach mit besonderer Fachprüfung gewählt, gilt Folgendes:
1. Wenn eine Zusatzprüfung nicht abgelegt wurde, werden die Ergebnisse des schriftlichen bzw. mündlichen und des praktischen Teils der besonderen Fachprüfung addiert; die sich ergebende Summe wird verdoppelt.
2. Wenn eine Zusatzprüfung abgelegt wurde, werden die Ergebnisse des schriftlichen und des praktischen Teils der besonderen Fachprüfung addiert und die sich ergebende Summe vervierfacht; die Punktzahl für die Zusatzprüfung wird vervierfacht. Die zwei sich ergebenden Punktwerte werden addiert. Die Summe wird durch drei geteilt.

§ 53 Festsetzung der Gesamtqualifikation

(1) [1]Aus den in den Ausbildungsabschnitten 12/1 bis 13/2 eingebrachten Leistungen (Block 1) und den in der Abiturprüfung erzielten Leistungen (Block 2) wird eine Gesamtpunktzahl ermittelt. [2]Dabei sind im Block 1 höchstens 600 Punkte und im Block 2 höchstens 300 Punkte zu erreichen.

(2) [1]In Block 1 sind aus den verpflichtend zu belegenden Kurshalbjahren einzubringen (Anlage 10)
1. die in den Ausbildungsabschnitten 12/1 bis 13/2 erzielten Ergebnisse in Deutsch, Mathematik sowie in den Abiturprüfungsfächern,
2. aus den weiteren Fächern des Pflicht- und Wahlpflichtbereichs ohne Sport
   a) drei Halbjahresleistungen, soweit sie in vier Ausbildungsabschnitten verpflichtend zu belegen waren,
   b) eine Halbjahresleistung, soweit sie in zwei Ausbildungsabschnitten verpflichtend zu belegen war.

   Ergänzend ist bei der Belegung des Vertiefungskurses Deutsch als Wahlpflichtfach aus dem Vertiefungskurs oder der zweiten Fremdsprache eine weitere Halbjahresleistung einzubringen. Bei der Belegung des Vertiefungskurses Mathematik als Wahlpflichtfach ist aus dem Vertiefungskurs oder der weiteren Naturwissenschaft bzw. der Informatik oder der spät beginnenden Informatik eine weitere Halbjahresleistung einzubringen. Es ist sicherzustellen, dass aus den Naturwissenschaften (Biologie, Physik, Chemie) sowie den Fremdsprachen jeweils mindestens vier Halbjahresleistungen eingebracht werden.
3. die Halbjahresleistungen aus den Ausbildungsabschnitten 12/1 und 12/2 des Wissenschaftspropädeutischen Seminars;
4. das in der Seminararbeit (nach § 29 Abs. 6) erzielte Ergebnis und
5. weitere Halbjahresleistungen, die auch aus den nicht verpflichtend zu belegenden Kurshalbjahren stammen können, so dass insgesamt 40 Halbjahresleistungen

berücksichtigt werden; am Kolleg muss dabei auch mindestens eine Halbjahresleistung aus der gemäß § 19 Abs. 6 belegten zweiten fortgeführten Fremdsprache als Profileinbringung berücksichtigt werden, sofern diese Fremdsprache im Rahmen der individuellen Profilbelegung gewählt wurde.

²Halbjahresleistungen aus Kursen, die nach § 19 Abs. 9 als nicht belegt gelten, können nicht eingebracht werden.

(3) Am Abendgymnasium gilt abweichend von Abs. 2 Satz 1 Anlage 11; Abs. 2 Satz 2 bleibt unberührt.

(4) In Block 2 sind die Ergebnisse in den Abiturprüfungsfächern (§ 52) einzubringen.

§ 54 Zuerkennung der allgemeinen Hochschulreife

(1) Die allgemeine Hochschulreife wird der Schülerin oder dem Schüler zuerkannt, wenn

1. die Zulassungsvoraussetzungen nach § 44 erfüllt sind,
2. alle verpflichtend vorgeschriebenen Prüfungen abgelegt wurden,
3. keines der nach § 52 errechneten Prüfungsergebnisse weniger als 4 Punkte (vierfache Wertung) beträgt,
4. die Punktsumme der Abiturprüfung (§ 52) mindestens 100 beträgt,
5. in mindestens drei Fächern, darunter Deutsch, Mathematik oder das Leistungsfach, jeweils mindestens 20 Punkte erzielt wurden,
6. entweder
   a) in Deutsch und Mathematik sowie einer Fremdsprache oder einer Naturwissenschaft

   oder

   b) bei Substitution von Deutsch, in Mathematik, im Leistungsfach sowie in einer Fremdsprache, die nicht Leistungsfach ist, oder einer Naturwissenschaft

   oder

   c) bei Substitution von Mathematik, in Deutsch, im Leistungsfach sowie in einer Fremdsprache oder einer Naturwissenschaft, die nicht Leistungsfach ist,

   in den nach § 52 ermittelten Prüfungsergebnissen in der Summe mindestens 40 Punkte, darunter aus diesen drei Fächern nur einmal weniger als 16 Punkte, erreicht wurden,
7. pro Aufgabenfeld nur einmal weniger als 16 Punkte erzielt wurden und
8. in der Gesamtqualifikation mindestens 300 Punkte erzielt wurden.

(2) Die Gesamtqualifikation der Schülerin oder des Schülers, die oder der alle Voraussetzungen des Abs. 1 erfüllt hat, wird in einer Durchschnittsnote (in Ziffern und Worten) ausgedrückt, die unter Anwendung der Tabelle zur Umrechnung der Punktzahl der Gesamtqualifikation (Anlage 13) als Note auf eine Dezimalstelle ohne Rundung festgesetzt wird.

§ 55 Zeugnis der allgemeinen Hochschulreife

(1) Schülerinnen und Schüler, die alle Voraussetzungen des § 54 erfüllt haben, erhalten ein Zeugnis nach dem vom Staatsministerium herausgegebenem Muster, das die Befähigung zum Hochschulstudium ausspricht (Abiturzeugnis).

(2) Eine Wiederholung der Abiturprüfung darf im Abiturzeugnis nicht vermerkt werden.

(3) ¹An Gymnasien und Kollegs wird die Teilnahme am Aufbaumodul zur beruflichen Orientierung in den Jahrgangsstufen 12 und 13 durch eine den erzielten Leistungsstand beschreibende Bemerkung bestätigt. ²Bemerkungen über die Gesamtpersönlichkeit der Schülerin oder des Schülers werden in das Abiturzeugnis nicht aufgenommen. ³Auf Antrag der Schülerin oder des Schülers sind herausragende Leistungen in Vokalensemble oder Instrumentalensemble sowie die Tätigkeit in der Schülermitverantwortung oder ähnliche Tätigkeiten zu vermerken. ⁴Bei Befreiung vom Unterricht im Fach Sport gilt § 39 Abs. 7 Satz 1 entsprechend.

(4) [1]Schülerinnen und Schüler, die das Latinum, kleine Latinum und/oder Graecum erworben haben, erhalten im Abiturzeugnis einen entsprechenden Vermerk. [2]In den modernen Fremdsprachen werden die erreichten Niveaustufen nach dem Gemeinsamen europäischen Referenzrahmen für Sprachen angegeben.

(5) [1]Schülerinnen und Schüler des Ausbildungsabschnitts 13/2, denen die allgemeine Hochschulreife nicht zuerkannt werden konnte (§ 44 Abs. 4, § 54), erhalten ein Zeugnis über diesen Ausbildungsabschnitt mit dem Vermerk, dass sie sich der Abiturprüfung ohne Erfolg unterzogen haben. [2]Dabei bleiben die in der Prüfung erzielten Ergebnisse außer Betracht, auch wird eine Bescheinigung hierüber nicht ausgestellt.

§ 56 Verhinderung der Teilnahme

(1) [1]Erkrankungen, die die Teilnahme einer Schülerin oder eines Schülers an der Abiturprüfung verhindern, sind unverzüglich durch ärztliches Zeugnis nachzuweisen; die Schule kann die Vorlage eines schulärztlichen Zeugnisses verlangen. [2] § 26 Abs. 3 gilt entsprechend.

(2) [1]Versäumt eine Schülerin oder ein Schüler eine Prüfung, gilt dieser Prüfungsteil als nicht abgelegt im Sinn des § 54 Abs. 1 Nr. 2, es sei denn, sie oder er hat das Versäumnis nicht zu vertreten. [2]Im Fall einer Zusatzprüfung nach § 50 Abs. 1 und 3 wird dieser Prüfungsteil mit 0 Punkten bewertet.

(3) Die Einräumung eines Nachtermins richtet sich nach § 43 Abs. 2.

§ 57 Unterschleif

(1) [1]Bedient sich eine Schülerin oder ein Schüler unerlaubter Hilfe oder macht den Versuch dazu (Unterschleif), so wird die Prüfungsleistung mit 0 Punkten bewertet. [2]Als Versuch gilt auch das Bereithalten nicht zugelassener Hilfsmittel nach Beginn der Prüfung. [3]Ebenso kann verfahren werden, wenn die Handlungen zu fremdem Vorteil unternommen werden.

(2) In schweren Fällen wird die Schülerin oder der Schüler von der gesamten Abiturprüfung ausgeschlossen; diese gilt als nicht bestanden.

(3) [1]Wird ein Tatbestand nach Abs. 1 Satz 1 erst nach Abschluss der Prüfung bekannt, so ist die betreffende Prüfungsleistung nachträglich mit 0 Punkten zu bewerten und die Gesamtqualifikation entsprechend zu berichtigen. [2]In schweren Fällen ist die gesamte Abiturprüfung als nicht bestanden zu erklären. [3]Ein unrichtiges Abiturzeugnis ist einzuziehen.

§ 58 Prüfungswiederholung

(1) Eine bestandene Abiturprüfung darf nicht wiederholt werden.

(2) [1]Eine nicht bestandene Abiturprüfung kann nur einmal wiederholt werden. [2]Dabei schließt die Wiederholung alle Prüfungsteile ein.

(3) [1]Für eine Schülerin oder einen Schüler, die oder der die Abiturprüfung gemäß Art. 54 Abs. 5 Satz 3 BayEUG wiederholt, verfallen die im ersten Durchlauf der Ausbildungsabschnitte 13/1 und 13/2 erzielten Ergebnisse. [2]§ 37 Abs. 4 Satz 4, 7 Halbsatz 1 und Satz 8 gilt entsprechend.

(4) Ist bei Wiederholen der Jahrgangsstufe 13 nach nicht bestandener Abiturprüfung das gewählte Leistungsfach nicht mehr eingerichtet, wählt die Schülerin oder der Schüler zu Unterrichtsbeginn des Wiederholungsschuljahres zwischen

1. der Teilnahme an dem entsprechenden Fach auf grundlegendem Anforderungsniveau oder
2. einem anderen Leistungsfach aus dem bisherigen Kursprogramm.

(5) [1]Im Falle des Abs. 4 Nr. 1 sind im Wiederholungsschuljahr folgende Leistungsnachweise neu zu erbringen:

1. kleine Leistungsnachweise,

2. für jeden Ausbildungsabschnitt eine schriftliche Feststellungsprüfung auf dem Anforderungsniveau des Leistungsfaches,
3. für die Fächer Sport, Kunst und Musik zusätzlich für jeden Ausbildungsabschnitt eine fachpraktische Feststellungsprüfung auf dem Anforderungsniveau des Leistungsfaches. [2]Im Leistungsfach Sport wird die Prüfung nach Satz 1 Nr. 2 in der Sporttheorie abgelegt. [3]Die Halbjahresleistungen für das Leistungsfach werden nach § 29 ermittelt. [4]Für das Leistungsfach Sport wird dabei das Ergebnis der Prüfung nach Satz 2 als Gesamtpunktzahl für die Sporttheorie berücksichtigt.

(6) Im Falle des Abs. 4 Nr. 2
1. gilt für die Wahl des Leistungsfaches Kunst, Musik oder Sport § 18 Abs. 2 entsprechend,
2. ist bei Wahl des Leistungsfaches Sport spätestens zu Unterrichtsbeginn im Wiederholungsschuljahr ein ärztliches Zeugnis vorzulegen, aus dem sich keine medizinischen Bedenken hinsichtlich der Sporttauglichkeit in den gewählten Handlungsfeldern ergeben,
3. wird in den ersten sechs Unterrichtswochen des Kurshalbjahres 13/1 eine Nachholfrist eingeräumt,
4. soll das bisher gewählte Leistungsfach als Fach auf grundlegendem Anforderungsniveau belegt und eingebracht werden.

(7) Für die Einbringungsverpfichtung ist unbeachtlich, dass das Leistungsfach
1. im Falle des Abs. 4 Nr. 1 in Jahrgangsstufe 13,
2. im Falle des Abs. 4 Nr. 2 in Jahrgangsstufe 12

auf grundlegendem Anforderungsniveau belegt wurde.

(8) Die oder der Ministerialbeauftragte kann unter den Voraussetzungen des § 45 BaySchO von den Abs. 4 bis 6 abweichende Regelungen treffen.

(9) Für den Fall, dass die Ausbildungsabschnitte 13/1 und 13/2 nicht wiederholt werden, kann die Wiederholungsprüfung nur in Form der Abiturprüfung als andere Bewerberin oder als anderer Bewerber abgelegt werden.

KAPITEL 2
Abiturprüfung für andere Bewerberinnen und Bewerber

§ 59 Allgemeines

(1) [1]Bewerberinnen und Bewerber, die in der Schulart der von ihnen besuchten öffentlichen Schule oder staatlich anerkannten Ersatzschule die allgemeine Hochschulreife nicht erlangen können, die eine staatlich genehmigte Ersatzschule besuchen oder die keiner Schule angehören, können als andere Bewerberinnen und Bewerber die Abiturprüfung an den öffentlichen Gymnasien, nicht aber an Abendgymnasien oder Kollegs, ablegen. [2]Hierzu zählt nicht, wer in dem Schuljahr, in dem er sich der Abiturprüfung unterziehen will, Schülerin oder Schüler der Jahrgangsstufe 13 eines öffentlichen oder staatlich anerkannten Gymnasiums, eines Abendgymnasiums oder Kollegs war.

(2) [1]Die öffentliche Schule nimmt die Anmeldung entgegen und unterrichtet umgehend die oder den Ministerialbeauftragten. [2]Sie führt die Prüfung durch, falls nicht die oder der Ministerialbeauftragte eine andere prüfende Schule festsetzt. [3]Die oder der Ministerialbeauftragte kann auch die Beteiligung von Lehrkräften anderer öffentlicher Schulen veranlassen.

(3) Für die Abiturprüfung gelten die Bestimmungen über die Abiturprüfung für Schülerinnen und Schüler öffentlicher und staatlich anerkannter Gymnasien, soweit nachfolgend nichts anderes bestimmt ist.

§ 60 Zulassung

(1) [1]Die Bewerberinnen und Bewerber bedürfen der Zulassung, die bis spätestens 15. Dezember bei der Schule schriftlich zu beantragen ist, an der die Prüfung abgelegt werden soll. [2]Das Staatsministerium legt gesondert fest, welche Unterlagen die Bewerberinnen und Bewerber der Schule vorzulegen haben.

(2) [1]Die Bewerberinnen und Bewerber müssen ihren Hauptwohnsitz seit mindestens drei Monaten vor Antragstellung in Bayern haben. [2]Für Schülerinnen und Schüler staatlich genehmigter Ersatzschulen kann die oder der Ministerialbeauftragte hiervon Ausnahmen gewähren.

(3) [1]Über die Zulassung entscheidet die Schule durch schriftlichen Bescheid; die Zulassung ist nur wirksam für die Schule, an der die Bewerberin oder der Bewerber zur Prüfung zugelassen worden ist. [2]Die Zulassung ist zu versagen, wenn die Bewerberin oder der Bewerber

1. bereits zweimal erfolglos die Prüfung zur Erlangung einer Fachhochschulreife, einer fachgebundenen Hochschulreife oder einer allgemeinen Hochschulreife abgelegt hat;
2. zur gleichen Prüfung an einer anderen Stelle zugelassen wurde, diese Prüfung aber noch nicht abgeschlossen ist;
3. keine zureichende Erklärung über die Fächerwahl abgegeben hat;
4. eine bestandene Abiturprüfung wiederholen will.

§ 61 Prüfungsgegenstände und -verfahren

(1) [1]Gegenstand der Prüfung sind acht Prüfungsfächer. [2]Unter den Prüfungsfächern müssen sich Deutsch, Geschichte, Mathematik, eine Naturwissenschaft und zwei Fremdsprachen befinden. [3]Vier Fächer werden schriftlich und auf Antrag der Bewerberin oder des Bewerbers oder auf Anordnung des Prüfungsausschusses auch mündlich geprüft (erster Prüfungsteil); vier weitere Fächer werden nur mündlich geprüft (zweiter Prüfungsteil). [4]Sie oder er kann nur solche Fächer wählen, die auch für Schülerinnen und Schüler der Gymnasien als Prüfungsfächer wählbar sind. [5]Mit der Anmeldung legt die Schülerin oder der Schüler fest, welches Fach neben Deutsch und Mathematik als Leistungsfach auf erhöhtem Anforderungsniveau geprüft wird. [6]Bei der Wahl von Kunst, Musik oder Sport als Leistungsfach gilt § 48 Abs. 1 Satz 8 Nr. 1, Abs. 4 oder 5 entsprechend. [7]Der Antrag auf Zulassung zur mündlichen Zusatzprüfung in den Fächern des ersten Prüfungsteils ist spätestens am Tag nach Bekanntgabe der Ergebnisse der schriftlichen Prüfung der Fächer des ersten Prüfungsteils dem Prüfungsausschuss schriftlich einzureichen.

(2) [1]Die vier Fächer des ersten Prüfungsteils müssen die drei Aufgabenfelder gemäß § 18 abdecken. [2]Für die schriftliche Prüfung in den Fächern eins bis drei des ersten Prüfungsteils werden die zentral gestellten Abiturprüfungsaufgaben mit den hierfür vorgesehenen Bearbeitungszeiten und Auswahlregeln verwendet. [3]Unter diesen Fächern müssen sich mindestens zwei Fächer auf erhöhtem Anforderungsniveau befinden, darunter Mathematik. [4]Wird Deutsch nicht als Fach des ersten Prüfungsteils gewählt, ist verpflichtend eine Fremdsprache als Fach des ersten Prüfungsteils als Leistungsfach zu wählen. [5]Im vierten Fach des ersten Prüfungsteils können nur Fächer auf grundlegendem Anforderungsniveau geprüft werden. [6]Die Aufgabenstellung erfolgt durch die prüfende Schule bei einer Bearbeitungszeit von 270 Minuten in den modernen Fremdsprachen und von 180 Minuten in den anderen Fächern. [7]Dabei soll die Vorbereitung der anderen Bewerberin oder des anderen Bewerbers nach Maßgabe der Anlage 9 nach Möglichkeit berücksichtigt werden. [8]Die mündlichen Zusatzprüfungen in den Fächern des ersten Prüfungsteils dauern in der Regel 20 Minuten und entsprechen den Regelungen für das reguläre Abitur.

(3) [1]Die Bewerberin oder der Bewerber wählt unter Berücksichtigung von Abs. 1 die vier Fächer des zweiten Prüfungsteils, die nicht bereits Gegenstand der schriftlichen Prüfung sein dürfen. [2]Die mündliche Prüfung dauert für jedes der vier Fächer in der Regel 30 Minuten, die Vorbereitungszeit beträgt 30 Minuten. [3]In den modernen Fremdsprachen findet die mündliche Prüfung in der jeweiligen Fremdsprache statt. [4]Den Prüfungsanforderungen liegen unbeschadet notwendiger Grundkenntnisse jeweils die Lerninhalte der letzten beiden Kurshalbjahre zugrunde, die von Schülerinnen und Schülern öffentlicher Gymnasien verpflichtend zu belegen wären. [5]Wird das Leistungsfach oder das Fach Deutsch als Prüfungsfach des zweiten Prüfungsteils gewählt, so liegen den Prüfungsanforderungen abweichend von Satz 4 unbeschadet notwendiger Grundkenntnisse jeweils die Lerninhalte der letzten vier Ausbildungsabschnitte zugrunde, die von Schülerinnen und Schülern öffentlicher Gymnasien verpflichtend zu belegen gewesen wären. [6]Die Schwerpunktbildung erfolgt gemäß Anlage 9. [7]Die zweite Fremdsprache wird nur auf dem Niveau einer spät beginnenden Fremdsprache geprüft. [8]Der Ablauf der Prüfung entspricht dem Kolloquium. [9]Sofern die Belange der prüfenden Schule es erlauben, findet nur eine mündliche Prüfung an einem Tag statt.

(4) [1]Auf Wunsch der Bewerberin oder des Bewerbers können zwei der vier mündlichen Prüfungen im Zeitraum von zwei Wochen vor Beginn der schriftlichen Abiturprüfungen stattfinden. [2]Sollten in diesen beiden Prüfungen die Bedingungen von § 62 Abs. 2 bereits nicht erfüllt werden, so wird die Prüfung abgebrochen. [3]Die Ergebnisse werden ansonsten erst nach Abschluss der schriftlichen Prüfungen mitgeteilt.

§ 62 Prüfungsergebnis und Gesamtqualifikation

(1) [1]Die Gesamtpunktzahl in den Fächern des ersten Prüfungsteils wird gemäß Anlage 14 ermittelt. [2]Wird eine mündliche Zusatzprüfung abgelegt, so erfolgt die Berechnung für das jeweilige Fach gemäß Anlage 12. [3]Der erste Prüfungsteil ist bestanden, wenn

1. kein Fach mit 0 Punkten abgeschlossen wurde,
2. insgesamt mindestens 220 Punkte erreicht wurden und
3. in mindestens zwei der vier Fächer wenigstens 5 Punkte der einfachen Wertung erreicht wurden, davon eines mit erhöhtem Anforderungsniveau – Deutsch, Mathematik oder Leistungsfach. [2]Ein Aufrunden ist nicht zulässig.

[4]Sind diese Bedingungen nicht erfüllt, so wird die Prüfung nach dem ersten Prüfungsteil abgebrochen.

(2) [1]Die Gesamtpunktzahl in den Fächern des zweiten Prüfungsteils wird gemäß Anlage 14 ermittelt. [2]Der zweite Prüfungsteil ist bestanden, wenn

1. kein Fach mit 0 Punkten abgeschlossen wurde,
2. insgesamt mindestens 80 Punkte erreicht wurden und
3. in mindestens zwei der vier Fächer wenigstens 5 Punkte der einfachen Wertung erreicht werden.

(3) Die Summe aus den Gesamtpunktzahlen der acht Prüfungsfächer ergibt die Punktzahl der Gesamtqualifikation.

§ 63 Allgemeine Hochschulreife, Wiederholung und Rücktritt

(1) [1]Die allgemeine Hochschulreife wird den Bewerberinnen oder Bewerbern zuerkannt, die den ersten und zweiten Prüfungsteil bestanden haben. [2]Sie erhalten ein Zeugnis nach dem vom Staatsministerium herausgegebenem Muster. [3]§ 55 Abs. 4 gilt entsprechend. [4]Wer die Prüfung nicht bestanden hat, erhält darüber eine Bescheinigung, in der die Leistungen nach Punkten der einfachen Wertung ausgewiesen werden.

(2) [1]Eine nicht bestandene Prüfung kann frühestens nach einem Jahr und nur einmal wiederholt werden. [2]Die Prüfung kann nur als Ganzes wiederholt werden.

(3) [1]Ein Rücktritt von der Prüfung muss bis spätestens zwei Wochen vor Beginn der schriftlichen Prüfungen schriftlich bei der Schule erklärt werden. [2]Bei einem Rücktritt nach diesem Zeitpunkt gilt die Prüfung als abgelegt und nicht bestanden.

§ 64 Schülerinnen und Schüler staatlich genehmigter Ersatzschulen

(1) [1]Anträge mehrerer Bewerberinnen und Bewerber, die gemeinsam an einer staatlich genehmigten Ersatzschule unterrichtet werden, sollen von dieser Schule bei der prüfenden öffentlichen Schule gesammelt eingereicht werden; eine entsprechende Anzeige ist unter Angabe der Prüfungsfächer bis zum 15. Dezember durch die Ersatzschule an diese öffentliche Schule zu richten. [2]Die prüfende öffentliche Schule wird von der oder dem Ministerialbeauftragten im Benehmen mit der Ersatzschule in der Regel für mehrere Jahre bestimmt. [3]Für die Abiturprüfung gelten folgende zusätzliche Regelungen:

1. Die Abiturprüfung ist in den Räumen der staatlich genehmigten Ersatzschule abzunehmen, wenn diese dafür geeignet sind und die Belange der prüfenden Schule es zulassen.
2. Nach Möglichkeit sind bei der Abiturprüfung für die Schülerinnen und Schüler von Ersatzschulen eigene Fachausschüsse einzurichten. In diese soll jeweils eine Lehrkraft der Ersatzschule, soweit sie beide Staatsprüfungen für das Lehramt an Gymnasien erfolgreich abgelegt hat oder für sie die erforderliche Unterrichtsgenehmigung nach dem Bayerischen Gesetz über das Erziehungs- und Unterrichtswesen endgültig erteilt worden ist, als Mitglied, nicht aber als Vorsitzende oder Vorsitzender berufen werden. Sie soll bei der Korrektur der schriftlichen Prüfungsarbeiten und bei den mündlichen Prüfungen nach Anweisung der oder des Vorsitzenden des Prüfungsausschusses mitwirken. Gleiches gilt für die Beteiligung von Lehrkräften der Ersatzschule an anderen Fachausschüssen, soweit Schülerinnen und Schüler der privaten Schule betroffen sind.
3. Die Aufgaben im vierten Prüfungsfach erstellt die prüfende öffentliche Schule. Stoffangaben einer Ersatzschule sollen nach Möglichkeit für die von anderen Bewerberinnen und Bewerbern zu bearbeitenden Aufgaben in der Abiturprüfung berücksichtigt werden. Die oder der Vorsitzende des Prüfungsausschusses soll Lehrkräfte der Ersatzschule bei der Auswahl der zentral gestellten Prüfungsaufgaben mitwirken lassen. Für die Fächer fünf bis acht erstellt die Ersatzschule in Zusammenarbeit mit der prüfenden Schule Aufgabenvorschläge. Die Entscheidung über die Auswahl trifft die prüfende Schule.
4. Entscheidungen nach Nrn. 1 bis 3 trifft die oder der Vorsitzende des Prüfungsausschusses.

(2) [1]Abweichend von § 61 Abs. 3 kann auf Wahl der Schülerin oder des Schülers der Ersatzschule in genau zwei der vier Fächer des zweiten Prüfungsteils an Stelle der mündlichen Prüfung das im letzten Ausbildungshalbjahr an der Ersatzschule in diesen Fächern erzielte Ergebnis eingebracht werden, wenn die Schülerin oder der Schüler den Unterricht in allen gewählten Prüfungsfächern an der Ersatzschule besucht hat. [2]Für die an Stelle der mündlichen Prüfung ausgewählten Fächer werden jeweils eine Schulaufgabe sowie mindestens zwei kleine Leistungsnachweise, darunter mindestens ein mündlicher Leistungsnachweis, verlangt. [3]Die Schulaufgaben sind in diesem Fall der prüfenden Schule vorher vorzulegen; diese nimmt auch die Zweitkorrektur vor. [4]Das Ergebnis ergibt sich jeweils als Durchschnittswert aus der doppelt gewichteten Punktzahl der Schulaufgabe und dem Durchschnitt der kleinen Leistungsnachweise. [5]Aus der so ermittelten Punktzahl in einfacher Wertung wird die Gesamtpunktzahl gemäß Anlage 15 berechnet. [6]Das Nähere regelt die oder der Vorsitzende des Prüfungsausschusses. [7]Ausgenommen von der Regelung nach Satz 1 sind die beiden Fremdsprachen, das Leistungsfach und das Fach Deutsch. [8]§ 61 Abs. 4 Satz 1 bleibt unberührt.

KAPITEL 3
Weitere Prüfungen

§ 65 Latinum, Graecum

(1) [1]Schülerinnen und Schüler öffentlicher oder staatlich anerkannter Gymnasien erwerben das Latinum bzw. Graecum über den Pflichtunterricht oder eine Ergänzungsprüfung an ihrer Schule. [2]Bewerberinnen und Bewerber, die das Latinum bzw. Graecum nicht als Schülerinnen oder Schüler erworben haben, können sich an einem öffentlichen Gymnasium, an dem Pflichtunterricht in Latein bzw. Griechisch angeboten wird, einer Ergänzungsprüfung unterziehen, sofern sie in Bayern ihren Wohnsitz haben oder an einer bayerischen Hochschule immatrikuliert sind.

(2) [1]Die Ergänzungsprüfung besteht aus einem schriftlichen und einem mündlichen Teil; für die mündliche Prüfung gilt § 46 entsprechend; die Einzelheiten legt das Staatsministerium gesondert fest. [2]Die Ergebnisse der schriftlichen und mündlichen Prüfung zählen bei der Gesamtnotenbildung im Verhältnis 2:1; die Prüfung ist bestanden, wenn die Gesamtnote »ausreichend« oder besser lautet und wenn in der schriftlichen und der mündlichen Prüfung jeweils mindestens die Note »mangelhaft« erreicht wurde. [3]Wer die Prüfung bestanden hat, erhält ein Zeugnis nach dem vom Staatsministerium herausgegebenen Muster.

(3) Bei Verhinderung an der Teilnahme, bei Unterschleif und Wiederholung der Prüfung gelten §§ 56 bis 58 entsprechend.

§ 66 Nachweis von Kenntnissen oder gesicherten Kenntnissen in einer Fremdsprache

(1) [1]Kenntnisse oder gesicherte Kenntnisse in einer Fremdsprache können an einem öffentlichen oder staatlich anerkannten Gymnasium über den Pflichtunterricht oder durch Bestehen einer Feststellungsprüfung nachgewiesen werden. [2]Den erfolgreich besuchten Pflichtunterricht bescheinigt das zuletzt besuchte Gymnasium. [3]Wer Inhaber einer Hochschulzugangsberechtigung ist oder eine solche erwerben will, kann für Studienzwecke bzw. für den Erwerb der Hochschulzugangsberechtigung mit einer Feststellungsprüfung in einer als Pflicht- oder Wahlpflichtunterricht nach einem staatlich genehmigten Lehrplan unterrichteten Fremdsprache Kenntnisse oder gesicherte Kenntnisse nachweisen. [4]Die Einzelheiten legt das Staatsministerium gesondert fest.

(2) Der Zulassungsantrag zur Feststellungsprüfung ist an das öffentliche Gymnasium zu stellen, an dem sich die Bewerberin oder der Bewerber der Prüfung unterziehen will und an dem das betreffende fremdsprachliche Fach geführt wird.

(3) [1]Der Feststellungsprüfung liegt der Lehrplan des gewählten Fachs für die betreffende Jahrgangsstufe zugrunde. [2]Die Feststellungsprüfung besteht aus einer schriftlichen und einer mündlichen Prüfung. [3]Die Ergebnisse der schriftlichen und mündlichen Prüfung zählen bei der Gesamtnotenbildung 2:1; die Prüfung ist bestanden, wenn die Gesamtnote »ausreichend« oder besser lautet und wenn in der schriftlichen und der mündlichen Prüfung jeweils mindestens die Note »mangelhaft« erreicht wurde. [4]Wer die Prüfung bestanden hat, erhält von der Schule eine Bescheinigung.

§ 67 Besondere Prüfung

(1) [1]Schülerinnen und Schüler der Jahrgangsstufe 10, denen wegen der Note 6 in einem oder Note 5 in zwei Vorrückungsfächern die Vorrückungserlaubnis nicht erteilt worden ist und die in den übrigen Vorrückungsfächern keine schlechtere Note als 4 erhalten haben, können durch die Besondere Prüfung den mittleren Schulabschluss erwerben. [2]Das einmal erworbene Recht zur Teilnahme an der Besonderen Prüfung bleibt erhalten,

wenn bei Wiederholung der Jahrgangsstufe 10 nicht die nach Satz 1 erforderlichen Leistungen erzielt wurden.

(2) [1]Die Besondere Prüfung kann nur in unmittelbarem Anschluss an den Besuch der Jahrgangsstufe 10 abgelegt werden. [2]Sie wird in den letzten Tagen der Sommerferien nach Möglichkeit für mehrere benachbarte Gymnasien und ggf. Abendgymnasien oder Kollegs gemeinsam abgehalten. [3]Die oder der Ministerialbeauftragte kann hierzu Anordnungen treffen.

(3) [1]Über die Zulassung zur Besonderen Prüfung entscheidet das zuletzt besuchte Gymnasium auf Antrag. [2]Der Zulassungsantrag ist spätestens eine Woche nach Aushändigung des Jahreszeugnisses vorzulegen.

(4) [1]Bei jeder prüfenden Schule wird ein Prüfungsausschuss eingesetzt, der aus Lehrkräften der Gymnasien besteht. [2]Den Vorsitz des Prüfungsausschusses hat die Schulleiterin oder der Schulleiter. [3]Die zentral für ganz Bayern gestellten Aufgaben werden spätestens bis zum ersten Unterrichtstag vom jeweiligen Prüfungsausschuss korrigiert und benotet, der auch über das Bestehen der Besonderen Prüfung entscheidet.

(5) [1]Die Besondere Prüfung erstreckt sich auf die Fächer Deutsch, Mathematik und erste Fremdsprache; sie wird in schriftlicher Form abgenommen. [2]Auf Antrag kann die erste Fremdsprache durch die zweite Fremdsprache ersetzt werden, die dann auf dem Niveau der ersten Fremdsprache nachzuweisen ist. [3]Für die Prüfungsanforderungen sind die Lehrpläne der Jahrgangsstufe 10 des Gymnasiums maßgebend. [4]Für die Prüfung gilt:

1. Im Fach Deutsch werden drei Themen zur Wahl gestellt (Arbeitszeit 180 Minuten).
2. Im Fach Mathematik besteht die Aufgabe aus mehreren Teilaufgaben (Arbeitszeit 120 Minuten).
3. In der Fremdsprache Englisch wird eine Textaufgabe einschließlich Sprachmittlungsaufgabe verlangt (Arbeitszeit 120 Minuten). Dies gilt auch für die Fremdsprache Französisch. Die Prüfung in der Fremdsprache Latein besteht aus einer Übersetzung in das Deutsche sowie einem Aufgabenteil (Arbeitszeit 120 Minuten).

(6) [1]Die Besondere Prüfung ist bestanden, wenn alle Prüfungsarbeiten mit mindestens der Note 4 bewertet wurden oder wenn nur einmal die Note 5 und in einem anderen Fach dafür mindestens die Note 3 vorliegt. [2]Wer die Prüfung bestanden hat, erhält eine Bescheinigung nach dem vom Staatsministerium herausgegebenen Muster. [3]Die Bescheinigung gilt nur in Verbindung mit dem Jahreszeugnis des Gymnasiums.

(7) Eine Wiederholung der ohne Erfolg abgelegten Besonderen Prüfung ist nur einmal zulässig, sofern die Jahrgangsstufe 10 des Gymnasiums wiederholt wird und erneut die Voraussetzungen des Abs. 1 Satz 1 vorliegen.

(8) Schülerinnen und Schüler der Jahrgangsstufe I des Abendgymnasiums bzw. des Kollegs, die noch keinen mittleren Schulabschluss haben, können sich nach den vorstehenden Bestimmungen der Besonderen Prüfung unterziehen.

TEIL 6
Schlussvorschriften

§ 68 Übergangsbestimmung

(1) [1]An ausgewählten Gymnasien kann das Staatsministerium

1. im Schuljahr 2022/23 eine Einführungsklasse oder Sammelklasse,
2. im Schuljahr 2023/24 eine Jahrgangsstufe 11 und
3. im Schuljahr 2024/25 eine Jahrgangsstufe 12

entsprechend den Bestimmungen des achtjährigen Gymnasiums einrichten, mit der Maßgabe, dass an die Stelle des § 39 Abs. 6 der § 39 Abs. 5 dieser Verordnung tritt und

Chinesisch den in Anlage 1 Buchst. A Zeile 7 genannten Sprachen gleichgestellt wird. [2]Dies gilt nicht für § 9 Abs. 4 Satz 7 und Abs. 7, § 15 Abs. 3 Satz 2, § 29 Abs. 3 Satz 1, § 30 Abs. 3, § 50 Abs. 1 Satz 4 und 6 und Abs. 2 Satz 1 Nr. 1, § 55 Abs. 1, § 61 Abs. 2 Satz 4 und Abs. 4 Satz 1, § 62 Abs. 1 Satz 3 Nr. 3, Anlage 3 hinsichtlich des Fachs Chinesisch, Anlage 4 Absatz vor Nr. 1 und Nr. 3.1 und Anlage 8 Nr. 2, 3, 3a und Nr. 6.

(2) [1]Auf Schülerinnen und Schüler des achtjährigen Gymnasiums findet diese Verordnung in der am 31. Juli 2018 geltenden Fassung mit folgenden Maßgaben weiter Anwendung:
1. an die Stelle des § 39 Abs. 6 tritt § 39 Abs. 5 in der jeweils geltenden Fassung;
2. an die Stelle der § 29 Abs. 3 Satz 1, § 61 Abs. 2 Satz 4 und § 62 Abs. 1 Satz 3 Nr. 3 treten die § 29 Abs. 3 Satz 1, § 61 Abs. 2 Satz 4 und § 62 Abs. 1 Satz 3 Nr. 3 in der am 31. Juli 2021 geltenden Fassung;
3. Chinesisch wird als dritte Fremdsprache am Sprachlichen Gymnasium Griechisch, Französisch, Italienisch, Russisch oder Spanisch gleichgestellt;
4. an die Stelle von Anlage 8 Nr. 2, 3 und 6 tritt Anlage 8 Nr. 2, 3, 3a und 6 in der am 31. Juli 2023 geltenden Fassung;
5. abweichend von § 58 Abs. 4 können Schülerinnen und Schüler, die die Abiturprüfung 2025 nicht bestehen, die Abiturprüfung nach Teil 5 Kapitel 1 wiederholen; in diesem Fall bleiben die in den Ausbildungsabschnitten 12/1 und 12/2 erzielten Ergebnisse und die Zulassung zur Abiturprüfung erhalten.

[2]Satz 1 gilt nicht für § 9 Abs. 4 Satz 7 und Abs. 7, § 14 Abs. 6, § 15 Abs. 3 Satz 2, § 22 Abs. 7, § 28 Abs. 4, § 30 Abs. 3, § 33 Abs. 5, § 41 Abs. 1, § 50 Abs. 1 Satz 4 bis 6 und Abs. 2 Satz 1 Nr. 1, § 55 Abs. 1, § 57 Abs. 2 und 3, § 59 Abs. 1 Satz 1, § 61 Abs. 2 Satz 8 und Abs. 4 Satz 1, § 63 Abs. 3 Satz 1, § 67 Abs. 7, Anlage 3 hinsichtlich des Fachs Chinesisch sowie Anlage 4 Absatz vor Nr. 1 und Nr. 3.1.

(3) [1]Für Schülerinnen und Schüler des Abendymnasiums und des Kollegs, die
1. im Schuljahr 2022/23 eine der Jahrgangsstufen I bis III,
2. im Schuljahr 2023/24 die Jahrgangsstufe II oder III und
3. im Schuljahr 2024/25 die Jahrgangsstufe III besuchen, gilt Abs. 2 entsprechend.

[2]§ 39 Abs. 9 gilt in der jeweils geltenden Fassung ergänzend.

§ 69 Inkrafttreten

Diese Verordnung tritt am 1. August 2007 in Kraft.

Anlage 1
(zu § 15 Abs. 1)

Stundentafeln für die Jahrgangsstufen 5 bis 11[1]

A. Humanistisches Gymnasium (HG)

	Jahrgangsstufen						
Pflichtfächer[2]	**5**	**6**	**7**	**8**	**9**	**10**	**11**
Religionslehre/Ethik/ Islamischer Unterricht	2	2	2	2	2	2	2
Deutsch	5	4	4	4	3	3	3
Latein/Englisch[3,4,5,6,7]	5	4	4	3	3	3	3
Englisch/Latein[3,4,5,6,7]	–	4	4	4	3	3	3
Griechisch	–	–	–	4	4	3	3
Mathematik	4	4	4	3	4	3	3
spät beginnende Informatik	–	–	–	–	–	–	2
Physik	–	–	–	2	2	2	2
Chemie	–	–	–	–	2	3	–
Biologie	–	–	–	2	2	2	–
Natur und Technik	3	3	2	–	–	–	–
Geschichte	–	2	2	2	2	1[2]	1
Politik und Gesellschaft	–	–	–	–	–	1[2]	2
Geographie	2	–	2	–	–	2	2
Wirtschaft und Recht	–	–	–	–	–	2	2
Kunst	2	2	2	1	1	1	2[8]
Musik	2	2	2	1	1	1	
Sport	2	2	2	2	2	2	2
	3[9]						
verpflichtende Intensivierungsstunden[9]	3			–	–	–	–
Modul zur beruflichen Orientierung[10]	–	–	–	–	0,5	–	–
Projekt-Seminar zur beruflichen Orientierung	–	–	–	–	–	–	2
Summe	je 30 (+1/+2)			30	31,5	34	34
freiwillige Intensivierungsstunden[9]	6						

B. Sprachliches Gymnasium (SG)

	Jahrgangsstufen						
Pflichtfächer[2]	**5**	**6**	**7**	**8**	**9**	**10**	**11**
Religionslehre/Ethik/ Islamischer Unterricht	2	2	2	2	2	2	2
Deutsch	5	4	4	4	3	3	3
Englisch/Französisch/ Latein[3,4,5,6,7]	5	4	4	3	3	3	3
Englisch/Französisch/ Latein[3,4,5,6,7]	–	4	4	4	3	3	3
Französisch/Italienisch/ Russisch/Spanisch/ Chinesisch[6]	–	–	–	4	4	3	3
Mathematik	4	4	4	3	4	3	3
spät beginnende Informatik	–	–	–	–	–	–	2
Physik	–	–	–	2	2	2	2
Chemie	–	–	–	–	2	3	–
Biologie	–	–	–	2	2	2	–
Natur und Technik	3	3	2	–	–	–	–
Geschichte	–	2	2	2	2	1[2]	1
Politik und Gesellschaft	–	–	–	–	–	1[2]	2
Geographie	2	–	2	–	–	2	2
Wirtschaft und Recht	–	–	–	–	–	2	2
Kunst	2	2	2	1	1	1	2[8]
Musik	2	2	2	1	1	1	
Sport	2	2	2	2	2	2	2
	3[8]						
verpflichtende Intensivierungsstunden[9]	3			–	–	–	–
Modul zur beruflichen Orientierung[8]	–	–	–	–	0,5	–	–
Projekt-Seminar zur beruflichen Orientierung	–	–	–	–	–	–	2
Summe	je 30 (+1/+2)			30	31,5	34	34
freiwillige Intensivierungsstunden[9]	6						

C. Naturwissenschaftlich-technologisches Gymnasium (NTG)

<table>
<tr><th></th><th colspan="7">Jahrgangsstufen</th></tr>
<tr><th>Pflichtfächer[2]</th><th>5</th><th>6</th><th>7</th><th>8</th><th>9</th><th>10</th><th>11</th></tr>
<tr><td>Religionslehre/Ethik/ Islamischer Unterricht</td><td>2</td><td>2</td><td>2</td><td>2</td><td>2</td><td>2</td><td>2</td></tr>
<tr><td>Deutsch</td><td>5</td><td>4</td><td>4</td><td>4</td><td>3</td><td>3</td><td>3</td></tr>
<tr><td>Englisch/Französisch/ Latein[3,4,5,6,7]</td><td>5</td><td>4</td><td>4</td><td>3</td><td>3</td><td>3</td><td>3</td></tr>
<tr><td>Englisch/Französisch/ Latein[3,4,5,6,7]</td><td>–</td><td>4</td><td>4</td><td>4</td><td>3</td><td>3</td><td>3</td></tr>
<tr><td>Mathematik</td><td>4</td><td>4</td><td>4</td><td>3</td><td>4</td><td>3</td><td>3</td></tr>
<tr><td>Informatik</td><td>–</td><td>–</td><td>–</td><td>–</td><td>2</td><td>2</td><td>2</td></tr>
<tr><td>Physik</td><td>–</td><td>–</td><td>–</td><td>2</td><td>2</td><td>2</td><td>2</td></tr>
<tr><td>Chemie</td><td>–</td><td>–</td><td>–</td><td>2</td><td>2</td><td>2</td><td>2</td></tr>
<tr><td>Biologie</td><td>–</td><td>–</td><td>–</td><td>2</td><td>2</td><td>2</td><td>–</td></tr>
<tr><td>Natur und Technik</td><td>3</td><td>3</td><td>2</td><td>–</td><td>–</td><td>–</td><td>–</td></tr>
<tr><td>Profilstunden[11]</td><td>–</td><td>–</td><td>–</td><td>2</td><td>2</td><td>2</td><td>1</td></tr>
<tr><td>Geschichte</td><td>–</td><td>2</td><td>2</td><td>2</td><td>2</td><td>1[2]</td><td>1</td></tr>
<tr><td>Politik und Gesellschaft</td><td>–</td><td>–</td><td>–</td><td>–</td><td>–</td><td>1[2]</td><td>2</td></tr>
<tr><td>Geographie</td><td>2</td><td>–</td><td>2</td><td>–</td><td>–</td><td>2</td><td>2</td></tr>
<tr><td>Wirtschaft und Recht</td><td>–</td><td>–</td><td>–</td><td>–</td><td>–</td><td>2</td><td>2</td></tr>
<tr><td>Kunst</td><td>2</td><td>2</td><td>2</td><td>1</td><td>1</td><td>1</td><td rowspan="2">2[8]</td></tr>
<tr><td>Musik</td><td>2</td><td>2</td><td>2</td><td>1</td><td>1</td><td>1</td></tr>
<tr><td rowspan="2">Sport</td><td>2</td><td>2</td><td>2</td><td rowspan="2">2</td><td rowspan="2">2</td><td rowspan="2">2</td><td rowspan="2">2</td></tr>
<tr><td colspan="3">3[8]</td></tr>
<tr><td>verpflichtende Intensivierungsstunden[12]</td><td colspan="3">3</td><td>–</td><td>–</td><td>–</td><td>–</td></tr>
<tr><td>Modul zur beruflichen Orientierung[8]</td><td>–</td><td>–</td><td>–</td><td>–</td><td>0,5</td><td>–</td><td>–</td></tr>
<tr><td>Projekt-Seminar zur beruflichen Orientierung</td><td>–</td><td>–</td><td>–</td><td>–</td><td>–</td><td>–</td><td>2</td></tr>
<tr><td>Summe</td><td colspan="3">je 30 (+1/+2)</td><td>30</td><td>31,5</td><td>34</td><td>34</td></tr>
<tr><td>freiwillige Intensivierungsstunden[9]</td><td colspan="7">6</td></tr>
</table>

D. Musisches Gymnasium (MuG)

	Jahrgangsstufen						
Pflichtfächer[2)]	**5**	**6**	**7**	**8**	**9**	**10**	**11**
Religionslehre/Ethik/ Islamischer Unterricht	2	2	2	2	2	2	2
Deutsch	5	4	4	4	3	3	3
Englisch/Latein[3)4)5)6)7)]	5	4	4	3	3	3	3
Englisch/Latein[3)4)5)6)7)]	–	4	4	4	3	3	3
Mathematik	4	4	4	3	4	3	3
spät beginnende Informatik	–	–	–	–	–	–	2
Physik	–	–	–	2	2	2	2
Chemie	–	–	–	–	2	3	–
Biologie	–	–	–	2	2	2	–
Natur und Technik	3	3	2	–	–	–	–
Geschichte	–	2	2	2	2	1[2)]	1
Politik und Gesellschaft	–	–	–	–	–	1[2)]	2
Geographie	2	–	2	–	–	2	2
Wirtschaft und Recht	–	–	–	–	–	2	2
Kunst	2	2	2	1	1	1	1
Musik	2	2	2	2	2	2	2
Profilstunden[8)13)]				1	1	1	1
Instrument[14)]	1	1	1	1	1	1	1
Sport	2	2	2	3[11)]	3[11)]	2	2
verpflichtende Intensivierungsstunden[9)]	3			–	–	–	–
Modul zur beruflichen Orientierung[8)]	–	–	–	–	0,5	–	–
Projekt-Seminar zur beruflichen Orientierung	–	–	–	–	–	–	2
Summe	30 (+1)	30 (+1)	31 (+1)	30	31,5	34	34
freiwillige Intensivierungsstunden[9)]	6						

E. Wirtschaftswissenschaftliches Gymnasium (WWG)

<table>
<tr><th></th><th colspan="7">Jahrgangsstufen</th></tr>
<tr><th>Pflichtfächer[2]</th><th>5</th><th>6</th><th>7</th><th>8</th><th>9</th><th>10</th><th>11</th></tr>
<tr><td>Religionslehre/ Ethik/Islamischer Unterricht</td><td>2</td><td>2</td><td>2</td><td>2</td><td>2</td><td>2</td><td>2</td></tr>
<tr><td>Deutsch</td><td>5</td><td>4</td><td>4</td><td>4</td><td>3</td><td>3</td><td>3</td></tr>
<tr><td>Englisch/ Französisch/ Latein[3][4][5][6][7]</td><td>5</td><td>4</td><td>4</td><td>3</td><td>3</td><td>3</td><td>3</td></tr>
<tr><td>Englisch/ Französisch/ Latein[3][4][5][6][7]</td><td>–</td><td>4</td><td>4</td><td>4</td><td>3</td><td>3</td><td>3</td></tr>
<tr><td>Mathematik</td><td>4</td><td>4</td><td>4</td><td>3</td><td>4</td><td>3</td><td>3</td></tr>
<tr><td>Physik</td><td>–</td><td>–</td><td>–</td><td>2</td><td>2</td><td>2</td><td>2</td></tr>
<tr><td>Chemie</td><td>–</td><td>–</td><td>–</td><td>–</td><td>2</td><td>3</td><td>–</td></tr>
<tr><td>Biologie</td><td>–</td><td>–</td><td></td><td>2</td><td>2</td><td>2</td><td>–</td></tr>
<tr><td>Natur und Technik</td><td>3</td><td>3</td><td>2</td><td>–</td><td>–</td><td>–</td><td>–</td></tr>
<tr><td>Geschichte</td><td>–</td><td>2</td><td>2</td><td>2</td><td>2</td><td>1[2]</td><td>1</td></tr>
<tr><td>Politik und Gesellschaft</td><td>–</td><td>–</td><td>–</td><td>–</td><td>–</td><td>1[2]</td><td>2</td></tr>
<tr><td>Geographie</td><td>2</td><td>–</td><td>2</td><td>–</td><td>–</td><td>2</td><td>2</td></tr>
<tr><td>Wirtschaft und Recht</td><td>–</td><td>–</td><td>–</td><td>3</td><td>2</td><td>2</td><td>3</td></tr>
<tr><td>Wirtschaftsinformatik</td><td>–</td><td>–</td><td>–</td><td>–</td><td>2</td><td>2</td><td>2</td></tr>
<tr><td>Profilstunden[8]</td><td>–</td><td>–</td><td>–</td><td>1</td><td>–</td><td>1</td><td>2</td></tr>
<tr><td>Kunst</td><td>2</td><td>2</td><td>2</td><td>1</td><td>1</td><td>1</td><td rowspan="2">2[8]</td></tr>
<tr><td>Musik</td><td>2</td><td>2</td><td>2</td><td>1</td><td>1</td><td>1</td></tr>
<tr><td rowspan="2">Sport</td><td>2</td><td>2</td><td>2</td><td rowspan="2">2</td><td rowspan="2">2</td><td rowspan="2">2</td><td rowspan="2">2</td></tr>
<tr><td colspan="3">3[8]</td></tr>
<tr><td>verpflichtende Intensivierungsstunden[9]</td><td colspan="3">3</td><td>–</td><td>–</td><td>–</td><td>–</td></tr>
<tr><td>Modul zur beruflichen Orientierung[8]</td><td>–</td><td>–</td><td>–</td><td>–</td><td>0,5</td><td>–</td><td>–</td></tr>
<tr><td>Projekt-Seminar zur beruflichen Orientierung</td><td>–</td><td>–</td><td>–</td><td>–</td><td>–</td><td>–</td><td>2</td></tr>
<tr><td>Summe</td><td colspan="3">je 30 (+1/+2)</td><td>30</td><td>31,5</td><td>34</td><td>34</td></tr>
<tr><td>freiwillige Intensivierungsstunden[9]</td><td colspan="7">6</td></tr>
</table>

F. Sozialwissenschaftliches Gymnasium (SWG)

	Jahrgangsstufen						
Pflichtfächer[2]	**5**	**6**	**7**	**8**	**9**	**10**	**11**
Religionslehre/Ethik/Islamischer Unterricht	2	2	2	2	2	2	2
Deutsch	5	4	4	4	3	3	3
Englisch/Französisch/Latein[3][4][5][6][7]	5	4	4	3	3	3	3
Englisch/Französisch/Latein[3][4][5][6][7]	–	4	4	4	3	3	3
Mathematik	4	4	4	3	4	3	3
spät beginnende Informatik	–	–	–	–	–	–	2
Physik	–	–	–	2	2	2	2
Chemie	–	–	–	–	2	3	–
Biologie	–	–	–	2	2	2	–
Natur und Technik	3	3	2	–	–	–	–
Geschichte	–	2	2	2	2	1	1
Geographie	2	–	2	–	–	2	2
Wirtschaft und Recht	–	–	–	–	–	2	2
Politik und Gesellschaft	–	–	–	3	2	2	3
Sozialpraktische Grundbildung[15]	–	–	–	–	2	2	2
Profilstunden[57]	–	–	–	1	–	–	–
Kunst	2	2	2[16]	1[13]	1	1	2[8]
Musik	2	2	2	1	1	1	
Sport	2	2	2	2	2	2	2
	3[8]						
verpflichtende Intensivierungsstunden[9]	3			–	–	–	–
Modul zur beruflichen Orientierung[8]	–	–	–	–	0,5	–	–
Projekt-Seminar zur beruflichen Orientierung	–	–	–	–	–	–	2
Summe	je 30 (+1/+2)			30	31,5	34	34
freiwillige Intensivierungsstunden[9]	6						

1) Für zweisprachige Züge gelten modifizierte Stundentafeln, die das Staatsministerium festlegt.
2) In Pflichtfächern kann der Unterricht in Epochen erteilt werden. Über die Reihenfolge der Epochen entscheidet die Schule. Am HG, SG, NTG, WWG und SWG können die Fächer Kunst und Musik in den Jahrgangsstufen 8 und 9 zudem im jährlichen Wechsel jeweils zweistündig unterrichtet werden.
3) Englisch ist verpflichtend erste oder zweite Fremdsprache.
4) Latein ist verpflichtend erste oder zweite Fremdsprache. Auf Antrag kann vom Staatsministerium eine Sprachenfolge von drei modernen Fremdsprachen genehmigt werden. Am HG ist Latein verpflichtend erste oder zweite Fremdsprache (Art. 9 Abs. 3 Satz 1 Nr. 1 BayEUG).

5) Die Schule kann in den Jahrgangsstufen 5 bis 7 im Rahmen ihrer personellen Möglichkeiten sowie im Rahmen des der Schule zur Verfügung stehenden Budgets Französisch und Englisch oder Latein und Englisch, am HG und am MuG nur Latein und Englisch als gleichzeitig einsetzende erste und zweite Fremdsprache mit insgesamt mindestens 24 Wochenstunden – in beiden Fächern – und mit jeweils mindestens drei Wochenstunden je Jahrgangsstufe und Fach anbieten. Dabei ist Französisch oder Latein erste Fremdsprache, in der insgesamt mindestens 13 Wochenstunden Unterricht erteilt werden muss, und Englisch zweite Fremdsprache, in der insgesamt mindestens elf Wochenstunden Unterricht erteilt werden muss. Das Profil der ersten Fremdsprache – Französisch oder Latein – muss im Vergleich zur zweiten Fremdsprache – Englisch – erhalten bleiben, indem die insgesamt erteilte Wochenstundenzahl in der ersten Fremdsprache überwiegt.
6) Die Festlegung der Fremdsprachenfolgen in den an der Schule eingerichteten Ausbildungsrichtungen obliegt im Rahmen der vorstehenden Vorgaben und im Rahmen des der Schule zustehenden Budgets an Lehrerwochenstunden der Schule im Einvernehmen mit dem Elternbeirat.
7) Die Schule kann nach Jahrgangsstufe 10 im Rahmen ihrer personellen Möglichkeiten die Ablösung der ersten oder zweiten Fremdsprache durch eine in Jahrgangsstufe 11 neu einsetzende spät beginnende Fremdsprache anbieten. In Ausnahmefällen kann die Schulleiterin oder der Schulleiter in den ersten vier Wochen der Jahrgangsstufe 11 einen Wechsel zurück zur ersetzten Fremdsprache genehmigen. Der Unterricht in der neu einsetzenden spät beginnenden Fremdsprache wird im Umfang von vier Wochenstunden erteilt.
8) Kunst oder Musik nach Wahl des Schülers.
9) Über die Erteilung von zwei Wochenstunden Basissport pro Jahrgangsstufe hinaus kann die Schule in der Unterstufe über die Verteilung von drei verpflichtenden Sportstunden auf die einzelnen Jahrgangsstufen eigenverantwortlich entscheiden. § 15 Abs. 1 Satz 4 gilt entsprechend. Die Erteilung als Differenzierter Sportunterricht ist möglich.
10) Das Modul soll in Form einer oder mehrerer Blockveranstaltung(en) durchgeführt werden.
11) Die Profilstunden werden am NTG zur Stärkung von Chemie und Physik, am MuG zur Stärkung des musischen Profils, insbesondere Kunst, am WWG zur Stärkung der wirtschaftswissenschaftlichen Fächer und am SWG zur Stärkung von Politik und Gesellschaft eingesetzt.
12) Die Intensivierungsstunden sollen den individuellen Lernprozess durch gezieltes Üben, Wiederholen und Vertiefen in kleineren Lerngruppen unterstützen. Zudem bieten sie die Möglichkeit, die Leistungsfähigkeit von besonders Begabten zielgerichteter zu fördern. Die Intensivierungsstunden sollen in den Kernfächern (§ 16 Abs. 2) eingesetzt werden. Bei der Zuordnung zu den Fächern können auch schulische Schwerpunktsetzungen berücksichtigt werden. Die Intensivierungsstunden dienen nicht der Vermittlung neuer Lehrplaninhalte. In der Unterstufe kann die Schule gemäß § 15 Abs. 1 Satz 4 über die Verteilung von drei verpflichtenden Intensivierungsstunden auf die einzelnen Jahrgangsstufen eigenverantwortlich entscheiden. Bis zu zwei dieser Intensivierungsstunden können in die Mittelstufe verschoben werden. 30 Wochenstunden pro Jahrgangsstufe dürfen dabei nicht unterschritten werden. Soweit aus pädagogischen Gründen bis zu sechs zusätzliche Intensivierungsstunden zur Klassenteilung in Kernfächern angeboten werden, ist die Vermittlung neuer Lehrplaninhalte zulässig. Werden Intensivierungsstunden als Zusatzangebot zum Pflichtunterricht besucht, gilt § 16 Abs. 4 entsprechend.
13) Die dritten Sportstunden in den Jahrgangsstufen 8 und 9 können profilverstärkend eingesetzt werden, z. B. Tanz, Pantomime, Bewegungskünste. Sie können auch ganz oder teilweise in die Unterstufe verlagert werden. Die Erteilung als Differenzierter Sportunterricht ist möglich. Bei Verlagerung von Sportstunden am MuG in die Unterstufe kann die Profilstunde aus der Jahrgangsstufe 10 in die Jahrgangsstufe 8 vorverlagert werden.
14) Die Note im Instrumentalspiel geht in die Fachnote Musik ein. Der Unterricht im Instrumentalspiel kann nicht in Epochen erteilt werden.
15) Das Sozialpraktikum ist bis zum Ende der Jahrgangsstufe 11 abzuleisten (§ 30 Abs. 2); es soll zumindest teilweise in der unterrichtsfreien Zeit abgeleistet werden. Das Nähere regelt das Staatsministerium.
16) Am SWG kann statt des Faches Kunst in den Jahrgangsstufen 7 und 8 das Fach Textilarbeit mit Werken mit gleicher Stundenzahl angeboten werden, solange an der Schule Fachlehrkräfte für Textilarbeit mit Werken vorhanden sind.

Anlage 2
(zu § 15 Abs. 4)

Stundentafel für den Vorkurs und die Jahrgangsstufe I (Abendgymnasium und Kolleg)

A. Abendgymnasium

	Pflichtfächer	Vorkurs	Jahrgangsstufe I
1	Religionslehre/Ethik	1	1
2	Deutsch	3	3
3	Englisch/Latein (1. Fremdsprache)	4	4
4	Englisch/Französisch/Latein/Italienisch/ Russisch/Spanisch (2. Fremdsprache)	4	4
5	Mathematik	5	5
6	Physik	1	1
7	Biologie (mit Chemie)	1	1
8	Geschichte (mit Politik und Gesellschaft)	1	1
9	**Summe**	**20**	**20**

B. Kolleg

	Pflichtfächer	Vorkurs	Jahrgangsstufe I
1	Religionslehre/Ethik	–	1
2	Deutsch	7	4
3	Englisch/Latein (1. Fremdsprache)	6	4
4	Englisch/Französisch[1)]/Griechisch/Italienisch[1)]/ Latein/Russisch[1)]/Spanisch[1)] (2. Fremdsprache)	–	5
5	Mathematik	6	6
6	Physik	2	2
7	Chemie	2	3
8	Biologie	1	2
9	spät beginnende Informatik	–	–[2)]
10	Geschichte	2	2
11	Politik und Gesellschaft	1	1
12	Geographie	1	1

	Pflichtfächer	**Vorkurs**	**Jahrgangsstufe I**
13	Wirtschaft und Recht	–	1
14	Profilstunden	–	2[2)]
15	**Summe**	**28**	**34**
16	Intensivierung	2[3)]	2[3)]

C. Kolleg bei geteiltem Vorkurs

	Pflichtfächer	**Vorkurs**	**Vorkurs**
		1. Halbjahr	**2. Halbjahr**
1	Deutsch	8	6
2	Englisch/Latein (1. Fremdsprache)	7	5
3	Mathematik	7	5
4	Physik	–	4
5	Chemie	–	4
6	Biologie	2	–
7	Geschichte	2	2
8	Politik und Gesellschaft	–	2
9	Geographie	2	–
10	**Summe**	**28**	**28**
11	Intensivierung	2[3)]	2[3)]

---

1) Die zweite Fremdsprache kann auch als neu einsetzende spät beginnende Fremdsprache angeboten werden, die zum Nachweis der erforderlichen Fremdsprachenkenntnisse in den Jahrgangsstufen I bis III mit insgesamt 12 Wochenstunden belegt werden muss. Die Belegungsverpflichtung einer fortgeführten Fremdsprache gemäß § 19 Abs. 1 Satz 2 bleibt davon unberührt.

2) Die Profilstunden werden zur Stärkung der Fremdsprachen, der Naturwissenschaften oder der spät beginnenden Informatik eingesetzt.

3) Mit Zustimmung des Schulträgers können bis zu zwei fakultative Intensivierungsstunden angeboten werden. Im Vorkurs sollen die Intensivierungsstunden in Englisch bzw. Latein und Mathematik eingesetzt werden.

Anlage 3
(zu § 15 Abs. 2)

Stundentafel für die Jahrgangsstufen 12 und 13 (Pflicht- und Wahlpflichtbereich)

Kurse	Wochenstunden		Fachbereich	Aufgabenfeld
Deutsch[1]	4			sprachlich-literarisch-künstlerisch (SLK)
Vertiefungskurs Deutsch	2			
	fortgeführt	spät beginnend	Fremdsprachen	
Englisch	3	–		
Französisch	3	3		
Griechisch	3	–		
Latein	3	–		
Italienisch	3	3		
Russisch	3	3		
Spanisch	3	3		
Chinesisch	3	3		
Polnisch	–	3		
Tschechisch	–	3		
Türkisch	–	3		
Kunst[2]	2		Künstlerische Fächer	
Musik[3]	2			
Religionslehre/Ethik	2			gesellschaftswissenschaftlich (GPR)
Geschichte	2		Politische Bildung	
Politik und Gesellschaft	2			
Wirtschaft und Recht	2			
Geographie	2			

Kurse	Wochenstunden	Fachbereich	Aufgabenfeld
Mathematik[1]	4		mathematisch-naturwissenschaftlich-technisch (MINT)
Vertiefungskurs Mathematik	2		
Informatik[4]	3	Digitale Bildung	
spät beginnende Informatik[5]	3		
Biologie	3	Naturwissen-schaften	
Chemie	3		
Physik	3		
Wissenschaftspropädeutisches Seminar	2		
Sport	2		

1) In Jahrgangsstufe 13 können Differenzierungsstunden ohne eigenen Lehrplan zur gezielten Abiturvorbereitung eingerichtet werden.
2) Nur wählbar für Schülerinnen und Schüler, die in Jahrgangsstufe 11 das Fach Kunst besucht oder die Kenntnisse der Jahrgangsstufe 11 im Fach Kunst über eine Feststellungsprüfung nach § 66 Abs. 3 nachgewiesen haben. Wird Kunst als Abiturprüfungsfach mit besonderer Fachprüfung gewählt, müssen in der Feststellungsprüfung mindestens befriedigende Leistungen erreicht werden.
3) Nur wählbar für Schülerinnen und Schüler, die in Jahrgangsstufe 11 das Fach Musik besucht oder die Kenntnisse der Jahrgangsstufe 11 im Fach Musik über eine Feststellungsprüfung nach § 66 Abs. 3 nachgewiesen haben. Wird Musik als Abiturprüfungsfach mit besonderer Fachprüfung gewählt, müssen neben dem Nachweis angemessener Fertigkeiten im Spiel eines anerkannten Musikinstruments (ggf. Gesang) in der Feststellungsprüfung mindestens befriedigende Leistungen erreicht werden.
4) Nur wählbar für Schülerinnen und Schüler, die in Jahrgangsstufe 11 den Informatikunterricht des NTG besucht haben.
5) Nicht wählbar für Schülerinnen und Schüler, die in Jahrgangsstufe 11 den Informatikunterricht des NTG besucht haben.

Anlage 4
(zu § 15 Abs. 2)

Fächer des Zusatzangebots in der Qualifikationsphase

Fächer des Zusatzangebots belegt die Schülerin oder der Schüler freiwillig zur individuellen Profilbildung aus dem Angebot der Schule. Die Teilnahme kann vom Nachweis angemessener fachlicher Kenntnisse abhängig gemacht werden.

Fächer des Zusatzangebots werden mit zwei Wochenstunden und, sofern es sich um spät beginnende Fremdsprachen (außer Profilkurse sowie fremdsprachliche Spezialgebiete wie fremdsprachige Konversation oder z.B. Wirtschaftsenglisch), Astrophysik bzw. Biophysik (sofern nicht schon als Lehrplanalternative zu Physik belegt) handelt, mit drei Wochenstunden je Ausbildungsabschnitt ausgestattet.

1. Fächer einzelner Ausbildungsrichtungen

1.1 Wirtschaftswissenschaftliches Gymnasium:
Wirtschaftsinformatik

1.2 Sozialwissenschaftliches Gymnasium:
Sozialwissenschaftliche Arbeitsfelder
– jeweils im gesellschaftswissenschaftlichen Aufgabenfeld –

2. Weitere Fächer mit Lehrplan

2.1 im sprachlich-literarisch-künstlerischen Aufgabenfeld:
spät beginnende Fremdsprachen, sofern nicht schon eine Verpflichtung zur Belegung besteht (Chinesisch, Französisch, Italienisch, Polnisch, Russisch, Spanisch, Tschechisch, Türkisch); Vokalensemble, Instrumentalensemble, Theater und Film, Tanz- und Bewegungskünstetheater, Vertiefungskurs Deutsch

2.2 im gesellschaftswissenschaftlichen Aufgabenfeld:
Psychologie, Geologie, Archäologie, Sport und Gesellschaft

2.3 im mathematisch-naturwissenschaftlich-technischen Aufgabenfeld:
Astrophysik
Biophysik
biologisch-chemisches Praktikum
Vertiefungskurs Mathematik

3. Fächer ohne Lehrplan

3.1 im sprachlich-literarisch-künstlerischen Aufgabenfeld:
Profilkurs Chinesisch, Profilkurs Russisch
Wirtschaftsenglisch, fremdsprachige Konversation, Hebräisch
Literatur, Rhetorik
Linguistik
Kunstgeschichte, Fotografie, Architektur, Produkt- und Mediendesign

3.2 im gesellschaftswissenschaftlichen Aufgabenfeld:
Pädagogik, Philosophie

3.3 im mathematisch-naturwissenschaftlich-technischen Aufgabenfeld:
reine Mathematik, angewandte Mathematik
Informationstechnologie
Mineralogie, chemische Analyse

Die unter Nr. 3 als Beispiele aufgeführten sowie ggf. weitere Fächer ohne Lehrplan können nur eingerichtet werden, wenn die Kursleiterin oder der Kursleiter der Schulleiterin oder dem Schulleiter vor Kursbeginn eine Lehrplanskizze vorlegt. Diese muss Aufschluss geben über die Ziele, den Lehrstoff, seine Verteilung über die Ausbildungsabschnitte, die vorgesehenen Hilfsmittel und die Leistungskontrollen; Abweichungen von § 22 Abs. 3 bedürfen der Zustimmung des Staatsministeriums.

Die Lehrplanskizze wird nach Abschluss des jeweiligen Ausbildungsabschnittes durch einen Kurzbericht über den tatsächlichen Kursverlauf ergänzt. Das Staatsministerium behält sich die Einforderung solcher Lehrplanskizzen vor.

Anlage 5
(zu § 15 Abs. 2)

Belegungsverpflichtung (Gymnasium)

	Fach bzw. Fächergruppe	Ausbildungsabschnitte und Wochenstunden			
		12/1	12/2	13/1	13/2
Pflichtbereich					
1	Religionslehre/Ethik	2	2	2	2
2	Deutsch	4	4	4	4
3	Mathematik	4	4	4	4
4	Geschichte	2	2	2	2
5	Politik und Gesellschaft	2	2	–	–
6	Sport	2	2	2	2
Wahlpflichtbereich					
7	Naturwissenschaft 1	3	3	3	3
8	Fremdsprache 1[1]	3	3	3	3
9	Naturwissenschaft 2 oder Informatik oder spät beginnende Informatik oder Fremdsprache 2	3	3	3[2]	3[2]
10	Politik und Gesellschaft	–	–	2[3]	2[3]
11	Geographie oder Wirtschaft und Recht	2	2		
12	Kunst oder Musik	2	2	2	2
Profilbereich					
13	Leistungsfach	+ 2[4]	+ 2[4]	+ 2[4]	+ 2[4]
14	Wissenschaftspropädeutisches Seminar	2	2	2[5]	–
15	gesamte Halbjahreswochenstundenzahl	126[6] [7]			
(16)	(Fächer des Zusatzangebots oder weitere freiwillige Belegung)[8]	(2/3)	(2/3)	(2/3)	(2/3)

1) Es ist eine fortgeführte Fremdsprache aus dem Angebot der Schule zu belegen.
2) In Jahrgangsstufe 13 ist die zweite Naturwissenschaft (3-stündig) oder Informatik (3-stündig) bzw. spät beginnende Informatik (3-stündig) als Wahlpflichtfach weiterzuführen, sofern nicht in Jahrgangsstufe 12 der Vertiefungskurs Mathematik (2-stündig) gewählt wurde, oder die zweite Fremdsprache (3-stündig) als Wahlpflichtfach weiterzuführen, sofern nicht in Jahrgangsstufe 12 der Vertiefungskurs Deutsch (2-stündig) gewählt wurde. Für die in Jahrgangsstufe 11 gewählte neu einsetzende spät beginnende Fremdsprache besteht in Jahrgangsstufe 13 Belegungspflicht. Spät beginnende Informatik und Informatik auf grundlegendem Anforderungsniveau können in Jahrgangsstufe 13 gemeinsam unterrichtet

werden, da derselbe Lehrplan zugrundeliegt. Dies gilt für die sonstige spät beginnende Fremdsprache entsprechend, sofern diese im Wahlpfichtbereich belegt wird.

3) In Jahrgangsstufe 13 ist Politik und Gesellschaft oder Geographie oder Wirtschaft und Recht weiterzuführen.
4) Das Leistungsfach wird vier- oder fünfstündig unterrichtet. Im Falle der Wahl des Leistungsfaches Musik entfällt eine der vier Stunden auf den praktischen Unterricht (Instrument/Gesang).
5) Dieser Zeitraum dient insbesondere der Präsentation der Ergebnisse mit Prüfungsgespräch (Präsentationshalbjahr). Im Ausbildungsabschnitt 13/1 wird keine Halbjahresleistung gebildet.
6) 124 im Falle des § 19 Abs. 1 Satz 4 und 5.
7) Im Fall von § 19 Abs. 8 Satz 1 und 2 ist eine Unterschreitung ausnahmsweise möglich.
8) Die Schule kann im Rahmen ihrer Ressourcen Fächer des Zusatzangebots oder die Wahl bzw. Weiterführung nicht belegungspflichtiger Fächer des Wahlpflichtbereichs anbieten.

Anlage 6
(zu § 19 Abs. 1 Satz 10)

Belegungsverpflichtung (Abendgymnasium und Kolleg)

A. Abendgymnasium

Fach bzw. Fächergruppe		Ausbildungsabschnitte und Wochenstunden			
		II/1	II/2	III/1	III/2
Pflichtbereich					
1	Deutsch	4	4	4	4
2	Mathematik	4	4	4	4
3	Geschichte	2	2	2	2
Wahlpflichtbereich					
4	Fremdsprache (Englisch, Französisch, Italienisch, Latein, Russisch oder Spanisch)	3	3	3	3
5	Naturwissenschaft (Biologie, Chemie oder Physik)	3	3	3	3
6	Religionslehre/Ethik, Politik und Gesellschaft, Geographie oder Wirtschaft und Recht	2	2	2	2
Profilbereich					
7	Leistungsfach	+2[1)]	+2[1)]	+2[1)]	+2[1)]
8	gesamte Halbjahreswochenstundenzahl	80			
9	Profil (schulspezifisch)	8			

B. Kolleg

Fach bzw. Fächergruppe		Ausbildungsabschnitte und Wochenstunden			
		II/1	II/2	III/1	III/2
Pflichtbereich					
1	Religionslehre/Ethik	2	2	2	2
2	Deutsch[2)]	4	4	4	4
3	Mathematik[2)]	4	4	4	4
4	Geschichte	2	2	2	2
5	Politik und Gesellschaft	2	2	–	–

<table>
<tr><th colspan="2" rowspan="2">Fach bzw. Fächergruppe</th><th colspan="4">Ausbildungsabschnitte und Wochenstunden</th></tr>
<tr><th>II/1</th><th>II/2</th><th>III/1</th><th>III/2</th></tr>
<tr><td colspan="2">Wahlpflichtbereich</td><td colspan="3"></td><td></td></tr>
<tr><td>6</td><td>Naturwissenschaft 1</td><td>3</td><td>3</td><td>3</td><td>3</td></tr>
<tr><td>7</td><td>Fremdsprache 1</td><td>3</td><td>3</td><td>3</td><td>3</td></tr>
<tr><td>8</td><td>Naturwissenschaft 2 oder spät beginnende Informatik oder Fremdsprache 2[3]</td><td>3</td><td>3</td><td>3[4]</td><td>3[4]</td></tr>
<tr><td>9</td><td>Politik und Gesellschaft</td><td>–</td><td>–</td><td rowspan="2">2</td><td rowspan="2">2</td></tr>
<tr><td>10</td><td>Geographie oder Wirtschaft und Recht</td><td>2</td><td>2</td></tr>
<tr><td></td><td colspan="5">Profilbereich</td></tr>
<tr><td>11</td><td>Leistungsfach</td><td>+2[1]</td><td>+2[1]</td><td>+2[1]</td><td>+2[1]</td></tr>
<tr><td>12</td><td>Wissenschaftspropädeutisches Seminar</td><td>2</td><td>2</td><td>2[5]</td><td>–</td></tr>
<tr><td>13</td><td>individuelle Profilbelegung[3]</td><td colspan="4">8[6]</td></tr>
<tr><td>14</td><td>Profilstunden[7]</td><td colspan="4">2</td></tr>
<tr><td>15</td><td>gesamte Halbjahreswochenstundenzahl</td><td colspan="4">120</td></tr>
</table>

1) Das Leistungsfach wird vier oder fünfstündig unterrichtet.

2) In Jahrgangstufe III können Differenzierungsstunden ohne eigenen Lehrplan zur gezielten Abiturvorbereitung eingerichtet werden.

3) Sofern die Belegungspflicht der zweiten fortgeführten Fremdsprache gemäß § 19 Abs. 6 GSO nicht im Rahmen der Wahlpflichtalternative (Tabellenzeile 8) erfolgt, ist diese Fremdsprache im Rahmen der individuellen Profilbelegung (Tabellenzeile 13) zu berücksichtigen.

4) In Jahrgangsstufe III ist die zweite Naturwissenschaft (3stündig) oder die spät beginnende Informatik (3stündig) als Wahlpflichtfach weiterzuführen, sofern nicht in Jahrgangsstufe II der Vertiefungskurs Mathematik (2stündig) gewählt wurde, oder die zweite Fremdsprache (3stündig) als Wahlpflichtfach weiterzuführen, sofern nicht in Jahrgangsstufe II der Vertiefungskurs Deutsch (2stündig) gewählt wurde. Für die in Jahrgangsstufe I gewählte neu einsetzende spät beginnende Fremdsprache besteht in Jahrgangsstufe III Belegungspflicht.

5) Dieser Zeitraum dient insbesondere der Präsentation der Ergebnisse mit Prüfungsgespräch (Präsentationshalbjahr). Im Ausbildungsabschnitt III/1 wird keine Halbjahresleistung gebildet.

6) Jede Schülerin oder jeder Schüler muss eine Belegung im Umfang von mindestens vier Kurshalbjahren vornehmen. Im Falle des § 19 Abs. 1 Satz 4 und 5 ist diese Belegung im Umfang von 10 Wochenstunden erforderlich.

7) Die Profilstunden dienen insbesondere zur Stärkung der Fremdsprachen in Jahrgangsstufe II.

Anlage 7
(zu § 7 Abs. 2)

Stundentafel für Einführungsklassen[1)]

Religionslehre	1
Deutsch	4
Englisch[2)]	4
Französisch (bzw. spät beginnende Fremdsprache)[2)3)]	4 (6)
Mathematik	6
Physik	2
Chemie oder Biologie	2
Geschichte	1
Politik und Gesellschaft	1
Geographie oder Wirtschaft und Recht	1
Kunst oder Musik	1
Sport	2
Profilstunden[4)]	5 (3)
(Intensivierungsstunden)[5)]	(+2)
Summe	34 (+2)

1) [Amtl. Anm.:] Die Lehrerkonferenz kann Abweichungen von dieser Stundentafel beschließen. Dem Unterricht in den einzelnen Fächern sind unter Berücksichtigung der besonderen Zielsetzung der Einführungsklasse die für die Jahrgangsstufen 10 und 11 geltenden Lehrpläne zugrunde zu legen.

2) [Amtl. Anm.:] Die Schule kann in der Einführungsklasse im Rahmen ihrer qualitativen und quantitativen Ressourcen die Ersetzung von Englisch oder Französisch durch eine neu einsetzende spät beginnende Fremdsprache anbieten.

3) [Amtl. Anm.:] Schülerinnen und Schüler, die keinen Unterricht in einer zweiten Fremdsprache als Wahlpflichtfach in vier aufeinander folgenden Jahrgangsstufen besucht haben, erhalten 6 WS Unterricht (4+2 Profilstunden) in Französisch bzw. in einer anderen Fremdsprache auf dem Niveau einer spät beginnenden Fremdsprache. Schülerinnen und Schülern, die Unterricht in einer zweiten Fremdsprache als Wahlpflichtfach in vier aufeinander folgenden Jahrgangsstufen besucht haben, wird, sofern diese nicht durch eine neu einsetzende spät beginnende Fremdsprache ersetzt wird, vierstündiger weiterführender Fremdsprachenunterricht erteilt.

4) [Amtl. Anm.:] Die Zuordnung der Profilstunden zu den einzelnen Fächern, die im Rahmen der Ressourcen der Schule erfolgt, orientiert sich an der Vorbildung der Schülerinnen und Schüler und dient auch der spezifischen Vorbereitung der Schüler auf die Qualifikationsphase der Oberstufe.

5) [Amtl. Anm.:] Bei besonderem Förderbedarf können bis zu zwei Intensivierungsstunden erteilt werden – ggf. gemeinsam mit Schülerinnen und Schülern der Regelklassen.

Anlage 8
(zu § 49 Abs. 4 Satz 1)

Aufgabenstellung für die schriftliche Abiturprüfung

Die für die einzelnen Prüfungen angegebene Arbeitszeit versteht sich als Gesamtarbeitszeit einschließlich Einlesezeit. In Fächern, die als Leistungsfach wählbar sind, unterscheidet sich die Arbeitszeit je nach Anforderungsniveau. Die Arbeitszeit auf erhöhtem Anforderungsniveau (eA) gilt für das Leistungsfach, im Übrigen gilt die Arbeitszeit auf grundlegendem Anforderungsniveau (gA).

1. **Deutsch**
   Für die schriftliche Prüfung aus dem Deutschen werden der Prüfungsteilnehmerin oder dem Prüfungsteilnehmer vier Aufgaben vorgelegt, von denen sie oder er eine Aufgabe nach ihrer oder seiner Wahl zu bearbeiten hat. Die Prüfung kann nur auf eA abgelegt werden.

Arbeitszeit: 315 Minuten.

2. **Mathematik**
   Die schriftliche Prüfung aus der Mathematik besteht aus zwei Prüfungsteilen A und B. Die Prüfung kann nur auf eA abgelegt werden.
   Der Prüfungsteilnehmerin oder dem Prüfungsteilnehmer werden für den Prüfungsteil A Aufgaben aus den drei Prüfungsgebieten Analysis, Stochastik und Geometrie vorgelegt: vier Aufgaben zur Bearbeitung sowie sechs Aufgaben, von denen sie oder er zwei Aufgaben nach ihrer oder seiner Wahl zu bearbeiten hat. Für den Prüfungsteil B werden der Prüfungsteilnehmerin oder dem Prüfungsteilnehmer je eine Aufgabe aus jedem der drei genannten Prüfungsgebiete zur Bearbeitung vorgelegt.

Arbeitszeit: 300 Minuten einschließlich Auswahlzeit, davon höchstens 100 Minuten für den Prüfungsteil A.

3. **Englisch, Französisch, Italienisch, Russisch, Spanisch**
   In der schriftlichen Prüfung werden der Prüfungsteilnehmerin oder dem Prüfungsteilnehmer zunächst eine Hörverstehensaufgabe und nach deren Bearbeitung zwei Textaufgaben, von denen sie oder er eine nach ihrer oder seiner Wahl zu bearbeiten hat, sowie eine Sprachmittlungsaufgabe vorgelegt.

Arbeitszeit: 315 Minuten, davon 30 Minuten für die Hörverstehensaufgabe auf eA. 285 Minuten, davon 30 Minuten für die Hörverstehensaufgabe auf gA.

4. **Chinesisch**
   In der schriftlichen Prüfung werden der Prüfungsteilnehmerin oder dem Prüfungsteilnehmer eine Textaufgabe sowie eine Sprachmittlungsaufgabe vorgelegt. Zusätzlich wird eine Sprechprüfung abgelegt, die vor der schriftlichen Prüfung stattfindet. Die Prüfung im Fach Chinesisch kann nur auf gA abgelegt werden.

Arbeitszeit: 285 Minuten, davon 20 Minuten für die Sprechprüfung und 10 Minuten für die Vorbereitungszeit der Sprechprüfung.

5. **Griechisch, Latein**
   In der schriftlichen Prüfung aus dem Griechischen oder Lateinischen wird die Übersetzung einer Stelle eines Prosaschriftstellers in das Deutsche und die Bearbeitung von sechs (gA) bzw. acht (eA) Aufgaben, die die Prüfungsteilnehmerin oder der Prüfungsteilnehmer aus vorgelegten Aufgaben teilweise auswählt, gefordert.

Arbeitszeit: 300 Minuten auf eA. 240 Minuten auf gA.

6. **Kunst**
   Die besondere Fachprüfung besteht aus einer kombinierten Aufgabe, die einen schriftlich-theoretischen und einen bildnerisch-praktischen Teil enthält. Die Prüfung kann nur auf eA abgelegt werden.
   Der Prüfungsteilnehmerin oder dem Prüfungsteilnehmer wird eine Aufgabe mit schriftlich-theoretischem, eine Aufgabe mit bildnerisch-praktischem Schwerpunkt

und eine Aufgabe mit beiden Bereichen zu gleichen Anteilen vorgelegt, von denen sie oder er eine Aufgabe nach ihrer oder seiner Wahl zu bearbeiten hat.

Arbeitszeit: 300 Minuten.

Bei den bildnerisch-praktischen Prüfungsanteilen wird neben der gestalterischen Leistung der Prüfungsteilnehmerin oder des Prüfungsteilnehmers auch die handwerklich-technische Qualität der Ausführung bewertet.

7. Musik

Die besondere Fachprüfung besteht aus einem fachpraktischen und einem fachtheoretischen Teil. Die Prüfung kann nur auf eA abgelegt werden.

Der fachpraktische Teil erstreckt sich auf

a) den Vortrag eines Pflichtstückes,
b) den Vortrag eines Wahlstückes und
c) das Vomblattspiel auf dem gewählten Instrument bzw. das Vomblattsingen bei der Wahl von Gesang.

Der fachpraktische Teil dauert 30 Minuten.

Für den fachtheoretischen Teil werden der Prüfungsteilnehmerin oder dem Prüfungsteilnehmer drei Aufgaben vorgelegt, von denen sie oder er eine Aufgabe nach ihrer oder seiner Wahl zu bearbeiten hat.

Arbeitszeit: 210 Minuten ohne Vorspielzeit.

8. Politik und Gesellschaft

In der schriftlichen Prüfung aus Politik und Gesellschaft werden der Prüfungsteilnehmerin oder dem Prüfungsteilnehmer vier Aufgaben vorgelegt, von denen sie oder er eine Aufgabe nach ihrer oder seiner Wahl zu bearbeiten hat.

Arbeitszeit: 270 Minuten auf eA. 210 Minuten auf gA.

9. Geschichte

In der schriftlichen Prüfung aus der Geschichte werden der Prüfungsteilnehmerin oder dem Prüfungsteilnehmer vier Aufgaben vorgelegt, von denen sie oder er eine Aufgabe nach ihrer oder seiner Wahl zu bearbeiten hat.

Arbeitszeit: 270 Minuten auf eA. 210 Minuten auf gA.

Die Arbeitszeit auf gA gilt auch für Geschichte auf Französisch.

10. Geographie

In der schriftlichen Prüfung aus der Geographie werden der Prüfungsteilnehmerin oder dem Prüfungsteilnehmer vier Aufgaben vorgelegt, von denen sie oder er zwei Aufgaben nach ihrer oder seiner Wahl zu bearbeiten hat.

Arbeitszeit: 270 Minuten auf eA. 210 Minuten auf gA.

11. Wirtschaft und Recht

In der schriftlichen Prüfung auf eA werden der Prüfungsteilnehmerin oder dem Prüfungsteilnehmer aus jedem der drei Gegenstandsbereiche Betriebswirtschaft, Volkswirtschaft sowie Recht mindestens je eine, insgesamt vier Aufgaben vorgelegt, von denen sie oder er zwei Aufgaben ihrer oder seiner Wahl zu bearbeiten hat; die beiden gewählten Aufgaben müssen in ihrer Gesamtheit Lerninhalte aus zwei der drei genannten Gegenstandsbereiche berücksichtigen.

Arbeitszeit: 270 Minuten.

In der schriftlichen Prüfung auf gA werden der Prüfungsteilnehmerin oder dem Prüfungsteilnehmer zwei Aufgaben vorgelegt, von denen die Prüfungsteilnehmerin oder der Prüfungsteilnehmer eine Aufgabe nach ihrer oder seiner Wahl zu bearbeiten hat.

Arbeitszeit: 210 Minuten.

12. Religionslehre

In der schriftlichen Prüfung werden der Prüfungsteilnehmerin oder dem Prüfungsteilnehmer vier Aufgaben vorgelegt, von denen sie oder er eine Aufgabe nach ihrer oder seiner Wahl zu bearbeiten hat.

Arbeitszeit: 270 Minuten auf eA. 210 Minuten auf gA.

13. **Ethik**
    In der schriftlichen Prüfung werden der Prüfungsteilnehmerin oder dem Prüfungsteilnehmer vier Aufgaben vorgelegt, von denen sie oder er eine Aufgabe nach ihrer oder seiner Wahl zu bearbeiten hat.

Arbeitszeit: 270 Minuten auf eA. 210 Minuten auf gA.

14. **Biologie, Chemie, Physik und Informatik**
    In der schriftlichen Prüfung aus Biologie, Chemie, Physik oder Informatik werden der Prüfungsteilnehmerin oder dem Prüfungsteilnehmer vier Aufgaben zur Bearbeitung vorgelegt, von denen sie oder er drei Aufgaben nach ihrer oder seiner Wahl zu bearbeiten hat.

Arbeitszeit: 300 Minuten einschließlich Auswahlzeit auf eA. 255 Minuten einschließlich Auswahlzeit auf gA.

15. **Sport**
    Die besondere Fachprüfung besteht aus einem sportartspezifischen praxisbezogenen Teil und einem allgemeinen schriftlich-theoretischen Teil. Die Prüfung kann nur auf eA abgelegt werden.

Der sportartspezifische praxisbezogene Teil wird im Ausbildungsabschnitt 13/2 durchgeführt. Er umfasst je eine Prüfung in den über zwei Ausbildungsabschnitte hinweg belegten Sportarten.

Der sportartspezifisch praxisbezogene Teil dauert 60 Minuten.

Für den allgemeinen schriftlich-theoretischen Teil werden der Prüfungsteilnehmerin oder dem Prüfungsteilnehmer drei Aufgaben vorgelegt, von denen sie oder er eine Aufgabe nach ihrer oder seiner Wahl zu bearbeiten hat.
Arbeitszeit: 180 Minuten.

Anlage 9
(zu § 48 Abs. 3)

Schwerpunktbildung in der mündlichen Abiturprüfung

1. **Kolloquium (§ 50 Abs. 2)**
   a) Die geforderte Prüfungsvorbereitung wird auf drei Ausbildungsabschnitte in der Weise beschränkt, dass die Schülerin oder der Schüler
      aa) die Lerninhalte des ersten oder des zweiten Ausbildungsabschnitts ausschließen und
      bb) die Lerninhalte eines der drei verbleibenden Ausbildungsabschnitte zum Prüfungsschwerpunkt erklären darf.
   b) Abweichend von Buchst. a Doppelbuchst. bb ist in den modernen Fremdsprachen der Prüfungsschwerpunkt ein Spezialgebiet, das Themen der Literatur oder Landeskunde zugeordnet und einem der verbleibenden drei Ausbildungsabschnitte entnommen ist. Es wird von der Schülerin oder dem Schüler rechtzeitig aus dem Angebot der Kursleiterin oder des Kursleiters ausgewählt. Die allgemeinen sprachlichen Anforderungen bleiben von dieser Regelung unberührt.
   c) In Mathematik wird die geforderte Prüfungsvorbereitung in der Weise beschränkt, dass die Schülerin oder der Schüler
      aa) eines der zwei Gebiete Geometrie oder Stochastik ausschließen und
      bb) entweder das Gebiet Analysis oder das unter Doppelbuchst. aa nicht ausgeschlossene Gebiet zum Prüfungsschwerpunkt erklären darf.

      Sie oder er legt dies spätestens vier Wochen vor dem vom Prüfungsausschuss festgesetzten Prüfungstermin fest. Eine weitere Schwerpunktbildung findet nicht statt. Abweichend von § 50 Abs. 2 werden keine Themenbereiche benannt und kein Kurzreferat gestellt. Der Schülerin oder dem Schüler werden zum Prüfungsschwerpunkt etwa 30 Minuten vor Prüfungsbeginn Aufgaben gestellt, auf die er oder sie sich entsprechend den Vorgaben von § 50 Abs. 1 Satz 6 Halbsatz 1 vorbereiten darf.
      Das Kolloquium gliedert sich dann in folgende zwei Prüfungsteile gemäß § 50 Abs. 2 Satz 1:
      aa) Zusammenhängender Vortrag zu den vorgelegten Aufgaben (ca. 10 Minuten) sowie ein Gespräch zu den Inhalten des Prüfungsschwerpunkts;
      bb) Gespräch zu den Inhalten des weiteren Gebiets.

Das Kolloquium gliedert sich in zwei Prüfungsteile von je etwa 15 Minuten Dauer

- Kurzreferat der Schülerin oder des Schülers zum gestellten Thema (ca. 10 Minuten) aus dem gewählten Prüfungsschwerpunkt Entweder
  - nur aus Geschichte oder
  - aus Sozialkunde mit kleinerem Geschichte-Anteil (Verhältnis 2:1) sowie ein Gespräch ausgehend vom Kurzreferat;
- Gespräch zu den Lerninhalten
  - im Fall von Spiegelstrich 1 Punkt 1 aus Geschichte aus dem anderen Ausbildungsabschnitt sowie aus Sozialkunde aus den beiden Ausbildungsabschnitten;
  - im Fall von Spiegelstrich 1 Punkt 2 aus Geschichte aus den beiden Ausbildungsabschnitten, soweit die Lerninhalte im ersten Prüfungsteil noch nicht geprüft wurden.

2. **Zusatzprüfung (§ 50 Abs. 3)**
   a) Die geforderte Prüfungsvorbereitung wird auf drei Ausbildungsabschnitte in der Weise beschränkt, dass die Schülerin oder der Schüler
      aa) die Lerninhalte des ersten oder des zweiten Ausbildungsabschnitts ausschließen und
      bb) die Lerninhalte eines der drei verbleibenden Ausbildungsabschnitte zum Prüfungsschwerpunkt erklären darf.
   b) Abweichend von Buchst. a werden in Mathematik besondere Regelungen getroffen:

In Mathematik darf die Schülerin oder der Schüler anstelle der Lerninhalte eines Ausbildungsabschnitts eines der zwei Gebiete Geometrie oder Stochastik ausschließen. Eine weitere Schwerpunktbildung findet nicht statt.
Die Zusatzprüfung gliedert sich dann in folgende zwei Prüfungsteile gemäß § 50 Abs. 3 Satz 5 GSO:

aa) Gespräch zu den Lerninhalten des Gebiets Analysis;
bb) Gespräch zu den Lerninhalten des nicht ausgeschlossenen Gebiets.

Anlage 10
(zu § 17 Abs. 4)

Verpflichtende Einbringung von Leistungen in die Gesamtqualifikation (Gymnasium und Kolleg)

	QUALIFIKATIONSPHASE	
	Zahl der einzubringenden Halbjahresleistungen[1)]	
	Pflicht- und Wahlpflichteinbringung	
1	Deutsch	4
2	Mathematik	4
3	Chinesisch, Englisch, Französisch, Griechisch, Italienisch, Latein, Russisch, Spanisch	3 (+ 1)[2)]
4	Religionslehre (bzw. Ethik)	3
5	Geschichte	3
6	Politik und Gesellschaft	3 + 1[3)]
7	Geographie, Wirtschaft und Recht	
8	Kunst, Musik	3[4)]
9	Biologie, Chemie, Physik	3 (+ 1)[5)]
10	Weitere Naturwissenschaft oder Informatik oder spät beginnende Informatik oder weitere fortgeführte bzw. spät beginnende Fremdsprache	3[6)]
11	Zusätzliche Halbjahresleistungen für die weiteren Abiturprüfungsfächer	2 (+ 1)[7)]
12	Gesamt	33 (34)
	Profileinbringung	
13	Wissenschaftspropädeutisches Seminar[8)]	2
14	Seminararbeit[9)]	2
15	Sonstige[10)]	3 (2)
16	Gesamt	7 (6)
17	**40 Halbjahresleistungen * max. 15 Punkte = max. 600 Punkte**	

<table>
<tr><td></td><td colspan="3">ABITURPRÜFUNG</td></tr>
<tr><td>18</td><td>1. Abiturprüfungsfach (schriftlich)</td><td rowspan="4">darunter Deutsch[11)], Mathematik[11)] und Leistungsfach</td><td rowspan="5">darunter eine fortgeführte Fremdsprache oder eine Naturwissenschaft und zusätzlich mindestens ein GPR-Fach</td></tr>
<tr><td>19</td><td>2. Abiturprüfungsfach (schriftlich)</td></tr>
<tr><td>20</td><td>3. Abiturprüfungsfach (schriftlich)</td></tr>
<tr><td>21</td><td>4. Abiturprüfungsfach (mündlich)</td></tr>
<tr><td>22</td><td>5. Abiturprüfungsfach (mündlich)</td><td></td></tr>
<tr><td>23</td><td colspan="3">5 Abiturprüfungen * max. 60 Punkte = max. 300 Punkte</td></tr>
</table>

[1] Abweichend von § 53 Abs. 2 Satz 1 Nr. 2 Buchst. a kann die Schülerin oder der Schüler nach der Aufforderung nach § 41 Abs. 2 in höchstens einem Fach eine verpflichtend einzubringende Halbjahresleistung durch eine in einem anderen Fach erbrachte Halbjahresleistung ersetzen; Fußnote 10 bleibt unberührt. Alternativ zum Ersatz durch eine in einem anderen Fach erbrachte Halbjahresleistung können Schülerinnen und Schüler in einem Fach jeweils eine der drei einbringungspflichtigen Halbjahresleistungen streichen, wenn dadurch eine nach § 17 Abs. 4 ausgeschlossene Wahl der Abiturprüfungsfächer ermöglicht wird. Die Einbringungsverpflichtungen nach § 53 Abs. 2 Satz 1 Nr. 1 bleibt unberührt. Zudem ist sicherzustellen, dass aus den Naturwissenschaften (Biologie, Physik, Chemie) sowie den Fremdsprachen jeweils mindestens vier Halbjahresleistungen aus den verpflichtend zu belegenden Kurshalbjahren eingebracht werden.

[2] Soweit keine weitere Fremdsprache belegt wird, sind in der gewählten Fremdsprache vier Halbjahresleistungen einzubringen.

[3] In den Fächern Politik und Gesellschaft sowie Wirtschaft und Recht oder Geographie sind jeweils mindestens eine Halbjahresleistung einzubringen. In demjenigen Fach, in dem die Belegungsverpflichtung gemäß § 19 Abs. 1 Satz 6 Halbsatz 2 erfüllt wird, sind zwei weitere Halbjahresleistungen einzubringen. Die im jeweiligen Fach verpflichtend einzubringenden Halbjahresleistungen sind den verpflichtend zu belegenden Kurshalbjahren zu entnehmen.

[4] Am Kolleg sind anstelle der Pflichteinbringungen in Kunst oder Musik drei weitere sonstige Profileinbringungen zu benennen.

[5] Soweit keine weitere Naturwissenschaft belegt wird, sind in der gewählten Naturwissenschaft vier Halbjahresleistungen einzubringen.

[6] Bei der Wahl des Vertiefungskurses Deutsch als Wahlpflichtfach sind aus dem Vertiefungskurs und der weiteren Fremdsprache aus den verpflichtend zu belegenden Kurshalbjahren nach Wahl des Schülers insgesamt drei Halbjahresleistungen einzubringen, darunter im Vertiefungskurs mindestens eine. Bei der Wahl des Vertiefungskurses Mathematik als Wahlpflichtfach sind aus dem Vertiefungskurs oder der weiteren Naturwissenschaft oder Informatik oder spät beginnenden Informatik aus den verpflichtend zu belegenden Kurshalbjahren nach Wahl des Schülers insgesamt drei Halbjahresleistungen einzubringen, darunter im Vertiefungskurs mindestens eine.

[7] Bei der Wahl der Abiturprüfungsfächer ist eine weitere Halbjahresleistung einzubringen, wenn – bei Belegung von zwei Naturwissenschaften – nicht die einzige Fremdsprache oder – bei Belegung von zwei Fremdsprachen – nicht die einzige Naturwissenschaft als Abiturprüfungsfach gewählt wird. Gleiches gilt, wenn bei Belegung von Informatik oder spät beginnender Informatik nicht die einzige Fremdsprache und gleichzeitig die einzige Naturwissenschaft als Abiturprüfungsfächer gewählt werden. Bei Substitution von Deutsch ist darüber hinaus bei der Wahl der Abiturprüfungsfächer ggf. eine weitere Halbjahresleistung einzubringen.

[8] Einzubringen sind die Halbjahresleistungen aus den Ausbildungsabschnitten 12/1 und 12/2.

[9] Für die Seminararbeit wird eine Gesamtleistung ermittelt, die in ihrer Wertigkeit zwei Halbjahresleistungen entspricht.

[10] Weitere Halbjahresleistungen aus dem Pflicht, Wahlpflicht oder Profilbereich, davon höchstens drei Halbjahresleistungen Sport, wenn Sport nicht als Abiturprüfungsfach gewählt wird, bzw. in Fächern des Zusatzangebots (mit Ausnahme von Wirtschaftsinformatik und Sozialwissenschaftliche Arbeitsfelder). Hier sind außerdem diejenigen Halbjahresleistungen eines Abiturfachs einzubringen, die bei der Pflicht und Wahlpflichteinbringung nicht verpflichtend sind, z. B. Wirtschaftsinformatik, Sozialwissenschaftliche Arbeitsfelder, Sport, zwei Wahlpflichtfächer des GPR-Bereichs. Bei Substitution von Deutsch reduziert sich die Zahl der sonstigen Einbringungen ggf. um eine Halbjahresleistung. Am Kolleg muss mindestens eine Halbjahresleistung aus der gemäß § 19 Abs. 6 belegten zweiten fortgeführten Fremdsprache als Profileinbringung berücksichtigt werden, sofern sie im Rahmen der individuellen Profilbelegung gewählt wurde.

[11] Zur Substitution von Deutsch oder Mathematik in der Abiturprüfung siehe § 48 Abs. 1 Satz 5. Bei der Substitution von Mathematik muss eine Fremdsprache als Abiturprüfungsfach gewählt werden.

Anlage 11
(zu § 17 Abs. 4)

Verpflichtende Einbringung von Leistungen in die Gesamtqualifikation (Abendgymnasium)

<table>
<tr><td></td><td colspan="3">QUALIFIKATIONSPHASE</td></tr>
<tr><td></td><td colspan="3">Zahl der einzubringenden Halbjahresleistungen</td></tr>
<tr><td></td><td colspan="2">Pflicht- und Wahlpflichteinbringung</td><td></td></tr>
<tr><td>1</td><td colspan="2">Deutsch</td><td>4</td></tr>
<tr><td>2</td><td colspan="2">Mathematik</td><td>4</td></tr>
<tr><td>3</td><td colspan="2">Fremdsprache</td><td>4</td></tr>
<tr><td>4</td><td colspan="2">Geschichte</td><td>4[1]</td></tr>
<tr><td>5</td><td colspan="2">Religionslehre (bzw. Ethik), Politik und Gesellschaft, Geographie, Wirtschaft und Recht</td><td>4[1]</td></tr>
<tr><td>6</td><td colspan="2">Biologie, Chemie, Physik</td><td>4[1]</td></tr>
<tr><td>7</td><td colspan="2">Gesamt</td><td>22</td></tr>
<tr><td>8</td><td colspan="3">22 Halbjahresleistungen * max. 15 Punkte * 1,8181 = max. 600 Punkte</td></tr>
<tr><td></td><td colspan="3">ABITURPRÜFUNG</td></tr>
<tr><td>9</td><td>1. Deutsch (schriftlich)</td><td rowspan="4">darunter Deutsch, Mathematik und Leistungsfach</td><td rowspan="5">darunter die gewählte Fremdsprache und zusätzlich mindestens ein GPR-Fach</td></tr>
<tr><td>10</td><td>2. Mathematik (schriftlich)</td></tr>
<tr><td>11</td><td>3. Abiturprüfungsfach (schriftlich)</td></tr>
<tr><td>12</td><td>4. Abiturprüfungsfach (mündlich)</td></tr>
<tr><td>13</td><td>5. Abiturprüfungsfach (mündlich)</td><td></td></tr>
<tr><td>14</td><td colspan="3">5 Abiturprüfungen * max. 60 Punkte = max. 300 Punkte</td></tr>
</table>

[1] Im Nichtabiturfach werden zwei Halbjahresleistungen gestrichen.

Anlage 12
(zu § 52 Abs. 1)

Berechnung des Prüfungsergebnisses aus schriftlicher Prüfung und mündlicher Zusatzprüfung

1 Das Prüfungsergebnis ist mit folgender Formel zu berechnen:

$$P = \frac{2s + m}{3} \times 4$$

2 Das Prüfungsergebnis wird gerundet.
3 Bei einem Ergebnis (vierfache Wertung) von unter 4 Punkten ist die Abiturprüfung nicht bestanden.
4 Für andere Bewerberinnen und Bewerber erfolgt die Berechnung des Prüfungsergebnisses mit folgender Formel:

$$P = \frac{2s + m}{3} \times 11$$

5 Das Prüfungsergebnis wird gerundet.
(P = Prüfungsergebnis, s = Punktzahl der schriftlichen Prüfung, m = Punktzahl der mündlichen Prüfung).
6 Bei einem Ergebnis (elffache Wertung) von unter 11 Punkten ist die Abiturprüfung nicht bestanden.

Anlage 13
(zu § 54 Abs. 2)

Umrechnungstabelle (Punkte in Noten)

Punkte	Abiturdurchschnittsnote
900–823	1,0
822–805	1,1
804–787	1,2
786–769	1,3
768–751	1,4
750–733	1,5
732–715	1,6
714–697	1,7
696–679	1,8
678–661	1,9
660–643	2,0
642–625	2,1
624–607	2,2
606–589	2,3
588–571	2,4
570–553	2,5
552–535	2,6
534–517	2,7
516–499	2,8
498–481	2,9
480–463	3,0
462–445	3,1
444–427	3,2
426–409	3,3
408–391	3,4
390–373	3,5
372–355	3,6
354–337	3,7
336–319	3,8
318–301	3,9
300	4,0

Anlage 14
(zu § 62 Abs. 1)

Übersicht über die im Zeugnis der allgemeinen Hochschulreife für andere Bewerberinnen und Bewerber erreichbare Höchstzahl von Punkten

		Faktor	Gesamtqualifikation
1.	schriftliches Fach (Deutsch)	11	165
2.	schriftliches Fach (Mathematik)	11	165
3.	schriftliches Fach	11	165
4.	schriftliches Fach	11	165
5.	mündliches Fach	4	60
6.	mündliches Fach	4	60
7.	mündliches Fach	4	60
8.	mündliches Fach	4	60
Insgesamt			**900**

Anlage 15
(zu § 64 Abs. 2)

Übersicht über die im Zeugnis der allgemeinen Hochschulreife für andere Bewerberinnen und Bewerber für Schülerinnen und Schüler staatlich genehmigter Ersatzschulen erreichbare Höchstzahl von Punkten

		13/II Faktor	Prüfung Faktor	Gesamtqualifikation
1.	schriftliches Fach (Deutsch)	–	11	165
2.	schriftliches Fach (Mathematik)	–	11	165
3.	schriftliches Fach	–	11	165
4.	schriftliches Fach	–	11	165
5.	mündliches Fach	–	4	60
6.	mündliches Fach	–	4	60
7.	weiteres Fach	4	–	60
8.	weiteres Fach	4	–	60
Insgesamt		8	52	**900**

Stichwortverzeichnis

Die angegebenen Zahlen beziehen sich auf die Artikel (Art.) und Absätze () des BayEUG und die Paragrafen (§) und Absätze () der BaySchO bzw. der GSO.

A

Abendgymnasium Art. 10 (2) BayEUG
- Aufnahme § 9 GSO
- Fächer § 16 (3) GSO
- Fächerwahl § 18 GSO, Anlage 6 GSO
- Fremdsprache § 19 (5) GSO
- Gliederung § 12 (2) GSO
- Höchstausbildungsdauer § 14 (5) GSO
- Kurswahl § 17 GSO
- Pflichtfächer § 19 GSO
- Stundentafeln § 15 (4) GSO, Anlage 2–4 GSO
- Zulassung zur Abiturprüfung § 44 (3) GSO

Abendrealschule Art. 10 (1) BayEUG

Abiturprüfung
- Aufgabenstellung Anlage 8 GSO
- Fachausschuss § 46 GSO
- Ergebnisse § 52 GSO
- Gesamtqualifikation § 53 GSO
- Gegenstände § 48 GSO
- Mündliche § 50 GSO, Anlage 9 GSO
- Prüfungsausschuss § 45 GSO
- Schriftliche § 50 GSO
- Unterausschuss § 46 GSO
- Unterschleif § 57 GSO
- Verhinderung der Teilnahme § 56 GSO
- Wahl des Kursprogramms § 17 GSO
- Wiederholung § 58 GSO
- Zeitpunkt § 43 GSO
- Zulassung § 44 GSO

Abiturprüfung für andere Bewerber
- Allgemeines § 59 GSO
- Ergebnisse § § 62 GSO
- Gegenstände § 61 GSO
- Gesamtqualifikation § 62 (3) GSO
- Schülerinnen und Schüler von Ersatzschulen § 64 GSO
- Verfahren § 61 GSO
- Zulassung § 60 GSO

Abmeldung vom Religionsunterricht Art. 46 (4) BayEUG, § 27 (3) BaySchO

Alkoholverbot § 23 (1) BaySchO

Allgemeine Hochschulreife Art. 9 (2) BayEUG
- Zeugnis § 55 GSO
- Zuerkennung § 54 GSO, § 63 GSO

ärztliches Zeugnis § 20 (2) BaySchO

amtliche Bezeichnung von Schulen Art. 29 (1) BayEUG

Anforderung an die Ausbildung von Lehrkräften Art. 94 BayEUG

Anmeldung
- zur untersten Jahrgangsstufe § 2 (1) GSO
- zum Abendgymnasium und Kolleg § 9 GSO

Attest § 20 (2) BaySchO

Aufgaben
- Elternvertretung Art. 65 BayEUG, § 15 BaySchO
- Klassenkonferenz Art. 53 (4) BayEUG
- Lehrerkonferenz Art. 58 (3) BayEUG, § 3 BaySchO
- Lehrkräfte Art. 59 BayEUG
- Schülermitverantwortung Art. 62 BayEUG, § 10 BaySchO
- Schule Art. 2 BayEUG
- Schulforum Art. 69 BayEUG
- Schulleiter Art. 57 (1–3) BayEUG

Auflösung von öffentlichen Schulen Art. 26 ff. BayEUG

Aufnahme
- Entscheidung über § 6
- in die unterste Jahrgangsstufe § 2 GSO
- in eine höhere Jahrgangsstufe § 5 GSO
- im Abendgymnasium und Kolleg § 9 GSO
- Probezeit § 6 GSO
- von Schülern mit anderen Abschlüssen § 7 GSO

Aufnahmeausschuss § 3 (2) GSO

Aufnahmeprüfung § 6 GSO

Aufsicht Art. 109 BayEUG
- Schriftliche Prüfung § 49 (3) GSO
- Schülerheime Art. 109 BayEUG

Aufsichtspflicht § 22 BaySchO

Ausschluss
- in einem Fach Art. 86 (2) Nr. 4 BayEUG
- vom Besuch eines Wahlfaches § 16 (4) GSO
- vom Unterricht Art. 86 (2) Nr. 5–7 BayEUG
- von der Schule Art. 86 Nr. 11, 12 BayEUG
- vorübergehender (Sicherungsmaßnahmen) Art. 87 (1) BayEUG

Ausschüsse
- Fachausschuss § 46 GSO
- Prüfungsausschuss § 45 GSO
- Unterausschuss § 46 GSO
- Verfahren § 47 GSO

Außenklassen (siehe Partnerklassen)

Austritt Art. 55 (1) BayEUG

B

Beaufsichtigung § 22 BaySchO

Beendigung des Schulbesuchs Art. 55, Art. 111 BayEUG

Befreiung § 20 BaySchO

Benotung der Leistungen Art. 52 BayEUG

Beratung
- der Lehrkräfte Art. 57 (2) BayEUG
- des pädagogischen Personals Art. 57 (2) BayEUG
- der Erziehungsberechtigten Art. 75, Art. 78 (1) BayEUG, § 12 (2) BaySchO

Beratungsstellen Art. 78 BayEUG

Beratungslehrkräfte Art. 78 (1) BayEUG

Berufsfachschule Art. 13 BayEUG

Berufsoberschule Art. 17 BayEUG

Berufsschulberechtigung Art. 40 BayEUG

Berufsschule Art. 11, Art. 34 BayEUG

Berufsschulpflicht Art. 39 BayEUG
- Befreiung Art. 39 (3) BayEUG

Bescheinigung
- über die Dauer des Schulbesuchs § 32 RSO

Beschluss der Lehrerkonferenz Art. 58 (5) BayEUG

Beschwerderecht Art. 62 (1) BayEUG

Besichtigung schulischer Einrichtungen Art. 113 BayEUG

Besondere Prüfung § 67 GSO

Beteiligung des Gesundheitsdienstes Art. 118 (3) BayEUG

Beurlaubung § 20 (3) BaySchO
- Schulbesuch im Ausland § 66 GSO

Bewertung
- der Leistungen Art. 52 BayEUG, § 21 RSO
- der Prüfungsleistungen § 38 RSO

Bezirksschülersprecher Art. 62 (6) BayEUG, § 11 (2) BaySchO

Bildstellenwesen Art. 79 BayEUG

Bildungsstandards Art. 45 BayEUG

D

Datenerhebung Art. 85, BayEUG Art. 85a BayEUG

Datenschutz

Digitale Hilfsmittel
- Einsatz § 18a BaySchO

Distanzunterricht §§ 19, 22 BaySchO

Disziplinarausschuss § 7 (4) BaySchO

E

Eigenverantwortung § 3 BaySchO

Einschränkung von Grundrechten Art. 120 BayEUG

Einsichtnahme § 41 BaySchO

Elternbeirat
- Amtszeit § 16 (2) BaySchO
- Gemeinsamer § 14 BaySchO
- Geschäftsgang § 15 BaySchO
- Unterrichtung Art. 67 BayEUG
- Wahl § 14 BaySchO
- Zusammensetzung Art. 66 BayEUG

Elternsprechstunden § 12 BaySchO

Elternsprechtage § 12 BaySchO

Elternversammlung § 12 BaySchO

Elternvertretung
- Bedeutung und Aufgaben Art. 65 BayEUG
- Einrichtungen Art. 64 BayEUG

Entlassung Art. 55, 87 BayEUG

Ergänzungsprüfungen § 65 GSO

Ergänzungsschulen Art. 102 ff. BayEUG

Erhebungen § 24 BaySchO

Erkrankung § 20 BaySchO
- bei Abiturprüfung § 56 GSO
- bei Ersatzprüfung § 27 (4) GSO
- ärztliches Zeugnis § 20 (2) BaySchO

Errichtung von öffentlichen Schulen Art. 26 ff. BayEUG

Ersatzprüfung § 27 GSO

Ersatzschule Art. 91 ff. BayEUG

Erwerb der Fachhochschulreife
- an beruflichen Schulen Art. 18 BayEUG

Erziehungsberechtigte § 12 ff. BaySchO
- Zusammenarbeit § 12 BaySchO Art. 74 BayEUG

Erziehungsmaßnahmen Art. 86 ff. BayEUG

Ethikunterricht Art. 47 BayEUG, § 27 BaySchO

Evaluation Art. 113c BayEUG

F

Fachakademie Art. 17 BayEUG

Fachliche Leistungstests § 23 GSO

Fachoberschule Art. 16 BayEUG

Fachschule Art. 15 BayEUG

Familien- und Sexualerziehung Art. 48 BayEUG

Fernbleiben vom Unterricht Art. 55 (2) BayEUG, § 20 (2) BaySchO

Ferien Art. 5 BayEUG

Finanzielle Abwicklung
- staatliche Schulkonten § 25 BaySchO

Förderlehrerinnen/Förderlehrer Art. 60 BayEUG

Förderschule Art. 33 BayEUG
- Aufgaben der Art. 19 BayEUG
- Ausführungsbestimmungen Art. 24 BayEUG
- Gliederung Art. 20 BayEUG

Freiwilliges Wiederholen § 37 GSO

G

Ganztagsangebot Art. 6 (5) BayEUG

Gastschulverhältnis Art. 43 BayEUG, § 8 GSO

Geltungsbereich § 1 BaySchO, § 1 GSO

Graecum § 65 GSO

Grundschule Art. 7, Art. 32 BayEUG

Gymnasium Art. 9 BayEUG

H

Haftpflicht Art. 89 (1) BayEUG
- bei Schülerfirmen § 21 (1) BaySchO

Handy Art. 56 (5) BayEUG, § 23 BaySchO

Hausaufgaben § 28 BaySchO

Hausordnung § 2 (2) BaySchO

Hausunterricht Art. 23 BayEUG

Heilpädagogische Förderlehrerinnen/Heilpädagogische Förderlehrer Art. 60 BayEUG

Höchstausbildungsdauer § 14 GSO

I

Individuelle Unterstützung § 32 BaySchO

Information
- des Elternbeirates Art. 67 BayEUG
- über das Notenbild § 40 GSO

Inklusive Schule Art. 30b BayEUG

Islamischer Unterricht Art. 47 BayEUG, § 27 BaySchO

J

Jahresbericht Art. 85 (3) BayEUG

Jahresfortgangsnote § 28 GSO

Jahreszeugnisse § 39 GSO

Jahrgangsstufensprecher Art. 62 (2) BayEUG, § 8 (3) BaySchO

K

Klassen Art. 49 BayEUG
- Einrichtung von § 13 GSO
- Ganztagsklassen Art. 6 (5) BayEUG
- Kooperationsklassen Art. 30a (7) BayEUG
- Offene Klassen der Förderschulen Art. 30a (7) BayEUG
- Partnerklassen Art. 30a (7) BayEUG

Klassenelternsprecherin/Klassenelternsprecher
- Amtszeit § 16 (2) BaySchO
- Wahl § 13 BaySchO

Klassenelternversammlung Art. 64 (3) BayEUG

Klassenkonferenz Art. 53 (4) BayEUG, § 7 (2) BaySchO

Klassensprecherinnen/Klassensprecher Art. 62 (2) BayEUG

Klassen- und Gruppenbildung § 13 GSO

Kolleg Art. 10 (3) BayEUG
- Aufnahme § 9 GSO
- Belegungsverpflichtung Anlage 5 GSO
- Fächer § 16 (3) GSO
- Fremdsprache § 19 (5–6) GSO
- Gliederung § 12 (2) GSO
- Höchstausbildungsdauer § 14 (5) GSO
- Pflichtfächer § 19 GSO
- Stundentafeln § 15 (4) GSO, Anlage 2–4 GSO
- Zulassung zur Abiturprüfung § 44 (3) GSO

Kolloquium § 50 GSO
- Schwerpunktbildung § 50 (2) GSO, Anlage 9 GSO

Kreuz Art. 7 (4) BayEUG

Kurse § 13 GSO

Kurzarbeiten § 23 GSO

L

Landesschulbeirat Art. 73 BayEUG

Landesschülerkonferenz Art. 62a BayEUG

Landesschülerrat Art. 62a 112 BayEUG

Landkreisschülersprecher Art. 10 BaySchO

Latinum § 65 GSO

Lehrerkonferenz Art. 58 BayEUG
- Aufgaben der Art. 58 (1) BayEUG, § 3 BaySchO
- Ausschüsse Art. 58 (1) BayEUG, § 7 BaySchO
- Beschlüsse Art. 58 (5) BayEUG
- Beschlussfähigkeit Art. 58 (6) BayEUG
- Beschlussfassung § 6 BaySchO, Art. 58 (6) BayEUG
- Disziplinarausschuss § 7 (4) BaySchO
- Einberufung § 5 BaySchO
- Geschäftsgang Art. 58 (6) BayEUG
- Lehr- und Lernmittelausschuss § 7 (3) BaySchO
- Mitglieder Art. 58 (2) BayEUG
- Sitzungen § 4 BaySchO (1)
- Sitzungsteilnahme Art. 58 (6) BayEUG
- Stimmberechtigung Art. 58 (6) BayEUG
- Vorsitz Art. 58 (2) BayEUG

Lehrkräfte Art. 59 BayEUG

Lehrmittel Art. 51 BayEUG

Lehrpläne Art. 45 BayEUG

Lehr- und Lernmittelausschuss Art. 58 (1) BayEUG, § 7 (3) BaySchO

Leistungsnachweise Art. 52 BayEUG, § 21 GSO
- Bewertung § 26 GSO
- Bewertung in den Jgst. 11 und 12 § 29 GSO
- Große § 22 GSO
- Kleine § 23 GSO
- Korrektur § 25 GSO
- Nachholung § 27 GSO
- Nachteilsausgleich Art. 52 (5) BayEUG, § 33 BaySchO
- Praktische § 19 (5)(5) BayEUG, § 31 ff. BaySchO
- Seminararbeit § 24 GSO

Lernmittel Art. 51 BayEUG

M

Medienzentren Art. 79 BayEUG

Mittagsbetreuung Art. 31 (3) BayEUG

Mittelschule Art. 7a, Art. 32a BayEUG

Mittelstufe § 12 GSO

Mittlerer Schulabschuss Art. 25 BayEUG

Mobile Sonderpädagogische Dienste Art. 21 BayEUG

Mobile Sonderpädagogische Hilfe Art. 22 BayEUG

Mobilfunktelefone Art. 56 (5) BayEUG, § 23 BaySchO

MODUS-Maßnahmen § 3 BaySchO, Anlage BaySchO

MODUS-Schulen
- Organisation Art. 83 BayEUG
- Zulässigkeit Art. 82 BayEUG
- Zweck Art. 81 BayEUG

Mündliche Prüfung § 50 GSO
- Schwerpunktbildung Anlage 9 GSO
- Termine § 43 (1) GSO
- Wahl der Prüfungsfächer § 17 (3) GSO

N

Nacharbeit Art. 86 (1) BayEUG

Nachholung
- von Leistungsnachweisen § 27 GSO

Nachmittagsunterricht
- Stellen von Hausaufgaben § 28 BaySchO

Nachprüfung Art. 53 (6) BayEUG, § 33 GSO

Nachteilsausgleich § 33 BaySchO
- Begriffsbestimmung § 31 BaySchO
- Formen § 33 BaySchO
- Verfahren § 36 BaySchO
- Zuständigkeit § 35 BaySchO

Niederschrift
- der Lehrerkonferenz § 4 (4) BaySchO
- des Schulforums § 17 (2) BaySchO
- des Fachausschusses § 46 (1) GSO
- Wahl der Elternvertretung § 13 (5) BaySchO

Notenschutz § 34 BaySchO
- Begriffbestimmung § 31 BayScho
- Formen § 34 BaySchO
- Verfahren § 36 BaySchO
- Zuständigkeit § 35 BaySchO

Notenausgleich § 32 GSO

Notenstufen Art. 52 (2) BayEUG

O

Oberstufe Art. (4) BayEUG, § 12 (1) GSO
- Höchstausbildungsdauer § 14 (4) GSO

Ordnungsmaßnahmen Art. 86 BayEUG
- Abschließender Katalog Art. 86 (2) BayEUG
- Unterrichtung über 88 (4) BayEUG
- unzulässige Art. 86 (3) BayEUG
- Verfahren Art. 88 (3) BayEUG
- Zuständigkeit Art. 88 (1) BayEUG

Ordnungswidrigkeiten Art. 119 BayEUG

P

Partnerklassen Art. 30a (7) BayEUG

Pflichten
- der Arbeitgeberinnen/

Arbeitgeber Art. 77 BayEUG
- der Erziehungsberechtigten Art. 76 BayEUG
- der Schule Art. 75 BayEUG
- Schülerinnen/Schüler Art. 56 (1) BayEUG
- Schulleiterin/Schulleiter Art. 57 BayEUG

Politische Werbung Art. 84 BayEUG

Praktische Prüfung § 22 (39 GSO

Private Schulen BayEUG
- Aufgabe Art. 90 BayEUG
- Ersatzschulen Art. 91 ff. BayEUG

Probeunterricht § 3 GSO

Probezeit § 6 GSO

Prüfungsausschuss § 45 GSO
- Vorsitz Art. 54 (2) BayEUG

Prüfungsergebnis § 52 GSO

Prüfungsgegenstände § 48 GSO

Prüfungsnote § 51 GSO, § 52 GSO

Q

Qualifikationsphase § 12 GSO
- Einbringungen Anlage 10 GSO
- Einbringungen (Abendgymnasium) Anlage 11 GSO
- Gestaltung des Pflichtprogramms § 19 GSO
- Individuelle Profilbelegung Anlage 4 GSO
- Rücktritt § 37 (4) GSO
- Übertritt in der § 11 GSO
- Wahl des Kursprogramms § 17 GSO

R

Realschule Art. 8 BayEUG

Rechte
- des Landesschülerrates Art. 62 (3) BayEUG
- der Schülerinnen und Schüler Art. 56 (2) BayEUG
- der Schülermitverantwortung Art. 62 (1) BayEUG

Religionsunterricht Art. 46 BayEUG, § 27 BaySchO
- Abmeldung § 27 (2) BaySchO
- Aufsicht Art. 112 BayEUG

S

Sammelbestellungen Art. 84 (1) BayEUG, § 2 (2) BaySchO

Sammlungen § 26 BaySchO

Schriftliche Leistungen Art. 52 BayEUG
- Abschlussprüfung § 35 RSO
- Korrekturzeit § 20 (1) RSO

Schülerausschuss Art. 62 (5) BayEUG, § 9 BaySchO

Schülerfirmen § 21 BaySchO
- Konten § 25 (2) BaySchO

Schülerheime Art. 106 ff. BayEUG

Schülerinnen/Schüler
- ohne festen Aufenthalt § 29 BaySchO
- Pflichten Art. 56 (1) BayEUG
- Rechte Art. 56 (2) BayEUG

Schülermitverantwortung Art. 62 BayEUG, § 10 BaySchO

Schülersprecherinnen/Schülersprecher Art. 62 (1) BayEUG, § 9 BaySchO

Schülerstammblatt § 37 BaySchO

Schülerunterlagen § 37 ff. BaySchO, Art. 85 (1a) BayEUG
- Aufbewahrung § 40 BaySchO
- Einsichtnahme § 41 BaySchO
- Verwendung § 38 BaySchO
- Weitergabe bei Schulwechsel § 39 BaySchO

Schülervertretung Art. 62 BayEUG

Schülerzeitung Art. 63 BayEUG
- Finanzierung § 10 (4), § 25 (3) BaySchO

Schulandacht § 27 (1) BaySchO

Schulamt Art. 115 BayEUG, § 43 (1) BaySchO
- Aufgaben 43 (1) BaySchO

- Gastschulverhältnisse Art. 43 BaySchO

Schulartunabhängige Deutschklassen § 47 BaySchO

Schulaufgaben § 18 RSO

Schulaufsicht 43 (1) BaySchO
- Befugnisse Art. 113 BayEUG
- Beteiligung Art. 116 BayEUG
- Schülerheime Art. 109 BayEUG

Schulaustritt Art. 55 BayEUG, Art. 30 BaySchO

Schulbauten Art. 4 BayEUG

Schulberatung Art. 78 BayEUG

Schulbesuchsdauer
- Bescheinigung § 42 GSO

Schulbesuch im Ausland § 66 GSO
- Vorrücken § 35 GSO

Schulen
- Bezeichnung Art. 29, Art. 30a (7) BayEUG
- Inklusive Art. 30b BayEUG
- Kommunale Art. 27 BayEUG
- Staatliche Art. 26 BayEUG
- Zusammenarbeit Art. 30a, Art. 31 BayEUG

Schulen besonderer Art Art. 126 BayEUG

Schulen für Kranke Art. 23, Art. 33 BayEUG
- Ausführungsbestimmungen Art. 24 BayEUG

Schulforum Art. 69 BayEUG, § 17 BaySchO

Schulgebet § 27 (1) BaySchO

Schulgemeinschaft § 3 BaySchO, Art. 2 (4) BayEUG

Schulgesundheit Art. 80 BayEUG

Schulgottesdienst § 27 (1) BaySchO

Schuljahr Art. 5 BayEUG

Schulkonto § 25 BaySchO

Schullaufbahnbogen § 37 BaySchO

Schulleiterin/Schulleiter Art. 57 BayEUG, § 2 BaySchO
- Aufgaben Art. 57 (2) BayEUG
- Weisungsrecht Art. 57 (2) BayEUG

Schulpflicht
- bei Krankheit Art. 41 BayEUG
- bei sonderpädagogischem Förderbedarf Art. 41 BayEUG
- Eintreten Art. 37 (1) BayEUG
- Erfüllung Art. 36 BayEUG
- Schüler ohne festen Aufenthalt § 29 BaySchO
- Voraussetzungen Art. 35 BayEUG

Schulpsychologen Art. 78 (1) BayEUG

Schulsozialpädagoginnen/-pädagogen Art. 60 BayEUG

Schulsprengel Art. 32 (4), 42 BayEUG

Schultagebuch § 29 BaySchO

Schulveranstaltungen Art. 30 BayEUG

Schulverbund Art. 32a BayEUG

Schulversuch Art. 81 ff. BayEUG

Schulvorbereitende Einrichtungen Art. 22 BayEUG

Schulwechsel § 3 BaySchO
- Weitergabe von Schülerunterlagen § 39 BaySchO

Schulzwang Art. 118 BayEUG

Sexualerziehung Art. 48 BayEUG

Sicherstellung von Gegenständen § 23 BaySchO

Sicherungsmaßnahmen Art. 87 BayEUG
- Unterrichtung über 88 (4) BayEUG
- Verfahren Art. 88 (3) BayEUG
- Zuständigkeit Art. 88 (1) BayEUG

Sitzungen § 4 BaySchO

Spenden § 26 BaySchO

Sprengelpflicht Art. 42 BayEUG

Statistik Art. 113b BayEUG

Stegreifaufgaben § 23 GSO

Stundenpläne § 19 BaySchO

Stundentafeln Art. 45 BayEUG, § 15 GSO, Anlage 1–2 RSO
- Abendgymnasium Anlage 2 GSO
- Einführungsklassen Anlage 7 GSO
- Jahrgangsstufe 5–10 Anlage 1 GSO
- Jahrgangsstufe 11–12 Anlage 1 GSO

T

Teilnahme
- am Probeunterricht § 3 GSO
- am Religionsunterricht § 27 (2) BaySchO
- am Unterricht § 20 (1) BaySchO
- an der Nachprüfung § 33 (3) GSO
- an Sitzungen der Lehrerkonferenz § 4 (2) BaySchO
- Schulveranstaltung § 20 (1) BaySchO
- Verhinderung § 56 GSO

U

Überspringen einer Jahrgangsstufe Art. 37 (3) BayEUG, § 34 GSO

Übertritt
- an eine anderes Gymnasium § 10 GSO
- in der Qualifikationsphase § 11 GSO

Umfragen § 24 BaySchO

Unterrichtsbefreiung § 20 BaySchO

Unterrichtszeit § 19 (2) BaySchO

Unterschleif § 26 GSO
- bei Nachteilsausgleich § 33 BaySchO
- in der Abiturprüfung § 57 GSO
- Latinum, Graecum § 65 (3) GSO

Unterstufe § 12 GSO

V

Veranstaltungen Art. 30 BayEUG
- Alkoholverbot § 23 (1) BaySchO
- Aufsicht § 22 BaySchO
- Einvernehmen des Elternbeirats § 12 (1), § 15 (1) BaySchO

- Entscheidung der Schulleitung § 2 (2) BaySchO
- Finanzielle Abwicklung § 25 BaySchO

Verbindungslehrkräfte 62 (5) BayEUG, § 10 BaySchO

Verbot
- des Wiederholens § 38 GSO
- von Rauschmitteln § 23 BaySchO

Verbundausschuss Art. 32 (7) BayEUG, § 18 BaySchO

Verhinderung der Teilnahme § 56 GSO

Verwaltung
- des Schulkontos § 25 BaySchO
- Personal Art. 57 (2) BayEUG

Verweis Art. 86 (2) BayEUG

Vorrücken Art. 53 BayEUG
- auf Probe § 31 GSO
- bei Beurlaubung zum Schulbesuch im Ausland § 31 GSO
- Entscheidung über § 30 GSO

Vorrückungsfächer § 16 GSO

W

Wahl(pflicht)fächer Art. 50 BayEUG, § 14 RSO

Werbung Art. 84 BayEUG

Werkmeisterinnen/ Werkmeister Art. 60 BayEUG

Wiederholen Art. 53 BayEUG
- Freiwilliges § 37 GSO

Wiederzulassung Art. 88a BayEUG

Z

Zeugnisse
- der allgemeinen Hochschulreife § 55 GSO
- Jahreszeugnisse § 39 GSO
- Zwischenzeugnisse § 40 GSO
- über den Ausbildungsabschnitt § 41 GSO

Zusatzprüfung
- Berechnung der Ergebnisse Anlage 12 GSO

Zuweisung an eine andere Schule Art. 86 (2) BayEUG

Zwischenzeugnisse § 40 GSO

Zusammenarbeit
- mit Erziehungsberechtigten Art. 74 BayEUG, § 12 BaySchO
- mit Horten Art. 31 (2) BayEUG
- mit Jugendämtern Art. 31 BayEUG
- von Schulen Art. 30a BayEUG

Notizen